Higher Education in Latin America

The International Dimension

杨东平 / 丛书主编

教育公平译丛
JIAOYU GONGPING YICONG

拉丁美洲的高等教育：

国际化的维度

Hans de Wit
Isabel Cristina Jaramillo
Jocelyne Gacel-Ávila
Jane Knight / Editors

汉斯·德维特　伊莎贝尔·克里斯蒂娜·哈拉米略
若瑟兰·加塞尔-阿维拉　简·奈特　主编

李锋亮　石邦宏　陈彬莉 / 译
李锋亮　刘帆 / 校

教育科学出版社
·北　京·

总　　序

探索和谐、公平的教育

进入21世纪以来，教育和医疗、住房成为影响民生的三个重大社会问题，如何解决“上学难、上学贵”，促进义务教育均衡发展，保障教育公平，成为政府和全社会高度关注的主题。2000年，《全国教育事业第十个五年计划》首次将“坚持社会主义教育的公平与公正性原则，更加关注处境不利人群受教育问题”列为重要的教育工作指导原则。在当前贯彻落实科学发展观、构建和谐社会这一新的发展形势中，教育公平已经成为国家教育公共政策的基本价值和指导方针，成为教育理论研究最为活跃的新兴领域之一。

从呼唤教育公平，到实践教育公平，教育理论所面临的挑战和任务是不一样的。如果说前者需要的更多的是正义感和理论勇气；那么对教育公平的具体实践，则需要严谨的科学研究，缜密的理论、方法和工具，去区别认识不同发展阶段、不同资源约束条件、不同层面的各种不同的教育公平诉求，探索不同的解决之道。当前我国的教育发展，随着教育机会的大幅增加，国家实行农村义务教育阶段免费政策，增加国家助学贷款等措施，教育公平的重心和问题正在发生变化。一方面，那些外显的、起点的不公已经得到较多的揭示和改善，进入了问题治理、政策调整的阶段；与此同时，一些深层的、更为复杂的问题开始显现。例如，在城乡分治格局下流动人口及其子女的教育成为最为严重的教育公平问题。在理论领域，比较典型的问题包括，如何处理政府与市场在促进教育公平方面的不同功能，确定两者恰当的边界；如何处理中央和地方、集权和分权对教育公平的影响；如何处理“单一尺度的公平”与教育的选择性、多元性的矛盾；如何处理公平和优秀的矛盾，等等。

教育公平的理论研究，大致有两个不同的范畴。在基础和学理的层面，主要是基于社会学的研究，关注教育与社会分层、社会流动的关系，教育平等与社会平等的关系，教育和文化再生产的社会机制，等等。而在应用的层面，作为公共政策的研究，教育公平的学科基础拓展到政治哲学、伦理学、经济学、管理学等，具有高度的综合性。自20世纪60年代的民权运动之后，西方国家关于教育公平的研究已经相当成熟和深入，著述极丰，经历了不同的发展阶段。在20世纪60年代，以美国的“科尔曼报告”为代表，教育公平的关注集中在教育的“外部公正”上，即消除社会性的权利歧视，通过教育资源的公平配置和教育机会平等以促进教育公平。90年代以来，对教育公平的关注超越了这一“形式平等”的阶段。许多研究表明，只有教育的“外部公正”并不能自然达到学生学业成就的平等，重视弥补由于社会经济、文化差距导致的学习差距，追求学业成就所体现的实质平等。同时，质疑一元文化观下的教育差距，以承认个体差异、多元文化的合理性为前提，重视给学生提供促使其天赋、个性得以发展的不同的教育，帮助他的自我实现。科尔曼也认为学校教育的适当目标，应当是减少而非消除由于社会不平等所造成的教育机会不平等。此外，教育公平研究具有很强的实证性，它要解决的基本问题是如何用一个连贯的、一致的量化指标系统地测量、评价教育公平与平等。在这方面，一些国际组织和国际合作研究有许多深入的、卓有成效的研究成果。

由于我国教育公平的研究刚刚起步，无论理论研究还是实证研究，以及在方法、工具、资料上都相当薄弱。长期以来，国外教育公平研究的经典文献，仅张人杰教授选编的《西方教育社会学文选》（华东师范大学出版社，1988）中的几篇。因而，教育科学出版社出版这套“教育公平译丛”，可以说是雪中送炭，正逢其时。我们选编这一“译丛”的指导思想，一是新，主要介绍20世纪90年代以来国外教育公平研究新的成果、理论和方法。二是突出实证研究，介绍国际组织有关研究的理论和方法，以及国际比较研究。三是在关注发达国家的同时，关注拉丁美洲和亚洲发展中国家、转型国家的教育公平状况，以利于中国的借鉴。在此要特别感谢教育科学出版社，感谢参与翻译的学者。如果这一“译丛”对于我国教育公平的理论研究——对教育学、教育社会学、教育政策学、教育管理学等学科的建设——以及对教育公平的政策研究能够有一些实际的帮助和裨益，那就是我们最大的心愿了。

杨东平

2007/8/15

目　录

表格目录

插 图 目 录

序　一

当我阅读那些大人物的生活经历时，每每令我印象深刻的是，这些对社会和公众作出贡献的人都有着在外国求学的经历。我们中的很多人，我们的同事和家人们，都有相同的感触。似乎这留学经历的一“前”一“后”，已经成了塑造个人对城镇、城市、国家和世界看法的关键所在，它不仅带来了地理知识，更重要的是，丰富了一个人的视野。

数个世纪以来，国际学生的流动促进着文化交流、知识获取和创新。跨文化的心灵碰撞可以使人类的思想更加丰富，年轻人与有成就的学者和科学家交流能够产生许多新的想法。

高等教育的国际化是对全球化挑战的回应。今天，全球经济和社会的相互依赖深深影响了高等教育，并通过教学、研究和服务实现高等教育向全球化的转变。

拓宽拉美学生出国留学的道路，使那些有才能的学生，无论其背景或国籍如何，都可以进入国际高等教育和研究的系统，是这些拉美国家强化本国知识与创新的核心所在。据估计，全世界大约有150万年轻学子在海外求学，粗略估算，其中大约一半是经济合作与发展组织成员国，另有超过

40%来自东亚和南亚，只有少数来自非洲、中东和拉美的学生能够有机会与其他国家的同龄人进行交流。

世界银行出版了本书的西班牙文版、法文版和英文版，希望有助于推动拉美地区高等教育国际化事业的发展。在整个拉丁美洲，世界银行对科学和高等教育事业进行投资，努力提升拉美地区的研究能力和人才流通。

拉美国家正展开怀抱，迎接着高等教育国际化事业，我祝愿它们一路顺利。

帕梅拉·考克斯（Pamela Cox）

世界银行拉丁美洲和加勒比海地区副总裁

序　二

为应对全球化挑战，高等教育机构、各国政府、各区域和国际组织都将高等教育的国际化议程放在了优先位置。这有助于它们更好地应对全球化带来的挑战。

在拉丁美洲，国际化正成为一个影响社会和教育发展方向的重要现象，然而对于这一过程的发展和未来趋势，以及国际化在拉美国家或整个拉美地区的问题和机遇，却鲜有人知。本书充分认识了拉美各国及其高等教育机构的文化、语言、政治和经济特点，审视了“拉美特色”的国际化演变过程。

本书分别从教育机构、国家和地区层面，比较了一些特定的拉美国家在高等教育国际化方面的问题、趋势与机遇。书中涉及国际化进程的具体要素，例如（师生）流动、课程体系、联系和网络。全书并非从细节层面讨论这些问题，而是分别从政策、项目和活动三个层面加以综合阐述。

本书调查了在高等教育整体发展的背景下国际化的要素与广泛进展，分析了国际化对高等教育机构和国家建设的潜在贡献，讨论了贸易、新的教育产品提供方式和提供者，以及认证和质量保障对高等教育及其国际化层面的影响。

本书的研究基于对7个国家的调研（阿根廷、

巴西、智利、哥伦比亚、古巴、墨西哥和秘鲁），不包括加勒比海的小岛屿国家、美洲中部以及拉美地区说法语和英语的国家。这7国的人口占该地区西班牙语和葡萄牙语人口的90%左右。

本书的所有作者都在公立或私立高等教育机构从事国际关系问题研究，其中有两人在国家部委工作。他们来自不同的学科领域（教育、法律、语言和考古），带来了不同的学术观点。他们积极参与国际事务人员的网络，这使他们能从更广泛的视野看待自己国家的发展。

对这些国家进行调研所采用的方法包括：对国家和机构的关键决策者进行访谈，对文件、出版物和网站进行分析，以及数据搜集。有关哥伦比亚和墨西哥的章节，包括了对高等教育机构中的国际事务官员进行的全国性调查分析；有关阿根廷和智利的章节分析了一些规模稍小的调查结果。国际化方面的数据不足对作者们收集资料带来了挑战。出于这个原因，这项研究的重点放在了对信息的质化分析而非量化研究上。

针对不同国家的研究是基于一个共同的概念框架，这将在第1章加以呈现，以后各章的内容都遵循类似的格式。同时，每一个国家都处在国际化的不同发展阶段，有着各自的特点和观点，因此，每个章节包含了不同的侧重点。例如有关阿根廷的一章侧重于南美共同市场内的区域合作，以及国家方针在国际和区域网络化合作中的积极参与。在这一章以及关于智利、哥伦比亚、墨西哥的各章中，特别强调了国家政策和高等教育机构层面在国际化中的平衡关系。关于巴西的章节重点关注了政府在国际化进程与合作研究中所发挥的领导作用，尤其是公立大学的情况。在关于古巴的章节里，作者强调了国家政策与意识形态在推动国家和高等教育机构国际化进程中所扮演的关键角色。关于秘鲁的一章则分析了国际合作仍然主要是发展性合作这一隐含事实。

网络（networking）已经成为拉美各国政府和大学刺激国际化进程的重要驱动力量。网络将教育机构与地区和国际化前沿相连接，提高了机构的形象和地位，并使它们了解自身所面临的机遇和挑战。第10章给出了一个概述，分析了该地区的主要行动者和项目。

第11章总结了国别研究的主要成果，探讨了高等教育机构、国家和地区层面的主要问题，比较了拉美国家和世界其他地区的发展状况，明确了国际化给该地区的国家建设和高等教育机构带来的机会，并展示了国际化如何为高等教育作贡献。

本书基于世界银行以及经合组织的高等教育机构管理项目（Program on Institutional Management in Higher Education of the OECD，简称 IMHE）的先行研究，并对它们有所贡献。高等教育机构管理项目已经从机构和系统层面上研究了澳大利亚、加拿大、欧洲、美国和亚太国家的高等教育国际化水平。通过与学术合作协会（Academic Cooperation Association）以及欧洲国际教育协会（European Association for International Education）的合作，高等教育机构管理项目已经开发出一种工具，可以用来评价高等教育机构国际化维度的教育质量。

本书的出版得益于项目组各成员的协调合作，他们同时也是各个章节的编者。具体包括：汉斯·德维特（Hans de Wit），项目负责人，来自阿姆斯特丹大学；伊莎贝尔·克里斯蒂娜·哈拉米略（Isabel Cristina Jaramillo），项目协调员，来自哥伦比亚大学协会（ASCUN）；若瑟兰·加塞尔－阿维拉（Jocelyne Gacel-Ávila），来自墨西哥瓜达拉哈拉大学；简·奈特（Jane Knight），来自多伦多大学。项目组希望本书能够提高人们对区域和国际层面进一步国际化的认识，增加相关的知识和机会。

致　谢

对于拉丁美洲和本书中所涉及的大多数国家，分析其高等教育国际化都是崭新的尝试。之前极少有相关的著作，资料也非常有限。本书中国别研究报告的撰稿人和本书的编者，收集了尽可能丰富的资料，并据此进行分析。编者希望本书不是区域高等教育国际化研究的结束，而是一个开始，也希望书后所列参考文献成为未来研究的有用资源。

编者要感谢以下为本书作出贡献的人：若瑟兰·加塞尔－阿维拉（瓜达拉哈拉大学，墨西哥），豪尔赫·巴兰（Jorge Balán）（福特基金会），若泽·乔奎因·布鲁纳（José Joaquín Brunner）［阿道伊巴涅兹（Adolfo Ibáñez）大学，智利］，路易斯·海梅·卡斯蒂略·巴特斯（Luis Jaime Castillo Butters）［秘鲁天主教教皇大学（Pontificia Universidad Católica del Perú），帕梅拉·拉斯特雷斯·达默特（Pamela Lastres Dammert）（秘鲁天主教教皇大学），劳尔·埃尔南德斯（Raúl Hernández）［高级教育协会/哈瓦那大学（Ministerio de Educación superior/Universidad de Habana），古巴］，劳瑞茨 B. 赫尔姆－尼尔森（Lauritz B. Holm-Nielsen）（世界银行），伊莎贝尔·克里斯蒂娜·哈拉米略［罗萨里奥（Rosario）大学，哥伦比亚］，索尼娅·佩雷拉·劳斯（Sonia

Pereira Laus）［圣卡特琳娜州立大学（Universidad do Estado de Santa Catarina），巴西］，马利里亚·莫罗西尼（Marília Morosini）［巴西路德（Luterana）大学］，莱娜·鲍贝尔努伊·伊基罗加（Leena Bernuy Quiroga）（秘鲁天主教教皇大学），卡洛斯·阿尔韦托·拉米雷斯·桑切斯（Carlos Alberto Ramirez Sánchez）［德瓦尔帕莱索（Valparaïso），智利］，朱里奥·西泽·泰勒（Julio César Theiler）［利托瑞尔国立大学（Universidad Nacional del Litoral），阿根廷］，以及克里斯汀·索恩（Kristian Thorn）（世界银行）。

为确保分析尽可能全面，我们邀请了众多专家对本书进行同行评审。我们要感谢以下评审者和他们的宝贵意见：马里奥·阿尔沃诺斯（Mario Albornoz）博士（科学、发展和高等教育研究中心网络部主任，布宜诺斯艾利斯），路易斯 E. 阿拉贡（Luis E. Aragón）博士［亚马逊河草原高级研究中心协调员，联邦帕拉（Pará）大学，巴西贝伦］，莱昂尼达斯·洛日·赫兰（Leonidas Lóz Herrán）博士［伊瓦格（Ibague）大学校长，哥伦比亚］，朱利奥·卡斯特罗·拉马斯（Julio Castro Lamas）博士（高等教育部研究生主管，古巴），诺韦尔·费尔南德斯·拉马拉（Norberto Fernández Lamarra）副博士［在跨学科中心负责培训和发展研究，特里斯费别罗（Tres de Febrero）国立大学，布宜诺斯艾利斯］，克里斯托瓦尔·阿尔霍温·德洛萨达（Cristóbal Aljovín de Losada）博士［圣马科斯国立大学（Universidad Nacional Mayor de San Marcos）历史学硕士课程主任，秘鲁］，玛丽亚·比阿特丽·卢斯（Maria Beatriz Luce）教授［政策研究和教育管理中心主任，南里奥格兰德联邦大学（Universidade Federal do Rio Grande do Sul），阿雷格里港（Porto Alegre），巴西］，弗朗西斯科·马尔莫莱霍（Francisco Marmolejo）博士［北美教育领域合作联合会执行董事，美国亚利桑那大学，图森（Tucson）］，弗朗西斯科·若泽·皮诺（Francisco José Piñón）博士（伊比利亚－美洲国家教育、科学与文化组织秘书长，布宜诺斯艾利斯），马科·安东尼奥·罗德里格斯·迪亚斯（Marco Antonio Rodrigues Dias）教授（联合国大学校长特别顾问，巴黎），丹尼尔·萨莫伊洛维奇（Daniel Samoilovich）（哥伦布协会主任，巴黎），埃内斯托 F. 费尔南德斯·维拉纽瓦（Ernesto F. Villanueva）副博士（阿根廷全国大学教育及评审委员会主席，布宜诺斯艾利斯），以及艾德贝·阿扎巴切·塞奈达（Haydée Azabache Zenaida）博士（远程教育特别项目主任，秘鲁天主教教皇大学，利马）。

我们要感谢世界银行的拉美和加勒比海地区高等教育与科技项目，特别是该项目的领导人劳瑞茨 B. 赫尔姆－尼尔森，他自始至终鼓励并指导着这个项目的进行。还要感谢世界银行教育网络主管贾米勒·萨尔米（Jamil Salmi）及世界银行拉美和加勒比海地区教育主管爱德华多·贝莱斯·布斯蒂略（Eduardo Velez Bustillo）对本项目的支持。最后，我们要感谢世界银行的克里斯汀·索恩和杰特·塞缪尔·杰普森（Jette Samuel Jeppesen）对手稿的编辑，以及经合组织的高等教育机构管理项目（IMHE）对本研究的一贯支持。本研究的内容由本书作者们负全部责任。

若瑟兰·加塞尔－阿维拉

伊莎贝尔·克里斯蒂娜·哈拉米略

简·奈特

汉斯·德维特

项目组

作者介绍

豪尔赫·巴兰（Jorge Balán）

豪尔赫·巴兰是纽约福特基金会教育和奖学金项目高级主管。他担任美国全国大学评价和认证委员会执行主任，国家与社会研究中心（Center for the Study of State and Society，简称 CEDES）主任及高级研究员，布宜诺斯艾利斯大学社会学教授。他在布宜诺斯艾利斯大学获得社会学学士学位，并于得克萨斯大学奥斯汀分校获得社会学博士学位。

若泽·乔奎因·布鲁纳（José Joaquín Brunner）

若泽·乔奎因·布鲁纳是智利阿道伊巴涅兹大学政府学院的教授，智利教育基金会主任。他曾任智利政府部长级职务，还曾担任教育高级理事会主席，全国电视委员会主席，智利教育现代化委员会主席。他曾在哥伦比亚、墨西哥、西班牙做过访问教授，并在加拿大的国际发展研究中心担任过皮尔逊讲席教授（Pearson Fellow）。他是联合国教科文组织国际教育规划研究所理事会成员，并于 2004 年获得国际和比较教育学会的奈勒奖（Kneller Award）。

路易斯·海梅·卡斯蒂略·巴特斯（Luis Jaime Castillo Butters）

路易斯·海梅·卡斯蒂略·巴特斯是秘鲁天主教教皇大学国际关系和合作中心主任，考古学院主席、副教授。他的部门通过拉美大学联盟（UDUAL）和其他共同体的工作，在秘鲁和拉丁美洲大学国际化中发挥了重要作用。他目前正在领导大学校际发展中心（CINDA）的学生交流计划。卡斯蒂略教授在国际学生流动方面发表了若干论文。他拥有秘鲁天主教教皇大学考古学的学士学位，加州大学洛杉矶分校人类学的硕士和博士学位。

帕梅拉·拉斯特雷斯·达默特（Pamela Lastres Dammert）

帕梅拉·拉斯特雷斯·达默特是秘鲁德尔帕奇菲科大学的拉丁美洲的高水平奖学金项目（AlßAN）执行干事兼哲学教授。她在秘鲁和国外组织了国际教育会议，并在秘鲁各省开展国际关系管理事务研讨班。她在秘鲁天主教教皇大学获得学士和哲学硕士学位。

若瑟兰·加塞尔－阿维拉（Jocelyne Gacel-Ávila）

若瑟兰·加塞尔－阿维拉是瓜达拉哈拉大学合作与国际化的总协调员、研究员、教授。她是墨西哥国家研究系统的成员，墨西哥国际教育协会的创始会员（并于 1996—2000 年担任该协会会长），北美高等教育协作协会（CONAHEC）咨询委员会成员，《全球教育》（Global Educación）杂志的创始人和主编，《高等教育国际化：全球公民的范式》、《拉丁美洲和加勒比海地区的高等教育国际化：反思与准则》和《墨西哥大学的国际化：政治和制度战略》等文的作者。她拥有墨西哥莫雷洛斯（Morelos）大学的高等教育博士学位。

劳瑞茨 B. 赫尔姆－尼尔森（Lauritz B. Holm-Nielsen）

劳瑞茨 B. 赫尔姆－尼尔森是世界银行高等教育与科学技术首席专家。作为奥斯陆北欧高等研究院的主席，他负责北欧地区高等教育、科技和发展的整合。同时他也是丹麦研究院的主席，奥胡斯（Aarhus）大学科学院院长，厄瓜多尔天主教大学生物研究所主任。他主持了丹麦环境研究项目以及丹麦国家研究理事会、发展研究理事会、卡利（Cali）的热带农业研究所（CIAT）董事会以及罗马的植物基因资源项目（IPGRI）。

伊莎贝尔·克里斯蒂娜·哈拉米略（Isabel Cristina Jaramillo）

伊莎贝尔·克里斯蒂娜·哈拉米略是位于波哥大的罗萨里奥大学的行政主任，哥伦比亚科学和技术开发协会（COLCIENCIAS）国际化研究中心的协调员，世界银行顾问，哥伦比亚大学协会国际关系协调员，哥伦比亚高等教育国际化网络（该机构包括哥伦比亚大多数高等教育机构的国际关系办公室）的领导人。她曾在高等教育国际化问题上发表过一些文章。她的最新著作于2003年发表，分析了哥伦比亚的高等教育在国际化维度上的发展。她拥有墨西哥蒙特雷理工学院（Technological Institute of Monterrey）的工商管理硕士学位。

简·奈特（Jane Knight）

简·奈特是制度、体系、国家和国际层面高等教育国际化问题的专家，是关于国际化战略、质量保障、管理、流动等主题的许多出版物的作者或编者，其中包括经合组织和世界银行开展的国际教育的地区比较研究。奈特博士是多伦多大学安大略教育研究院的客座教授。她是《国际教育研究》（*Journal of Studies in International Education*）和《印度高等教育：政策与实践》（*Indian Journal on Higher Education*：*Policy and Practices*）两本杂志的编委会成员。她拥有密歇根州立大学高等教育博士学位。

索尼娅·佩雷拉·劳斯（Sonia Pereira Laus）

索尼娅·佩雷拉·劳斯是巴西圣卡特琳娜州立大学国际合作处主任。她于1996—2002年担任巴西国际关系主任论坛（FAUBAI）的主席，并且自2000年起一直是该论坛中巴西南部各大学的代表。她参与了洛克菲勒基金会的环境与发展项目（LEAD）。她是伊比利亚－美洲国家组织的成员，于2002—2003年度担任伊比利亚美洲学术流动项目遴选委员会委员，担任巴西教育部的高等教育司委员会顾问，负责与欧盟、拉美和加勒比海地区创建一个共同的高等教育空间。她也是外国学生申请本科留学项目的遴选委员会委员，西班牙格拉纳（Granada）大学的《伊比利亚美洲对话公报》（Iberto-American Dialogue Bulletin）的国际出版委员会成员，她的几篇关于国际学术合作的论文在巴西、中国、墨西哥和西班牙均得以发表。她拥有圣卡特琳娜联邦大学（Fedaral University of Santa Catarina）历史学硕士学位。

马利里亚·科斯塔·莫罗西尼（Marilia Costa Morosini）

马利里亚·科斯塔·莫罗西尼是巴西南里奥格兰德天主教大学教授、南里奥格兰德州联邦大学（UFRGS）名誉教授、巴西国家科学与技术发展委员会研究员、美国得克萨斯大学奥斯汀分校拉美研究中心访问学者。她拥有南里奥格兰德州联邦大学（UFRGS）人文博士学位。

劳尔·埃尔南德斯·佩雷斯（Raúl Hernández Pérez）

劳尔·埃尔南德斯·佩雷斯在哈瓦那大学担任教务副主任、教育主任、奖学金分管主任、教育学和法学教授。他从1982年开始担任古巴高等教育部合作与协定部门负责人，参加过很多高等教育领域的国内和国际活动，包括与超过35个国家开展国际合作。他获得古巴国内外诸多奖项，包括古巴教育奖章和法国外交部部长颁发的合作奖章。他拥有哈瓦那大学的教育学和法学硕士学位。

莱娜·鲍贝尔努伊·基罗加（Leena Bernuy Quiroga）

莱娜·鲍贝尔努伊·基罗加在秘鲁天主教教皇大学国际关系与合作办公室担任执行主任，作为秘鲁天主教教皇大学的毕业生，她是规划和管理有关高等教育、科学与文化的发展合作项目方面的专家。

卡洛斯·拉米雷斯·桑切斯（Carlos Ramírez Sánchez）

卡洛斯·拉米雷斯·桑切斯是瓦尔帕莱索大学校际关系与国际合作处负责人，是历史、地理、教育与教育方法学教授。他曾经数次参与并指导拉美学术培训项目（ALFA）和与欧洲大学的网络合作，曾担任智利大学校长理事会国际合作委员会主席，并曾代表智利大学在欧洲、美国和拉丁美洲举办的关于高等教育国际化的国际会议上发言，他还是安第斯基金会推选委员会和智利文化区域委员会成员。他拥有西班牙加的斯（Cadiz）大学的教育硕士学位，并在该大学攻读经济学博士学位。

朱里奥·西泽·泰勒（Julio César Theiler）

朱里奥·西泽·泰勒是位于阿根廷圣菲（Santa Fe）市的利托瑞尔国立大学的科学部部长。过去八年他一直担任工程与氢科学学院院长，同时他也是阿根廷共和国联邦工程系主任理事会主席，评估与大学认证国家委员会顾问委员会成员，利托瑞尔国立大学国际合作部部长。他创办了阿根廷公立大学的国际关系网络，就像他在伊比利亚－美洲空间（Iberto-American Space）中所描述的那样。他设计并实施了利托瑞尔国立大学的学生流动国际项目，协助设计了蒙得维的亚大学集团协会（Association of Universities of Montevideo Group）的交流计划。

克里斯汀·索恩（Kristian Thorn）

克里斯汀·索恩是世界银行人类发展部门的政治学家，同时也是拉丁美洲和加勒比海地区高等教育与科学技术工作组的成员。他已出版了关于结果问责、高等教育和科学技术的财政资助的著作。在加入世行之前，索恩先生曾经担任丹麦财政部负责公共部门的现代化、质量保障和电子政务的部门领导人，他拥有丹麦奥胡斯大学的硕士学位。

汉斯·德维特（Hans de Wit）

汉斯·德维特是阿姆斯特丹大学的资深国际顾问。他是欧洲国际教育协会的创始成员和前任主席，是经合组织高等教育机构管理项目顾问以及《国际教育研究》（*Journal of Studies in International Education*）杂志编辑。他写了许多关于高等教育国际化的著作和文章，同时还参与评审了世界各地的国际化政策。他是世界银行高等教育国际化研究项目“拉美之路”的负责人。德维特博士拥有阿姆斯特丹大学的社会科学硕士学位以及人文博士学位。

第 *1* 章 1

一个国际化的模型：回应新的现实和挑战

简·奈特（Jane Knight）

本章聚焦于国际化的含义、原理、方法和策略，旨在明确国际化中的核心问题。以下将通过引入一个高等教育国际化的一般模型作为框架，来分析拉丁美洲和其他地区高等教育的国际化维度。

本书的其他章节将讨论若干拉丁美洲国家乃至整个拉美地区高等教育国际化的现状、主要问题和所面临的挑战。作为国家案例分析的补充，本章将从院校机构层面、国家/部门层面两个重要的角度来审视国际化。国家/部门层面主要通过政策、资金（funding）、项目和规章制度（regulatory frameworks）来影响高等教育的国际化。但国际化的实际进程则主要发生在个体院校机构层面。因此，本章的分析将采用自下而上（院校机构）和自上而下（国家/部门）两种方式，来审视两个层面的动态关系。

由于先进通信技术和服务的发展、劳动力国际流动的增长、对市场经济和贸易自由的强调、对知识社会的关注、私人投资的增加、公共教育经费的减少、终身学习的日渐重要等原因，高等教育及其所处的环境都在发生着变化。高等教育的国际化维度也因此变得愈加重要而复杂，第 2 章将要介绍的拉丁美洲高等教育的主要趋势就是这种复杂性的证明。本章将深入而全面地讨论在这种变革的环境下高等教育国际化的概念。

2 什么是国际化？

国际化（internalization）这个词对不同的人有不同的含义，因此它以各种方式被使用着。尽管国际化的概念日益受到关注并被广泛使用是令人振奋的，但这也给精确理解这个概念带来了极大的困难。对于某些人而言，国际化是指国际活动（包括教师和学生的人员流动），国际联系、合作关系和项目，新的国际学术项目和研究计划等；对于另外一些人而言，国际化意味着通过一些新的方式来向他国提供（delivery）教育产品，如建立海外分支学校，各种远程技术的使用等。还有许多人认为国际化是指在教学过程或课程体系中纳入国际的、跨文化的或全球的维度。当然也有人将国际开发项目和对高等教育贸易的关注视为国际化。常常令人困惑的是，国际化这个词被用来描述三种非常不同的跨境活动：国际交流与合作、跨境商业贸易活动和国际开发项目。另外关于国际化和全球化两者之间的关系一直存在着争论与探究。国际化是否等同于全球化？如果不是，那么二者因何不同？这两个动态过程又有何关系？

显然，不同的国家和不同的利益相关者会以不同的方式解释和使用国际化这个词。这正反映了当今的现实并提出了新的挑战——发展一个包含清晰定义和若干原则的概念框架来指导政策与实践。

除了国际化到底是什么的问题之外，还有许多其他的问题被大家所关注。如国际化的目的是什么；其预期的收益或结果是什么；其深层次价值观是什么；谁是国际化主要的参与者、利益相关者和受益者；国际化有何积极的、消极的或意料之外的结果；国际化是否只是一种短暂的风潮；它是否是可持续的，如果是，如何持续下去；院校如何应对国际化范围内的利益竞争；在国家和院校机构层面对国际化的强调，会对政策和资助产生怎样的影响；政府以及非政府组织如何界定和看待这个问题，又有何行动；国际化是对全球化的回应还是推动；国际化是否在人才外流、文化的趋同/融合以及
3 劳动力的国际流动中发挥作用；从开发援助到商业贸易的这种渐进但却可察觉的变化，又是如何影响国际化的……

术　语

鉴于国际化在不同国家和地区有不同的表达方式，我们有必要先对术语

作一个简单的讨论。本章的目标之一就是讨论国际化的内涵和定义，但我们仍有必要在开始之前讨论一些核心概念在本书中是如何被解释和使用的。

中学后教育（postsecondary education）、三级教育（tertiary education）和高等教育（higher education）三个词往往互相混淆。本书中，使用狭义的高等教育表示可以通过全日制学习、在职学习或继续教育的方式，提供本科及研究生阶段的学分或文凭的教育机构、提供商和课程。本书后面的各个国家的报告主要聚焦于大学和可授予学位的院校，并不包括非学位授予机构或者非正式的继续教育和专业培训机构，尽管它们也是三级教育以及更广义的中学后教育的重要组成部分。

国际的（international）、跨国的（transnational）和全球的（global）三个词也以不同的方式被使用（Knight 1999b）。国际的强调国家的概念，指的是国家之间的关系；跨国的主要表达了“从一国跨入另一国”的概念，并不特指国家之间的关系，该词和跨境的（cross-border）可以替换使用；全球的指范畴上以及实质上的世界范围，并不强调国家的概念。全球化（globalization）和国际化是两个非常不同但又相互关联的过程（下文将会详细阐述这一点）。

高等教育机构和提供商

为了满足日益增长的高等教育需求，新的高等教育提供商、新的教育提供方式以及新型的教育计划不断涌现。因此，不管在国内还是国际，新的教育提供商对于以新的方式提供各种高等教育项目都表现得非常积极。这些新的提供商包括英国培生集团（Pearson）、加拿大汤姆森集团（Thomson）等传媒公司，美国阿波罗教育集团（Apollo）、新加坡英华美学院（Informatics）、印度阿博泰克公司（Aptech）等跨国公司，由诸如摩托罗拉或丰田公司等开办的企业大学，以及各种专业协会或组织。一般来说，这些提供商只从事教学、培训或服务，并不关注科学研究。而传统的公立和私立 4
高等教育机构则是集教学、科研和社会服务于一体的。因此新的教育提供商和传统的教育机构互为补充、互相合作或竞争。由于许多新的提供商都是跨境提供教育产品，因此国际化的图景中必须包含它们。尽管如上文所说，新的提供商非常活跃，但本书主要讨论传统的公立和私立高等教育机构。

院校机构、部门和国家层面

本书聚焦于院校机构层面和国家/部门层面的国际化。机构层面相对简单清晰，而国家/部门层面则复杂得多，因为它涉及很多和高等教育国际化相关的政府机构和非政府组织。从政府方面说，教育部、外交部、科技部、文化部、劳动部、移民部、商务部等机构都在高等教育国际化中拥有重要的或次要的利益。然而，多数情况下，高等教育国际化只在和教育相关的政府部门、代理机构和非政府组织的议事日程中出现。此时，教育部门就是核心的参与者。部门层面主要就是指国家教育部门的努力。

国际合作：纵向合作与横向合作

与国际化一样，国际合作（international cooperation）这个词也是一个万金油式的词汇。根据国家、参与者和利益相关者的不同，这个词也有着非常不同的内涵。有时它作为一个一般性词汇，被用于描述一个机构或部门与其他国家的各种各样的关系。在拉丁美洲这个词也指国际开发合作，而开发（development）一词意指通过双边或多边关系来为高等教育提供资金或支持，如机构能力建设、人力资源开发或者学术人员流动等。颇有启发意义的是，援助国往往用国际开发合作（international development cooperation）一词来表达这种技术援助关系，而受援国则倾向于使用国际合作一词。

注意到从纵向合作到横向合作的变化对我们是非常重要的，这两个词使用方式很多，但主要区别如下：纵向合作通常表达援助—受援关系，这种开发是以援助或帮助为导向的；横向合作则更多地表达了一种双向受益和合作
5 关系。通常牵涉一个发达国家和一个发展中国家的这种政策和项目，不管是否包含外部资金，都明显朝着横向的、合作的方向变化。横向合作的另一种解释是发展中国家之间的合作，常被称作“南南合作”。如果发展中国家之间的（通常是地区和次级地区意义上的）合作是由双边或多边机构资助的，那么使用横向合作来描述这种关系就有些隐晦的意味了。

本书后续的七国报告中使用这些词汇的方式，同这些国家构想及达到高等教育国际化维度的方式是一致的。关键在于，报告中国际化都是以一种广义的、兼容并包的方式被解释和使用的，绝不单单指某一种国际活动或项目，如人员流动、开发合作、研究、课程开发或贸易。

变化与挑战

要建立国际化的新概念框架是不可能无视高等教育所处的现实环境的。环境的影响使得高等教育产生了许多新的变化，面对着新的挑战，反过来高等教育日渐增长的国际化维度也正推动着变化自身的发生。而全球化大概是变化的环境中最具渗透性和影响力的特征。

全球化

不同部门的政策制定者和实践者、不同学科的师生脑海中都有全球化的概念。教育，尤其是中学后教育，对于全球化来说既是主体又是客体，因此成为关于全球化的辩论和研究中一个关键的领域。关于全球化的性质、起因、要素、结果及对未来教育的影响，存在着各种不同的观点（Scott 2000；Salmi 2001；Marginson 2001；Marquez 2002；Breton and Lambert 2003；Enders and Fulton 2002）。

全球化与教育国际化之间的动态关系是一个重要的研究领域，值得进一步深入探索。为使讨论有一个框架，有必要建立一些参数。基于本章讨论的目的，我们把全球化设定为一个中性词汇，并作为一个对于教育有着多重效应的关键环境因素——既有积极效应也有消极效应。我们并不把重心放在讨 6
论教育的全球化上，而是将全球化视为一个影响国际化的现象。

过去十年人们尽力把焦点保持在教育国际化上而避免使用教育全球化一词。这样做的结果不能一概而论，但是起码保证了这两个词没有被人们视为同义词从而被互相代替使用。

全球化被定义为“技术、经济、知识、人口、价值、观念等的跨境流动。由于每个国家自身历史、传统、文化和发展重点（priority）的不同，全球化对于不同的国家有不同的影响”（Knight and de Wit 1997，p. 6）。这个定义承认了国际化是一个多面性的过程，对不同国家的影响迥异，但并不认定这种影响是积极的抑或是消极的。后面我们将会讨论到，涉及动因（rationale）或结果的全球化定义是有很大局限性的，因为它们很难应用于不同的国家背景。

该定义的另外一个重要方面是它提到了跨境，从而可以推断出其全球视野。这和我们前面提到的定义是一致的，即全球的意指世界范围，国家并不是全球化中的关键因素。

本章解释全球化时使用的一个重要概念就是世界范围的变化和流动。知识社会、信息和通信技术、市场经济、贸易自由以及治理结构的变化等因素都与这种流动息息相关，因而被视为全球化的必备要素。这些因素究竟是全球化的催化剂还是其结果是可以讨论的，在这里我们把它们作为全球化对教育部门产生重大影响的要素或因素。

表 1. 1 描述了全球化的这五个因素，并指出了它们对高等教育，特别是对高等教育国际化维度有何重要影响。它阐明了一些塑造着国际化如何回应全球化的主要环境变化。这些变化影响到国际化的所有方面，包括课程和教学过程、学生与教师流动、教育计划的跨境提供、国际开发项目、外语学习、商业贸易、人员发展等。

7 **表 1. 1　全球化对高等教育国际化的影响**

全球化的要素	对高等教育的影响	对高等教育国际化维度的影响
知识社会 以知识的生产和使用来创造财富对国家越来越重要。	对继续教育、终身教育和继续职业发展的日渐重视为高等教育创造了新的需求。 对新的技术和知识的需求导致新型项目和资格认证的产生。 大学在研究和知识生产中的角色正在变化并逐渐商业化。	新的私人和公共提供商（私人传媒公司、公私立机构网络、企业大学、跨国公司）跨境提供教育和培训项目。 教育项目对市场需求更灵敏。以特定的市场和职业发展为目的而开发的培训课程在世界范围内兜售。 学生、教师、教育和培训课程、研究、提供商和项目等实际上具有越来越大的流动性。
信息和通信技术 信息和通信技术与系统的新发展。	新的教育提供方式，特别是网络在线和卫星传输，在国内教育和跨境教育中得到使用。	在线学习（e-learning）、特许经营、卫星校园等创新的国际教育提供方式，使得对于项目及提供商的鉴定和资格认证需要人们的更多关注。
8 市场经济 基于市场的经济体数量与影响力的增加。	在国家和国际层面，高等教育与培训日渐商业化和商品化。	更加关注课程体系与教学材料对不同文化和国家的适用性，以及随之带来的趋同的可能与融合的机会。

续表

全球化的要素	对高等教育的影响	对高等教育国际化维度的影响
贸易自由 减少贸易壁垒的国际和地区贸易条约不断发展。	由于贸易壁垒的减少，教育产品和服务的进出口日益增加。	更多地强调商业化教育项目的进出口，对国际开发项目的热情下降。
治理 国际和地区间治理结构和体系的创新。	包括政府和非政府机构在内的国家层面教育参与者的角色不断改变。 新的管制与政策框架在各个层次都得到了考虑。	新的国际和地区组织成为国家与地区政策、实践的补充，尤其是在质量保障、认证、学分互换、资格认定和学生流动方面。

资料来源：Knight（2004）。

资金来源的多样化

高等教育的资助或支持体系体现了国际化带来的重要变化和挑战。几种趋势正在融合并且产生了重要影响。政府已经无力满足社会对高等教育日渐增长的需求。从全球层面来看，对教育的私人投资比公共投资增长得要迅速得多（Levy 2003）。这产生了几种重要的趋势，即高等教育及其资金来源的多样化、私有化和商业化。

不管对于公立的还是私立的教育机构，多渠道寻求资金来源已经是越来 9
越寻常和必要的事情了。这些渠道包括从基金会和私人公司募集资金、科研成果商业化的收入、国内外学生的学费以及其他跨境提供教育的收入。有研究认为下一个十年通过教育项目的进出口所获得的收入将会大比率增长（Larsen，Martín，and Morris 2001）。高等教育服务贸易将充满激烈的竞争，新的教育提供商的出现，会对公立和私立的非营利高等教育机构在这方面的活动产生重要影响。

流动性与跨文化意识

劳动力流动的增长带来了更多暂住人口或者永久性的移民。同时，越来越多的学生基于学术目的的流动，使得许多国家的校园和教室在文化上和种族上越来越多样化。这种趋势给教学过程带来了新的机会和挑战，也增强了发展跨文化理解和沟通技巧的需要。国际化是一种回应教学环境的跨文化需求以及建立其多元文化性质的具体方式。

影响教育的其他问题

其他重要的全球问题，如与恐怖主义、战争、健康和环境相关的问题，对于教育也有直接或间接的影响。国际化发生在一个变革的时代，这种变革即使不能说是剧烈的，至少也是不容忽视的。认识到国际化如何被这些变化影响或者它本身就是变化的一个因素是非常重要的，所以思考国际化的长期影响不但是明智的，而且是必要的，不管这种影响是有意识的还是无意识的。

国际化及相关术语的内涵与定义

10 本节讨论国际化和相关术语的各种解释与使用方法。我们提出并分析了一个适用于今日现实和挑战的国际化的新定义。

二十多年来，关于国际化的定义一直有许多争论。国际化不是一个新词汇，它在政治科学和政府关系领域已经应用了几个世纪，但是在教育领域里开始流行则是20世纪80年代初的事情。在此之前，人们使用的多是国际教育（international education）和国际合作，在许多国家现在仍然这么用。到了90年代，对使用国际教育一词的讨论集中于它与比较教育（comparative education）、全球教育（global education）和多文化教育（multicultural education）的差别［德维特（de Wit 2002）提供了对于国际化、国际教育、比较教育和过去十年大量使用的其他相关词汇的全面而有益的回顾］。

另外一组相互关联的术语也逐渐显现，包括跨国教育（transnational education）、无边界教育（borderless education）、海外教育（offshore education）和跨境教育（cross-border education）。这些词与边界的概念相关联，与比较的（comparative）、多文化的（multicultural）和跨文化的（intercultural）这些词很不同。

跨国教育是联合国教科文组织和欧洲理事会（Council of Europe）在它们所制定的《跨国教育实践规范》（Code of Practice on Transnational Education）中提出的，这个概念指学习者国籍所在国家和学位授予机构所属国家两者并不等同的所有高等教育形式（UNESCO and Council of Europe 2001）。它承认了教育机构向别国学生提供教育项目的趋势，却忽视了教育机构在国外开办分支学校和并购外国学校的趋势。

无边界教育一词首先出现在澳大利亚的一份报告中（Cunningham and others 2000），接着在英国大学校长与院长委员会（Committee of Vice-Chancellors and principles，CVCP）资助的一个类似研究中出现。这个词模糊了高等教育传统上所固有的那种概念的、学科的和地理的边界。

将无边界教育和跨境教育并列比较可发现，前者强调边界的消失，而后者则强调边界的存在。其实两者都反映了当今的现实。在这个远程教育和在线学习空前繁荣的时代，地理边界已经不起什么重要作用了。但是一提到质量保障、资助和认证，边界的重要性就又凸显出来了。

海外教育一词就是指提供到国外的教育产品，但是随着“跨境”一词的使用，海外教育一词已经用得越来越少了。跨境活动是国际化活动的 11
一种。

另外一个相关的词语是本土国际化（internationalization at home），有人认为这个词就是对日渐受到强调的流动性和国外国际化（internationalization abroad）的直接回应。很显然现在本土国际化已经进入人们的词汇库了。沃赤尔（Watcher 2003）认为，这个词的出现源于国际化概念的日趋成熟以及人们对高等教育跨文化研究的适应。本土国际化试图在教育领域的国际化和跨文化这两个概念之间建立一种更密切的联系，它标志着教育的国际化/跨文化维度发展的一个重要阶段的到来。

提出一个清晰而全面的国际化的定义，有助于澄清对这个概念现存的困惑和误解。可能永远也不会有一个真正普遍适用的定义出现，但是对国际化有一个共识是很重要的，这使得我们在呼吁政策制定者与学术领导人更多地关注和支持国际化时，能对该现象有清晰而统一的理解。

给出影响国际化的诸多因素之后，国际化一词在不同目的支配下被以多种方式使用也就不足为奇了。真正奇怪的倒是，在当今的变化和挑战之下，竟然没有多少学者与政策制定者来讨论种种概念间的细微差别和概念的演变历程。

国际化概念的演变

国际化的定义在过去十年中有所演变。在20世纪80年代末，这个词通常是在机构层面定义的，特指一系列的活动。阿鲁姆和范德沃特（Arum and

Van de Water 1992）提出可以将国际化定义为“在国际研究、国际教育交换与技术合作领域中多样化的活动、项目和服务”（p. 202）。1994 年奈特注意到国际化是一个需要在院校机构层面加以整合与维持的过程，因此，提出了一个新的定义：“国际化是将国际的和跨文化的维度整合到院校机构的教学、科研和服务功能中的一个过程”（Knight 1994，p. 7）。范德温德（Van der Wende 1997）正确地指出了仅仅在院校机构层面讨论国际化是有局限性的，因此她提出了一个更加广泛的概念，她认为国际化包括“为了使得高等教育更好地应对社会、经济和劳动力市场的全球化的要求与挑战而作出的
12 所有系统的努力”（p. 18）。这个定义尽管包含了很重要的元素，但是它对国际化维度的理解仅仅局限于外部环境（特别是全球化），并没有把国际化放到教育部门及其目标和功能的境脉中。

最近，瑟德奎斯特（Soderqvist 2002）引入了一个新的定义，聚焦于院校机构层面变化的过程和全面管理的视角。她定义高等教育机构的国际化是“为了提高教学质量从而获得更强的竞争力，而将国际化维度融入整个学校管理的各个方面，从国家教育机构向国际教育机构转变的过程”（p. 29）。这个定义是一个很典型的例子，由于把对动因的分析嵌入其中，使得定义的适用性有一定的局限性，对很多院校机构和国家来说，国际化的内涵比教学和提高竞争力要丰富得多。该定义阐释了国际化在机构层面定义的演变，但是作为一个综合定义来说却是有局限的。而且这个定义也引发了一个问题，即定义中的“国际高等教育机构”由什么构成。

德维特（de Wit 2002，p. 114）总结道：

> 随着高等教育的国际化维度得到了越来越多的关注和认可，人们开始根据自己的目的随意地使用这个词汇。这是可以理解的，但是国际化发展成一个万金油似的词汇却是没有什么好处的。这个词太重要了，应该提出一个更加聚焦的定义。就算不能形成一个精确的定义，至少应该界定国际化包括哪些参数，以便对其进行评估并更好地促进高等教育发展。这就是我们把一个工作定义（working definition）和高等教育国际化的概念框架联合起来使用的原因。

国际化最新的工作定义

概念定义可以影响政策，实践也可以影响定义和政策。给出了国际化的动因、提供商、利益相关者和活动的变化之后，我们应该再来审视一下国际化的定义，看它是否能反映当前的社会现实，是否与新的发展变化相联系并且能够指导实践。国际化应该在国家/部门层面和院校机构层面来理解是越来越显而易见的了。因此，新的定义应该考虑到各个不同的层面，并且注意到它们之间的关系和整体性。

一个定义应该具有足够的普适性以适用于不同的国家、文化和教育系 13
统，然而得到这样的定义并不是一件容易的事。在这里我们的目的不一定是要提出一个通用的定义，但提出一个在较大范围的情境中都适用的定义却是势在必行的。考虑到这一点，应该确保定义不要涉及国际化的具体动因、收益、结果、参与者、活动和利益相关者，因为这些在不同的国家和院校机构之间差别很大。重要的是跟教育的各方面都相关的国际化维度以及它在社会中所扮演的角色。

于是，我们提出了这样一个工作定义：国家、部门、院校机构层面的国际化指的是“将国际的、跨文化的和全球的维度整合到中学后教育的目的、功能和提供中去的一个过程”（Knight 2003，p. 2）。这个国际化的定义有意识地保持中立。很多人会说国际化的过程应该从“加强国家之间的合作和团结，提高高等教育的质量和实用性，或者为国际性问题的研究作出贡献”等角度来描述。这些的确是国际化可以有所作为的崇高目标，但是定义应该是足够客观的，因为它要描述的现象虽然是极为普遍的，但对于不同的参与者和利益相关者来说其目的和结果却是截然不同的。

在这个国际化的工作定义中使用的词语是经过认真考虑的。“过程”（process）这个词要传达的意思是国际化是一种正在进行的并且持续不断的努力。它指出了“国际化”的进化特征或发展特征。“过程”经常被理解为教育的三段模型，即输入、过程和输出。虽然今天人们越来越多地强调教育的问责制（accountability）和结果，但输入和输出的概念在这里并没有使用。我们避免使用这两个概念是因为如果国际化用输入、输出或者收益来定义，它就变得不那么普适了；定义必须反映出不同国家、不同院校机构、不同利益相关者群体的不同考虑重点。

“整合”（integration）这个词指出了应该在政策与活动中渗透或嵌入国

际化和跨文化的维度，以保证国际化的维度不被边缘化，并保持中心地位和可持续性。

“国际的”、“跨文化的”、“全球的”三个词在这里一起使用，因为它们共同反映了国际化这个概念的广度。“国际的”强调不同民族、文化、国家之间的关系。“跨文化的”强调在国内环境中文化的多元性。“全球的”这个充满争议和带有价值色彩的词汇，用在这里是为了提供一种世界视野。
14 这三个词汇互为补充，共同表达了国际化过程在深度和广度方面的深刻内涵。

“目的”（purpose）这个词涉及一个国家或地区高等教育的整体角色和目标，或是个别院校机构的宗旨和要求。“功能”（function）体现了一个国家高等教育系统或个别院校的基本要素和任务，通常包括教学、培训、科研、学术活动和社会服务。“提供”（delivery）是个相对较窄的概念，指的是国内外的课程或教育项目的供给（offering）。这既可以是由传统的高等院校提供的，也可以由新的提供商——如对课程和服务的全球提供更感兴趣的公司——来提供，而这些新的提供商对校园或者教育、科研、社会服务这几项功能的国际化和跨文化维度并不那么关注。

与以前定义的关系

国际化曾经被定义为“将国际的和跨文化的维度整合进高等院校的教学、科研和社会服务三大功能的过程”。这个定义与此处的新定义并不冲突。事实上，这两个定义是互补的。新定义试图考虑今日社会的现实，即国家/部门层面变得非常重要了。新定义包含了日渐增加并且多元化的教育提供商，在国际的、跨文化的和全球的维度上，它们的兴趣和使用的方法都与传统的教育机构截然不同。因此，我们使用更加普遍的“目的、功能和提供”来代替特指功能的“教学、科研和社会服务”。使用这些词，使得国际化的概念可以在高等教育的宽广领域中和一系列因素都相关，包括部门层面、机构层面和不同的教育提供商——公立的、私立的、营利的、非营利的、地区的、国际的。

国际化的价值导向和驱动因素

清晰而精确地阐述国际化的动因是非常重要的。动因是推动国家、部门或院校机构对国际化进行准备和投资的驱动力。动因通过那些已经启动并最终实现的政策和项目反映出来。动因说明了投资者或者参与者从国际化的努力中预

期得到的收益或结果。有了清晰的动因，便会随之产生一系列具体的目标、 15
政策、计划或策略，以及监控和评估系统。如果没有这些，在大量涌现的新的国际机会面前，国际化过程便往往成为一种临时的、被动的和零碎而不成体系的回应。

本节尝试讨论动因的转变，并将审视那些支撑动因的若干价值观，这些价值观可能驱动着国家或机构层面在国际化的动机和期望方面的变化。

更加清晰地陈述指导国际化的价值观变得日益重要了。为什么呢？在当今这个剧烈变革的时代，动因、政策与预期结果之间往往存在断裂和张力。价值观塑造着愿景、动因和预期收益，并使之保持一致，而正是它们支撑着国家和院校国际化的驱动力。对我们的讨论至关重要的价值观，包括合作、竞争以及教育在多大程度上被视为公共物品（public good）。随着近来商业化提供和跨境教育服务贸易的增长，这些价值观变得尤其重要。我们在前面对国际化的定义中特意没有提到价值，但价值的确在中学后教育卷入国际活动的演变进程中扮演着重要的角色。

价值观之间不能互相抵触，很少有包含是非之争或两可之论的价值观。通常，价值观都是一个连续统一体。比如，竞争与合作既非无关又非对立，最好不要把任何一个描述得更积极或更消极。日益激烈的竞争既可能带来积极的副产品，也可能产生意料之外的消极后果，而合作也是一样。至于教育究竟是公共物品还是私人物品，如何理解，则带来很多相关问题。如我们可以断言教育是（注意这里用“是”，而不是“应该是”）纯粹的公共物品或纯粹的私人物品吗；私人投资的甚至用于商业贸易的教育还能被视为公共物品吗。或许教育应该被理解为由国家优先发展重点和价值观所决定的国家责任。如果是这样，跨境教育的角色又是什么呢？显然，反思支撑国际化的动机和收益的那些价值与动因，会发现很多重要的问题。

传统上，国际化的动因呈现为四组基本的驱动力：社会/文化的、政治的、学术的和经济的（表 1.2）（Knight and de Wit 1997，1999）。在过去几年中，关于这四组驱动力组内和组间的动因变化有过很多讨论（Van Vught，Van der Wende，and Westerheijden 2003；de Wit 2002；Gacel-
Ávila 2003；Knight 2003）。这种一般的分类有利于对动因的分析，但类 16
别界限的模糊以及每一类动因自身性质和优先顺序的重大变化都是需要注意的。

表 1.2　国际化的动因

<table>
<tr><th>动因</th><th>现存动因</th><th>新兴动因</th></tr>
<tr><td>社会/文化的</td><td>民族文化认同
跨文化理解
公民权的发展
社会和社区的发展</td><td rowspan="4">国家层面
人力资源开发
战略同盟
创收/商贸
国家建设/机构建设
社会文化发展与互相理解

院校机构层面
国际品牌与形象
质量提高，国际标准
创收
师生发展
战略同盟
知识生产</td></tr>
<tr><td>政治的</td><td>外交政策
国家安全
技术援助
和平共处
民族认同
地区认同</td></tr>
<tr><td>经济的</td><td>经济增长与竞争
劳动力市场
财政激励</td></tr>
<tr><td>学术的</td><td>学术领域的扩展
机构建设
形象与地位
质量提高
国际学术水准
研究与教学的
国际化维度</td></tr>
</table>

资料来源：Knight（2004）。

由于国际层面的竞争日益激烈，院校对于品牌营销或者说发展良好国际声誉非常重视，这甚至都可以作为一个单独动因了。当然我们可以说教育机构一直都在为了赢得更高的学术水准和更好的国际形象（这是近来的趋势）而互相竞争，但从提高国际声誉到在更加商业化的环境下获得竞争的胜利，这种转变是微妙的。院校和公司在竞争国际付费学生、营利性的教育和培训项目以及教育服务，如语言考试与认证服务。品牌所能带来的 17
利益，使得院校机构寻求国家的与国际的认证组织所提供的认证或质量保障方面的服务，这些组织有的闻名遐迩有的则鲜为人知。为了在竞争中占据有利地位，院校与提供商都急于为自己的机构或合作网络建立国际声誉和品牌。

为了学术的、经济的、社会的和政治的目的，对于国际认可的渴求显然在增长。这种建立品牌的趋势，是应该被视为一类单独的动因，还是应该整合到现存的四类动因中，是可以讨论的。在本章，建立国际品牌的动力作为一种重要动机，着重突出其手段性，而非目的性。

表 1.2 的第一列表示四类动因，由德维特更新（de Wit 2002）。这四个类别是相关的，但如今四类动因似乎更加整合，相互之间的界限更加模糊。这四个类别并不区别国家层面和机构层面的动因，而这种区别却变得越来越重要了（Knight 2004）。

所以，第三列呈现了日渐重要的国家层面和机构层面的动因。

国家层面的国际化动因

本节讨论了若干新出现的国家层面的动因，它们并不能很好地纳入上述任何一类动因。这些贯穿各类别的动因是人力资源开发、战略同盟、创收/商贸、国家与院校机构建设、社会文化发展与互相理解，其中前四个与政治和经济动因密切相关。

人力资源开发

由于对知识经济、人口结构变化、劳动力流动性增强、贸易服务增长等因素的重视，各个国家努力把握国际教育主动权，以此来开发和引进人力资源。为增强本国的科技、经济竞争力，从其他国家招募最聪明的学生和学者的压力与动力越来越大。而人才引进的策略、动机和移民政策的变化，都体现了国家为了加强人力资源而在引进和留住人才方面作出的努力。同样，国

家对于加强教学和科研的国际化也更加重视，以便国内的学生和教师能够更
18 好地为提升本国国际竞争力作出贡献。为了个人发展、职业发展和公民权的发展，进一步提升跨文化理解和沟通技巧的需要也得到了更多的认可。对于人才的日益重视，也使得国家对人才内流/外流（brain gain/drain）和技术移民越来越感兴趣。

战略同盟的建立

战略同盟既可视为国际化的动因，也可视为国际化的工具或手段。这里我们将战略同盟视为有着特定学术、经济、政治和社会文化目的的一种动因。人们认为师生的国际流动、合作研究和合作教育是加强地缘政治联系与经济关系的有效方法。建立同盟的目的逐渐从文化方面向经济方面转变。在地区层面尤其如此，国家为了加强与邻国的政治经济整合而增加自己在地区范围内的国际教育活动。通过高等教育国际化来发展战略同盟，被视为一种发展双边或地区合作以及获得竞争优势的方法。

创收/商贸

在过去十年中，跨境提供教育的经济与创收机会得到了更多重视。新的特许经营权的布局、海外大学或卫星大学、在线教育的提供、收费学生招生数的增加等，都体现出国际化更具商业气息。教育是《服务贸易总协定》（GATS）中规定的12种服务之一，这说明教育和培训项目及教育服务的进出口将会是一个极具潜力的贸易领域。据估算，1999年高等教育贸易额达到350亿美元，并且这一数字还会显著增长（Larsen，Martín，and Morris 2001）。国家对于教育出口所能带来的经济收益越来越感兴趣。作为加强跨境教育贸易商业化的尝试，国家之间发展了新的国际和地区贸易协定以减少贸易壁垒（Knight 2002；Sauve 2002）。

国家与院校机构建设

使全体公民和劳动者接受教育、培训，掌握知识，增强知识生产能力是
19 国家建设的重要环节。但是很多国家缺乏这种物质和人力基础设施以及为公民提供高等教育机会的财力。

传统上，人们认为国际学术项目作为国际开发和技术援助的一部分，为发展中国家的国家建设作出了重要贡献。基于各方利益多赢的国际开发工

作，如今仍然是中学后教育国际化的重要方面。但这种活动的方式，从援助开发到国际合作，再到以商业贸易为目的，其变化是可以察觉的，并且这种变化很可能继续深化。一些国家为了创收而出口教育，另一些国家则为了国家建设而进口教育项目乃至教育机构。

社会文化发展与互相理解

社会文化动因，尤其是与增进跨文化理解和民族文化认同相联系的动因，也是非常重要的，但它们的重要性却不如其他动因。由国家内部和国家之间文化冲突所带来的迫切的问题与挑战，是否会使得基于社会文化和互相理解的动因变得更加重要，还有待观察。这可能有些乐观了，但是认为社会文化动因将会和经济、政治动因同样重要则是无须怀疑的。

院校机构层面的国际化动因

国家层面和院校机构层面的动因有着密切的联系，虽然不会一直像人们期望的那么密切。这种联系取决于很多因素，其中之一就是有多少国际化进程是自下而上的或自上而下的。在世界许多地区，国家层面尚未给国际化太多关注，所以院校机构层面的动因就更加重要，而不同机构之间的动因可能是非常不同的。

影响院校机构层面动因的因素包括：机构的宗旨，学生数量，教师形象，地理位置，资金来源及其资源水平，对地方、国家和国际利益的定位。表1.2中的四类动因也可以应用于院校机构，但是似乎下文所述的新兴动因具有更大的影响力。

国际形象和声誉的提升 20

传统上，院校机构非常重视自身是否达到国际学术水准（无论这个水准是如何定义的）。现在这个动机仍然是重要的，但是它似乎可被纳入作为高质量的国际机构赢得世界声誉的动力中。和这种动力有关的是，院校机构试图通过引进最聪明的学者和学生、大量招收国际学生、高端的研究和培训项目等来追求国际知名度。学术水准依然重要，但我们可以感觉到这种动机的转变：从传统的注重学生和教师的高质量学术经历，到为了国内、国际竞争的需要而将高学术水准作为一种打响品牌的营销活动。

质量提高

对于大多数机构来说，国际化本身并不是目的，而只是达成目的的手段。国际化维度为提高质量和向国际标准靠近所作的贡献，通常被明确表达为国际化的动因和目的。当今世界各国相互联系和依赖的程度越来越深，高等教育通过在教学中加强国际化维度来提高质量，并实现其服务于个体、社区、国家和社会需求的宗旨是很重要的。从更实际的角度说，国际化作为一种有用的工具，可以帮助院校机构进行水平比较，并为持续不断的（ongoing）管理、学术和科研方面的挑战提出创造性的解决方案。这是国际化可以加强高等教育机构及其教学、服务质量的另一种方式。

人力资源开发

国际化作为增进师生的国际和跨文化理解沟通技巧的一种重要手段，再度被人们所强调。这主要是由于以下几个因素：民族、地区、国际和文化冲突的增加，促使大学教师必须帮助学生理解全球问题和国际/跨文化关系；对知识社会的强调，使得打下一个坚实的知识和技术基础并不断进行知识升级变得日益重要；劳动力市场的流动性以及社区和劳动者的文化多元性，要求教师和学生必须很好地理解多元文化环境，并具备在此种环境中工作和生
21 活的能力；同时，由于人们越来越重视院校机构的责任和教育产出，使得院校机构作出大量的努力去鉴定师生通过积极参与国际活动所发展的竞争力；信息和通信技术的发展，尤其是互联网的发展，凸显了人们对更为高深的知识（deeper knowledge）的需求和了解世界的需求，同时也为获取这些高深知识提供了新的机会。一个值得思考的问题是，当前对本土国际化的关注究竟是在促进还是在回应日益重要的师生发展（student and staff development）。

创　收

更多的机构把国际化活动视为一种创收的方法。在责任增加、竞争加剧的环境下，公立机构陷入了公共经费减少和运作成本提高的困境中。

创收的目的或者说创收经费的使用是常常被质疑的，但人们质疑的并不是钱怎么花了和花到哪儿了，而是这种创收是营利性的还是仅仅为了弥补成本。这个问题并没有明确的答案，因为大多数公立机构都会声称自己顾名思义不是营利性机构，因此国际化活动的任何盈余都用于补贴其他的项目。许多人建议国际化活动中产生的任何收入都应该再投资于其他经费短缺的国际

化项目，但这显然是院校机构自己的事情。

与创收相关的另外一个因素是商业界的其他教育提供商，即那些以营利为目的的商业公司。因此院校机构/提供商层面的国际化的经济动因变得更加重要，但同时问题也变得更加复杂，因为这关系到在跨境教育服务和项目发挥重大作用的背景下，对教育产业化和教育商品化（commercialization and commodification of education）这个重要问题的讨论。

战略同盟的建立

战略同盟既是国际化的动因，又是实现国际化的手段。过去十年中，双边和多边教育协定急剧增加。在国际化进程的早期，院校机构通常是对大量建立国际联系的机会被动作出反应。这些联系的目的各异［如教师流动、标杆管理（benchmarking）、联合课程设置、研讨会和国际会议、合作研究计划等］。一个机构通常无力支持过多协议，因此许多协议都仅停留在纸面
上而未付诸实施。随着院校机构在国际化方面变得越来越成熟，它们投入更 22
大的努力来建立战略同盟，并且有着清晰明确的目的和结果。这里，一个重要的趋势就是院校网络的发展。网络有着更多的也更为清晰的战略目标，但也往往比双边协议更难管理，因为与多个非常不同的教育体系和文化体系协作是非常复杂的事情。

科研与知识生产

高等教育机构在知识的生产和分配中的作用不容小觑。由于国家之间越来越互相依赖，有许多全球性的问题和挑战不可能在国家层面去应付。国际合作和跨学科合作是解决诸如环境、健康、犯罪等全球性问题的关键。政府与院校机构因而把科研和知识生产的国际化维度作为高等教育国际化的一个重要动因，许多机构甚至明确指出这是国际化的关键动因。

总之，国际化的动因对不同的院校机构、不同的政府部门、不同的利益相关者、不同的国家是不同的。这些不同的且互相竞争的动因不仅带来了教育国际化维度的复杂性，也带来了国际化所作出的贡献。

由于国际化的政策、项目、策略和结果都是互相联系的，并且由内隐的和外显的国际化动因所指导，因此，作为国际化的参与者，能够清晰地陈述自己国际化的动力是非常重要的，不管这个参与者是院校机构、提供商、公共或私人的利益相关者、非政府组织、政府部门还是政府间的代理机构。

国际化的策略、项目和政策

本节从院校机构/提供商层面以及部门层面和国家层面所使用的策略、项目和政策的角度来审视国际化。对这三个词的使用有一个层次关系：策略反映的是最具体的层面，包括院校机构层面的学术活动项目（academic program activities）和组织计划（organizational initiatives）等；项目反映的是国际化的一种更加综合的手段，是在所有三个层面实现政策的一种工具。国家和机构的价值、观点、动因则在底层支撑与塑造着策略、政策和项目。

23 在过去十年提出的国际化的概念框架中（Knight and de Wit 1997，1999），国际化的策略一词的内涵远远超越了国际活动。机构层面的项目和组织计划都被称为策略，策略一词的使用还暗指更具计划性的、更加整合的同时更为战略性的方法。

表 1.3 给出了若干项目和组织策略的例子。

表 1.3　机构层面国际化的项目和组织策略

活动类型 （项目活动）	示　　例
学术项目	• 学生交换项目 • 外语学习 • 国际化课程 • 区域研究或专题研究 • 海外工作/学习 • 国际学生 • 教学过程 • 联合培养/双学位项目 • 跨文化培训 • 教师/员工流动项目 • 客座讲师和访问学者 • 学术活动与其他策略的联系

续表

活动类型 （项目活动）	示　例
科研与学术合作	• 区域和专题研究中心 • 联合研究项目或出版物 • 国际会议和研讨会 • 国际研究协议 • 学术部门和其他部门的国际研究伙伴
国内活动 和跨境活动	国内 • 与非政府组织或者公共/私立部门基于社区的合作关系 • 社区服务和跨文化项目工作 • 为国际合作伙伴和客户定制的教育培训项目 跨境 • 国际开发援助项目 • 教育项目的跨境提供（商业性和非商业性的） • 国际联系、合作伙伴关系和网络 • 基于合约的培训和研究计划与服务 • 海外校友计划
课外活动	• 学生俱乐部和协会 • 国际和跨文化校园活动 • 与社区文化、种族团体的联系 • 同伴支持小组和计划
组织策略	
治理	• 高层领导的承诺 • 教师和员工的积极参与 • 在机构的宗旨中对国际化维度的认可/授权声明和计划、管理、评估政策文档

24

续表

活动类型（项目活动）	示　例
运作	• 整合进院校机构范围的或院/系层面的计划、预算、质量评审体系 • 恰当的组织结构 • 沟通、联系与合作系统（正式的或非正式的） • 国际化的推进以及管理中集权化与分权化的平衡 • 充足的资金支持和资源分配体系
服务	• 机构范围内的服务单位的支持（如学生住宿、注册、资金筹集、校友、信息技术） • 学术支持单位的参与（如图书馆、教学、课程开发、教工培训、科研服务） • 学生流入流出的支持服务（新生培训、心理咨询、跨文化培训、签证建议）
人力资源	• 遴选国际专家的招募和选拔程序 • 教工激励和晋升政策 • 教工职业发展活动 • 国际就职与研究休假的支持

资料来源：Knight（2004）。

25 该表反映了近来国际化的商业性的增强以及对“本土国际化”活动的更多关注。这些项目与策略最适用于传统的公立和私立高等教育机构，而与那些不关注科研和社会服务的新的教育提供商关系不大。

策略和策略方法对院校机构层面来说是最关键的，但由于国家/部门层面现在也包含在定义中，所以有必要把组织策略的观念拓展到国家/部门层面。于是，政策和计划就被引入进来了。

表1.4　国家、部门和机构层面国际化的政策与项目

层面	政　策	项　目
国家	与高等教育国际化维度相关的教育政策或其他国家层面的政策（文化、科技、移民、贸易、就业政策）。	提升或促进高等教育国际化维度的国家的或次级地区的项目。可以由不同的政府部门或非政府组织提供，并定位于不同的方面（学术交流项目、国际学术计划、招募国际学生）。
部门	与高等教育的目的、功能、经费筹措和管制（regulation）有关的政策。	由高等教育部门提供和享有（by and for）的计划，可以由任何级别的政府机构或者公立、私立的组织提供。
院校机构	处理国际化的特殊方面的政策或将国际化维度整合到机构的主要宗旨和功能中去的政策。	诸如学生交换、外语学习、区域或专题研究、联合培养/双学位以及留学生等计划。

资料来源：Knight（2004）。

新的框架刻意在所有三个层面都包括了政策和项目。项目可以视为一种 26
比策略更加宏观的方法，并作为政策工具之一来使用，或者，更一般地讲，作为把政策转化为实际行动的方法之一。

在国家部门层面，所有影响国际化或者被国际化影响的政策都包括进来了，如外交政策、开发援助政策、贸易政策、移民政策、就业政策、科技政策、文化和传统政策、教育政策、社会发展政策、工商政策。这些政策对各种各样的提供商都有直接影响——公共的和私人的、营利的和非营利的机构、商业公司。

提供教育项目和服务的公司也包含其中，因为日渐增长的教育产业可以被视为非商业化教育的补充者、合作者或竞争者。总部设在伦敦的无边界高等教育观测所（Observatory on Borderless Higher Education）开发了一个全球教育索引（Global Education Index）（Garrett 2003），列举了所有提供教育培训项目或服务并且已经上市的公司。现在大概有50个公司，但随着服务贸易自由化的推进，营利性教育公司的数量还会继续增长。许多教育国际化的政策对高等教育的公立机构和商业化提供商都有影响，这也是为什么我们的概念框架必须同时包含国家/部门层面和院校机构层面的原因。

在院校机构层面，政策可以有不同的理解方式。狭义的理解指的是声明和规章，它们涉及同机构的宗旨、目标、观念、功能中的国际化维度相关的优先发展重点和计划。这可以包括机构的宗旨或留学政策、学生招募、国际联系与合作关系、跨境教育的提供、国际研究休假和其他事项。

院校机构层面对政策的一个广义理解，包括所有体现出国际化目的或特征的声明、规章和策划文件。如果院校机构采取了整合的、持续的国际化方法，那么大量的政策和程序文件都会被包括进来，具体包括质量保障、计划、资金筹集、人员配备、教师发展、学生录取、科研、课程体系、学生支持、合同与项目工作。

传统上，院校机构层面的国际化被视为一系列的策略或活动。近来这些策略分叉为两股支流（streams），一个包括发生在本国校园内的国际化活动，另一个与跨境活动相关。

27 本土国际化一词的出现，使本国校园内（home campus）的国际化问题得到了更多关注。这包括科研和教学过程、课外活动、与当地文化和种族社会团体的关系、留学生与海外学者融入校园生活等方面的跨文化和国际化维度。这个概念的出现或许可以看作对日益受到重视的学术流动（academic mobility）的一种对抗。

跨境一词开始被视为国际化的同义词，因此忽略了“本土”元素。它常常被用来描述教育商贸。所有这些解释都太过狭隘，因此我们很有必要澄清国际化的两个渠道。这两个渠道是密切相关、互相依赖的而非互相独立的。国外国际化对本土国际化有很大的影响，反之亦然。

表 1. 5 包含了四类跨境教育。它采取跨境教育的全面方式，来弥补在一些贸易协定如《服务贸易总协定》（GATS）中所采用的狭义方法。不使用《服务贸易总协定》的贸易分析家给出的四种模式作为教育分类体系是很重要的，因为这四种贸易模式并不包括非营利学术合作活动或者国际开发项目，而这些也是国际化的组成部分（Knight 2003）。表 1. 5 的每一类中都包含多种国际活动，不管这些活动是以何种方式提供——虚拟的或物理的流动或者交换协议，不管它们如何筹集资金——政府的或者私人的，不管它们有何目的——营利性的商业冒险、非营利的计划或者兼而有之，它们都涉及人员流动、课程与计划、教育提供商和项目。

四大类跨境教育主要通过三种国际化的模式实现：开发援助项目（纵向合

作）；交换、联系和双赢计划（横向合作）；市场导向的商业冒险（ventures）。

这个框架目前还在发展之中，为了使它能够和许多不同的国家、司法区（jurisdictions）、文化、教育体系相关，和国际化的许多不同的机构、教育提供商相关，能够涵盖资金筹措和行政安排的多元化，能够同时包括本土和跨境的活动，我们刻意使这个框架保持一般化。本土国际化和海外国际化的联系是非常重要的，这种联系的性质和影响今后还须深入研究。

表1.5　本土国际化和海外国际化的元素 28

国际化（基于校园）
课程体系与项目 • 含有国际主题的新课程 • 现有课程中渗透国际的、文化的、全球的或比较的维度 • 外语学习 • 区域研究 • 联合培养/双学位
教/学过程 • 国际学生以及有过留学经历的学生积极参与，教/学过程中课堂的文化多样性 • 参与联合课程和研究项目的实际学生流动 • 对国际学者或教师以及当地的国际专家或跨文化专家的雇用 • 国际的和跨文化的案例研究、角色扮演与参考资料的整合利用
课外活动 • 学生俱乐部和协会 • 国际的和跨文化的校园活动 • 与社区文化、种族团体的联系 • 同伴支持小组和计划
与当地文化和种族团体的联系 • 通过实习、人员安排、应用研究等方式使得学生参与到当地的文化和种族组织中去 • 邀请当地文化和种族团体的代表人参与到教学过程、研究计划和课外活动中来

续表

国际化（基于校园）

科研和学术活动

- 区域和专题研究中心
- 联合研究项目
- 国际会议和研讨会
- 发表的文章和论文
- 国际研究协议
- 研究交流项目
- 学术部门和其他部门的国际研究伙伴
- 客座研究院和访问学者融入校园的学术活动中去

海外国际化（跨境）

人员流动

- 在奖学金支持下，学生进行半年或一年的学习、实习，开展研究项目，或者到国外进行全日制学习
- 29 教授和专家到国外教学或指导研究，提供技术援助和咨询，学术休假或寻求职业发展

项目提供

- 教学项目和课程流动，而非学生流动
- 通过国内外机构和教育提供商的联系或合作协议而提供的教育或培训项目
- 通常由接收机构（receiving institution）授予的学分或奖励（award）；有时提供联合培养学位或双学位［如果涉及国外学位，那么院校机构或教育提供商通常已经来到了接收国（receiving country）］

教育提供商的流动性

- 为了物理上地（physical）或虚拟地（virtual）来到接收国，机构或提供商进行流动
- 国外的或国际的提供商对教育项目负有学术责任并授予国外学位。教育提供商在接收国可以有也可以没有学术伙伴或财务伙伴，例如分校、独立的国外机构和一些特许经营模式

国际项目

- 包括多种非学历活动，比如联合课程开发、研究、标杆管理、技术援助、在线学习平台、职业发展和其他能力建设计划
- 可以作为开发援助项目、学术联系和商业合同的一部分进行的项目与服务

国际化的方法

由于高等教育环境的复杂多变，不同的国家、教育系统、机构与教育提供商往往面临着高等教育国际化维度的不同机遇和挑战。这就意味着我们需要多种应对国际化的方法。

方法与定义是不同的。不同的国家或者一个国家的不同机构可能使用相同的国际化定义，但它们应对国际化的方法却可能非常不同，这是因为不同国家和机构的发展重点、文化背景、历史传统、政治形势和资源状况都是不同的。而国际化的方法反映了一个国家、教育部门或机构在其国际化努力过程中所体现出的价值观、优先发展重点和实际行动。国际化的方法不是固定
的，而是在发展过程中不断变化的。在多数情况下，一个国家或机构可以同 30
时使用多种不同的方法。国际化的方法也没有对错之分。引入“方法”一词是为了描述和评价在国家层面、部门层面或院校机构层面国际化被概念化（conceptualized）和实现的方式。

机构/提供商层面国际化的方法

表 1.6 中给出的国际化的一般方法主要是基于以前的研究成果（Knight and de Wit 1999），但是现在在此基础上又有了三个重要变化。“产出”这一类别以前称为“能力”，但为了强调高等教育部门的责任和行为结果（results），我们决定将这一类别扩展为更广义的“产出”。

表 1.6　院校机构层面国际化的方法

方　法	描　　述
活动方法	国际化被描述为各种活动，如留学、课程体系和学术项目、院校机构联系和网络、开发援助项目、分支学校等。
产出方法	国际化被描述为期望产出，如学生的能力与形象的提升以及更多的国际协议、国际合作伙伴或国际项目。
动因方法	使用主要动机或驱动力来描述国际化，可以包括学术水准、创收、文化多样性、学生和教师发展。
过程方法	把国际化看作将国际的维度通过关键的组织策略融入到院校机构的教学、服务等功能中去的过程。

续表

方　法	描　述
本土/基于校园的方法	国际化被解释为一种能够提升国际/多文化理解的校园文化或环境氛围的创造，聚焦于基于校园的活动。
国外/跨境方法	国际化被视为通过多种模式（面对面、远程、在线学习）和多种行政安排（特许经营、姊妹大学、分支学校等）向其他国家提供教育产品或服务的过程。

资料来源：基于奈特和德维特 1999 年的研究（Knight and de Wit 1999）。

31 另外一个重要变化是两个新增的类别——“动因方法”和“跨境方法”。国际化的动因也在改变。国家和院校机构层面的政策文件都越来越清晰地阐述为什么要实现国际化，而不是简单强调要做什么。为了反映这种变化，我们将动因作为国际化的另一种方法。而另一个新的类别——国外/跨境方法，描述了那些集中精力于跨境提供教育项目，而并不把研究或社会服务作为自己主要职责的机构和提供商。它们更感兴趣的是通过各种方式拓展其教育的地理边界，如面对面的教学、包括在线学习在内的远程教育或者两种方式的结合等。“精神气质方法”（ethos）被拓展并重命名为“本土/基于校园的方法”，这一类别之所以继续包含在现有分类中，是因为目前仍有许多学校将精力集中于校园的跨文化的/国际的维度，而不是参与项目流动或跨境活动。

过程方法和本土/基于校园的方法聚焦于院校机构的主要功能与文化，包括课程方面、课外方面和组织方面。动因方法和产出方法可以视为一个连续体相对的两端，但它们本质上仍然是不同的，因为动因方法论述的是驱动力，而产出方法更多地与国际化的预期结果相联系。活动方法仍然是最常用的方法，强调的是作为国际化努力一部分的实际项目计划。国外/跨境方法强调与其他国家的联系，并关注学术流动的所有四个方面。

国家/部门层面国际化的方法

本节描述了国家和部门层面的四种国际化方法（表 1.7）。这些方法并不是互斥的，因为这不是设计者的意图，发展这些框架的目的是帮助院校机构和政策制定者反思他们当前国际化方法的主导特征，以及今后希望采取的方法。分析主导的方法（dominant approach）是否与其国际化的动因和价值观相一致或相互补充，是有启发性并且有用的。对这些方法的审视凸显了一些新出现的对国际化很重要的趋势和议题。

表1.7 国家和部门层面国际化的方法 32

方法	描述
项目方法	高等教育国际化被视为提供资助项目来为各种国际活动提供便利，如流动、科研和联系。
动因方法	为什么部门变得更具国际性是很重要的一件事，可以用来阐述高等教育的国际化。不同国家/部门的动因会有很大不同，可以包括人力资源开发、战略同盟、商业贸易、国家建设和社会文化发展等。
政策方法	那些论述或强调高等教育国际/跨文化维度重要性的政策，可以用来描述高等教育的国际化。这些政策可以来自许多部门，包括教育部、外交部、科技部、文化部和商业部等。
策略方法	国际化被视为国家策略的关键要素，用来实现一个国家的国内与国际的目标和优先发展重点。

资料来源：Knight（2004）。

趋势、议题和问题

用于研究和分析高等教育国际化维度的几个关键词语是复杂的、多面的、多样的、冲突的、变化的以及富有挑战性的。这些形容词勾画了国际化作为一种现象在多个方面演变的特征，它既是主动的又是被动的。这种演变——有人称之为革命——揭示了一些新的问题，并引发了许多新的质疑。

宏观趋势影响高等教育，这些宏观趋势包括知识社会与知识经济，信息和通信技术的发展，更强烈的地区主义（贸易、经济、文化方面），人员、资金、观念、知识和技术更大的流动性，在双边和多边协议基础上的贸易自由化的发展，对市场经济的逐渐重视，以及从国家治理到地区和国际治理的变化。

这些趋势对高等教育的国际化维度有以下影响：

- 高等教育需求增加，尤其是终身学习和职业培训

33
- 教育提供商的多元化，包括商业公司、私人营利机构、公立院校机构以及“学位工厂”（degree mills）
- 远程/在线教育的创新与高等教育的跨境提供
- 新的证书与资格的提供
- 质量保障与认证的新类型和新层次
- 高等教育私人投资相比于公共投资的更快增长
- 不同类型提供商之间的行政关系和学术关系的新形式
- 战略同盟形式与目的的变化
- 日渐增加的人才外流和内流（物理的和虚拟的）
- 区域内和区域间的高等教育计划的新形式，尤其是流动计划
- 教育的市场竞争与创新更具国际性
- 教育从开发援助到交流合作再到商业贸易的变化

这些趋势引发了许多重要的问题。教育和培训项目的跨境移动，对项目及提供商的质量保障和认证有何影响？院校机构、国家质量保障和认证代理机构在对流入与流出项目的监控中扮演怎样的角色？是否需要地区或国际机制来增加国家/院校机构在监控跨境教育提供方面的努力？

新的私人营利公司的出现使国际化的舞台上又有了新演员。这些新的教育提供商如何与传统的公立和私立院校机构合作、竞争，互补乃至影响后者的工作？

国际化如何处理国际性和跨文化性的交集？国际化到底是增进了对文化多元性和文化融合的理解与尊重，还是在为文化趋同推波助澜？课程、教/学过程、科研、课外活动和学术流动如何贡献于跨文化理解以及文化融合（hybridization）/同质化（homogenization）？

国际化领域工作的复杂性需要额外的知识、态度、技能和对于高等教育
34 的国际/跨文化/全球维度的理解。在该领域工作的学者、管理者和政策制定者是否认识到并发展了这些能力呢？

是否存在从国际化的社会文化动因向国际化的经济和商业利益的转变？世界所有地区都如此吗？这对高等教育政策的影响是什么（资金筹措、评估、质量、社会角色、科研、课程、规章制度）？

日益增加的学术流动性对于学术和职业证书认定（professional recognition of credentials）的影响是什么？证书认定与朝能力认定（validation of competences）的转向之间的关系是什么？区域性的联合国教科文组织公

约在证书认定中扮演什么角色？

国际化对人才外流/内流有何作用？什么样的机制可以提高学术和职业流动的收益，同时缓和国家间人才流动的不平衡？

学术流动、劳动力流动和临时或永久移民的联系是什么？有目标地招收留学生是否和一定的移民模式相联系？

国际化如何加速区域整合？区域整合又如何影响国际化？

到2020年，国际化将会取得怎样的重大成就？学术领导人、教育政策制定者以及政客是否在以长远的眼光看待全球化固有的机遇与挑战，以及它对高等教育国际化的影响？为了论述和指导国际化在机构、部门、国家、地区和国际层面的长远影响，还需要对哪些问题进行进一步的评估、研究和政策分析？

如果一组专家（pundits）于2020年聚在一起讨论国际化对高等教育的贡献，他们的结论会是什么？他们是否会关注国际化在促进一批国际精英学者成长中的角色，教育作为贸易服务的产业化和商品化，课程体系的标准化、同质化和英语作为授课语言的过度使用，学术标准、质量的退化和由此 35
导致的不合格学位与认证的泛滥，以及接受高等教育机会的不平等？或者他们是否会总结出国际化对学生、学者和教授发展作出了贡献，使他们对国际与全球问题有了更多的了解和分析，提高了课程和教学过程的质量与实用性，使用了信息和通信技术，建立了新的合作关系和跨境提供方法从而增加了获得高等教育的机会，展示了高等教育的国际化维度，加强了高等教育内在的文化和民族性格，并对社会、经济和文化发展有所贡献？

高等教育国际化的发展方向、进程和贡献取决于今日的决定与行动。因此，对于各个层面上国际化的机遇和风险的分析是非常重要的，这可以保证政策的制定很好地考虑到教育国际化维度的收益和挑战。

参考文献

Adam, S. 2001. *Transnational Education.* Report prepared by the Confederation of European Union Rectors Conference, Geneva.

Altbach, P. 2001. "Higher Education and the WTO：Globalization Run Amok." *International Higher Education* (Boston College) 23：2-4.

Arnove, R. , and C. Torres, eds. 1999. *Comparative Education*：*The Dialectic of the Global and the Local.* Oxford：Rowman and Littlefield.

Arum, S. , and J. Van de Water. 1992. The Need for a Definition of International Education in

U. S. Universities. Bridges to the Futures: *Strategies for Internationalizing Higher Education*, C. Klasek, ed., IL: Association of International Education Administrators.

Bloom, D. 2003. "Mastering Globalization: From Ideas to Action on Higher Education Reform." In *Universities and Globalization: Private Linkages, Public Trust*, ed. G. Breton and M. Lambert, 139-152. Paris: UNESCO/Université Laval/Economica.

Breton, G., and M. Lambert, eds. 2003. *Universities and Globalization: Private Linkages, Public Trust.* Paris: UNESCO/Université Laval/Economica.

Corporate University Xchange. 1999. *Annual Survey of Corporate University Future Directions.* New York: Corporate University Xchange.

Cunningham, S., Y. Ryan, L. Stedman, S. Tapsall, S. Bagdon, T. Flew, and P. Coaldrake. 2000. *The Business of Borderless Education.* Department of Education Training and Youth Affairs, Canberra, Australia.

36 CVCP (Committee of Vice-Chancellors and Principals). 2000. *The Business of Borderless Education: UK Perspectives.* London.

Davis, D., A. Olsen, and A. Bohm eds. 2000. *Transnational Education: Providers, Partners and Policy. A Research Study.* IDP Brisbane, Australia.

de Wit, H., ed. 1995. *Strategies or Internationalization of Higher Education: A Comparative Study of Australia, Canada, Europe and the United States.* Amsterdam: European Association for International Education.

——. 2000. "Changing Rationales for the *Internationalization of Higher Education.*" In *Internationalization of Higher Education: An Institutional Perspective.* Papers on Higher Education Bucharest, UNESCO/CEPES. Bucharest.

——. 2002. *Internationalization of Higher Education in the United States of America and Europe: A Historical, Comparative, and Conceptual Analysis.* Westport, CT: Greenwood Press.

Enders, J., and O. Fulton, eds. 2002 *Higher Education in a Globalising World: International Trends and Mutual Observations.* Dordrecht: Kluwer Academic Publishers.

Gacel-Ávila, J. 1999. *Internacionalización de la educación superior en America Latina yel Caribe: reflexiones y lineamientos.* Organisation Universitaire Interamericaine y La Associacion Mexicana para la Educación Internacional, Guadalajara, Mexico.

——. 2003. *La internacionalización de la educación superior: paradigma para la ciudadania global.* Univeridad de Guadalajara, Guadalajara, Mexico.

Garrett, R. 2003. "Mapping the Education Industry. Part 2: Public Companies' Relationships with Higher Education." Observatory on Borderless Higher Education, London.

GATE (Global Alliance for Transnational Education.) 1997. "Certification Manual." Washington, DC, and Wellington, New Zealand.

Kalvermark, T., and M. Van der Wende, eds. 1997. *National Policies for the Internationalisation of Higher Education in Europe. Hogskoleverket Studies.* Stockholm: National Agency for Higher Education.

Knight, J. 1994. *Internationalization: Elements and Checkpoints.* Research Monograph No. 7.

Ottawa: Canadian Bureau for International Education.

——. 1999a. "Issues and Trends in Internationalization: A Comparative Perspective." In *A New World of Knowledge: Canadian Universities and Globalization*, ed. S. Bond and J. P. Lemasson, 201-38. Ottawa: International Development Research Centre.

——. 1999b. *A Time of Turbulence and Transformation for Internationalization.* Research Monograph No. 14. Ottawa: Canadian Bureau for International Education.

——. 2002. *Trade in Higher Education Services: The Implications of GATS.* Observatory on Borderless Higher Education, London.

——. 2003. "Updated Internationalization Definition." *International Higher Education* (Boston College) 33: 2-3.

——. 2004. "Internationalization Remodelled: Definitions, Rationales and Approaches." 37
Journal for Studies in International Education 8 (1): 5-31.

Knight J., and H. de Wit, eds. 1997. *Internationalization of Higher Education in Asia pacific Countries.* Amsterdam: European Association for International Education.

——. 1999. *Quality and Internationalisation in Higher Education.* Paris: Organisation for Economic Co-operation and Development.

Larsen, K., J. P. Martín, and R. Morris. 2001. "Trade in Educational Services: Trends and Emerging Issues." Working Paper, Organisation for Economic Co-operation and Development, Paris.

Larsen, K., and S. Vincent-Lancrin. 2002. "International Trade in Educational Services: Good or Bad?" *Higher Education Management and Policy* 14 (3).

Levy, D. 2003. *Expanding Higher Education Capacity through Private Growth: Contributions and Challenges.* Observatory on Borderless Higher Education, London.

Marginson, S. 2000. "Rethinking Academic Work in the Global Era." *Journal of Higher Education Policy and Management* 22 (1).

——. ed. 2001. *Globalization and Higher Education: Views from the South.* Paper No. 46 from the Society for Research into Higher Education Conference in Cape Town, South Africa.

Marquez, A. M. 2002. "The Impact of Globalization on Higher Education: The Latin American Context." In *Globalization and the Market in Higher Education: Quality, Accreditation and Qualifications.* Paris: UNESCO/Economica.

Nilsson, B. 1999. "Internationalization at Home: Theory and Praxis." *European Association for International Education Forum* 12. Amsterdam.

OECD (Organisation for Economic Co-operation and Development). 2002. "The Growth of Cross-Border Education." *Educational Policy Analysis.* Paris.

Pretelt, C., and M. Lopez, eds. 2002 *Guia para la internacionalizacion de las instituciones de educación superior de Colombia.* Instituto Colombiano Para el Fomento de la Educación Superior, Bogotá.

Salmi, J. 2001. "Tertiary Education in the Twenty-First Century: Challenges and Opportunities." *Higher Education Management* 3 (2): 105-30.

Sauve, P. 2002. "Trade, Education and the GATS: What's in, What's Out, What's All the

Fuss About?" *Higher Education Management and Policy* 14 (3).

Scott, P. 2000. "Globalisation and Higher Education: Challenges for the Twenty-First Century." *Journal of Studies in International Education* 4 (1): 1-10.

Soderqvist, M. 2002. *Internationalization and Its Management at Higher Education Institutions: Applying Conceptual, Content and Discourse Analysis.* Helsinki School of Economics, Helsinki.

UNESCO (United Nations Educational, Scientific and Cultural Organization). 2002. *Globalization and the Market in Higher Education: Quality, Accreditation and Qualifications.* Paris: UNESCO/Economica.

UNESCO and Council of Europe. 2001. *The UNESCO-CEPES/Council of Europe Code of Good Practice for the Provision of Transnational Education.* Paris: UNESCO.

Van Dalen, Dorrit, ed. 2002. *The Global Higher Education Market for Higher Education.* Netherlands Organization for International Cooperation in Higher Education (NUFFIC), The Hague.

38 Van Damme, D. 2001. "Higher Education in the Age of Globalization: The Need for a New Regulatory Framework for Recognition, Quality Assurance, and Accreditation." Working Paper, UNESCO, Paris.

——. 2002 *Quality Assurance in an International Environment: National and International Interests and Tensions.* Background paper for the Council for Higher Education Accreditation International Seminar, San Francisco.

Van der Wende, M. 1997. "Missing Links: The Relationship between National Policies for Internationalisation and Those for Higher Education in General." In *National Policies for the Internationalisation of Higher Education in Europe*, ed. T. Kalvermark and M. Van der Wende, pp. 10-31. Hogskoleverket Studies. Stock holm: National Agency for Higher Education.

——. 2002. "Higher Education Globally: Toward New Frameworks for Research and Policy." In CHEPS Inaugurals 2002, pp. 26-69. University of Twente, Netherlands.

Van Vught, F., M. Van der Wende, and D. Westerheijden. 2003. "Globalization and Internationalisation: Policy Agendas Compared." In *Higher Education Dynamics*, ed. J. Enders and O. Fulton, 103-20. Dordrecht: Kluwer Academic Publishers.

Wachter, B. 2003. "An Introduction: Internationalization at Home in Context." *Journal of Studies in International Education* 7 (1): 5-11.

第 2 章

39

拉丁美洲高等教育的地区与国际挑战

劳瑞茨 B. 赫尔姆－尼尔森（Lauritz B. Holm-Nielsen）
克里斯汀·索恩（Kristian Thorn）
若泽·乔奎因·布鲁纳（Jose Joaquín Brunner）
豪尔赫·巴兰（Jorge Balán）

人才流动、高等教育新的提供商和对知识网络的参与，为拉美国家提供了许多新机会，包括新知识的获取、技术转移和新的商业机会的开发。众所皆知，知识经济的发展、高等教育和科研是保持竞争力的关键。但高等教育的国际化维度对于拉美来说却是一把双刃剑。技术人才的流动削弱了国家的知识基础，使紧缺资源外流。每年，移民中都有相当一部分是该地区受过良好教育的人口（Wodon 2003）。

拉美国家正在变成人才和高等教育服务全球市场上的玩家（player）。1993—2002 年，美国的拉美裔大学生增加了 50% 。外国的提供商也进入拉美的高等教育市场。欧洲和美国的高校，例如博洛尼亚大学（University of Bologna）、海德堡大学、纽约大学，现在都在该地区提供教育项目或建立分支学校。拉美内部的高校也开始跨境运作，如墨西哥的蒙特雷理工学院（Technological Institute of Monterrey）提供的网络远程学习项目。

拉美和经合组织（OECD）国家的证据显示，获取新知识的最佳策略是参与到人员和观念的交换中去，而非内向发展（turn inward）。对于拉美国家来说，它们的挑战是向人才提供学习、科研和工作机会，以保证为国家的经济发展提供充足的高级技能。拉美国家已经采取了重要举措来吸引高技能工人。高等教育的入学人数在过去十年中翻了一番并还在继续扩展
40 （expansion），教育机会更加多样化，学校管理更加分权化以便更及时地回应学生和产业（industry）的需求。尽管如此，拉美高等教育的潜力还远没有实现，学生毕业率较低，高校面临大量质量问题，不平等广泛存在，专业人才供给与劳动力市场需求不匹配。

本章评价了拉美国家在面对知识经济和高等教育国际化的挑战与机遇时所作的准备，审视了最近的趋势并回顾了当前该地区高等教育主要方面的状况。其中，综述部分描述了高等教育国际化的背景，以及本章其余部分关注的焦点。

扩展与多样化

过去四十年拉美高等教育的入学人数显著增加。2001 年，18—24 岁拉美青年的中学后教育入学率为 23%，自 1985 年起年均增长 2.3%。阿根廷、乌拉圭特别是智利是拉美地区的领先者（leaders），高等教育入学率达到 30% 以上（图 2.1）。尽管入学率增长显著，但拉美仍然落后于发达国家。经合组织国家的高等教育平均入学率已达到 56%（World Bank 2002d）。

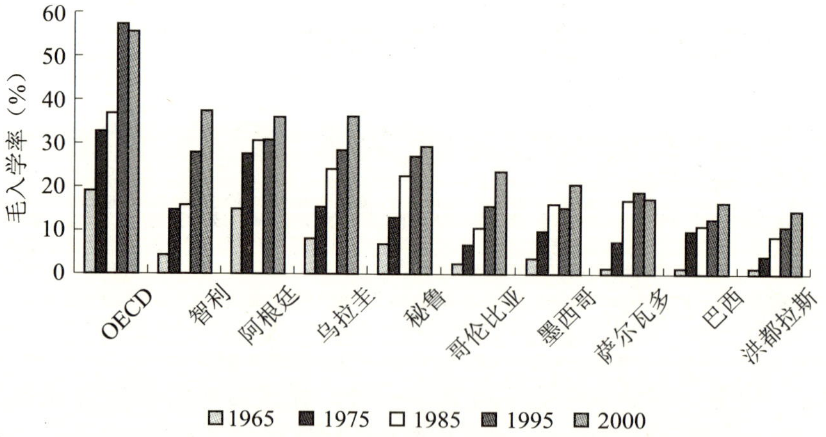

图 2.1　1965—2000 年拉美和 OECD 国家的高等教育毛入学率

资料来源：Task Force on Higher Education and Society（2000）；World Bank（2002d）。

尽管不那么显著，研究生教育也开始扩展了。1997 年拉美高等教育入 41
学学生中有 2. 4% 是攻取硕士和博士学位的。这个数字可能低估了实际的数量，因为它不计算法律和医学专业学位，当然在大多数拉美国家这两种专业都没有研究生学位。

尽管近年来对于研究生教育高度重视，拉美国家所培养的博士数量依然很少。OECD 国家每年每 5 000 人中就会产生一个新的博士（NSF 2002）。与此对应，这个数字在巴西是 70 000 人，智利是 140 000 人，哥伦比亚是 700 000 人（World Bank 2002b）。

扩展的方法

拉美国家以许多不同的方式进行高等教育的扩展。在阿根廷、墨西哥、乌拉圭和委内瑞拉，公立大学得以扩展和多样化发展，地区层面的新的公立高校得以创立以满足部分需求。在巴西、智利和哥伦比亚，公立教育的增长很有限，私立教育机构则为教育机会的增加作出了最大贡献。

尽管存在差异，但近十年来，私立高等教育在整个拉美地区都有显著增长（表 2. 1）。由于面对公众对高等教育机会的更大需求，若干国家的政府都放松了对高等教育的管制，结束了公共部门对高等教育的垄断。营利的和非营利的私立高校在除了古巴以外的地区随处可见，并且在多数国家私立高等教育的覆盖面（coverage）、复杂性（complexity）和可视性（visibility）都在显著增加。现在，拉美的私立高校入学人数已经占该地区整个高等教育入学人数的 40% 。

非大学的第三级教育（Nonuniversity Tertiary Education）

伴随着私立高等教育增长的是非大学的第三级教育机构数量的增长。这些机构包括技术学校、教育学院、中学后职业培训所，通常提供比大学时间要短的教育项目。目前，拉美有 3 000 所非大学的第三级教育机构，其中 60% 都是私立的（Schwartzman 2002）。许多拉美大学生都是在这些学校注册的。在委内瑞拉，非大学系统占有 28% 的高等教育入学率，在智利是 30% ，在巴西达到 32% （World Bank 2002a, 2002c）。

42 **表 2.1　1985—2002 年拉丁美洲的私立高等教育**

年份	入学人数比例				
	40%—75%	30%—40%	20%—30%	10%—20%	低于 10%
1985	巴西 哥伦比亚 多米尼加	智利 萨尔瓦多 秘鲁	阿根廷 危地马拉 巴拉圭	哥斯达黎加 厄瓜多尔 洪都拉斯 墨西哥 尼加拉瓜 委内瑞拉	玻利维亚 古巴 巴拿马 乌拉圭
2002	巴西 智利 哥伦比亚 多米尼加 萨尔瓦多 尼加拉瓜 巴拉圭 秘鲁	委内瑞拉	阿根廷 哥斯达黎加 厄瓜多尔 危地马拉 墨西哥	洪都拉斯	古巴 玻利维亚 巴拿马 乌拉圭

资料来源：Schwartzman（2002）；World Bank（2002a，2003）；García Guadilla（1998）。

高等教育的差异化（differentiation）有若干积极影响。拉美地区今日比几十年前有了多得多的教育机会。正是由于差异化，不同背景、能力和志向的学生的受教育机会才得以扩展。如果仅依靠既存的、主要是公立的高校，高等教育覆盖面是不可能增加这么多的。多样化对该地区持续努力提高高等教育入学率以满足日渐增长的教育需求来说是至关重要的。

尽管多样化和覆盖面的增加在许多方面是有积极意义的，但它们确实也有代价。机构所有权、自治权、筹资、项目等的分散化和多样化，使得整个教育体系如同一盘散沙，学校之间的联系非常薄弱。比如在哥伦比亚，高度异质的（heterogeneous）大学部门的增长使得协调各方努力和减少内部不一致变得极为困难（Brunner 2002a）。整个拉美地区的一个主要困难就是非大学第三级教育的高度分割（segmented）。这些机构往往缺乏清晰的教育政策
43 和策略，所提供的教育在质量和实用性上有许多问题。而缺乏有关教育内容

及劳动力市场收益等可以指导学生进行选择的信息，更加剧了这些问题（Brunner 2002a）。

高等教育的经费筹措

高等教育的扩展和发展需要足够的资源。为了评估拉美高等教育的相对投资额度，图 2.2 显示了 53 个样本国家 1999 年相对于收入水平的高等教育公共和私人总投资额。估计的趋势线反映了高等教育人均总投资（公共的和私人的）的对数值对人均 GDP 对数值的线性回归。

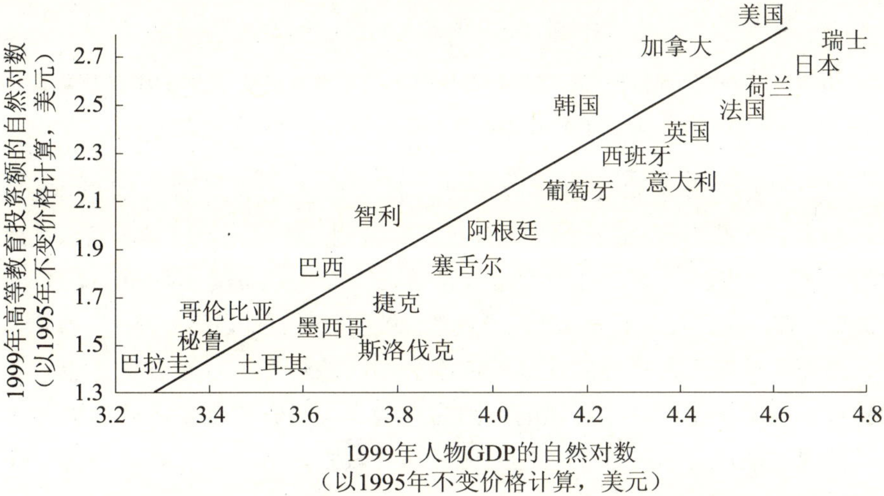

图 2.2　1999 年若干国家相对于收入的高等教育总投资

注：为了使本图更清晰，曲线低端的一些国家被省去了。对于样本中的撒哈拉以南的非洲国家，只能找到 1996 年的高等教育公共经费数据。

资料来源：OECD（2002a）；World Bank（2002d）；ADEA（1999）。

尽管排在高收入的经合组织国家之后，拉美国家的投资也相当接近基于人均收入的期望值。巴西、巴拉圭和秘鲁恰好落在了曲线上，阿根廷和墨西哥的投资稍低于预期的投资，哥伦比亚，尤其是智利，则高于期望的投资。

智利和哥伦比亚的情况揭示了以私人投资补充公共经费的优势，因为这两个国家都是高等教育公共经费投入占 GDP 比重最低的国家之一（图 2.3）。但由于可观的私人投资，两国对高等教育的总投资占 GDP 的比重在 44
拉美样本国家中却是最高的。除了增加投资外，私人投资还能够使高等教育系统更加不易受到公共经费变动的影响。

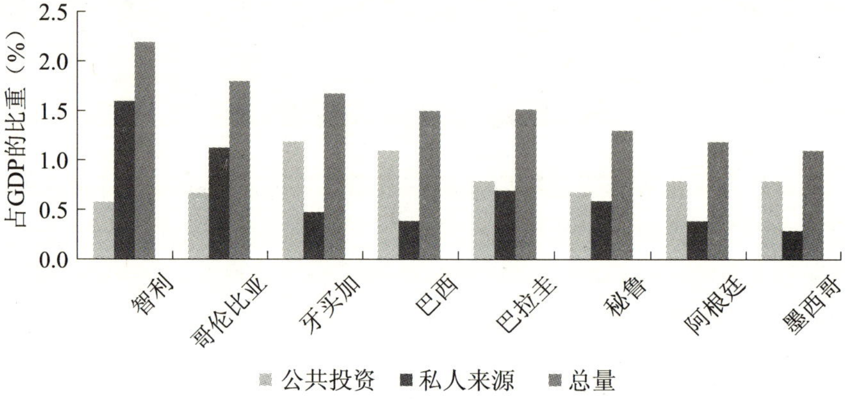

图 2.3　1999 年部分拉美和加勒比海国家的高等教育投资（占 GDP 的比重）

资料来源：OECD（2002a）；World Bank（2002c，2002d，2003）。

拉美的公立大学主要由税收资助，各种希望依靠学费收回成本（cost recovery）的改革常常引起政治争论并且受到抵制。比如，1999 年墨西哥规模最大的大学——墨西哥国立自治大学（National Autonomous University of Mexico）曾提高学费，但后来由于学生罢课导致学校关闭数月，并最终放弃这一举措。

然而，拉美近些年确实在朝着成本分担的趋势发展。对有支付能力或可以获得信贷的学生收费是有益的，因为它为高等教育提供了额外的资源并减轻了国家财政压力。另外，它也保证了高等教育的成本由那些从中获得收益的人承担。

公立大学学生承担的成本比例在不同的国家是不同的（图 2.4）。在智利、古巴、哥斯达黎加、厄瓜多尔和牙买加，学生支付的费用和冰岛、韩国、西班牙类似。在拉美地区的其他国家，如玻利维亚、危地马拉和洪都拉斯，成本回收率很低。在阿根廷和巴西，公立大学对本科生不收学费，学生的财政贡献是极小的。

为防止高等教育因数量扩展而产生的质量下降，成本回收或许是一个可
45 行的办法。由于收取学费使得负担从高校和政府转移到学生及其家庭身上，因此这种方式也就为需求导向的教育体系铺就了道路。但成本回收绝不是万灵丹，依赖学费的高等教育事实上意味着更大的不平等。比如，在阿根廷，来自最富裕的 20% 人口的学生占了免费公立高校学生人数的 29%，相应地在收费的私立高校这一比例已超过了 60%（Del Bello 2002）。巴西大学生的

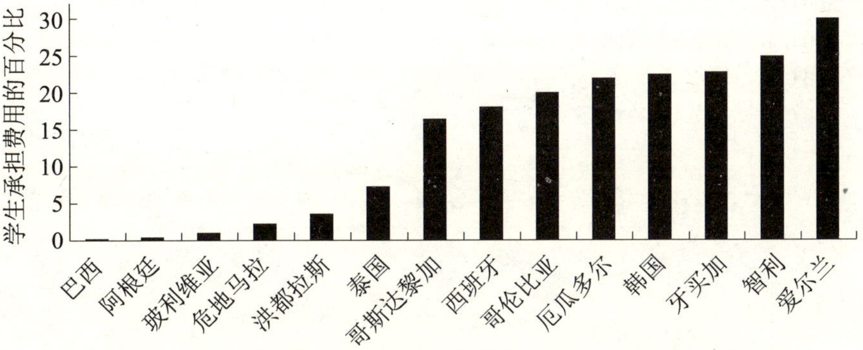

图 2.4　部分拉美和加勒比海国家的公立大学成本回收情况

资料来源：Schwartzman（2002）；World Bank（2002b）；De Ferranti and others（2003）。

组成情况也大同小异（Schwartzman 2002）。因此，为了保证低收入家庭子女的入学机会，成本回收机制必须和完善的学生资助体系相绑定。

在几个拉美国家，公立大学正在发展新的筹资方式。许多大学都认为公共补贴在未来几年不会增加，因此，大学必须具有企业家精神。一些大学开始通过出售服务、签订科研合同、出租设备等方式来创收。在阿根廷，大学自主创收的资金从 1991 年占高等教育总预算的 7% 发展到 2001 年占 11%（Becerra and other 2003）。开发新的资金来源可以增强大学创新能力和提升大学质量。同时由于出售服务要求大学迎合社会需求，因此这也可能会提高大学的实用性。

处理高等教育的内部效率低下问题可能会缓解预算约束，并为提高质量和增加高等教育的覆盖面提供基础。在整个拉美地区，高校毕业率都很低，
而且最近几十年来这一指标在持续下降。内部效率低下在那些不经过严格选 46
拔就能上大学的国家尤其普遍。30% 的阿根廷大学生第一学年就辍学了（Marquis 2003）。假如完成高等教育要花 5 年时间，在阿根廷仅有 1/4 的被录取学生正式毕业，而智利是 1/3，哥伦比亚是 1/2（图 2.5）。

高等教育机构的效率因国家而不同。图 2.6 虽未反映质量差异，但值得注意的是巴西、哥伦比亚和委内瑞拉的高等教育入学率，同马来西亚、墨西哥、秘鲁和泰国差不多，但是其高等教育经费占 GDP 的比重却要高得多。同样，阿根廷、葡萄牙和西班牙的入学率都比智利高，但是其高等教育投入占 GDP 的比重却比后者还要少 1 个百分点。

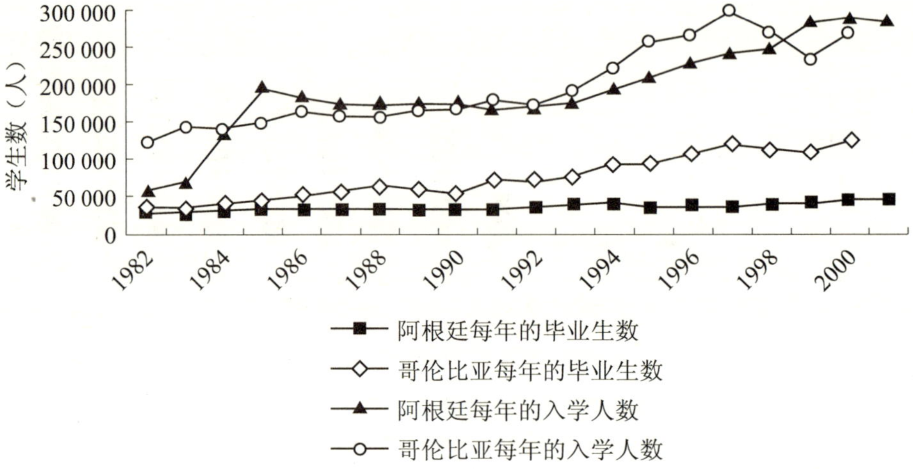

图 2.5　1982—2001 年阿根廷和哥伦比亚年录取学生数与毕业学生数

注：阿根廷的数据是国立大学数据，其入学人数占高等教育总入学人数的 85% 。

资料来源：Ministerio de Educación，Cienciay Tecnología de Argentina（2002）；ICFES（2000）。

47

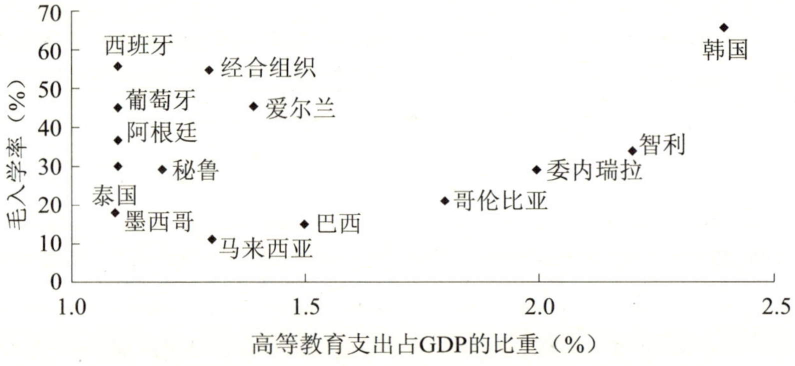

图 2.6　2002 年部分国家高等教育毛入学率和高等教育支出占 GDP 的比重

资料来源：OECD（2002a）；World Bank（2002d）。

低的生师比是一些拉美国家教育效率低下的原因之一。在巴西联邦大学体系内，生师比仅为9∶1，而在西班牙是 15.9∶1，在经合组织是 16.7∶1，在爱尔兰是 17.4∶1（OECD 2002a）。在阿根廷，现有和退休教师的开支占了高等教育预算经费的 80%，在巴西更是占到了 90%，仅剩下很有限的资源用于非教师工资的其他开销（Marquis 2003）。对比来看，韩国在教师薪酬上的花费还不到高等教育预算经费的一半（OECD 2002a）。

教学、质量和实用性（relevance）

高校所生产的人力资本和知识的质量与实用性，对拉美社会经济发展至关重要。不同于高收入国家，拉美依然在处理一些长期存在的问题，如课程不完善、教学材料匮乏、教师质量不高、劳动力市场不平衡等。

采用新的教学方法

拉美高等教育的大规模扩展增加了录取学生在兴趣、能力和志向上的多样性。然而，大学却没能为适应多样化的学生开发出包括多种教学方法、学习内容和项目的课程体系。该地区的高辍学率和延时毕业就是这种情况的明证。

大部分拉美国家仍然完全采用那种包括学生参与（student participation）和强调“学会学习”的教学法。重复性的内容以及纯粹依靠课堂教学的方式仍随处可见，而对创造性、反思能力和进取精神等的培养则没有给予足够的关注。由于大学各个系之间联系松散，授课教师缺乏多科学视角，使得在拉美大学采取一种更加倾向于问题导向的知识形成方式是很困难的（Altbach 2003）。另外，学生往往一入学就需要选定自己的专业。这种体系 48
使得教学过程变得僵化，与本科以通识教育和模块化教育为主，到研究生才开始专业化的国际趋势不符，同时也使那些面向国际听众的短期课程的传递更加复杂。

一个重要原因是，在拉美，学者和大学的联系是很松散的。大约60%的公立大学教师和86%的私立大学教师都是兼职的，而且许多人还承担不止一项工作（World Bank 2002b）。流动性虽然带来了一些好处，但它却不利于建设一支核心的职业教师和科研人员队伍，不利于创造一个师生充分互动的良好学习环境。

在拉美，由于根深蒂固的习惯以及薪酬体系（compensation structure）强调资历而非能力，因此为适应环境的变化而调整教学方法的进程往往是缓慢的（Altbach 2003）。为了克服这些阻碍，许多国家都设立了教学奖，以提高优秀教学实践的知名度（visibility）并鼓励教学和研究中的优秀者。比如，墨西哥有一个项目，对杰出学者给予国家级的认可。除了提高教学质量外，该项目还通过为优秀学者提供机会和高薪而有效减少了人才外流（El

Khawas 1998）。

提高高等教育的质量

拉美国家的高等教育面对着大量质量问题，包括大学的过分拥挤、物质设施的损耗、设备的缺乏、教学材料的陈旧、课程设置的过时等。中小学教育的薄弱也是影响大学提高教学质量的阻碍因素之一。拉美的大学必须花大量时间和资源来提高不合格的中学毕业生的能力（Brunner 2002a）。

师资质量不高也是一个问题。该地区拥有博士学位的大学教授很少（图 2.7）。哥伦比亚和墨西哥只有不到 4% 的教授拥有博士学位；即使该地区高等教育比较发达的国家，通常也只有 1/10 的教授拥有博士学位，但巴西是个例外，它有 30% 的教授都拥有博士学位。在整个拉美地区，只有不到 26% 的教授拥有硕士学位（García Guadilla 1998）。

49

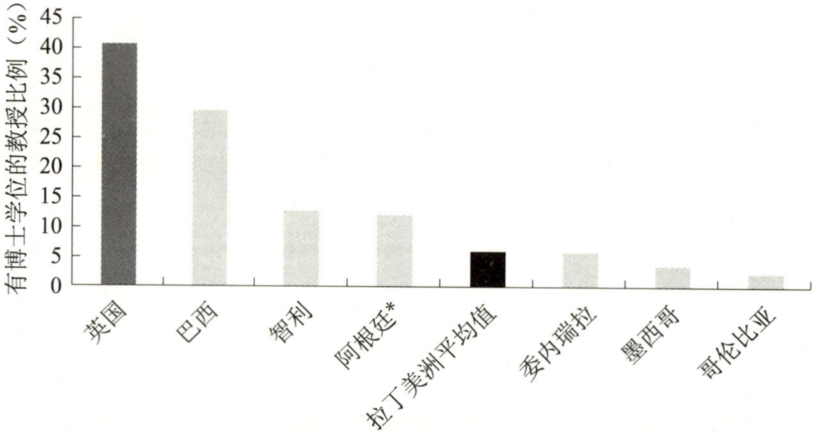

图 2.7　2001 年部分国家拥有博士学位的教授比例

＊仅包括公立大学的数据。

资料来源：World Bank（2002a）。

质量保障

在整个拉美地区，由于对质量问题的关注、对高等教育的管制放松以及私人投资的增长，使得学术水准和质量保障机制问题成为鲜明的重点。政府越来越希望学生在对高等教育投入时间和金钱后能够有所收获（Balán

1996)。质量保障机制也是保证外国提供商的进入不会降低高等教育质量的一个必不可少的因素。

独立的国家认证机构和委员会的建立，体现了拉美国家对维护质量标准问题的重视。这种质量控制的系统模式，一般包括新的高等教育机构从业资格认证，以及基于已有标准和期望对现有教育项目的认证。

最近几年，阿根廷、伯利兹、玻利维亚、智利、哥伦比亚、哥斯达黎加、萨尔瓦多、墨西哥和尼加拉瓜都已建立了本科生教育项目认证机构。如阿根廷的评估与大学认证国家委员会（National Commission for Evaluation and University Accreditation，简称 CONEAU）成立于1995年，试图建立一套监控大学质量的集中而统一的制度（Hansen and Holm-Nielsen 2002）。CONEAU 50
在授予新的公立和私立机构合法地位方面发挥了重要作用，并且对私立机构已持续监控多年。虽然建立单一的国家代理机构是最普遍的做法，但是哥伦比亚和墨西哥等国家采取了一种更加多元的方式，对于不同地区、不同目标和不同类型的本科生教育项目建立不同的代理机构。

拉美地区的研究生教育认证也在发展。如巴西通过高等教育人员发展协调会（Coordination for the Improvement of Higher Education Personnel，简称 CAPES）长期保持着研究生项目质量保障传统（Balbachevsky and Quinteiro 2003）。

拉美地区使用的质量保障方法主要包括外部同行评价、量化的绩效指标和学生评估。另外，关注自身优势劣势的机构自我评价，也是提高质量的努力中一个关键的要素（DePietro-Jurand and Lemaitre 2002）。同时，现在的评价越来越趋向于强调学习产出和学生能力获得，而不是教育的投入和过程方面。充分利用所收集的信息和自我评估过程，要求大学有能力和资源来批判性地审查自己的项目，并且知道如何去提高。对于拉美的一些机构来说，这意味着必须加强行政管理能力并营造一种努力进步的文化，从而使质量保障行动能够带来期望的变化（El-Khawas，DePietro-Jurand，and Holm-Nielsen 1998）。

一些既无资源又无方法来像上述那样管理高等教育的拉美国家，使用了一些间接的质量保障措施。一个选择就是让公立和私立高等教育机构竞争高分生源，而这些学生则能够获知学校所提供教学项目的质量和实用性方面的信息。比如在智利，所有大学入学考试成绩在前27 000名的学生都绑定一定比例的公共补贴经费，这便成为学校提高质量争取优秀生源的动力之一

（Araneda and Marín 2002）。另外一个影响没那么广泛的办法是，国家仅对进入经过认证的高等教育机构就读的学生提供公共资助（Hauptman 2002）。

提高对劳动力市场回应（responses）信息的掌握

有效的劳动力市场反馈（feedback）体系，比如跟踪调查或对雇主和新近毕业生的定期访谈，对高校调整自己的课程和教学项目以适应社会需求是非常重要的。然而在拉美很少有国家或机构定期收集这些信息。关于大学毕
51 业生的职业发展路径的数据非常有限，使得研究者很难揭示高技能劳动力潜在的供给和需求的差异。尽管由于私立高校的增长，高校对劳动力市场反应的灵敏度已经有所增加，但拉美的教育基本上还是传统本位或学术本位的（Levy 2002）。

增加高等教育的实用性

在拉美，高等教育并没有满足竞争性经济的需求。瑞士洛桑管理学院（Institute for Management Development，简称 IMD）在 49 个拉美国家开展的调查显示：除了智利外，该地区所有国家在大学教育迎合竞争性经济需求程度上的分值，都低于经合组织国家的平均值（见图 2.8）。墨西哥、阿根廷和委内瑞拉是最差的，而哥伦比亚和巴西则稍微好一些。虽然对跨国研究的解释必须谨慎，但从高等教育对产业的实用性来看，数据显示拉美是远远落后于高收入国家的。

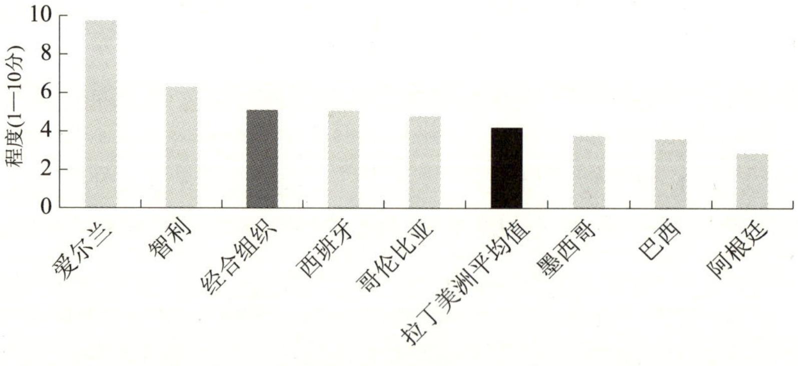

图 2.8　大学教育迎合竞争性经济需求的程度

注：变量标准化为 0—10 分的取值（0 分最低，10 分最高）。

资料来源：IMD（2002）。

拉美大学毕业生的相对工资呈上升趋势（见图2.12）。但是，劳动力市场的结构不平衡依然非常明显。如在阿根廷，失业工人中接受过高等教育的人口比例由1990年的29%增加到1999年的38%（EIU 2001）。有的领域尽管没有经济需求却制造了大量的高等教育毕业生。阿根廷每千人中的物理学家人数比美国都要多。相反，其他职业，如工程师，却是供不应求的（Hansen and Holm-Nielsen 2002）。

意识到提高高等教育实用性和处理结构失衡问题的重要性，一些拉美国 52
家启动了劳动力市场监控计划。智利和哥伦比亚最近建立了劳动力市场“观测站”（observatories）来监控和分析大学毕业生的职业表现（Brunner and Meller 2004）。在劳动力市场回应和毕业生早期职业生涯体验上得到更多信息，可以指导人力资源政策、课程设置调整、高等教育投资等。在整个拉美地区，各国也在努力促进高等教育机构和生产部门之间的人才流动。

教育公平与学生资助

拉美国家高等教育的扩招为非特权阶层接受高级培训铺平了道路，但在低收入家庭学生入学率提高的同时，教育系统中原本就占优势的阶层的学生数量也不断增加，结果现在的学生社会经济地位分布看起来和扩招前差不多。拉美高等教育仍然保持着很大的精英性，大部分学生都来自社会富裕阶层（见图2.9）。

在巴西，来自最富裕的20%人口的学生占高等教育注册学生数的70%， 53
而来自最贫穷的40%人口的学生只占高等教育总学生数的3%。在墨西哥最贫穷的60%人口只贡献了高等教育入学人数的18%。哥伦比亚、智利尤其是阿根廷稍微好一些，但高等教育入学机会也是相当不平等的。

许多情况下高等教育不平等情况的回归（regressive）源自初等教育的不平等。那些负担得起高质量私立初等和中等教育的学生，对大学入学考试往往准备得更充分，因此基础教育的质量差别和严格的录取政策，使得富裕学生在免费的公立高校中比例过高。而贫穷家庭的孩子对高考的准备不是那么充分，所剩下的选择也不多，他们要么去读对高考成绩要求不高的需要付学费的私立高校，要么就干脆放弃高等教育。在公立和私立高校都要收费的国家，那些条件较差的学生通常在付费求学（paying for schooling）上没有多少选择机会，更不要说支付生活费了。由于高等教育的收益率相对于中小

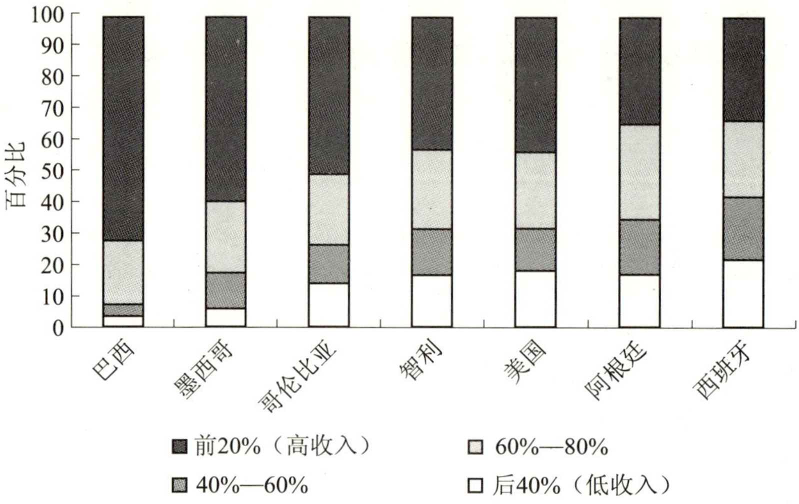

图 2.9　2001 年部分国家按 5 分位（Quintile）收入等级统计的大学生分布

注：美国的数据是 2002 年秋季学期四年制大学一年级学生的数据。

资料来源：World Bank（2002b）；U. S. Census Bureau（美国人口调查局）（2002）；Chronicle of Higher Education（美国《高等教育记事报》）（2003）。

学来说升高了，高等教育这种不平等的入学模式的回归就转化为了富裕家庭教育投资的高收益，使得本已不公平的社会更加两极分化。

对收入不平等的一种有效回应是将资助的目标锁定在那些最脆弱的人群上。这种资助可以以贷款或奖学金的形式提供。拉丁美洲的经验显示：完全依靠贷款的资助体系并不能很好地增加最有需要的学生群体的入学机会（Schwartzman 2002）。贫困家庭往往无法提供担保，而且通常也不愿意负债。向那些非常贫困且成绩较好的学生提供奖学金而向那些比较贫困且成绩优异的学生提供贷款，被证明是一种比较有效的方法（Hauptman 2002）。而在澳大利亚试验成功的另外一种方法，是学生贷款可以在达到一定收入水平时才开始偿还（Chapman 1997）。

拉美的高等教育学生资助体系尽管有其积极的一面，却远远不能满足需求。学生资助通常是很稀缺的，奖学金的获得比例很低。例如在委内瑞拉，只有 8% 的大学生可以得到某种形式的资助。学生每月补助仅为当地最低工资的 1/5，并且非大学的高等教育机构还没有学生资助，而这些学校正是那些最贫穷学生的集中地（World Bank 2002a）。在墨西哥，学生获得奖学金的可能性是随着家庭收入水平的提高而增加的（De Ferranti and others

2003）。

在拉美，将高等教育机会扩展到那些学业优秀但经济拮据的学生身上，54
对充分挖掘个体潜能是至关重要的。然而，学生资助也可能造成公共资源的严重损耗，因为实际的利率和还款率通常都很低（Hauptman 2002）。一个资金可持续的学生资助项目的例子是墨西哥的高等教育促进会（Society for the Promotion of Higher Education，简称 SOFES）。参与项目的私立大学购买指定的学生贷款公司的股票，而这家公司是由政府和世界银行投资的。学校以非补助金形式向学生提供贷款资助，并须承担与学生互动的责任。到目前为止，这个项目的违约率一直保持在个位数（Canton and Blom 2004），这可能是由于学校需要向 SOFES 注入资金，或者学校的不良投资超过 10% 就无权获得追加资金。尽管该项目和其他的计划在该地区都卓有成效，但它们运作的规模还是相对较小。要做的事情还有很多。

收入不平等并没有造成高等教育入学机会的性别差异：在整个拉美地区，男性和女性的入学率几乎没有什么差异，而在阿根廷、巴西、哥伦比亚、萨尔维亚、洪都拉斯、乌拉圭，女性甚至还占据优势（见图 2.10）。这与韩国男性占优的情况形成鲜明对比。拉美女性不仅入学人数多，而且在学业表现和毕业率上都相应地超过男性。如哥伦比亚高等教育系统 1995 年录取的学生中，女生有 53% 的人毕业，而男生仅有 43% 的人毕业（World Bank 2003）。

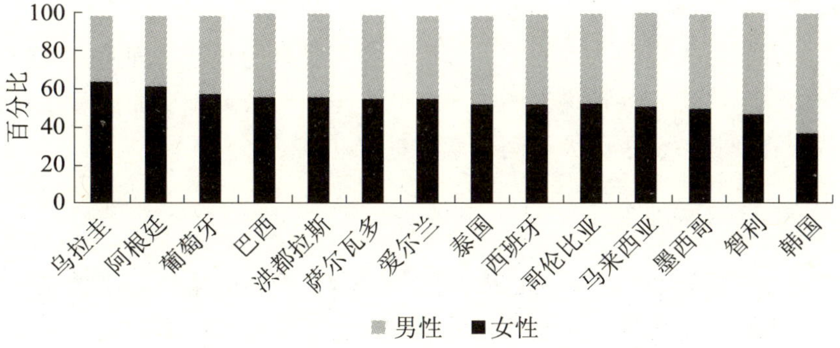

图 2.10　2001 年部分国家的大学招生性别分布

资料来源：UNESCO（2003）；World Bank（2002a，2002b，2003）。

大部分拉美女性，像世界其他地区的女性一样，在传统领域就读。在教 55
育、社会科学和人文艺术领域就读的女性很多，而在工程和自然科学领域就读的女性很少。在法律和医学领域就读的女性也相当多。

整个拉美地区高校教师中女性的比例都比较高。如在阿根廷，在全职的大学教师中女性数量超过了男性（Marquis 2003）。

高等教育管理

历史上，拉美国家的中央政府和联邦政府在规划与控制高等教育中发挥了重要作用。各种管制和统一的运作程序（systemwide procedures）几乎没有给院校机构留下多少创新与差异化的空间。在许多拉美国家，教育部决定预算分配、招生政策以及培养项目的内容。高校对教工数量、工资水平乃至教师晋升都没有多大影响力（Schwartzman 2002）。

随着教育机会的增加和私立高等教育的扩展，高等教育的复杂性日益增加，自上而下的国家控制模式已经很难维持。针对这种情况，拉美的许多中央政府和联邦政府已经下放部分权力给地方或者州政府。阿根廷的非大学的第三级教育如今由各省来管理，墨西哥各州在高等教育中具有核心地位，巴西的自治区和州在高等教育中发挥重要作用。因此，高等教育的资金来源在地理分布上更加分散，越来越多的院校机构分布在大都市以外的地区。

在地方分权化的同时，高等教育机构也获得了更多的自主权。委内瑞拉1999年的宪法给予了高校最大的自主权，大学可以更自由地规划和组织课程，自己任命领导，安排人事以及管理预算（World Bank 2002a）。类似这些改革的背后是人们的一种假定，即处于高等教育的日常管理第一线的人是最有资格作出并实施各种决定的人。因此，与高等教育领域的国际趋势相一致，高校管理者被赋予更大空间对学校进行变革。

改进问责与激励机制

自治、放松管制、私有化以及外国教育提供商的到来，与质量控制和维
56 护政府权威并不是矛盾的。与放松管制和权力下放相伴而来的是，拉美的教育监督部门越来越依赖于建立一个激励机制，使高等教育系统内的各个主体都达到期望的行为（desirable behavior）目的（Thompson 1998）。要做到此点，高校必须对公共资源的使用负责任，一个奖励效率和质量的体系也必须建立起来。前面提到的由该地区各国政府建立的认证机构，就是大学绩效和学习产出之重要性的明证。

为迎合这种趋势，拉美的预算改革不再关注预算经费究竟应该如何分配以便与传统或政治需要相一致。这样的分配原则因为其不奖励高绩效的机构亦不鼓吹效率而被视为不合时宜的。相反，许多拉美国家正在尝试在绩效和公共补贴拨付之间建立直接联系。竞争性基金、基于绩效的拨款方式和高校绩效合同是几种正在考虑或已使用过的机制（Thorn，Holm-Nielsen，and Jeppesen 2004）。智利的高等教育改善项目（Higher Education Improvement Project）中的竞争性基金，就是一种向大学提供经费的创新性方法。该项目的设置是为了加速高校现代化的进程，基金专门资助由高等教育机构所开发或倡议的项目。同行委员会基于完全透明的程序与标准来评审和挑选项目申请书。到目前为止，所选中的项目主要集中于课程改革、设备更新和加强研究生教育方面（Marquis 2000）。

改善治理结构

公立大学和私立大学的内部管理有着相当大的差异。大多数私立院校机构和私营企业类似，采取集权式的、利益导向的管理结构，通常没有内部磋商的机制，教师对于学校的整体规划和管理影响很有限。这样的安排虽然有效率，而且简化了变革的程序，但是对于培养教师对学校的归属感却毫无贡献，而且减少了底层的信息和创意（ideas）向上的流动。

相反，大多数公立高校都是由内部选出的学术领导人所组成的学术委员会来管理的。比如，巴西的联邦大学主要依靠合议制的决策过程（collegial decisionmaking）以及选举出来的各院系的领导（Schwartzman 1998）。这样的安排对于一个富有活力和创造力的学术社区来说是非常重要的。然而，它也会带来决策反应迟缓的风险，并且使必要的管理决策政 57
治化。另外，内部选举也无法为职业领导力（professional leadship）提供一个坚实的基础，因为学术领导人很少会受到关于大型复杂机构管理方面的培训（Altbach 2003）。基于这些原因，公立高校往往无法充分利用分权所带来的机遇。

在高校管理中大学与社会的紧密联系可以有效地提高课程的实用性，并有利于国家创新体系建设。但是，拉美的大学却没有和利益相关者建立联络并进行磋商的传统。与经合组织国家不同，拉美地区很少有院校机构的治理结构允许产业和市民社会的代表参与高校事务（World Bank 2002b）。这种内向型（inward orientation）的师资队伍和管理结构，反映在对大学和产业界之间知识转移的认识上（见图 2.11）。除了智利以外，每个样本国家的高校在对知识转移的认识上都低于经合组织国家的平均水平，并且远远低于表现最好的国家。

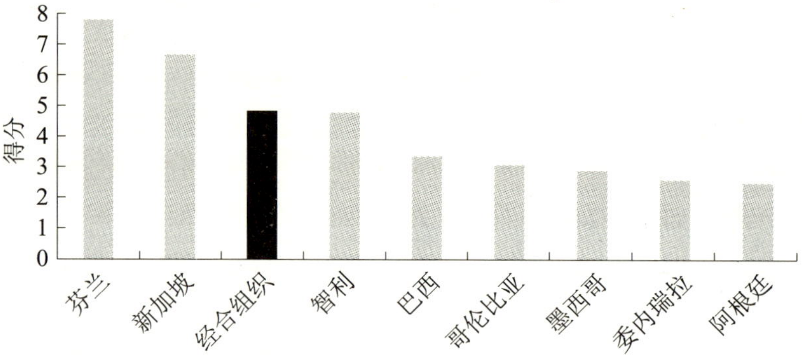

图 2.11　2001 年部分国家对大学和产业界之间的知识转移的认识

资料来源：IMD（2002）。

高等教育机构缺乏开放性导致高校没有考虑到广泛的社会利益，也没有充分实现跨部门协同合作的潜力。

增进灵活性

高校管理中一个日渐重要的议题是使学生可以在不同的学习环境间自由
58 切换。在许多拉美国家要想在不同的教学项目之间互换学分是很困难的，更不要说在不同大学或者不同国家之间进行学分互换。例如在委内瑞拉，大学之间几乎没有任何协议可以允许学生的流动或教师的交换。交换生很难拿到之前所修课程的学分，哪怕是同一个学位的教学项目，也必须补修课程（World Bank 2002a）。尽管相对欧洲国家而言，这里的语言障碍更少，但是各国几乎没有作出任何努力来建立一个跨国转移体系，比如欧洲学分互换系统（European Credit Transfer System，简称 ECTS）。加强拉美高校和教学项目间的横向纵向联系，可以降低交易成本，提高效率，促进不同高等教育提供商的竞争，帮助高等教育机构把握学生对学习机会的需求，而不是单纯提供预定的教学项目。这也会促进完成海外学业的学生归国，并且打开高等教育体系的大门，以向社会提供终身的学习机会。

劳动生产率和创新

近些年拉美国家通过自由贸易和鼓励海外投资开放了经济。与世界市场的整合改善了拉美地区的技术获取渠道，也放大了知识作为一个生产要素的重要性。

由于新技术的使用而带来的劳动生产率的提高以及竞争力的加强，增进了社会对于高级人力资本的需求。因此，接受过高等教育的工人的相对工资在拉美各地都在升高。如在巴西，1982—1988 年高等教育收益增长了 23%，而中小学的教育收益则降低了（见图 2. 12）。

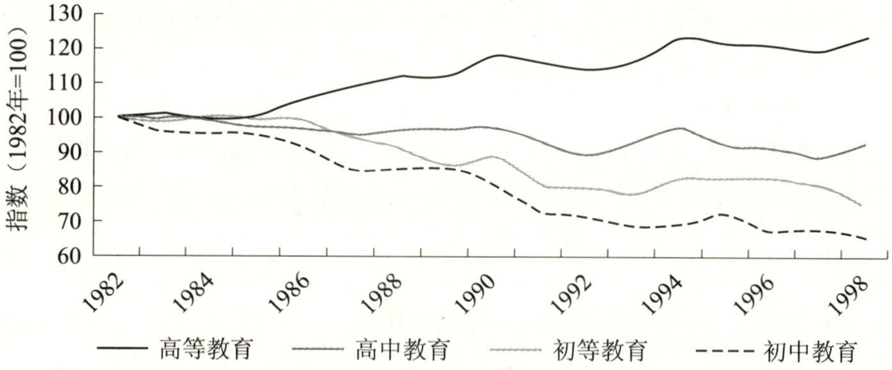

图 2. 12　1982—1998 年巴西各级教育的收益

资料来源：Blom，Holm-Nielsen，and Verner（2001）。

许多拉美国家的高等教育收益都是相当高的。阿根廷、智利和哥伦比亚三个国家的高等教育收益是中等教育的两倍，比巴西、玻利维亚和墨西哥的教育收益高出 5 个百分点以上（表 2. 2）。拉美国家一个突出的特点是，接受过高等教育的工人的相对供给及其相对工资是同时上升的，因此，所观察到的工资变化可能还没有完全反映出对大学毕业生需求的增长。

表 2. 2　2001 年部分拉美国家二级教育和大学教育收益率（%）

国　家	二级教育	大学教育
阿根廷	8	16
玻利维亚	8	14
巴西	15	22

续表

国　家	二级教育	大学教育
智利	12	24
哥伦比亚	5	18
墨西哥	12	16

资料来源：De Ferranti and others（2003）；Duryea，Jaramillo，and Pagés（2001）。

创新作为经济增长的驱动力

对高级人力资源的获取不仅对于生产部门是重要的，它也同时是一个国家创新体系的核心部分。研究发现，公立高校与私人企业以具体的形式互动从而生产和采用知识、技术、产品的能力，是经济增长的一个主要驱动力
59 (Lundvall 1992；De Ferranti and others 2003)。拉美国家尚未实现其提高创新能力的潜力（见图 2. 13）。科学出版物和专利数都较低，大学和私立部门(private sectors）的联系也很薄弱。

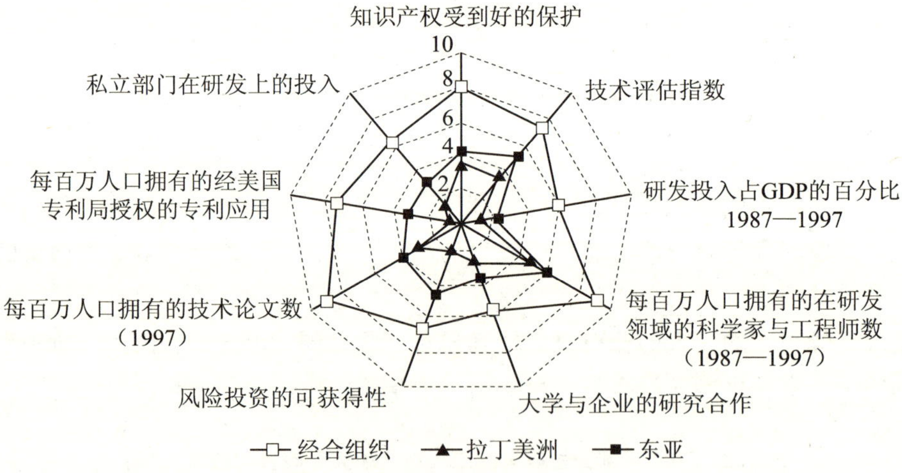

图 2. 13　拉美国家创新体系的指标

注：变量标准化为 0—10 分的取值（0 分最低，10 分最高）。

资料来源：World Economic Forum（世界经济论坛）(2000)；World Bank（2002d）。

研发中投资和私立部门的参与不足

1990—2001年拉美投资于研发（R&D）的经费几乎翻了一番。墨西哥、智利尤其是巴西这些国家由于长期都对联邦大学的科研高度重视，这些年来科研经费增长幅度特别大（World Bank 2002c）。然而，拉美地区的科研经 60
费仍远远低于世界领先的国家。2000年整个拉美地区的科研经费占GDP的比重为0.54%，而经合组织国家的平均值则是2.24%（OECD 2002b）。爱尔兰和韩国的科研投入分别占GDP的1.54%和2.70%（World Bank 2002d）。

在科研的资助和运作上，拉美与经合组织国家有着重大的结构差异。在经合组织国家，私立产业部门是研发的主要投资者。而在拉美，科研的主体则是由政府资助的，并且主要由公立科研院所和大学开展。如在智利，产业部门仅资助了15%的研究，在秘鲁这个数字仅为10%（Hansen and others 2002）。拉美私立大学的科研活动也很有限，主要因为这些学校关注教学，并且师资队伍中合格的研究者并不多。另外，大量的兼职教师也使得私立大学在开展科研方面处于劣势。鼓励私立部门投资研发以补充公共研发经费的不足，可以为拉美提供一个更强的科研基础，并促进创新活动的商业化。

研究人员存量的不足

除了作为科研的中心，高等教育机构也是研究人员的主要提供者。拉丁美洲的大学生产的博士和博士后主要用于补充高校师资，在满足社会需求方 61
面效率不高。1999年该地区每1 000人中仅有0.32名研究人员，相对于经合组织国家的5.51人是惊人地低了（OECD 2002a）。这种差距部分是因为对本科生和研究生教育的重视不够，导致拉美每年的博士生培养数量极低，另外也是由于年轻的研究人员职业发展机会有限（Mullin and others 2000）。在科研和教育日益国际化的大背景下，拉美优秀的年轻科研人员往往出国去追求更好的生活以及在研究领域的更大进展。

高等教育的国际联系

高等教育国际化为拉美国家获取新知识、吸引人才以及学习国外高等教育实践提供了新的机遇。高等教育和科研中的国际联系也很有潜力帮助构建拉美国家的国家创新体系。因此，拉美国家正在积极介入全球的人才和高等教育服务市场。

拉美地区在美国大学就读的学生数相对于其在本土注册的学生数的比例，要高于世界上任何其他地区（见图 2.14）。欧洲——尤其是西班牙、意大利和法国——也有大批来自拉美的学生（OECD 2002b）。

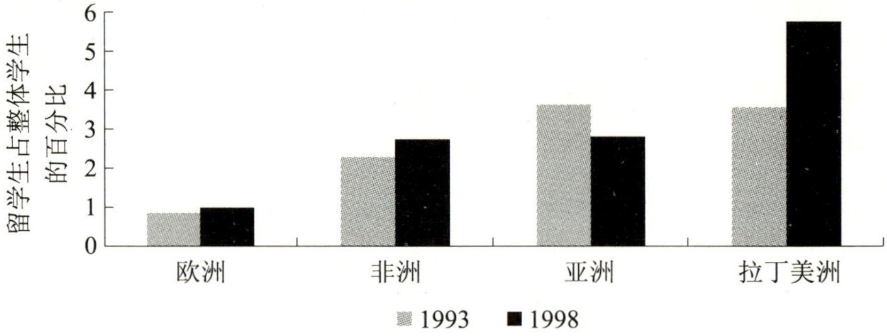

图 2.14　1993—1998 年美国大学中来自不同地区的留学生相对于整体学生的比例

资料来源：De Ferranti and others（2003）。

62 此外，越来越多的拉美学者在国外从事教学或者研究。2002 年在美国来自阿根廷、巴西、哥伦比亚和墨西哥的访问学者增加了 20%（Chin 2003）。

高技能劳动力的短期国际流动，对于新知识的获取来说是有积极作用的。永久性的移民则侵蚀国家的人力资源基础，并使稀缺资源流失。每年从拉美移民到美国的人口中都有大量受过良好教育的人。在加勒比海国家这种现象尤其严重，每年有 30% 的高等教育毕业生出国，而中美洲国家每年也有 10% 的高等教育毕业生移民。对南美洲国家的相应估计数据则较低，其中哥伦比亚 8% 的比例已经属于高的了（见图 2.15）。

对于拉美国家来说，真正的挑战是提供高质量的教育和充足的就业机会，以任人唯贤的职业晋升方式来留住人才。为此，墨西哥启动了一个面向刚刚在海外获得博士学位的研究人员的项目。该项目设立研究岗位，提供较高薪水并支付回国费用，以提高归国动机。1991—2000 年，该项目共资助了 2 000 名居住在 33 个国家的墨西哥裔研究人员回国（Wodon 2003）。智利建立人才中心来提高研究质量和吸引高技术国民回国。加强这样的计划可以使拉美地区利用反馈效应（feedback effects）和吸取归国人员的经验技术，

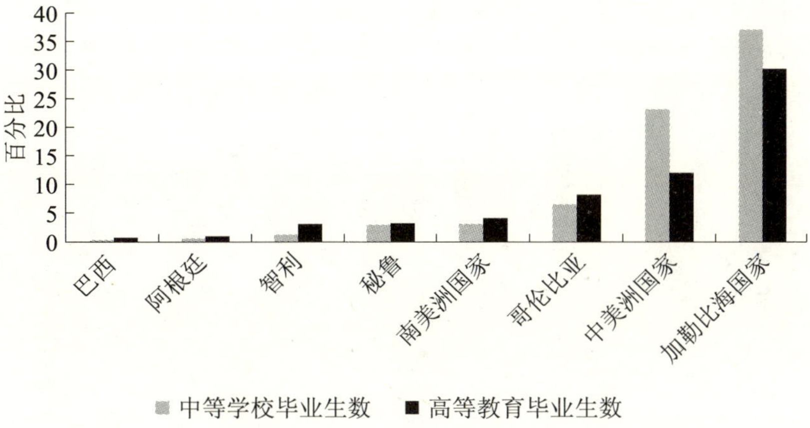

图 2.15　2000 年部分拉美和加勒比海国家的教育移民情况

资料来源：Wodon（2003）。

从而在国际化中处于更加有利的地位。

与国外院校机构形成合作关系 63

近些年外国提供商进入了拉美的高等教育市场。欧美和美国的院校机构向拉美提供学习机会或者在拉美建立教育机构，而且该地区的大学正在努力同海外的姊妹学校建立战略同盟。拉美地区也有一些大学开展了面向邻国学生或更远国家的项目。巴西、哥伦比亚、哥斯达黎加和墨西哥等国建立了远程学习项目。墨西哥的蒙特雷理工学院（ITESM）运作了一所在整个拉美地区向超过 12 000 名学生提供远程教育的虚拟大学。为了克服跨国教育的不一致性并提供技术认证途径，蒙特雷理工学院和当地大学形成了合作关系，如智利天主教大学和阿根廷航空技术学院（UNESCO 2002；Burkle 2002）。

高等教育服务领域不完善的贸易策略

拉美国家大量向海外输送学生，然而，在吸引高技能的外国人才方面却不那么成功。澳大利亚、英国以及一些较小的经合组织国家都发展了积极的国际招生策略，并提供必要的资源来满足留学生的需求。这些国家每 100 名学生中就有 10 名外国学生。而在乌拉圭、智利、阿根廷和墨西哥，外国留学生的比例还不到其高等教育注册人数的 1%（见图 2.16）。

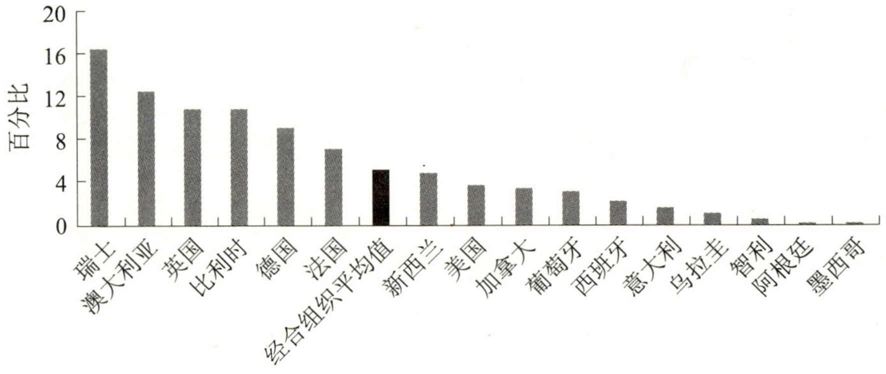

图 2.16　2000 年部分国家的留学生比例

注：阿根廷、智利和乌拉圭的数据是 1999 年数据。

资料来源：OECD（2002a）。

高等教育服务贸易已经成为了现实，而且它的未来增长会对拉美产生重要影响。经合组织估计高等教育服务贸易的货币价值约占其成员国贸易总额的 3%（Larsen，Morris and Martín 2002）。由于学生的大量流出和有限流入，拉美国家在高等教育服务中面临着不断增长的贸易逆差。2000 年巴西留学海外的国民开支约为 7 800 万美元，而外国学生流入的收入仅有 40 万美元。相反，2000 年澳大利亚高等教育服务贸易的盈余约为 18 亿美元（OECD 2002b）。

拉美从教育服务贸易中获利的战略还处在萌芽期。《服务贸易总协定》（GATS）如何影响全球高等教育市场以及拉美在全球市场中所扮演的角色，还需拭目以待（Knight 2003）。

未来之路

本章综述了拉美高等教育的发展，以便了解拉美地区对实现知识经济和高等教育全球化的准备状态。最近几年拉美取得了许多重大进展。18—24 岁群体的高等教育入学比例上升到接近 1/3，私立教育和非大学的第三级教育的扩展也增加了学习机会。质量保障机制正在建立，而院校机构也越来越多地被问责绩效。拉美国家为愿意接受高等教育的学生提供了很多不同的选择，而且最近的发展也有希望使该地区接近国际知识前沿。

尽管取得了重大成就，许多问题依然存在，而且必须给高等教育以发展的优先权。教学项目总是质量不高且缺乏实用性，而且由于种种不平等，人才没有被充分利用。广泛存在的低效率使得使用稀缺资源的收益率降低，学分互换机制的缺失阻碍了国内和国际交流，而且该地区在建立一支必不可少 65
的、具有国际声誉的研究人员队伍方面远远落后。

国际化的过程对拉美，尤其是对拉美获取快速增长的知识和技能方面有着重要的影响。教育国际化目前在政治层面上还没有受到足够重视。大量的拉美学生在拉美以外学习，而且许多大学毕业生都移民北美。拉美国家还没有开发出足够的策略来从国外吸引留学生或者高技能的国民。因此拉美整体上可能很难从《服务贸易总协定》（GATS）中充分获益。

在高等教育和科研上采取主动，如制定中长期策略，可以帮助拉美地区更好地塑造未来，而不是仅在国际教育社区的其他利益相关者所带来的变化面前被动地应对。从这个角度考虑，拉美国家很有必要加强收集和分析高等教育部门绩效数据的能力。填补学习和劳动力市场结果（outcome）之间的信息鸿沟，可以为长期的政策决定提供坚实基础，而反过来长期政策又可以改善拉美国家在国际化中获益的前景。

拉美最近的高等教育改革与国际趋势是大体一致的。虽然拉美国家已经走上了发展现代高等教育体系的轨道，但是它们的步伐还不够快，因为高收入国家仍然在持续快速发展高等教育。拉美不仅应该按照经合组织国家当前的入学率来创造入学机会，同时也应该注意缩小差距。拉美在全球知识和人才市场上赢得胜利的关键是采取创新的高等教育发展策略，大胆地迎接挑战。

参考文献

ADEA（Association for the Development of Education in Africa）. 1999. *Statistical Profile of Education in Sub-Saharan Africa*. Paris.

Altbach, Philip G. 2003. *The Decline of the Guru: The Academic Profession in Developing and Middle-Income Countries*. New York: Palgrave MacMillan.

Araneda, Hernán, and Cristóbal Marín. 2002. *Meeting the Challenge of the Knowledge Economy: Lifelong Learning in Chile*. World Bank, Washington, DC.

Balán, Jorge 1996. "Quality and Quality Assurance as Policy Issues in Higher Education." Paper presented at the Conference on Higher Education Reform in Latin America, Harvard University, Cambridge, MA.

Balbachevsky, Elizabeth, and Maria da Conceição Quinteiro 2003. "The Changing Academic 66
Workplace in Brazil." In *The Decline of the Guru: The Academic Profession in*

Developing and Middle-Income Countries, ed. Philip G. Altbach, 75-106. New York: Palgrave MacMillan.

Becerra, Marcelo, Oscar Cetrángolo, Javier Curcio, and Juan Pablo Jiménez. 2003. "Expenditure on University in Argentina." Working Paper, World Bank Office for Argentina, Chile, Paraguay, and Uruguay, Buenos Aires.

Bernasconi, Andrés. 2003 "Private Higher Education with an Academic Focus: Chile's New Exceptionalism." *International Higher Education* (Boston College) (Summer): 18-19.

Blom, Andreas, Lauritz Holm-Nielsen, and Dorte Verner. 2001. *Education, Earnings and Inequality in Brazil 1982-98: Implications for Education Policy.* World Bank, Washington, DC.

Brunner, José Joaquín. 2002a. *Aseguramiento de la calidad y nuevas demandas sobre la educación superior en América Latina.* Consejo Nacional de Acreditación, Cartagena.

——. 2002b. *The Colombian Higher Education System: Problems and Challenges.* LC-SHD Paper Series, No. 71, World Bank, Washington, DC.

Brunner, José Joaquín, and Patricio Meller, eds. 2004. *Oferta y demanda de profesionales y técnicos en Chile: el rol de la información pública.* Santiago: Editorial Ril.

Burkle, Martha. 2002. "Virtual Learning in Higher Education in Mexico and South Africa: Prospects and Possibilities." Paper presented at the Virtual Learning and Higher Education Conference, September 10-11, Oxford.

Canton, Erik, and Andreas Blom. 2004. "Can Student Loans Improve Accessibility to Higher Education and Student Performance? An Impact Study of the Case of SOFES, Mexico." Policy Research Working Paper No. 3425, World Bank, Washington, DC.

Carrington, William J., and Enrica Detragiache 1998. *How Big Is the Brain Drain?* IMF Working Paper, International Monetary Fund, Washington, DC.

Castro, Claudio de Moura, and Daniel C. Levy. 2000. *Myth, Reality, and Reform: Higher Education Policy in Latin America.* Inter-American Development Bank, Washington, DC.

Chapman, B. J. 1997. "Conceptual Issues and the Australian Experience with Income Contingent Charges for Higher Education." *Economic Journal* 107 (442): 738-51.

Chin, Hey-Kyung Koh. 2003 *Open Doors: Report on International Education Exchange.* New York: Institute of International Education.

Chronicle of Higher Education. 2003. "Attitudes and Characteristics of Freshmen at 4-Year Colleges." Almanac Issue 2003-04, 50 (1).

Courard, Hernán ed. 1993 *Politicas comparadas de educación superior en América Latina.* Latin American Faculty of Social Sciences (FLACSO), Santiago.

De Ferranti, David, Guillermo E. Perry, Indermit Gill, J. Luis Guasch, William E. Maloney, Carolina Sánchez-Páramo, and Norbert Schandy. 2003. *Closing the Gap in Education and Technology*, World Bank Latin American and Caribbean Studies, Washington, DC.

67 Del Bello, Juan Carlos. 2002. *Desafíos se la política se la educación superior en América Latina: reflexiones a partir del caso Argentino con énfasis sobre la evaluación para el mejoramiento de la calidad.* LCSHD Paper Series, No. 70, World Bank, Washington, DC.

Delannoy, Françoise. 2000. *Education Reforms in Chile, 1980-1998: A Lesson in Pragmatism.*

Education Reform and Management Publication Series 1 (1). World Bank, Human Development Network, Washington, DC.

DePietro-Jurand, Robin, and Maria-José Lemaitre 2002. "Quality Assurance in Colombia." In *Colombia: Tertiary Education Paving the Way for Reform*, 99-120. Washington, DC: World Bank.

Duryea, S., O. Jaramillo, and C. Pagés. 2001. *Latin American Labor Markets in the 1990s: Deciphering the Decade.* Inter-American Development Bank, Washington, DC.

Economist. 2002. "Making the Most of an Exodus: Emigration from Latin America." February 21.

EIU (Economist Intelligence Unit). 2001. *Country Profile* 2001: *Argentina.* London.

El-Khawas, Elaine. 1998. "Developing Internal Support for Quality and Relevance." LCSHD Paper Series, No. 29, World Bank, Washington, DC.

El-Khawas, Elaine, Robin DePietro-Jurand, and Lauritz Holm-Nielsen. 1998. "Quality Assurance in Higher Education: Recent Progress, Challenges Ahead." LCSHP Paper Series, No. 23, World Bank, Washington, DC.

European Commission. 2003. "Third European Report on S&T Indicators." Directorate-General for Research, Brussels.

Figueroa, Carlos Pallán, Joan M. Claffey, and Alan Adelman, eds. 1995. *Relevancia de la educación superior en el desarrollo.* Asociación Nacional de Universidades e Instituciones de Educación Superior, Mexico City.

García Guadilla, Garmen. 1998. *Situación y principales dinámicas de transformación de la educación superior en América Latina.* CRESALC/UNESCO, Caracas.

——. 2000. "The Institutional Basis of Higher Education Research in Latin America with Special Emphasis on the Role Played by International and Regional Organizations." In *The Institutional Basis of Higher Education Research: Experiences and Perspectives*, ed. Stefanie Schwarz and Ulrich Teichler. Dordrecht: Kluwer Academic Publishers.

Gil-Antón, Manuel. 2003. "Big City Love: THe Academic Workplace in Mexico." In *The Decline of the Guru: The Academic Profession in Developing and Middle-Income Countries*, ed. Philip G. Altbach, 23-50. New York: Palgrave MacMillan.

Hansen, Thomas Nikolaj, and Lauritz Holm-Nielsen, 2002. "Education and Skills in Argentina: Assessing Argentina's Stock of Human Capital." Working paper, World Bank Office for Argentina, Chile, Paraguay, and Uruguay, Buenos Aires.

Hansen, Thomas Nikolaj, Natalia Agapitova, Lauritz Holm-Nielsen, and Ognjenka Goga Vukmirovic. 2002. *The Evolution of Science and Technology: Latin America and the Caribbean in Comparative Perspective.* LCSHD Parper Series, No. 80, World Bank, Washington, DC.

Hauptman, Arthur. 2002. *Reforming Student Financial Aid: Issues and Alternatives.* LCSHD Paper series, No. 76, World Bank, Washington, DC. 68

Holm-Nielsen, Lauritz, and Natalia Agapitova. 2002. *Chile: Science, Technology, and Innovation.* LCSHD Paper Series, No. 79, World Bank, Washington, DC.

ICFES (Colombian Institute for the Development of Higher Educación). *2000. Es-tadísticas de la educación superior 2000*: *resumen anual*. Bogotá.

IMD (Institute for Management Development). 2002. *World Competitiveness Year-book 2001/02*. Lausanne: IMD.

IOM (International Organization for Migration). 2003. *World Migration 2003*: *Managing Migration*. Geneva: IOM.

Johnstone, Brue. 1998. *Institutional Differentiation and the Accommodation of Enrollment Expansion in Brazil*. LCSHD Paper Series, NO. 29, World Bank, Washington, DC.

Knight, Jane. 2003. "Trade Talk: The Four Modes." *International Higher Education* (Boston College) 31: 3-4.

Larsen, Kurt, Rosemary Morris, and John P. Martín. 2002. *Trade in Educational Services*: *Trends and Emerging Issues*. Paris: Organisation for Economic Co-operation and Development.

Levy, Daniel C. 2002. *Latin America's Tertiary Education*: *Accelerating Pluralism*. Washington, DC: Inter-American Development Bank.

Lundvall, Bengt-Åke, ed. 1992. *National systems of Innovation*: *Towards a Theory of Innovation and Interactive Learning*. London: Pinter Publishers.

Marquis, Carlos. 2000. *Innovation Funds for Universities*. Washington, DC: World Bank.

——. 2003. "Universities and Professors in Argentina: Changes and Challenges." In *The Decline of the Guru*: *The Academic Profession in Developing and Middle-Income Countries*, ed. Philip G. Altbach, 51-74. New York: Palgrave MacMillan. Ministerio de Educación, Ciencia y Tecnología de Argentina. 2002. *Comisión nacional para el mejoramiento de la educación superior*. Buenos Aires.

Mullin, James, Robert M. Adam, Janet E. Halliwell, and Larry P. Milligan. 2000. *Science, Technology and Innovation in Chile*. International Development Research Center, Ottawa.

NSF (National Science Foundation). 2002. *Science and Engineering Indicators 2002*. Washington, DC: NSF.

OECD (Organisation for Economic Co-operation and Development). 2000. *Science, Technology and Industry Outlook 2000*. Paris: OECD.

——. 2001. *Education at a Glance*: OECD *Indicators 2001*. Paris: OECD.

——. 2002a. *Education at a Glance*: OECD *Indicators 2002*. Paris: OECD.

——. 2002b. *Indicators on Internationalisation and Trade of Post-Secondary Education*. OECD/U. S. Forum on Trade in Educational Services. Paris: OECD.

——. 2002c. *Main Science and Technology Indicators*. Vol. 2 Paris: OECD.

RICYT (Latin American Network of Science and Technology Indicators). 2003. *Indicadores de ciencia y tecnología*. Buenos Aires.

69 Schwartzman, Simon. 1998. *Higher Education in Brazil*: *The Stakeholders*. LCSHD Paper Series, No. 28, World Bank, Washington, DC.

——. 2002. "Higher Education and the Demands of the New Economy in Latin America." Background paper for the 2003 LAC Flagship Report, World Bank, Washington, DC.

Schwartzman, Simon, and Elizabeth Balbachevsky. 1996. "The Academic Profession in Brazil." In *The International Academic Profession*: *Portraits of Fourteen Countries*, ed. Philip

G. Altbach, 231-80. Princeton, NJ: Princeton University Press.

Task Force on Higher Education and Society. 2000. *Higher Education in Developing Countries: Peril and Promise.* Washington, DC: World Bank.

Thompson, Quentin. 1998. *Trends in Governance and Management of Higher Education.* LCSHD Paper Series, No. 33, World Bank, Washington, DC.

Thorn, Kristian, Lauritz B. Holm-Nielsen, and Jette Samuel Jeppesen. 2004. "Approaches to Results-Based Funding in Tertiary Education: Identifying Finance Reform Options for Chile." Policy Research Working Paper, No. 3436, World Bank, Washington, DC.

UNESCO (United Nations Educational, Scientific and Cultural Organization). 2002. *Open and Distance Learning: Trends, Policy and Strategy Considerations.* Paris: UNESCO.

——. 2003. *Enrollment in Tertiary Education by Country.* Caracas: UNESCO Institute for Statistics.

U. S. Census Bureau. 2002. *United States Census 2002.* Washington, DC: U. S. Census Bureau.

Wagner, Alan 1998. *From Higher to Tertiary Education: Evolving Responses in OECD Countries to Large Volume Participation.* LCSHD Paper Series, No. 34, World Bank, Washington, DC.

Wesley, Yin, and Andreas Blom 2002. *Unmet Demand in a Segmented Market.* World Bank, Washington, DC.

Winkler, Donald R. 1994. *La educación superior en América Latina: cuestiones sobre eficiencia y equidad.* World Bank, Washington, DC.

Wodon, Quentin, ed. 2003. *International Migration in Latin America: Brain Drain, Remittances, and Development.* Washington, DC: World Bank.

World Bank. 2002a. *Bolivarian Republic of Venezuela: Higher Education Sector Profile.* Washington, DC.

——. 2002b. *Constructing Knowledge Societies: New Challenges for Tertiary Education.* Washington, DC.

——. 2002c. *Higher Education in Brazil: Challenges and Options.* Washington, DC.

——. 2002d. *World Development Indicators 2002.* Washington, DC.

——. 2003. *Tertiary Education in Colombia: Paving the Way for Reform.* Washington, DC.

World Economic Forum. 2000. *World Competitiveness Report.* Geneva, Switzerland: Center for International Development.

71 第 3 章

阿根廷高等教育的国际化

朱里奥·西泽·泰勒（Julio César Theiler）

本章将描述和分析阿根廷高等教育的国际化维度，审视当前条件，政府政策和项目，大学的发展重点、策略以及所实施的活动。本章还将简要描述阿根廷的高等教育系统，勾画阿根廷高等教育国际化的几个重要趋势。

高等教育国际化的定义是“将国际的、跨文化的、全球的维度整合到高等教育的目的和功能中去的那些政策与项目的发展及实施的过程”（Knight 2003，p. 2）。目前，这个过程刚刚开始体现在大学的议事日程和政府的政策中。

国际化直到最近才开始作为一个研究主题。因此，汇编相关信息并不容易。可用的信息往往是有限和零碎的，而本主题的文献目录（bibliography）还没有出现①。

国立大学校际委员会（National Inter-University Council）下属的国立大学国际合作首脑网络（Network of Heads of International Cooperation of the National Universities，简称 RedCIUN），最近开展了一项针对公立大学国际化

① 教育和科技部有一些自己直接开展活动的信息，但是没有公立或私立大学的活动数据。总的来说，高等教育机构自己没有任何可以提供或者汇集其国际活动信息的系统。

的调查。该调查覆盖了阿根廷37所公立大学中的20所（Theiler 2003a）①。另外，该机构还与私立大学校长委员会（Council of Presidents of Private Universities，简称CRUP）合作，对私立高校开展了一项类似的调查，提供 72
了9所私立大学的国际化信息（Theiler 2003）②。这些调查所得的数据是本章的主要信息来源。虽然样本学校有限，但由于覆盖了不同规模的大学，因此仍可从调研结果中得出一些一般性的结论。

阿根廷的高等教育系统

阿根廷大学水平的高等教育出现于17世纪中期，以科尔多巴大学的建立为标志。自此之后，高等教育的发展便受制于阿根廷社会所不得不面对的各个层面的政治和机构的兴衰。在19世纪晚期到20世纪早期，由于居住在阿根廷的欧洲教授的参与和贡献得到了自由派政府的接受，使得阿根廷大学的数量大增。

大学自治始于1918年科尔多巴大学改革，对于阿根廷教育发展具有无可争辩的重要性。接下来的八十多年里，主张自治一直是国家大学政策的主旋律。在这种自由高等教育的概念基础上形成了一种特殊的模式，获取教师岗位须经过公开的遴选过程，任何市民都可以不受限制地接受高等教育。在高等教育由于各种原因受到破坏的时期，尤其是在军事独裁期，大学生就会要求重建这些原则。

阿根廷的大学改革对拉美其他几个国家产生了强烈影响，这些国家至今仍在开展这些改革。阿根廷处于20世纪南美洲高等教育发展

① 这20所大学中有：拉美最大的大学之一布宜诺斯艾利斯大学，以及其他大规模的大学，如科尔多巴（Córdoba）大学、拉普拉塔（La Plata）大学、图库曼（Tucumán）大学和国家科技大学（National Technological University）；一些中等规模的大学，如库约（Cuyo）大学、利托瑞尔（Litoral）大学、诺德斯特（Nordeste）大学、里奥夸尔托（Río Cuarto）大学、萨尔塔（Salta）大学和苏尔（Sur）大学；一些小规模的大学，如卡塔马尔卡（Catamarca）大学、布宜诺斯艾利斯省中央大学、恩特斯里奥斯（Entre Ríos）大学、萨米恩托将军大学（General Sarmiento）、拉潘帕（La Pampa）大学、卢汉（Luján）大学、圣路易斯大学、圣地亚哥德尔埃斯特罗（Santiago del Estero）大学等。

② 研究覆盖的大学有：阿空加瓜（Aconcagua）大学、奥斯特拉尔（Austral）大学、贝尔格拉诺（Belgrano）大学、布宜诺斯艾利斯技术研究所、科尔多巴天主教大学、迈蒙尼德（Maimónides）大学、萨尔瓦多大学、圣菲天主教大学（Santa Fe Catholic University）、商业与社会科学大学（University of Business and social Sciences）。

的前沿，其科学的发展、在科学出版方面的地区领导地位以及大量接收外国留学生，尤其在20世纪50—60年代，都是这种前沿地位的证明。

阿根廷由于民主不断遭到破坏而面对的经常性的危机，导致了1966—1983年阿根廷大学模式的崩溃。在这期间大量人才外流，高等教育质量严重下降。1983年之后大学恢复了自治，由于经济的衰退和拉美整体尤其是阿根廷不适当的发展政策，大学的恢复过程相当迟缓。

73 高等教育系统的结构

从1995年开始，阿根廷高等教育由一个新的法律框架治理。高等教育法第24521号法案（Higher Education Law No. 24521）明确指出“大学应该享有学术自由和学校自治”，包括有权建立自己的章程，选举自己的领导，创立本科和研究生学位课程，管理它们的经济来源，授予大学学位和文凭。

高等教育系统的组织结构包括两个子系统：大学机构和非大学机构，非大学机构也称为第三级教育机构。大学机构包括创立为大学或被人们认为是大学的机构，尽管它不一定使用“大学”这个名字。非大学机构包括教师培训学院（teacher training institutions，阿根廷称 *institutos superiors de formacion docente*）、技术培训学校（techinical training，阿根廷称 *institutos de formacion tecnica*）、艺术教育学校（art education school），以及各种“短期课程”（short courses，短期课程通常持续1—4年）（Dahlman and Scherer 2002；UNESCO 2001）。历史上，两个子系统之间几乎没有任何的协调（coordination）。24521号法案在对管理和学术问题的协调上取得了重大的进步，尤其是在教师培训方面。

大学和非大学机构

高等教育法定义了大学的功能，包括教学和促进、发展、开拓科学技术研究。它区分了大学和大学研究所（university institutes），大学在多种学科上开展活动，而大学研究所则主要限定在单一学科上。大学提供预科教学项目、本科教学项目和研究生教学项目（含专业学位、硕士学位和博士学位）。

表 3.1　2000 年阿根廷的大学和大学研究所数量

（单位：所）

学校类型	大学	大学研究所	总计
公立	36	5	41
私立	42	10	52
省立	1	0	1
总计	79	15	94

资料来源：MECYT 2000。

大学和大学研究所既可以是公立的也可以是私立的（见表 3.1）。私立大学比公立大学更多。这些机构赖以创建和运行的管理规章要求它们是非营 74
利机构，必须有政府行政部门的授权，而且它们的教育服务的质量和实用性必须接受评估与大学认证国家委员会（CONEAU）的评估。国家并不补贴私立大学的运行。

非大学第三级教育机构可以划分为提供教师培训的和提供技术及职业培训的两大类。这些机构通常由省教育当局管理。它们的运行有可能获得国家补贴。

联邦法（Federal Law，1993）规定了一种新型机构，即负责在大学和培训机构之间建立联系的大学学院（university colleges）。它的组织方式和美国、加拿大的学院类似。

高等教育的协调机构

高等教育的协调结构包含以下几个实体。

国立大学校际委员会

国立大学校际委员会创立于 1985 年，由国立大学和省立大学的校长组成。它负责开发与校际协调有关的活动，主持地方高等教育当局的咨询，推进共赢项目，建立与其他地方或外国的公私立大学的联系。国立大学国际合作首脑网络（RedCIUN）在其领导之下开展工作。

私立大学校长委员会

私立大学校长委员会（CRUP）创立于 1967 年，由阿根廷的私立大学校长组成。它作为私立大学的代表，负责其成员学校与其他公立和私立机构的协调、合作与交流。它的指导委员会包括来自阿根廷不同地区的代表。

高等教育地区规划委员会

高等教育地区规划委员会（Regional Planning Councils for Higher Education，简称 CEPRES）负责协调阿根廷所有地区的大学和非大学机构的运行与学术机会。目前有六个地区规划委员会在运作，尽管效果各不相同，但它们都监督着大学和负责管理非大学高等教育机构的省当局之间的关系。

75 大学委员会

大学委员会是联邦高等教育当局的最高协调和咨询机构。它的功能包括在发展、合作、机构间协调，以及设立本科、研究生和其他教学项目的认证管理规则等领域提出政策与战略。它的代表来自国立大学校际委员会、私立大学校长委员会、高等教育地区规划委员会、联邦文化和教育委员会（Federal Council of Culture and Education），以及一个由各省教育部部长组成的组织。

目前国家协调大学系统的能力还很薄弱。大学的自治权太强大了，以至于它们常常抵制地区或国家对整个体系的协调行动。大学制订自己的发展计划，而只有极少量的活动中包含几所大学的联合项目。在实践中，高等教育体系内的所有参与者对加强体系内协调的需要已经达成了共识，最近几年也已作出了很大努力。

高等教育在校生

2000 年，阿根廷高等教育共有 130 万名在校生（表 3.2）。在过去十年，国立大学的在校生人数年均增长 5.2%，私立大学年均增长 4.4%。

阿根廷的高等教育入学率约为 40%，是高等教育入学率最高的拉美国家之一。其中，44% 的大学生学习社会科学，25% 学习应用科学，14% 学习与健康有关的科学，14% 学习人文科学，还有 3% 学习基础科学。

表3.2　1990年和2000年依机构类别统计的阿根廷大学在校生数

（单位：人）

机构类别	1990	2000
公立大学	679 403	1 124 044
私立大学	100 000*	166 539
国立大学研究所	0	17 364
总计	779 403	1 307 947

*估计数据。

资料来源：MECYT 2000。

平均来看，阿根廷学生的毕业年限比正常毕业年限要长60%（MECYT 2000）。法律专业学生的学习年限是要求时间的1.35倍，土木工程专业学生则达到1.9倍。再加上大一学生的辍学率高达40%，这些数字说明学生的 76
毕业率相当低。1999年，公立大学入学280 000名学生，而仅毕业38 400人（14%），私立大学入学51 400人，毕业13 500人（26%）（MECYT 2000）。这个问题是教育部和大学自身一直在分析讨论的话题。

阿根廷的高等教育面临的另外一个问题是大部分教师都是兼职的。公立大学只有14%的全职教师，21%是兼职工作（每周工作24小时），65%是按小时制工作（每周工作12小时）。

阿根廷的大学教育有职业导向的传统。尽管阿根廷是拉美第一个发展自己的科学研究基础的国家，但它直到20世纪80年代才开始提供研究生教育。高等教育增长迅猛，自1966年开始就接受评估与大学认证国家委员会强制性的评估和认证（见表3.3）。

表3.3　1999年和2003年阿根廷通过评估与大学认证国家委员会认证的研究生课程

（单位：个）

认证等级	1999		2003	
	硕士学位	博士学位	硕士学位	博士学位
A	13	39	31	62
B	27	20	72	40
C	12	8	69	22

续表

认证等级	1999		2003	
	硕士学位	博士学位	硕士学位	博士学位
An	8	4	11	2
Bn	16	4	30	10
Cn	20	1	42	6
总计	96	76	255	142

注：A = 优秀，B = 优良，C = 良好。附标“n”表示在评定等级时尚无学生注册的新专业（careers）或课程。

资料来源：MECYT 2000；CONEAU 网站（www. coneau. edu. ar）。

拥有最多通过认证的博士教学项目的学科是化学、物理学、哲学、地球科学和生物科学。而拥有最多通过认证的硕士教学项目的学科则是工程学、医药学、农学、管理学、经济学、艺术、教育科学和社会科学。如法律、牙科医学、建筑学、医药学和工程学等职业型专业，传统上是开展专业教育；
77 农学、经济学和管理学主要是开展硕士教育；精密科学和自然科学（exact and natural sciences）以及人文科学则主要是开展博士教育。

阿根廷研究生的数量和特征方面的数据是很有限的，即使教育部也没掌握多少可靠的信息。根据1999—2000年的大学统计年鉴，1999年公立学校大约有30 000名在读研究生（所有大学的研究生总数则没有提供）。大约30%的研究生都是在布宜诺斯艾利斯大学注册的。在大规模的大学，研究生与本科生数量之比为4∶100；在小规模的大学这个比例更小。

高等教育入学机会

阿根廷高等教育系统一个最突出的特征就是对公立教育的入学没有限制。不像很多其他的拉美国家以及欧洲国家，阿根廷并没有全国统一的入学评估体系。入学评估完全由大学自己开展。虽然规则各有不同，但是大部分公立大学除了要求学生接受一些前期的、支持性的和补救性质的课程外，对入学都没有其他任何的限制。对于医学学习来说，入学人数由该行业可提供的岗位数量来决定。公立大学的无限制入学，是阿根廷高等教育迅速扩展的一个重要原因，但同时它也是高辍学率和低毕业率的罪魁祸首之一。

认证与评估

在20世纪80年代晚期，随着大学在校生人数的激增，阿根廷教育界围绕高等教育质量展开了一场大辩论。《高等教育法》（Law on Higher Education）带来了评估与大学认证国家委员会（CONEAU）的成立，它的多重功能有别于其他国家的类似机构，其职责包括：定期开展大学外部评估，认证学位和研究生项目，决定开设新的国立大学的必要性，准备认证私立大学的报告①。

评估与大学认证国家委员会是一个非常严格的控制机构，它希望削减私立大学以及海外大学在阿根廷的分支学校（与私立大学管理办法相同）的
开设。自创立之日起到现在，评估与大学认证国家委员会总共接受了79项 78
申请，但只通过了其中9项。目前博洛尼亚大学是唯一一所被授权在阿根廷开展业务的大学。

评估与大学认证国家委员会积极参与南方共同市场（Mercosur）② 以共同的项目评估和认证框架为基础的专业与技能认证计划。它也主动参加到伊比利亚－美洲高等教育质量与认证网络（Ibero-American Network for the Accreditation and Quality of Higher Education，简称RIACES）③ 中。伊比利亚－美洲高等教育质量与认证网络创建于2002年，其宗旨是拓宽知识交流、技术合作的机会，以及通过加强每个成员国评估认证机构的共同目标，来实现人力资源在不同的大学系统间流动。它负责设计联合的、共同的或协调的行动来回应当前高等教育国际化过程中的挑战，从而充当拉美各国教育一体化的媒介。伊比利亚－美洲高等教育质量与认证网络其他的参与者，包括评估与大学认证国家委员会在智利、哥伦比亚、古巴、墨西哥、西班牙的姊妹机构以及中美大学委员会（Central American Higher University Council，简称CSUCA）。

---

① 目前评估与大学认证国家委员会在其所牵涉的领域内开展了大量工作。它对高等教育机构进行了25次评估，完全实现了对研究生课程的义务认证系统，并且启动了医学和工程学位教育的认证过程。只有那些被大学委员会认为具有一般性的课程才需要认证。

② 南方共同市场是拉美地区举足轻重的区域性经济合作组织。——译者注

③ 伊比利亚－美洲国家是指包括拉丁美洲19个讲西班牙语和葡萄牙语的国家以及欧洲伊比利亚半岛的西班牙、葡萄牙和安道尔在内的22个国家。本书在翻译时将“Ibero-American”译为“伊比利亚－美洲”，将“Iberoamerican”译为“伊比利亚美洲”。——译者注

阿根廷的科技体系

从科技体系来看，阿根廷同其他拉美国家并无区别，即主要特征都是“科研人员数量和科研投资占 GDP 比重相当有限；对全球科学生产没有太大影响；研究尚处于相当初级的阶段”（Guarga Ferro 2002，p. 8）。

拉美科技指标网络（Latin American Network of Science and Technology Indicators，简称 RICYT，www. ricyt. org）显示，拉美的研发投资最近几年正在缓慢增长，但 2002 年也仅达到 GDP 的 0. 39%。这使得阿根廷低于该地区平均的 0. 64% 的 GDP 比重[①]。阿根廷的科研人员数量相当于 25 656 名全职人员，约占世界研究人员总量的 0. 5%。相应地，美国研究人员数量占全世界的 26%，整个拉美地区占 3%，西班牙占 2%。

科学引文索引（Science Citation Index，简称 SCI）显示，20 世纪 90 年代期间，收录的拉美论文数增加了 3 倍，已经占到世界总量的 3%。2000 年阿根廷的论文数约占世界总量的 0. 5%，主要来自化学、生物和农业三个领
79 域。2000 年阿根廷平均每 10 名全职研究人员发表 1. 9 篇文章。巴西的数据和阿根廷差不多，而巴西每投资于研发活动 100 万美元可生产 4 本出版物，其劳动生产率远远高于拉美的平均水平（每 100 万美元投资可产生 2. 5 本出版物）。这些数字显示在资助减少的情况下，阿根廷的研究人员还可以保持一个可以接受的发表水平。

对科学发展最重要的组织是国家科学与技术研究委员会（National Council of Scientific and Technological Research，简称 CONICET），该组织创建于 1958 年，它是和大学同等地位的机构（it coordinates with universities），而且和许多大学一起共享许多的研究所和教师。

在 20 世纪 90 年代，国家科技促进会（National Agency for Scientific and Technological Promotion）成立，该机构负责管理阿根廷用于补贴科技活动的大部分资金。

高等教育的财政

科拉焦和维斯普（Coraggio and Vispo 2001，p. 51）指出，“今日在许多拉美国家，都有一种普遍的观点，即近年来高等教育一直面临着一个严

---

① 日本的研发投资占 GDP 的 3%，美国占 2. 65%，巴西占 1. 05%，西班牙占 0. 98%。

重的危机——增长和对不同国家新的发展条件的适应”，这种情形带来了高等教育经费的紧张。美国政府投资GDP的2.3%到高等教育事业，而阿根廷1999年对高等教育的投资仅占GDP的1.1%（OECD 2002）。这个比例在过去15年内有缓慢的增长，但进入公立大学的学生数量却是大量增长的。经费问题带来了严重的结构问题，如基础设施和设备的缺乏、工资水平低、全职教师比例低等。经费问题使得大学和政府的矛盾持续不断。

阿根廷的生均经费是1 618美元，与发达国家相比是很低的（德国：3 976美元；加拿大：5 208美元；美国：8 724美元），但是比其他一些拉美国家要高（墨西哥：682美元；智利：1 215美元）（Coraggio and Vispo 2001）。在2002年阿根廷比索贬值后，每年的生均经费的价值只有以前的1/3了。

公共经费是国立大学主要的经费来源。尽管也存在其他的经费来源［研究生教育的学费收入，咨询工作和研究合同（contract research）的收入］，但它们对大学经费的贡献不足20%。

高等教育改革与发展趋势 80

过去十年中阿根廷高等教育最重要的改革和发展趋势如下（Fernández Lamarra 2002）：

- 1995年高等教育法第24521号法案的采用
- 系统协调与咨询机构的创立与运营
- 在评估与大学认证国家委员会的创立与推动下，大学评估体系的实现
- 管理私立大学与海外大学的规范和准则的应用
- 国立大学数量的增加，远程学习项目和继续教育项目的增加
- 研究生学位授予数量的大规模增长
- 需要非大学的第三级教育的职业数量的增长
- 教育质量提高基金会（Fund for Enhancement of Educational Quality，简称FOMEC）的发展，该组织致力于教育质量的提高
- 课程灵活性的增加以及主要课程内容之间联系的加强
- 通过南方共同市场的高等教育地区协调委员会（Regional Coordinating Committee for Higher Education），地区教育的一体化活动得以加强

- 第三级非大学系统和大学系统联系的加强
- 教育经费方面的持续冲突
- 国立大学经济与财政独立性的建立
- 1983 年取得的大学自治权的加强
- 公立大学在校生数的大量增加
- 医学、工程、农学、法律、兽医科学和其他教学项目的最低必须学习内容（common minimum training contents）的国家协议的建立
- 高等教育技术转移领域活动的增加
- 在大学和国家政府政策的基础上，大学科研活动的增加

人们普遍认为，在阿根廷严峻的社会经济形势下，大学系统的这些重大
81 改变尽管姗姗来迟，却仍是至关重要的。长期困扰大学体系的问题，包括教育政策的不稳定性、经济资源的不充分性、大学系统对变化和现代化的抵制、校园设施的陈旧、合适的行政结构和科学环境的缺乏、全职教授比例低等，都是必须解决的问题。

阿根廷高等教育的国际化维度

阿根廷高等教育的国际化维度并未成为大学政策和活动中的重点。阿根廷的大学毕业生到欧洲和北美留学，来自拉美其他国家的学生就读于阿根廷的学校，某些地方和外国科学团体建立了联系……这些主要始于 20 世纪 60 年代的活动，彼此之间是孤立的。

在 20 世纪 90 年代早期，大学既没有把国际化当作自己宗旨和目标的一部分，也没有为国际化活动建立专门的行政机构。没有任何国家政策旨在促进高等教育国际化，只有少数大学和国外大学有所联系。阿根廷的研究者和国外的研究者也曾建立联系，但仅限于精英团体。同时，阿根廷的经济与政治危机也导致人才外流到北美和欧洲。

在 20 世纪 90 年代早期开始形成的全球化过程的影响下，高等教育国际化在世界各地都被促进和加强着。许多国家制定了自己的国际化推动策略，许多大学也进行了机构层面的努力。而阿根廷大学对国际化过程感兴趣则是从 90 年代后期才开始的。

在此兴趣背后最重要的因素就是，拉美和西班牙通过西班牙国际合作署（Spanish Agency for International Cooperation，简称 AECI）开展的各种合作活

动拉开了拉美大学合作的序幕，以及在伊比利亚－美洲国家和政府首脑峰会（Ibero-American Summit of Heads of States and of Government）上建立了穆蒂斯奖学金项目（Mutis scholarship program）。通过西班牙国际合作署所实施的各种活动，尤其是大学校际合作项目（Inter-University Cooperation Program，简称 PCI），许多阿根廷大学都开始着手进行在学校层面加以规划的国际化活动[①]。

由于看到了组织这些活动的需要以及专门行政机构的缺乏，许多大学都被要求创立管理国际化相关事务的机构。如此一来，它们便可参与到与西班 82
牙各大学的学生、教师的交换网络中，也可以参与到教育和科研网络中来。由于学生和教师交换活动的资金是由双边协议提供的，因此阿根廷的大学首次需要为国际化活动专门拨付预算。西班牙国际合作署的项目向阿根廷大学展示了国际化的概念。对大多数学校而言，国际关系办公室都是在大学校际合作项目实施过程中专门创立的。这个项目的影响之一就是目前在阿根廷大学同西班牙大学之间创建了丰富的联系和活动。

另外一个重要的动机是包括阿根廷、巴西、巴拉圭、乌拉圭和最近加入的智利、玻利维亚在内的地区一体化过程。南方共同市场虽然实现起来困难重重，取得的成绩也非常有限，但依然鼓励了大学应对这种趋势并且致力于追求促进地区一体化的方案和关系，其范围甚至超过了南方共同市场。这种努力的例子有：蒙得维的亚大学集团协会（Montevideo Group University Association，简称 AUGM），一个包含了来自阿根廷、巴西、智利、巴拉圭和乌拉圭的 15 个大学的协会；南美中西部次区一体化大学校长委员会（Council of University Presidents for the Integration of the West-Central Sub-Region of South America，简称 CRISCO）；以及 ARCAM，一个南方共同市场的大学网络。

另外一个推进国际关系的主要原因可能是为了和国外机构建立同盟，以便它们在阿根廷提供高质量的学位课程。国际合作可以促进课程提供的多样化，尤其是研究生层次的课程。

外部条件也不可忽视。20 世纪 90 年代，当国家采取了新自由主义政策时，全球化对阿根廷产生了巨大影响。先不论这些政策的失败使得国家处于

① 1994—2002 年，大学校际合作项目为成千上万的西班牙和拉美大学的学生（无须承认学历）（without recognition of studies）与教师提供了流动机会。

前所未有的经济危机中，它们确实为大学国际关系的推进提供了一个框架。另外，那些旨在推动拉美开展国际活动的外部项目的实施，不管它们是通过特定的国家还是通过多边组织来开展的，都使阿根廷大学得以积极参与到这些活动和计划中来。自从 2001 年货币贬值以来，国家经济框架对于大学来说发生了重大的转变，从以前的高度支持教育服务进口到现在的支持教育服务出口。

拉美高等教育国际化的一些特征性的趋势，带来了以下改变。

● 欧洲大学分支学校的建立（博洛尼亚大学），美国大学在阿根廷开设
83 课程（纽约大学和哈佛大学），研究和开发中心的建立［纽约大学、哈佛大学、西班牙的萨拉曼卡大学（University of Salamanca）以及其他大学］。

● 可提供文凭的国外大学通过提供远程学习、在线课程等方式增加了阿根廷的教育机会，但这些大学并未在阿根廷获得认证［如西班牙的巴塞罗那自治大学（Autonomous University of Barcelona），西班牙国家远程学习大学（UNED），马德里综合技术大学（Mardrid Polytechnic），塞维尔大学（Seville University）］。

● 在阿根廷与国外大学学术合作协议的基础上授予的本科或研究生联合培养学历（qualification）［贝尔格拉诺大学，布拉斯帕斯卡（Blas Pascal）大学，萨尔瓦多大学，圣马丁大学，特里斯费别罗（Tres de Febrero）大学等］。

● 建立在研究项目（欧盟的 ALFA 项目）或战略目标基础上的大学校际机构网络的巩固。

● 教师及本科生、研究生交换项目的增长（如富布莱特奖学金项目和欧盟、西班牙、加拿大及其他国家赞助的各种项目），研究生课程中聘用外国访问教授数量的增加。

跨国教育对阿根廷的影响

根据萨尔米的研究（Salmi 2002），“21 世纪初，由于全球化、知识经济增长和信息通信革命的影响，高等教育正在面临着空前的挑战。这些发生在我们身边的重大挑战正波及高等教育的传统领地。新技术已经彻底摧毁了空间障碍，而终身学习的需求似乎也已影响到教育的时间维度”。

如果跨国教育是指学校在国外开展的任何教学活动，那么世界贸易组织将高等教育作为服务协议的条款之一，就是令阿根廷大学极为担忧的一个问

题了。跨国教育被视为国家的教育、市场和文化的敌人，人们也相信它会导致公立大学和政府特殊部门之间的重大不良反应。尽管如此，国际教育合作仍然被视为活力的象征和学校进步的一种资源。联合国教科文组织所主张的一种新的概念，即高等教育应该被理解为“高度全球化的社会产品”（highly global social good），由于其暗示了国家边界消失的风险，在大学圈子里引起了密切关注。

跨国教育对阿根廷的影响并不太大。虽然没有专门的规章制度，但阿根 84
廷的法律似乎对这种形式的高等教育是遏制的。阿根廷的高校实际上没有任何提供跨国教育的经验，也没有几所学校在近期有明确的发展跨国教育的战略目标。没有一所公立学校在海外开办了分支学校或者授予了特许经营权。尽管有几所学校在开发远程学习和教育项目，但它们的主要目标市场仍是当地市场。但与此同时，外国大学在阿根廷提供的教育项目正在逐渐增长。

在拉美的其他国家，尤其是中美洲和南美洲北部的国家，许多外国高校如同雨后春笋般建立起来。这些机构并未受政府的控制，它们的机构背景值得怀疑，所提供的教育服务的质量也是参差不齐的。这些国家中负责监督高等教育的机构，在各种提供远程教育、特许经营学校和函授课程的数量众多的外国学术项目面前不知所措。

而在阿根廷，评估与大学认证国家委员会使用管理私立大学的一套办法来管理跨国教育，从而减少了阿根廷的国外高校数量，以及它们直接提供或与当地大学合作提供的外部学术项目的数量。到目前为止，仅有一所国外大学，即博洛尼亚大学，在阿根廷有一个经过授权的分支学校，而它还不得不面对高等教育法所规定的复杂的授权机制。1999年评估与大学认证国家委员会拒绝了美国林恩国际大学（International University Lynn of the United States）在阿根廷开办分支学校的申请。

在阿根廷设有分支学校或提供课程的国外大学的遭遇不尽相同（Banfi 2000）。从1998年起，博洛尼亚大学开始提供研究生课程，如强调欧盟和拉美的国际关系的硕士课程，与特里斯费别罗大学联合开设的社会研究方法硕士课程，以及在创新工程教育方面的硕士课程（http：//www. unibo. edu. ar）。

通过与马普拉藤斯刑法研究协会（Marplatense Association of Criminal Law Studies）的协议，萨拉曼卡大学在玛德普拉塔（Mar del Plata）开设了刑法的硕士课程。2001年11月该大学在布宜诺斯艾利斯设立了分支学校，提供一系列的研究生学历课程（graduate qualifications）。该项目现在由于阿根廷的经济形势而被搁置。

纽约大学在布宜诺斯艾利斯设有一个称为“纽约大学中心”的分支学校，为在海外学习的纽约大学学生提供课程。而阿根廷 2002 年严峻的政治、社会和经济形势使得纽约大学的活动也被暂停了。

85 通过与奥特加·伊·加赛特基金会（Ortega y Gasset Foundation）的协议，芝加哥大学为自己的学生提供了在布宜诺斯艾利斯分校就读的机会；而宾夕法尼亚大学通过与圣安德烈大学（University of San Andrés）的协议，为学生提供了在阿根廷学习西班牙语、拉美文化、阿根廷当代文学的机会。宾夕法尼亚大学还有两个交换项目，一个是 COPA 协会提供的与托尔夸托迪特拉（Torcuator Di Tella）大学、萨尔瓦多大学和布宜诺斯艾利斯大学的交换项目，一个是与圣安德烈大学的交换项目。通过与贝尔格拉诺大学的协议，美国佩珀代因大学（Pepperdine University）向学生提供了一个可以到贝尔格拉诺大学学习特定课程的交换项目。

阿根廷大学面临的另一种竞争对手是企业大学，它们之间的竞争在继续教育领域尤其显著。通过与现有大学合作办学的策略，当前这种类型的教育提供得越来越多。例如阿根廷国家技术大学与跨国公司思科（Cisco）开办的思科学院（Cisco Academy）合作，在阿根廷不同地区提供继续教育。

提供远程学习教育项目的公立大学数量从 2000 年到 2002 年增加了 60%。阿根廷大约 85% 的公立大学都会提供某种形式的远程教育活动。但只有 26% 的私立大学提供远程教育（Martín 2002）。

远程学习在阿根廷发展得并不充分，许多课程都只是作为学校课程的补充。鉴于远程教育的重要性，这里列举两个突出的例子。1998 年布宜诺斯艾利斯的基尔梅斯大学（Quilmes University of Buenos Aires）和加泰罗尼亚开放大学（Catalunya Open University）同意联合开展一个远程学习计划。落成于 1999 年的基尔梅斯虚拟大学项目如今已经有 3 000 余名学生，提供 7 门本科生课程和 5 门研究生课程。这些课程都是用西班牙语教授的，大部分学生都是阿根廷人。

1999 年起，利托瑞尔国立大学（Litoral National University）开创了一种基于卫星技术的教育方案，该方案涵盖了 70 个远程教室。虽然这次试验非常成功，但学校依然希望这个试验保持在地区范围内，而不超过阿根廷的国界。

可见，这些远程教育项目都是针对阿根廷市场而设置的，几乎没有任何国际影响力。而拉美以外的高校提供的各种课程数不胜数，现在大量的阿根廷学生可以学习它们所提供的课程，其中最重要的就是巴塞罗那自治大学提供的课程，另外还有国家远程学习大学（National University for Distance 86
Learning）（西班牙）、马德里综合技术大学、萨拉曼卡大学、哈佛大学、纽约大学、西太平洋大学（Pacific Western University）（García Guadilla，Didou Aupetit，and Marquís 2002）。本科学位培养项目实际上并不存在，因为外国学位培养项目在阿根廷是不被认可的。

通过一所阿根廷大学与一所国外大学联合讲授研究生（有时是本科生）课程的形式，合作课程已经在阿根廷广泛传播了。

人才外流

拉美专业人员、科学家和技术人员的移民已经成为制约该地区发展的一个重要问题，而阿根廷也没有在这种潮流中幸免于难，尤其是近年来这一问题愈发严重。

成年研究人员的移民对阿根廷似乎并不是一个严重的问题（Albornoz，Luchillo，and others 2002）。年轻研究人员和尚在接受教育的学生的情形却非常不同。在美国留学的阿根廷学生中有55%的人都表示愿意留在美国，在经济活动人口（economically active population）中，在美国定居的阿根廷专业技术人员比例是所有拉美国家中最高的。从获得博士学位时拥有的签证类型来看，阿根廷研究人员相对于其他国家如巴西的研究人员，更倾向于留在美国。1991—2000年，638位阿根廷博士生中的138人（22%）都有永久签证。相反，1481位巴西博士生中则仅有116人（8%）有永久签证。在同时期，留学美国的4 048名拉美博士生中，37%来自巴西，16%来自阿根廷（Albornoz，Polcuch，and Claudio 2002）。

阿尔沃诺斯和鲁奇罗等研究者指出（Albornoz，Luchillo，and others 2002，p. 32）："和前些年相当不同的是，当前人才流动问题的严重性并不在于这一趋势对科学机构的基础产生了不利影响这一事实，而在于学术资格合法化的过程明显不成比例地在增加（the obviously disproportionate rise in the procedures for legalizing academic qualifications）。基于此，可以作出推论，确实会有越来越多的国民想要离开这个国家。"

这种趋势使人相信"它对当地科研系统的影响不在于科研人员的直接流失，

而在于国家最好的毕业生的流失，而人们将在不久的未来感受到这种影响”。

南方共同市场的一体化进程

87 1991年3月26日，阿根廷、巴西、巴拉圭和乌拉圭四国共同签署了《亚松森条约》（Treaty of Asunción），宣布建立南方共同市场（Common Market of the South），简称南共市（Mercosur）。随后玻利维亚和智利加入进来成为条约国（agreements）。基于在巩固民主、维护基本自由和人权、保护环境与可持续发展等方面的协议，各方如今期望通过一体化进程拓展市场范围。

南共市教育部（Educational Sector of Mercosur，简称SEM）成立于1991年，当时南共市的成员国和两个联系国（associates）（玻利维亚和智利）的教育部部长们签署了教育意向书，提议成立一个促进各成员国家教育一体化的机构。尽管SEM行动非常谨慎，但它的活动和会议显示了高度的连续性。

2000年12月教育部部长们通过了《格拉玛多协议》（Gramado Agreement）以及2001—2005年行动计划。该协议包含实习生、学生和教师的流动，南共市国家提供的学位认证（作为项目的起始，选择了农学、工程和医学三个专业），以及在研究生课程水平上的校际合作、教师培训和科学研究。

该协议带来的最大改变当属大学课程的联合认证，它带来了大学培养项目认证机制（Mechanism for the Accreditation of University Programs，简称MEXA）的实验性质的实施（implemention of an experimental mechanism），该机制已经在农学相关的专业上得以实施。该项目目前正在全力运作，在MEXA确立的质量标准的指导下，评估与大学认证国家委员会正在阿根廷全面实施该认证机制。

在不久的将来，南共市一体化进程将进入一个决定性的阶段。它将把地区一体化进程的必要性提升到战略高度，并努力平衡各种力量，以便同其他共同体建立适当的联系，如欧盟和北美自由贸易区；或者，它将会分裂，并被其他的共同体吸收，如由美国推动成立的北美自由贸易区。

国际化的国家政策和结构

88 本节描述了阿根廷政府应对和促进高等教育体系国际化的政策。所涉及的部门包括国际关系、国际贸易和宗教事务部及教育与科学技术部。

国际关系、国际贸易和宗教事务部

大学系统与国际关系、国际贸易和宗教事务部的关系主要由综合合作办公室（General Cooperation Office）来负责，它通过加强阿根廷高校与国际组织、其他国家的国际合作机构的联系，来协调高校的国际合作。

在官方的开发援助领域，使用国际组织的宏观经济指数评估阿根廷在各种合作项目中的排名，十年中，阿根廷发生了两次属性的变化①。因此，到目前为止阿根廷依然是对外合作的受援国，然而，在 1992 年的时候，阿根廷开始承诺成为对外合作的援助国。

作为受援国的阿根廷

多边合作包括与众多多边机构的合作关系，如联合国、地区组织、拉美国家和政府首脑峰会、欧盟等。尽管阿根廷在与大量国际资源［欧盟、联合国开发计划署、联合国工业发展组织、粮农组织、世界环境基金会、伊比利亚国家组织、美洲国家组织（Organization of American States，简称 OAS）、拉美峰会］的合作中都是受援国，但是阿根廷的大学却很少参与这些活动。

在双边合作中，主要有两个领域的行动：科技合作，由教育与科学技术部的科学技术与产品创新秘书处负责；技术合作，主要由国际关系、国际贸易和宗教事务部负责洽谈。

作为双边协议中的受援国，阿根廷从德国、意大利、日本和西班牙都曾接受过帮助。由日本国际合作署（Japanese International Cooperation Agency，简称 JICA）负责管理的日本双边合作，对阿根廷的大学系统产生了较大影
响。1989—1998 年，日本国际合作署资助了 937 位阿根廷人到日本接受教 89
育，而大部分获得该奖学金的人都来自大学系统。日本国际合作署还向阿根廷大学捐助了研究设备，作为拉普拉塔国立大学（La Plata National University）兽医学大学教师合作研究项目②和利托瑞尔国立大学的国家催化

---

① 在 20 世纪 90 年代上半期，根据阿根廷宏观经济指数，阿根廷属于对外合作的援助国（cooperation-donating countries），而 1997 年的经济崩溃又使得它变为对外合作的受援国（cooperation-recipient countries）。

② 该项目引导大学在流行病学、诊断技术发展、预防性畜疾病方面的研究。项目资金 250 万美元，共资助 30 名阿根廷教师前赴日本以及 49 名日本专家前赴拉普拉塔。兽医学教师是日本 – 阿根廷合作伙伴项目所开展的首次活动中的重要参与者。

中心（National Catalysis Center）发展项目①的一部分。

德国没有直接向高校提供支持，但是德国的组织为阿根廷教师提供了专业培训奖学金。德国学术交流服务中心（Germany Academic Exchange Service，简称 DAAD）与若干所大学签订了协议，共同资助德国和阿根廷高校教师的双向交流。

阿根廷与意大利的双边合作由意大利 – 阿根廷联合基金负责，共资助了 24 个项目，涉及环境研究、物理、化学、农业、健康和通信。该联合基金由科学技术与产品创新处（SECYT）负责洽谈。

与西班牙的合作通过西班牙 – 阿根廷联合基金负责，由国际关系、国际贸易和宗教事务部负责洽谈。该基金资助了 56 个项目，其中 10 个项目中阿根廷的大学都作为对等机构参与。

综合合作办公室有一个针对外部奖学金项目的宣传和咨询系统，并提供美洲国家奖学金项目组织（Organization of American States' Fellowship Programs）的相关管理信息。同时它还与国际移民组织（International Migration Organization）联合为个人出国考察访问或驻外使团提供折扣飞机票。

作为援助国的阿根廷

1992 年国际关系、国际贸易和宗教事务部创立了阿根廷横向合作基金（Argentine Fund for Horizontal Cooperation，简称 FO-AR）由此，阿根廷在合作项目中便同时扮演了援助国和受援国的双重角色。

阿根廷横向合作基金的合作共有两类：派遣阿根廷专家出国和邀请外国
90 专家到阿根廷高校访问。从它创建之日起，阿根廷横向合作基金已经派遣了 3 000 名专家出国，参与到 1 900 个项目中。所派专家主要都是从大学、国家科学与技术研究委员会和政府部门中挑选的。

这些项目主要面向中美洲（58%）、南美洲（36%）、东欧（2%）、非洲（3%）、亚洲和大洋洲（1%）。这些项目由雇用这些专家的组织以及国际关系、国际贸易和宗教事务部共同资助。阿根廷横向合作基金开展的技术援助主要集中在牲畜业、农业、林业和渔业、区域发展、健康、工业、教育

① 科学与技术研究国家委员会和利托瑞尔国立大学获得了 150 万美元的资助，用于提供奖学金、派遣专家出国、购买设备。

和自然资源等专题领域。

阿根廷横向合作基金是南南合作的一个最佳例子。尽管其可用资源和作用范围有限，但是它使得重要的合作项目得以实施，尤其是在拉美地区。

2001 年阿根廷横向合作基金与日本国际合作署签订了一个协议，启动了日本 - 阿根廷合作伙伴项目（Partnership Program for Joint Cooperation between Japan and Argentina）。该协议的目标是利用日本国际合作署在开发合作中积累的丰富经验，帮助阿根廷更好地开展南南合作①。

教育与科学技术部

教育与科学技术部包括两个截然不同的国际关系部门（units）：科学技术与产品创新秘书处，该处下设国际关系办公室以及大学政策秘书处；国际合作办公室，该办公室直接向部长汇报工作。

这种分散的结构阻碍了全球的和结构化的国际化政策的发展。尽管如此，2003 年大学政策秘书处和国际合作办公室创建了国际合作事务的联合办公机构。为了在全国促进高等教育的国际化，该机构将其功能和活动与大学协调起来。

科学技术与产品创新秘书处

许多年来，阿根廷一直致力于促进国际科学活动。科学技术与产品创新 91
秘书处管理着几个面向其他国家的类似机构开展联合研究活动的协议。

联合研究活动可以分为双边合作和多边合作两类。对于双边合作，主要的模式是由科学技术与产品创新秘书处与其他国家的对等机构签署一个专门协议。阿根廷已经同若干国家签署了不少此类协议，其中与德国签署了 58 份协议，法国 49 份、意大利 45 份、巴西 26 份、古巴 9 份、智利 7 份、墨西哥 7 份、匈牙利 5 份、斯洛维尼亚 5 份、比利时 4 份。与澳大利亚、中国、芬兰、马来西亚和葡萄牙等国的合作协议也在筹备之中。阿根廷曾于 1972 年与美国签订了一个双边科学与技术协议，但从未实施。

1987 年阿根廷和巴西共建了阿根廷 - 巴西生物技术中心（Argentine-

① 目前最宝贵的经验是国立大学的兽医学院项目。该项目在阿根廷横向合作基金 - 日本国际协力集团项目的框架下，资助 74 位拉美的奖学金获得者学习了 5 门培训课程，并提供了 14 位专家的教学。

Brazilian Center of Biotechnology，简称 CABBIO）。在过去的 15 年中，阿根廷－巴西生物技术中心总共开展了 64 项合作项目，通过阿根廷－巴西生物技术研究所（Argentine-Brazilian Biotechnology Institute，简称 EABBIO）开发了大量的专业课程（参见 www. secyt. gov. ar）。

在多边合作方面，科学技术与产品创新秘书处参与了美洲国家组织、伊比利亚－美洲的拉美科学技术发展项目（Latin-American Program for Science and Technology，简称 CYTED）、欧盟（大量的阿根廷小组参与到欧盟的研发框架项目中）和联合国教科文组织的活动。作为一个会员国，阿根廷通过科学技术与产品创新处向美洲国家间全球变化研究所（Inter-American Institute for Research on Global Change，简称 IAI）、基因工程与生物技术国际中心（International Center of Genetic Engineering and Biotechnology，简称 ICGB）、第三世界科学院（Third World Academy of Sciences，简称 TWAS）、拉美生物科学网络（Latin American Network of Biological Sciences，简称 RELAB）提供了资金支持。科学技术与产品创新秘书处最近创立了国际科技竞争力提升项目（Program for the Promotion of Technological Internationalization for Competitiveness），希望将双边和多边的科学技术合作项目联系起来共同推动国际企业创新发展计划。

在南方共同市场内部，南共市科技专门会议（Specialized Meeting for Science and Technology in the Mercosur，简称 RECYT）创建于 1993 年，旨在使各成员国的科技政策建立联系。在南共市的其他技术领域，年度会议一直在不间断地召开，但是对成员国之间的政策协调却没有获得大的成效。

尽管政府不断更迭，几十年来促进合作的活动没有停止过。然而，因为这些活动缺乏对国家战略利益重点的清晰定义，合作研究的影响力并没有充
92 分发挥。近年来，由于感谢国际合作和研发活动为寻找产品结构竞争力（competitiveness of production structures）的解决方案以及其他影响阿根廷的社会问题的解决方案等所作出的贡献，每年的科学技术项目都会设立一些原则来确保合作活动的持续。

教育与科学技术部国际合作办公室

教育与科学技术部国际合作办公室直接对部长负责，在南共市教育项目中与大学政策秘书处协调行动。它还负责管理两个海外学生区，即位于巴黎国际大学城的阿根廷基地和马德里的卢汉天主教堂阿根廷学生公寓（Nuestra Señora de Luján Argentina residence hall）。这些学生区为巴黎和马德

里接受研究生教育的阿根廷留学生提供膳食与住宿。它们都是在阿根廷几乎没有研究生教育的时期建立的，而当时大部分留学生都选择巴黎和马德里。随着阿根廷研究生教育的大发展，这些国外学生区也失去了当年的大部分价值。因此，人们认为为了扩展这些学生区的功能，使其成为国家高等教育国际化的重要工具，有必要重新评估这些学生区的目标。

国际合作办公室也提供海外奖学金的信息，作为阿根廷外交部国际合作办公室（International Cooperation Office of the Argentine Ministry of Foreign Affairs）所提供信息的补充（www. me. gov. ar/becas/index. html）。

大学政策秘书处

大学政策秘书处是在大学自治的框架下，负责制定阿根廷高等教育政策的政府机构。2003 年该处正式将国际关系领域纳入自己的功能结构中，而在此之前它并没有制定任何国际化的政策。政府参与的缺乏对大学产生了重要影响，因为国际化几乎完全依赖于高校自身的目标和发展重点。同年，大学政策秘书处和国际账户署（National Bureau of International Accounts，简称 DNCI）确立了国际大学合作领域（Area of International University Cooperation），用来促进和支持大学的国际化。

大学政策秘书处还开发了一个项目，即研究生教育相关事务中心（Graduate Associated Centers）。该项目是在巴西和阿根廷教育合作协议的框 93
架下发展起来的，用于支持两国大学间的学术交流。该项目的目标是鼓励硕士和博士学位教育中的国际联系。到 2003 年中期，有相当多的阿根廷大学参与的首批 15 个项目已经启动。该项目也鼓励教师和研究生的交换，并致力于保证毕业论文联合指导或者联合培养学位中的学分互认，以及鼓励教学和科研一体化体验的交流。

在美洲国家组织的美洲间一体化发展委员会（American Council for Integral Development，简称 CIDI）的框架下，为了加强有事业心的年轻人同生产技术部门的联系，2002 年通过了一个多边协议，向这些年轻人提供大学教育。其他参与该项目的国家，如巴西（教育部）、智利（智利圣地亚哥大学）、乌拉圭［科尔平研究所（Kolping Insittute）］，都由阿根廷的大学政策秘书处统一协调。当项目结束之时，将会在各国负责协调的机构间形成一个地区技术网络。

国立大学国际合作首脑网络（RedCIUN）和意大利－阿根廷大学同盟

国立大学国际合作首脑网络成立于1999年，是公立大学国际关系办公室负责人的网络。该网络试图创立公立大学国际化论坛，促进大学之间的协作，加强战略信息的流通，在特定议题上向国立大学校际委员会提供建议，同其他国家的类似机构保持联系，并加强大学国际关系办公室工作人员的培训。

国立大学国际合作首脑网络的行动，帮助大学和政府看到了以前对国际化重视的不足。该组织目前正在开展重要的项目，如提供国际奖学金、课程和活动等方面信息的整合系统，进行网站建设（www. redciun. edu. ar），发布会议简报等。它最重要的功能之一是规范各大学的实践，这对那些参与国
94 际活动不多的大学来说是非常重要的。2003年，国立大学国际合作首脑网络同意与科学技术部、MECYT的国际大学合作领域、私立大学校长委员会（CRUP）合作，共同组织论坛和项目，以促进大学系统的国际化。

国立大学国际合作首脑网络积极与其他国家的类似机构（主要是拉美国家）或由国际组织运作的类似机构建立联系。它支持在拉美国家的大学间形成一个国际网络，而这个想法当前还处在萌芽阶段。

国立大学国际合作首脑网络的一个重大成就是说服政府改变了对外国交换留学生的签证要求。2002年前，留学生必须获得临时居住签证，而办理这种签证不但花费不菲，而且程序相当漫长。如今只需10天时间即可办理前往阿根廷留学或交流的学生签证。

2002年意大利－阿根廷大学同盟成立了。该协议通过国立大学校际委员会将许多意大利大学和阿根廷公立大学会聚到一起。目前该同盟还没有开展任何重大活动。但是，2000年，国立大学校际委员会和西班牙大学校长委员会（Council of University Presidents of Spanish Universities，简称CRUE）签署了一个合作协议。私立大学校长委员会（CRUP）目前尚无类似的组织，但正在筹备建立一个。

活跃在阿根廷的国际组织

阿根廷大学已参与到若干由国际组织资助的项目中。其中在阿根廷产生重大影响的国际组织有欧盟、西班牙国际合作署（AECI）、联合国教科文组

织（尽管近些年它在阿根廷大学中已不再那么活跃）、伊比利亚－美洲国家教科文组织（OEI）、日本国际合作署（JICA）和美洲国家组织（OAS）(Theiler 2003a)。

伊比利亚－美洲国家教科文组织正在更加努力地促进高等教育领域的合作活动，如创立交换学生的项目以及下文即将描述的学术交换和流动项目(Academic Exchange and Mobility Program，简称 PIMA)。2001 年伊比利亚－美洲国家教科文组织推动建立了阿根廷－乌拉圭科技、社会与创新部门(Argentine-Uruguayan Department of Science, Technology, Society and Innovation)，将阿根廷的大学、大学政策秘书处、科学技术与产品创新秘书处和乌拉圭共和国大学（University of the Republic of Uruguay）联系在一起。

欧盟加强了对阿根廷大学系统的参与，并且有迹象显示它还会继续增加 95
活动数量。在过去几年中，它与拉美开展了许多新的合作项目，并且增加了向这些项目的经济资源分配。例如拉美学术培训（Latin America Academic Training，简称 ALFA）项目，提供欧盟和拉美高等教育机构间的合作；拉丁美洲高水平奖学金项目（High Level Latin-American Scholarship program)，资助想到欧洲学习的拉美学生；@ LIS，一个远程学习项目；以及科学技术第六框架项目（Sixth Framework Program of Science and Technology）中阿根廷的参与。尽管拉美学术培训项目参与人数不少，但在阿根廷却没有产生显著影响，因为欧盟的资助终止之后，双方便没有再保持联系。

在整个拉美地区，学生流动的增长非常迅速，主要得益于以下这些项目的支持：拉美国家和政府首脑峰会建立的穆蒂斯奖学金项目，西班牙国际合作署的大学校际合作项目（项目的安排曾于 2003 年进行过修改)，伊比利亚－美洲国家教科文组织的学术交换和流动项目。

大学的组织与行政结构

许多年来，大学对国际化问题并没有给予系统的重视，最早开展的活动都是由教师个人或者教师群体发动的。只是到了 20 世纪 90 年代后期，大学才开始把国际化作为一个战略目标，纳入战略发展计划中来，尽管多数情况下对这样一个目标的追求并没有相匹配的具体行动与预算分配。

大学规章限定了公立大学的目标、结构和组织。大多数大学也会提出与 CONEAU 所开展的高校评估相关的战略发展规划。

15% 的公立大学和 33% 的私立大学的大学规章中并没有提到国际化（Theiler 2003a，b）。如果意识到大学规章多是在大学成立之时拟定的，而大部分大学都是在 1990 年之前成立的，那么这一点也就可以理解了。75% 的公立大学和 100% 的私立大学都会将国际化维度作为一个有待发展的领域包含进大学的发展规划中。

96 组织结构

90% 的公立大学和 2/3 的私立大学都有专门的机构负责管理国际活动。阿根廷大学的组织结构通常是科层制的，秘书处是最高层的机构。大约半数公立和私立大学的国际关系办公室的地位是秘书处的办公室级别（Theiler 2003a，b），也有 20% 直接享受秘书处的地位，还有 30% 则处于更低的层级。

大部分大学的国际关系办公室都只有为数不多的员工，并且没有接受过专业培训。平均来说这种机构有四个职员。其中大约 55% 的是大学专业人员（univesity professionals），其他的都是助理或者实习生。考虑到国际关系的管理需要管理人员拥有专门的知识，而且经验对于管理活动的成败也是至关重要的，当前的问题就显得很突出了：员工缺乏专业培训，主管官员［大学书记（university secretaries）、副书记（undersecretaries）或主任］花在这个职位上的时间往往很短，而且如果高校领导层出现人事调动他们就可能随时离开岗位（在公立大学这种情况屡见不鲜）。这就使得他们没有时间去获得足够的经验，而且国际化政策的延续性也会遭到破坏。

国际关系办公室规模过小或是干脆没有，严重限制了它们所能够实施的活动数量，也限制了它们对校外项目、国际协议和相关活动的管理能力。它们很少去管理那些涉及专项资金的高校国际化项目。

资源分配

公立大学的国际关系办公室的运作通常都是依靠学校的官方预算，很少有机构会通过国际化活动自己赢利（Theiler 2003a）。大约 60% 的公立大学的国际关系办公室没有专门的预算经费，需要依赖上层的行政机构。而剩下的 40% 虽然有自己的预算，其金额却很少（每年大约 17 500 美元，包括员工工资）。每年国际活动所花费的经费不足公立大学年度预算的 0.3% 。私立大学情况类似，仅有 44% 的学校向国际关系办公室分配资金。

国际关系办公室的一个共同职责是通过争取国际组织或发达国家的合作 97
代理机构对特定项目的资助来为学校争取经费。只在极少的情况下，它们会自己开发其他形式的能够产生收益的活动，例如为外国人提供西班牙语课程（布宜诺斯艾利斯大学、科尔多巴大学、利托瑞尔大学、贝尔格拉诺大学等），通过与中介企业的合同接受外国留学生［库约国立大学（Cuyo National University）、萨尔瓦多大学等］，以及向那些希望享受阿根廷低生活费的外国人提供研究生课程。

国际化过程和行动的规划与评估

在我们所考察的高校中，仅有一所私立大学有针对国际活动的系统评估，该校对已实施的活动和项目会记录在案（Theiler 2003b）。

在评估与大学认证国家委员会开展的高校评估中，并没有对国际化维度进行专门的分析，因为大家不认为国际化重要到需要评估的地步。但是，评估委员会经常会向大学的报告提出建议。在认证项目时，评估与大学认证国家委员会要求被认证方提供国际协议方面的信息并且对这些信息进行评估。

大学的战略规划
（Programming Strategies of Universities）

本节描述了大学开展的主要的国际活动，评估这些活动在高校间普及（dissemination）的水平，并分析其影响。

学生流动

国际学生流动自从20世纪90年代中期就开始在阿根廷发展了。2000年以来，通过多边组织（伊比利亚－美洲国家教科文组织）、双边机构（西班牙国际合作署）、外国大学与阿根廷大学的双边协议以及大学网络［蒙得维的亚大学集团协会，南美中西部次区一体化大学校长委员会，拉美大学联盟（Latin American University Union，简称UDUAL）］等所支持实施的计划，学生流动开始显著增长。

公立大学并不重视学生流动，它们对多边组织和大学网络所组织的外部项目的参与非常有限。约15%的学校没有任何人员流动的历史。然而，这
类活动的价值和重要性正在上升，学校也逐渐认识到它们可以为自己的学生 98

培养增色不少。下面列举了一些最成功的项目。

大学校际合作项目

国际合作署的大学校际合作项目（PCI）在阿根廷大学，尤其是公立大学的国际活动的加强中发挥了重要作用。对多数大学来说这是首次开展的学生流动项目。大学校际合作项目于1994年开始实施，为来自41所阿根廷大学（29所公立，12所私立）的约1 800名学生提供了在西班牙大学学习的机会，为约2 200名西班牙学生提供了在阿根廷大学的学习机会。在所有参与该项目的大学中，最活跃的当属诺德斯特国立大学、罗萨里奥（Rosario）国立大学、科尔多巴国立大学。该项目由西班牙国际合作署和阿根廷的大学共同资助，为交流学生数量的增长作出了重大贡献。

CRISCO 学生流动项目

1998年南美中西部次区一体化大学校长委员会（CRISCO）创立了其首个这种类型的项目。这是在拉美国家之间开展的项目，这个项目包括参与该网络的大学之间的学历互认（recognition of studies）。1998—2002年，这个项目资助了313名学生到他国学习。资助该项目的资金是由大学承担的。根据以下的主题领域，学生流动主要在5个网络中进行：历史和文化遗产、技术创新管理、水资源、地区经济、大学与企业的关系。

蒙得维的亚大学集团协会的共同学术空间（ESCALA）项目

有了教师流动的经验之后，蒙得维的亚大学集团协会决定在2000年建立共同学术空间（ESCALA）项目。该项目支持大学之间的互惠，一学期的学生访问，学历互认等。项目经费主要由参与的大学提供，伊比利亚－美洲国家教科文组织提供补充资金①。目前，共同学术空间项目每学期可允许100—150名学生到国外留学。共有六所阿根廷大学参与学生交换活动②。

---

① AUGM 和 OEI 与 ESCALA 和 PIMA 项目签订了协议。

② 参与的大学是科尔多巴大学、恩特雷里奥斯大学、利托瑞尔大学、拉普拉塔大学、布宜诺斯艾利斯大学和罗萨里奥国立大学。

伊比利亚 – 美洲国家教科文组织的学术交流项目 99

学术交换和流动项目（PIMA）创立于 2001 年，是伊比利亚 – 美洲国家教科文组织（OEI）首个在拉美产生广泛影响的项目，包括学习互认环节。目前已发展了 24 个 PIMA 交换网络，有 10 所阿根廷大学参与①。PIMA 所创建的大学网络由上述 24 个网络中的一个网络负责协调，而其中一个大学网络是由阿根廷的大学负责协调的（利托瑞尔国立大学）。

拉美大学联盟的高校学生流动项目

2002 年，拉美大学联盟启动了一个学生交换计划，该计划中大学配对互相交换学生并承认学历。2003 年，24 所拉美大学，其中包括 4 所阿根廷大学（库约大学、恩特斯里奥斯大学、利托瑞尔大学、玛德普拉塔国立大学），参与了这个项目。

大量促进学生流动的活动都是在地区内开展的，几乎没有和北美、欧洲或世界其他地区合作的计划。其中一个例外是欧盟的拉美学术培训项目（ALFA），包括一些学生流动，尽管这种流动是单向的（从拉美流向欧盟）。

唯一的公立大学学生流动计划的例子是利托瑞尔国立大学的国际学生流动项目（PROINMES）。该项目为这个活动拨付了经费并且有合适的管理基础设施（专门的办公室、迎新系统、交换生公寓、承认课程学分的内部系统）。该项目目前有 120 名学生，所有的课程都已经被承认。

超过 80% 的阿根廷公立大学所参与的学生流动项目中学历都是得不到承认的（Theiler 2003a）。在 2001 和 2002 年，平均每所大学参与交换的学生是 25 名（包括派出的和接收的）。只有 58% 的大学有承认学历的交换项目，而平均每所学校仅 9 名学生参与这类项目。

2/3 的私立大学所开展的流动项目都是不承认学分的，平均每所大学有 100
10 名学生参与；89% 的流动项目是承认学分的，平均每校有 20 名学生参与②。流向地区主要是美国、欧洲和拉美。

制约阿根廷学生流动的一个重要因素就是他们的外语水平。大部分学生

① 参与的大学分别是布宜诺斯艾利斯大学、科尔多巴大学、卡塔马尔卡大学、恩特雷里奥斯大学、圣马丁将军大学、拉普拉塔大学、利托瑞尔大学、洛马斯德萨莫拉（Lomas de Zamora）大学、罗萨里奥大学和圣胡安国立大学（San Juan National University）。

② 原文如此，数据似乎有误。——译者注

在中学或大学都没有学习过外语，因为第二语言并不作为必修课程或者学位授予标准。

另外一个制约因素是阿根廷缺少一个类似欧盟那样的官方学分系统（欧洲学分互换体系）。在阿根廷课程通常是以小时计的，无法被其他的高校承认。

阿根廷学生流动的另一个值得介绍的方面，是大学向并未签署校际协议的那些国家的学生开放。欧洲和美国的高校常常鼓励学生在就读期间到国外学习一段时间。尽管大部分学生都会选择北半球国家，但阿根廷由于其生活成本低、风光秀丽并且大学系统发达，而成为众多学生的选择。最近，外国交换学生的数量明显增长了（MECYT 2000）。但大部分阿根廷大学，尤其是公立大学并没有管理此类事务的战略或合适的组织机构，于是便出现了一个怪现象：学生在其母国的大学缴纳昂贵的学费却在阿根廷的大学接受免费的教育。

布宜诺斯艾利斯大学、库约大学、萨尔瓦多大学、托尔夸托迪特拉国立大学则是特例，这些大学是美洲合作项目（Cooperation Program in the Americas，简称 COPA）的参与者，该计划由巴特勒（Butler）大学、北卡罗来纳大学、伊利诺伊大学和得克萨斯大学共同发起。在该项目中，美国学生到阿根廷大学学习课程，包括文化活动、西班牙语课程和一些关于地区发展的专门课程。

教师与研究人员流动

阿根廷的大学教师可以分为两类：第一类是研究型教师，他们主要通过受资助的项目进行科学研究工作。这类教授多是全职教师，有很多都在国家科学与技术研究委员会的科研人员网络中。研究型教授频繁地参与到与国外
101 高校的交流中，参加国际会议，并与国外研究者保持联系。第二类是兼职教师，他们很少参与国际流动，也鲜有国际学术联系。

大部分大学对本校教师的流动都有一定的支持机制，但只有少数大学为接受外国教师提供设施（如访问教授公寓）。2001 年平均每所公立大学派出和接收 65 名教师（Theiler 2003a）。有的大学，如布宜诺斯艾利斯和拉普拉塔国立大学，有超过 100 名教师参与了流动计划；其他大学则没有教师流动支持体系①。

① 这里提供的信息是不完全的，因为它只包括大学中央机构的流动记录，没有包括研究补助、科学团体的专项资金或其他资源支持的流动。

西班牙是最重要的交换伙伴。拉美内部的教师流动并不多见。相比于拉美大学，研究人员更愿意和北美或欧洲的大学进行交流。但一个特例是蒙得维的亚大学集团协会，在联合国教科文组织的支持下，它的一个教师流动项目资助了数百位教师会员的流动（2001 年后，由于联合国不再进行经费支持，流动教师数量大大减少）。流向亚洲、非洲和大洋洲或从这些地区流入的教师都很少，而这些少量的交流也多是和澳大利亚开展的。

阿根廷一直有着浓厚的在国外高校进行人力资源培训项目的传统（表 3.4）。奖学金通常是由东道国的大学或其他机构提供的。一个有趣的案例是贝尔格拉诺大学和富布莱特基金会达成的协议，150 名贝尔格拉诺大学的教师到美国接受了培训。

表 3.4　1997—2002 年接受海外奖学金的阿根廷人数 102

（单位：人）

奖学金	1997	1998	1999	2000	2001	2002
安托卡斯基金会（Antorchas Foundation）	24	24	23	21	0	0
富布莱特委员会	80	123	97	100	90	84
教育质量提高基金会（FOMEC）	132	152	146	36	16	0
国家科学技术研究委员会（CONICET）	60	60	60	60	80	0
法国	10	10	18	22	19	12
西班牙国际合作署（AECI）	161	176	99	168	100	0
总计	467	545	443	407	305	96

资料来源：Albornoz，Luchilo，and others（2002）；Network Center（www. centroredes. org. ar）。

地区与国际网络

近年来，功能性多边主义（functional multilateralism）的重要性和价值显著增加了，特别是由于大学之间的关系网络和战略同盟的增长。拉美受到了这种趋势的影响，形成了大量的地区的或国际的机构间联系。大部分这种联系都是以论坛的方式存在的，在这些论坛上人们常常分析高等教育的各个方面，在组织和大学管理方面开展技术援助。在师生流动、联合研究项目、本科生与研究生课程标准化等方面也投入了大量努力。

我们应该注意到阿根廷大学对于各种网络的高度参与，同时应该注意到这种参与的水平和影响是各不相同的。事实上所有可以联系上的大学都参与了大学网络。大学参与的主要的国际网络有蒙得维的亚大学集团协会、南共市大学网络（Universities in Mercosur network）、南美中西次区一体化大学校长委员会、拉美大学联盟、拉美大学研究生教育协会、哥伦布协会、美洲间大学组织、拉美高等教育质量与认证网络（Siufi 2003）。

阿根廷大学也参与到其他一些网络中，如阿根廷、巴西和巴拉圭区域大学一体化协会，拉美电视教育协会，远程教育网络联盟，拉美耶稣会大学协会，拉美大学合作网络，国际大学协会，拉美大学协会等。

拉美大学主要还是参与到拉美的网络中。但阿根廷却有所不同，阿根廷大学的双边协议主要是和其他州的国家，尤其是欧洲国家建立的。

103 这些网络有两种不同的类型。宏观网络由相当多的大学组成，其中包括许多阿根廷大学。例如美洲间大学组织和拉美大学联盟。阿根廷大学的参与通常是官方的，除了个别例外。总的来说，这些网络在阿根廷大学群体中，只受到了些许注意。

地区网络则由统一地区内数量相对有限的大学组成。这类网络通常致力于促进区域内的师生流动（在大学可以负担的成本下）。它们频繁地赞助学术会议，会员参与率相当高。

与国外高校的联合课程

与国外高校联合开展本科生和研究生学位教育已经在阿根廷成为一种普遍现象，大约半数的大学都提供这种培养项目（Theiler 2003a，b）。大部分公立大学提供的此类培养项目都是面向研究生的，只有少部分（库约国立大学和恩特斯里奥斯国立大学）是面向本科生的。实际上所有这些联合培养项目都是为阿根廷市场设计的，还没有阿根廷和外国大学的合作学位项目走向国际市场的先例。这些项目通常都会要求学生参与外国大学的教师所讲授的课程，因此势必包含师生流动①。由于阿根廷的大学是自治的，这些课程都可得到承认，并且与学校颁发的其他学位同样有效（García de Fanelli 1999，p. 47）。

国际高校间协议

平均每所阿根廷大学与国外大学签订过85个合作协议，当然不同大学校际协议数量差别是很大的。虽然协议签署得很多，但真正生效的不多，大 104
约只有55%的协议真正物化为某种具体的活动。

表3.5 与阿根廷高校签署协议的高校的国家或地区分布（%）

地　区	生效协议比例
拉美	
南方共同市场	45
拉美其他地区	20
美国和加拿大	26
欧洲	
西班牙	53
欧盟其他国家	45
欧盟以外的国家	33
亚洲、大洋洲和非洲	53

资料来源：RedCIUN 2003。

大约半数的协议是同欧洲的大学签订的，其中约50%的协议生效（表3.5）。只有9%的协议是与北美大学签订的，其中仅26%的协议生效。与拉美签订的协议占总量的41%，其中绝大部分是与南共市国家签订的。与亚

① 贝尔格拉诺大学和萨尔瓦多大学，这两所私立大学，都提供许多联合培养项目。前者与阿尔卡拉（Alcalá）大学、里昂管理学院、马赛卢米尼（Marcile-Luminy）建筑设计学院、巴塞罗那大学、马德里综合技术学院、伊利诺伊大学、罗马大学、多伦多大学合作，提供31个合作专业。后者则与卡洛斯三世大学、乔治城大学、德乌斯托－毕尔巴鄂（Deusto-Bilbao）大学、巴黎第一大学（Paris Ⅰ University）、巴黎第十大学（Paris Ⅹ University）、纽约州立大学奥尔巴尼分校、比萨大学（Universitá degli Studi di Pisa）等提供联合课程。

洲、非洲和大洋洲大学的联系则很有限。

私立大学中平均每所大学与国外大学签订59个合作协议，其中26个生效（44%）。私立大学与欧盟高校签订的协议数量最多。

与国外高校的合作研究

所有有数据可查的公立大学和2/3的私立大学都寻求与国外机构的合作研究。合作的外国高校主要是在欧盟国家，尤其是西班牙、法国、德国、意大利和英国，另外美国和加拿大也有少量合作对象。在拉美内部，阿根廷研究人员主要与巴西、智利和乌拉圭的搭档合作。63%的合作研究是在欧盟的高校里开展的，21%在拉美的高校，14%在北美的高校，还有2%在亚洲高校（Theiler 2003a，b）。

合作研究的资金主要来源于科学技术与产品创新秘书处同若干国家签订
105 的协议，以及一些组织提供的补助金，如法国国家科研中心（CNRS）、美国国家自然科学基金会（NSF）、巴西国家科技发展委员会（CNPq），还有其他一些基金会，如欧盟第六框架项目。只有20%的公立学校同国外大学申请过联合专利，私立大学则尚无记录。

西班牙语和阿根廷文化教育项目

在公立和私立的阿根廷大学，西班牙语和阿根廷文化的教学项目都在平稳增长。布宜诺斯艾利斯大学、科尔多巴大学、库约大学和利托瑞尔国立大学，贝尔格拉诺大学和萨尔瓦多大学，以及其他一些高校都有作为外语的西班牙语课程。布宜诺斯艾利斯国立大学具有最为丰富的实践经验。利托瑞尔大学和库约国立大学为外国学生设计了阿根廷研究这一专业，其中西班牙语作为阿根廷文化等课程的补充。

参与开发合作

阿根廷主要通过阿根廷横向合作基金（FO-AR）来开展开发合作相关的活动。FO-AR是由国际关系、国际贸易和宗教事务部管理的。不少公立大学通过提供专家的方式参与这类合作。大约半数的公立大学现在正在开展或者曾经开展过FO-AR资助的开发合作活动。经常贡献专家的高校包括布宜诺斯艾利斯大学、库约大学、利托瑞尔大学、卢汉大学和里奥夸尔托大学。由于FO-AR通常只与公立组织合作，因此私立大学还没有参加此类活动的记录。

拉普拉塔国立大学是 FO-AR 与 JICA 通过日本－阿根廷合作伙伴项目发展的一个联合项目的总部。该项目涉及阿根廷在动物健康领域的南南合作，而日本则通过 JICA 的渠道进行支持。

课程设置的国际化

根据经合组织对国际化的课程的定义，它是指“为当地和外国学生设计的，旨在使他们在国际的和跨文化的环境中有良好的职业与社会表现的，在内容和/或形式上具有国际导向的课程”（Van der Wende 1996，p. 45）。106
阿根廷学生接受了大量的基本国际教育训练，因为在中小学阶段的教育体系中，历史、地理、经济和其他学科都会包含涉及拉美与全球的内容。然而，早期教育中缺乏足够的第二语言的学习则是一个问题。

阿根廷大学通常不认为有必要训练毕业生具有国际形象或者能够适应国际市场。如果以国际化的战略眼光审视阿根廷大学所提供的课程，那么阿根廷大学还处在初级阶段。除了个别例外，大部分公立大学在课程设置中不包含国际课程（如国际关系和国际法），也不包含从国际视角研究某特定主题的课程，或者包含一段时间海外学习环节的课程——也就是说，大部分的阿根廷公立大学还没有设置那些明确指出要面向国际市场的本科学生课程。

然而，近年来却涌现了大量面向国际市场培养专业人员的研究生课程。由于有强烈的需求，公立和私立大学成功地创立了大量的 MBA 课程。

结　　论

阿根廷高等教育国际化尚处在初级阶段，尚未引起较大关注。大学对其重视不足，其影响力也非常薄弱。

但阿根廷的大学已经开始拓展其国际活动，而且少数大学已开始为其活动寻求一个地区的和全球的指导框架。但总的来说，大学对于国际化活动所能带给机构、教师和学生的收益仍然没有清晰的认识。在大部分高校，国际化确实被纳入到了发展计划或者战略规划的目标中，但其真正的发展还很不充分。国际化的一个重要的目标应该是提高大学服务的质量，似乎还没有成为大学的一个清晰的信念。

如果国际化要成为大学发展的重点，那么在政策上必须有所变化。国际化活动的推动者必须得到支持，国际化也必须在大学的所有核心功能中得以体现和发展。

政府的国际化项目还很少。政府需要制定有效的政策敦促和指导大学在
107 其宗旨与活动中追求国际化维度。阿根廷共和国全国高等教育改进委员会（National Commission for the Improvement of Higher Education in the Republic of Argentina）的报告（2002）指出："在阿根廷大学中，缺乏协调的国际合作政策和战略。因此，当前的某些行动可能产生了副作用，例如造成人才外流，尤其是科学家和工程师的外流，尽管一些奖学金项目正在鼓励奖学金获得者归国，但这些项目通常没有有效考量实现这种目标的机会有多大。"

有不少新进展都显示阿根廷有可能成功地参与到国际化过程中，其中最重要的如下：

- 南方共同市场的地区教育一体化的发展
- 大学战略规划中国际化相关目标的纳入
- 国立大学国际合作首脑网络和国立大学校际委员会的加强
- 通过跨国教育，尤其是远程教育，所提供的教育项目的增加
- 阿根廷大学与国外大学联合研究生课程的创立
- 阿根廷与国外高校合作研究活动的增加
- 基于学分互认的学生流动的增长以及大学对其更加认可
- 大学对国际网络的积极参与
- 通过阿根廷横向合作基金提供的技术开发合作所获得的有益经验
- 阿根廷和外国教育机构签订的大量合作协议
- 评估与大学认证国家委员会所采取的行动

除了这些优势之外，还有一些问题可能会成为阿根廷国际化过程中的障碍：

- 高等教育缺乏充足的经费
- 政府政策对于推进高等教育国际化给予的重视不足
- 大部分高校的国际关系办公室规模过小、权力不足
- 对国际化领域的创新和特定行动的推进持犹疑态度
- 高校对于跨国提供教育兴趣不足
- 缺乏对国际活动的评估
- 大学仅划拨微薄的国际化经费

阿根廷高等教育是深深根植于社会公平的土壤中的，自 20 世纪初期开始这一特征就塑造着阿根廷的大学。确实，阿根廷 40% 的高等教育入学率高于任何一个拉美国家，几乎达到了经合组织的水平。在拉美国家中，阿根廷的教育体系使得最高比例的低收入家庭可以接受高等教育。过去 20 年，大大增加的高等教育需求主要是由公立高等教育系统来满足的，原有公立大学扩招了，新的公立大学建立了。然而，与此同时，阿根廷的高等教育人均投资，包括私人投资和国家投资，占 GDP 的比重却相当小。这一尚未解决的矛盾势必影响到阿根廷高等教育系统及其国际化过程的未来发展环境。 108

在新千年的开端，阿根廷经历了一次动摇整个国家社会结构的严重危机，高等教育系统同样受到了破坏。虽然大学系统仍健在，而且拥有一直支持它的传统，以及阿根廷科学、教育领域的那些杰出遗产，但人们普遍认为，现在是时候进行一些重要的改变了，其中许多改变是早就应该进行的。阿根廷高等教育的国际化会被这种形势影响吗？当然会。由于国家克服危机的努力和变化的发生，国际化的发展会受到阻碍吗？或者这些努力非但不会阻碍发展，反而会成为国际化发展的促进者或发动机？时间将会证明一切，但在推动变革的背景下，高等教育的国际化维度无疑应该作为一个重点去推进。

高等教育不再是基于国家的环境和准则的事物了，因此关键的问题是，阿根廷应该为其高等教育的国际化选择一个怎样的地理框架。

拉美的教育体系显示出同欧洲相似的特点——高度异构的整合框架，因此高等教育的协调发展成为一个挑战。同时，拉美高等教育一体化的可能性，还受到高等教育作为服务协议中的一个项目如何在世贸组织内进行谈判的影响。WTO 的服务协议在推进高等教育全球化的过程中没有考虑大学的影响，而且期望国家放弃它们对大学的社会责任进行指导、监督和管理的政治功能。正如巴斯基和达维拉（Barsky and Dávila 2002，p. 28）指出的： 109
“这种情况加速了对拉美高等教育体系的争论和改变，可能使得它们在全球进程中的相对孤立和落后的不利局面被加剧，最终在日益相互关联的全球教育体系中处于不利地位。”

参考文献

Albornoz, Mario, Ernesto Fernández Polcuch, and Alfaraz, Claudio. 2002. *Haciauna nueva estimación de la "fuga de cerebros."* Centro Redes, Buenos Aires. www. centroredes. org. ar.

Albornoz, Mario, Lucas Luchilo, Gustavo Arber, Rodolfo Barrere, and Julio Raffo. 2002. *El talento que se pierde: aproximación al estudio de la emigración de profesionales, investigadores y tecnólogos argentinos.* Centro Redes, Buenos Aires. www. centroredes. org. ar.

Banfi, Cristina. 2002. *El fenómeno de la educación superior transnacional: su impacto en Argentina.* Centro ESSARP, Buenos Aires.

Barsky, Osvaldo, and Mabel Dávila, 2002. *Las transformaciones del sistema internacional de educación superior.* Working paper, University of Belgrano, Buenos Aires.

Comisión Nacional para el Mejoramiento de la Educación Superior. 2002. *Informe de la Comisión Nacional para el Mejoramiento de la Educación Superior.* Ministerio de Educación, Ciencia y Tecnología de la República Argentina, Buenos Aires.

Coraggio, José Luis, and Adolfo Vispo, coordinators. 2001. *Contribución al estudio del sistema universitario Argentino.* Buenos Aires: Consejo Interuniversitario Nacional-Editorial Miño y Dávila Editores.

Dahlman, Carl, and Peter Scherer. 2002. *Beyond the Crisis: From the Old to the New Economy in Argentina.* Washington, DC: World Bank Institute.

Del Bello Juan Carlos, and Eduardo Mundet. 2001. *Alternativas para facilitar la movilidad de estudiantes, egresados y docentes en el sistema universitario de América Latina.* Working Paper, University of Belgrano, Buenos Aires.

Fernández Lamarra, Norberto. 2002 *La educación superior en la Argentina en debate: situación, problemas y perspectivas.* Buenos Aires: Instituto Internacional para la Educación Superior en América Latina y el Caribe-Editorial Universitaria de Buenos Aires.

García de Fanelli, Ana. 1999. *La educación trasnacional: la experiencia extranjera y lecciones para el diseño de una política de regulación en la Argentina.* Serie Estudios n°1, CONEAU, Buenos Aires.

García Guadilla, Carmen, Silvie Didou Aupetit, and Carlos Marquís, 2002. *New Providers, Transnational Education and Accreditation of Higher Education in Latin America.* Report Prepared for Institule for Higher Education in Latin America and the Caribbean/UNESCO.

Guarga Ferro, Rafael. 2002. *La investigación cientifica en las universidades de América Latina: características y oportunidades.* Mexico: Publicaciones UDUAL.

Knight, Jane, and Hans de Wit, eds. 1997. *Internationalisation of Higher Education in Asia
110 Pacific Countries.* European Association for International Education, Amsterdam.

Knight, J. 2003. "Updated Internationalization Definition." *International Higher Education* (Boston College) 33L 2.

Martín, José F. 2002. *La educación superior a distancia en el sistema universitario Argentino. Boletín* nº 8 del Consejo Interuniversitario Nacional, Buenos Aires.

MECYT. 2000. 1999-2000 *Yearly Report of University Statistics.* Department of University Policy, Secretariat of University Policies, Buenos Aires.

Nagata, Javier. 1998. *Las universidades extranjeras en el derecho Argentino.* Ministerio de Cultura y Educación de la Nación, Buenos Aires.

OECD (Organisation for Economic Co-operation and Development). 2002. *Education at a Glance: OECD Indicators 2002.* Paris: OECD.

Programa de Mejoramiento del Sistema de Información Universitaria de la Secretaría de Políticas Universitarias. 2001. *Anuario 1999-2000 de estadísticas universitarias.* Ministerio de Educación, Ciencia y Tecnología, Buenos Aires.

RedCIUN. 2003. *Survey*, University of Cordoba, Argentina.

RICyT (Red Iberoamericana de Indicadores de Ciencia y Tecnología). 2003. *Indicators.* www. ricyt. org.

Salmi, Jamil. 2002. *La educación superior en un punto decisivo.* World Bank, Washington D. C.

Secretaría de Ciencia, Tecnología e Innovación Productiva. 2002. *Plan Nacional de Ciencia, Tecnología e Innovación* 2003. Buenos Aires.

——. 2003. www. secyt. gov. ar.

Secretaría de Políticas Universitarias. 1999 *Guía de posgrado 1999.* Minsterio de Cultura y Educación de la Nación, Buenos Aires.

Siufi, Gabriela. 2003. "La cooperación internacionaly y educación superior: experiencias, tendencias y perspectivas," In *Políticas de estado para la universidad Argentina: balance de una gestión en el nuevo contexto nacional e internacional*, ed. Juan Carlos Pugliese. Secretaría de Políticas Universitarias del Ministerio de Educación, Ciencia y Tecnología de la República Argentina, Buenos Aires.

Theiler, Julio. 2003a. *Relevamiento de actividades de cooperación internacional de las universidades nacionales Argentinas.* Working paper, Red de Cooperación Internacional de las Universidades Nacionales (RedCIUN), University of Cordoba, Argentina.

——. 2003b. *Relevamiento de actividades de cooperación internacional de las universidades privadas Argentinas.* Working paper, Universidad Nacional del Litoral, Argentina.

UNESCO (United Nations Educational, Scientific and Cultural Organization). 2001. *Argentina: Education System.* Paris: UNESCO

Van der Wende, M. C. 1996. *Internationalising the Curriculum in Dutch Higher Education: An International Comparative Perspective.* OECD. The Hague: Organisation for Economic Co-operation and Development.

111 第 4 章

巴西高等教育的国际化

索尼娅·佩雷拉·劳斯（Sonia Pereira Laus）
马利里亚·科斯塔·莫罗西尼（Marilia Costa Morosini）

本章将描述和评价巴西高等教育的国际化。首先梳理巴西教育的历史，总结高等教育系统的特点，从南共市地区和跨国的视角进行考察。然后阐述巴西高等教育的国际化维度以及在大学国际化中的行动者。本章讨论了国际化的项目（国家的、多边的和学术网络），并描述了高等教育的新模式及提供者①。

本章也将针对新的国际形势下的教育发展趋势提出若干问题。同时讨论若干推动巴西国际化的因素，包括：将国际化视为国家发展的驱动力；尝试变更机构以使它们跟上当前世界发展的潮流，从而为毕业生提供全球性的教育；努力使在高等教育市场提供的产品增值。

巴西的高等教育系统

巴西是拉美最晚建立大学的国家之一。由于在殖民地时期（1500—1822 年）其领导阶层都是在欧洲接受教育，19 世纪初期，模仿拿破仑模

① 由于没有掌握高等教育机构国际活动的系统数据，有的活动本章可能并没有覆盖到。

式，即培养工学、法学和医学的职业人才，在巴西一些省会城市互相孤立的学校中出现了第一批大学院系。1907 年巴西有 25 所大学，5 795 名在校生（Leite and Cunha 1992）。

巴西高等教育的历史

巴西的第一所大学是里约热内卢大学，创建于 1920 年，里约热内卢大学的建立标志着巴西高等教育进入了新的阶段。1931 年的《巴西大学条例》 112
（Statute of Brazilian Universities），强调了巴西大学的教学性而非研究性，以及大学的精英性、职业导向性和大学院系的自治性（Oliven 2002）。

在这一时期，公立大学逐渐发展，新的大学如圣保罗大学建立，并从欧洲招募了许多教授和研究人员。1930—1964 年（1930 年标志了城市工业社会的巩固和公共、私立部门就业市场的日益开放，1964 年发生了军事政变），22 所联邦国立大学在巴西建立。这些高校都位于各州的省会城市，成为了 20 世纪 60 年代以后急剧扩展的巴西联邦公立教育系统的重要组成部分。同一时期还有 9 所宗教大学建立（8 所天主教大学和 1 所长老会大学）（Oliven 2002）。

高等教育发展的第三个阶段始于 1968 年的大学改革，改革的出发点是提高行政效率，改变组织结构，以及保持教学、科研与推广（extension）相结合。与改革相伴的是研究生教育的发展和巴西人出国留学的热潮。这一时期建立了一些以科研为基础的洪堡模式的大学，这些大学与美国大学的原则相一致。这一阶段高等教育发展的特点是，国际化作为一个零碎的过程在各大学的小环境中孤立地发展，尤其是在研究生教育中得到发展。

高等教育发展的第四个阶段始于 20 世纪 90 年代早期，反映了存在于 1988 年宪法中并在第 9394/96 号法案《国民教育管制与规范法》（Law of Regulation and Norms of National Education）中体现的张力（tenison）。这一时期高等教育的发展遵循着国际趋势。高等教育由于其模式更加多样，因而需要在政策上更加灵活；中央政府的角色需要淡化；高等教育系统需要扩展；评估大学质量的方式需要改进。大学国际化成为了巴西高等教育中的一个关键因素。

巴西高等教育特征

巴西是世界第十大经济体。它幅员辽阔（国土面积 850 万平方公里），居民有 17 780 万人，年增长 1.31%。巴西 2003 年 1—10 月的年化通货膨胀率为 15.7%，2002 年的 GDP 为 4 405 亿美元，年增长 1.6%（World Bank 2004）。

113 巴西社会不平等较为严重：3 360 万人口都生活在官方贫困线上（家庭收入为最低工资的 2—5 倍）；失业率高达 9%—10%（2002 年）；文盲率是 12.4%；只有 1/3 的人口接受过中等教育（www.mre.gov.br）。

规模、复杂性和多样性

巴西高等教育系统的规模在整个拉美是最大的：共有 1 637 所高校（88% 都是私立的）和 3 482 069 名在校本科生（INEP 2004）。社会排斥（social exclusion）现象在高等教育的毛入学率中很明显，在巴西 18—24 岁的年轻人中上大学的比例仅有 17%，尚不及其他拉美国家的一半，更远远低于发达国家 50% 的水平（World Bank 2002b）。

高等教育系统的学术组织

巴西的高等教育系统可以划分为大学（universities）、大学中心（university centers）、综合学院（integrated faculties）、学院（faculties）、高级学院（higher institutes or schools）、技术中心（technological centers）（Morosini 2003）。大学是在国家和地区层面组织的多学科（multidisciplinary）机构，以智力（intellectual）、科学和文化生产为载体，培养专业人才、开展科研、推广服务、精通（mastery）并培育（cultivation）人类知识。至少 1/3 的大学教师拥有硕士或博士学位，而且至少 1/3 的教学人员是全职终身制教师。大学既拥有科研和教学的自治权，又拥有行政和资金、资产管理的自治权。大学的支撑原则是教学与科研不可分割。

大学中心是多课程（multicurricula）机构，提供优质教育，对于高等教育课程和教学项目拥有自治权。综合学院是按照统一管理制度和共同行为方式组织起来的多课程机构。学院是直接处于中央政府控制之下的单课程（single-curricula）机构。高级教育学院（Higher Institute of education）是用来培训教师的机构。最后，联邦技术教育中心（federal centers for technological education）是自治的联邦机构，提供中学水平的基础、工艺或技术教育，并为教师和专家提供教学培训。

根据科研是学术组织的定义性标准这样一个概念，习惯上把高等教育系统划分为大学和非大学（大学中心、综合学院、学院、高级学院、联邦技术教育中心）。第一类机构以科研作为其核心活动，第二类机构则主要从事 114
教学。按照这样的定义，巴西有162所大学和1 475所非大学（见表4.1）。

表4.1　2002年依行政类别和学术组织形式统计的巴西高等教育机构

（单位：个）

机构类别	大学	非大学			技术教育中心	总计
		大学中心	综合学院	学院和高级教育学院		
公立	78	3	3	80	31	195
联邦	43	1	0	7	22	73
州立	31	0	0	25	9	65
市立	4	2	3	48	0	57
私立	84	74	102	1 160	22	1 442
私人所有	28	47	85	943	22	1 125
教会、社区和慈善机构所有	56	27	17	217	0	317
总计	162	77	105	1 240	53	1 637

资料来源：http：//www. inep. gov. br。

大学和大学中心是自治的，而其他的机构都不是。因此，巴西有239所自治的高等教育机构和1 398所非自治的机构。

高等教育机构类别

巴西有195所高等教育机构都是由公共部门创立、合并、资助或管理的。这包括73所联邦机构、65所州立学院和57所由市政当局维持和管理的机构。

在公立教育之外，还有1 442所由私人资助和管理的机构。这些机构可能是营利的也可能是非营利的。非营利机构包括由社区成员资助的社区机构，有着特殊宗教或意识形态导向性的教会机构，以及作为政府服务的补充向社会公众免费提供教育服务的慈善机构。

巴西高等教育机构的地区分布很不均匀。超过一半都分布在比较发达的地区（东南部），而只有5%分布在欠发达的北部地区。东南部的私立大学多于公立大学（50所私立大学、23所公立大学）。在北部则只有1所私立大学和10所公立大学。

教育层次与培养项目

115 高等教育系统可以划分为本科教育、技术教育、继续教育、推广教育（extension programs）和研究生教育①。2002年本科教育在校生数约为350万人（见表4.2）。

表4.2　2002年依行政类别和学术组织形式统计的巴西本科教育在校生数②

机构类别	学生总数（人）	大学		非大学	
		学生数（人）	比例（%）	学生数（人）	比例（%）
公立	1 051 655	915 902	87	135 753	13
联邦	531 634	500 455	94	31 175	6
州立	415 565	380 957	91	34 612	8
市立	104 452	34 486	33	69 966	67
私立	2 428 258	1 237 757	51	1 193 501	49
私人所有	1 261 901	354 323	28	867 578	69
教会、社区和慈善机构所有	1 166 357	840 434	78	325 923	28
总计	3 479 913	2 153 659	62	1 329 254	38

资料来源：http：//www. inep. gov. br。

① 本科教育通过在校模式、远程模式或者混合模式在相当广泛的领域中提供教育。完成学业后，学生可获得学士学位（baccalaureate）［脱产的（full）、短期的（short）或者初级的（first grade）］、第二本科学位（licenciatura，这是西班牙的一种独特学制，应该是本科学位的第二阶段，比硕士层次低——译者注）或专业学位。继续教育在不同层次上提供各领域的教育。申请人需要中学毕业。一些继续教育项目要求教育部的授权和认可，并会授予文凭或证书。推广教育向满足教学单位要求的所有申请人开放，这类项目最后会授予初级、提高、合格或者其他层次的证书。研究生教育项目和课程向拥有本科学历的人开放，它包括专业、硕士、博士学位，可以进行在校学习或者混合模式学习（远程和在校相结合）。

② 表中数据为原书数据，可能有误。——译者注

巴西的研究生教育是拉美国家中最发达的（Morosini 2003）。2000年，有2 367个硕士和博士授权培养项目。这些培养项目共有96 595名学生，其中有63 591名硕士，33 004名博士（见表4.3）。1987—2000年，巴西共授予了35 194个博士学位和121 861个硕士学位（CNPq 2004）。

研究生教育，尤其是硕士和博士教育，一直处于大学国际化的中心位 116
置。高等人才培训协调代理处（Coordination Agency for Graduate Education，简称CAPES）和教育部在评价研究生培养项目时，会高度重视其国际性。

表4.3　1987—2000年巴西研究生教育招生数和毕业生数

（单位：人）

年份	招生数		毕业生数	
	硕士	博士	硕士	博士
1987	30 337	8 309	3 866	1 005
1988	31 575	8 515	3 965	990
1989	33 273	9 398	4 797	1 139
1990	36 502	10 923	5 579	1 410
1991	37 205	12 015	6 772	1 750
1992	37 412	13 682	7 272	1 769
1993	38 265	15 569	4 557	1 876
1994	40 027	17 361	7 550	2 031
1995	43 121	19 492	8 982	2 497
1996	44 925	22 004	10 356	2 972
1997	47 271	24 250	11 925	3 604
1998	50 844	26 797	12 510	3 945
1999	67 031	29 985	15 356	4 862
2000	63 591	33 004	18 374	5 344
总计	601 379	251 304	121 861	35 194

资料来源：http：//www. dc. mre. gov. br/brasil/textos/cienetecno. pdf。

高等教育系统的学术功能

高等教育系统的多样性，清晰地反映在教学与科研的关系中。大学与其他高等教育机构不同的地方就在于它开展研究。教学是本科教育的特征，而教学与科研则是研究生教育的特征。

这些功能决定了一个机构国际化的程度。以科研为核心活动之一的高校相对于仅以教学为目标的高校，往往具有更高水平的国际化潜力。教学活动严重依赖中央政府，课程认证的指标都由教育部严格把关，而直到近期本科课程中的国际活动才被纳入考量范围。在研究生培养项目（硕士和博士）
117 的教学中，虽然中央政府也通过 CAPES 控制研究生教育的再认证评估，但国际化是受到高度鼓励的，而研究通常也享有高度自由。

教师的学术资格是机构多样性的另一例证。2002 年，62% 的具有硕士学位的教师和 65% 的具有博士学位的教师都在公立机构工作。

科研对国际化发展的重要性，可以从 1995—2000 年国际索引科学期刊（international indexed scientific journals）上的发文数的增长体现出来。从 1995 年的 5 508 篇到 2000 年的 9 511 篇，五年内巴西在国际刊物上发表的文章数翻了一番。1993—2000 年，研究小组的数目从 4 404 个增加到 11 760 个，研究人员数从 21 541 人增加到了 48 781 人（CNPq 2004）。

高等教育系统的扩展与私有化

私立高校数目的增长，标志着过去几年巴西高等教育发展的一个转折点：2002 年，88% 的高等教育机构都是私立的。私立高校覆盖了整个高等教育 63% 的课程、70% 的招生计划（matriculation）、63% 的教师（其中 38% 有硕士学位，12% 有博士学位）、53% 的管理人员、46% 的申请者和 77% 的入学人数（INEP 2004）。

巴西的趋势也反映了教育私人提供的世界趋势（World Bank 2002a）。巴西私立高校的增长主要发生在私立教育比较集中的东南部、中西部和南部地区。在欠发达的巴西北部和东北部，公立高校是多于私立高校的。这些地区的经济尚未强大到可以支撑高质量的私立教育的发展。

认　证

1996 年的第 9394 号法案规定了巴西国民教育的原则和基础，并规定高等教育隶属于国民教育委员会（National Education Council）。之后该法案经过多次修改，不断增补，其中最著名的当属 2001 年的第 3860 号法案。

由于立法的作用，以及长期以来建立的高等教育中央集权传统的持续，联邦政府得以协调不同的教育层次和体系，在不同教育实体间规范调节、重新分配和替换要素，如组织和资助联邦教学系统以及促进高等教育发展。

评估是政府对本科和研究生层次的高等教育实施控制的一种最为明显的 118
方式。

本科及研究生教育由国民教育委员会的高等教育议院（Chamber of Higher Education of the National Education Council）进行授权、认证和定期更新认证。研究生教育的分类基于 CAPES 的评估结果，并由教育部最终完成归并（incorporate）。

根据国际化的标准，对硕士和博士教育项目的评估主要集中在其科学、文化、艺术或技术成果，同海外高质量的同类项目相比较的竞争力，以及教师的领导地位和代表性的证据等方面。

2001 年国民教育委员会将政府控制延伸到远程研究生课程上。这类培养项目只能由经过认证的高校提供，并且通过授权、认证和更新认证的方式接受国家控制。

教育部负责提供一个法律框架，来对外国高校的课程进行认证，并对在海外取得的学位、文凭和证书进行有效性鉴定。1996 年的第 9394 号法案规定：外国大学授予的学位“应由可提供相同水平或内容课程，或根据国际协定可与之等价的课程的公立大学进行有效性鉴定，该规定对硕士学位和博士学位同样适用”。

为了确保外国高校在巴西所提供教育的质量，教育部第 228 号法案（1996）和国民教育委员会第 1 号决议规定了认证与鉴定外国高校在巴西提供的本科及研究生课程的规范，不管它们是否牵涉巴西的高校。根据该法案，“主要通过远程模式或混合模式教授的［那些课程］，不管是直接还是通过与巴西高校的任何形式的联系进行讲授，如果没有获得联邦宪法第 209 条第Ⅰ和第Ⅱ款所规定的政府适当授权，无论其目的如何合法，都不能生效或者得到认证”。

2001 年，高等教育议院第 2 号决议对外国机构在巴西开展的研究生课程进行了规范，不管其是直接提供还是通过与巴西高校的协议而提供。在该法规下，教育部有权通过立即停止新生注册而制裁违规者。

这些法规遏制了 20 世纪 90 年代，在没有法律和条例限制的情况下，国
外高校通过协议提供的研究生培养项目的无节制增长。研究生教育的扩展主 119
要源于一些机构寻求国际声誉，期望其研究生课程渗透到其他地区的教育市场，以及提升员工学历的需要。1996 年的第 9394 号法案规定，作为大学必须有 1/3 以上的员工具有硕士或博士学位。

高等教育的区域一体化

建立一个拉美经济政治共同体的努力早已开始。历史上曾经有一些区域一体化的努力以失败告终（Laredo 1994）。由于全球化的影响，区域化的压力非常大。

1991 年 3 月 26 日，阿根廷、巴西、巴拉圭和乌拉圭共同签署了《亚松森条约》，宣布成立南方共同市场（Mercosur）。为了刺激地区经济尤其是商业的发展，南共市通过 1991 年成立的南共市教育部（SEM）推动教育一体化进程。

南共市通过次区协定扩展了规模。1996 年智利成为该组织第一个联系国，1997 年玻利维亚也成为南共市的联系国。1998 年南共市和安第斯共同体（Andean Community，包括玻利维亚、哥伦比亚、厄瓜多尔、秘鲁和委内瑞拉）签署了一项旨在建立集团间自由贸易区的框架协议。

在 1994 年于迈阿密举行的第一届美洲国家首脑会议上，与会国提议于 2005 年建立世界上最大的商业和经济区，即美洲自由贸易区（Free Trade Area of the Americas，简称 FTAA），它包含美洲 35 个国家中的 34 个（除了古巴以外的所有美洲国家），该区域常住人口为 8 亿人，GDP 达 13 万亿美元。此次会议甚至提议与其他地区建立更大的一体化区域，如与欧盟、拉美和加勒比海地区学术共同区域（Academic Common Area between European Union，Latin America and the Caribbean，UEALC）建立一体化。与欧盟建立联系将会构成世界上最大的非邻国自由贸易区。

南共市也积极与其他国家建立同盟关系。2003 年 9 月南共市与古巴政府签署协议，分析了获得医疗保健文凭的条件，并且由于拉美高等教育机构中医学专业 6 000 名学生的压力，相关研究正在开展。

巴西总统卢拉·达·席尔瓦（Lu la da Silva）提议采用新的地理视角来看待商业组织，成立由巴西、印度和南非组成的 G3，并加强 G20，即由巴西、中国和印度领导的新兴国家组成的 20 国集团。巴西对加强区域化的支持并不意味着退出多边协议，而是希望成立新的论坛来应对国际化的影响。

巴西高等教育国际化的历史 120

在高度集权化的教育系统中，国际化进程往往始于政府在发展规划下的有计划的行动。它是政府和高等教育机构为达到高等教育大众化以增强国力而共同努力的结果。

国际化首先作为机构改革的一种尝试，而后又成为加强研究生教育的一种有效途径。只是在过去几十年，国际化才成为在一种更为宽泛的行为范畴下，试图加强学术功能的国际特征的力量和行动。

在 20 世纪初，大学曾致力于国际发展项目，这些项目随后演变为合作研究项目和强化机构（strengthen instituions）的努力，旨在为促进国家发展而强化知识基础并培养精英。它们期望采取“系统化的政策……将合作视为一种可以建立和巩固［巴西］对国外精英的政治和文化影响力的模式”（Lessa 2002，p. 105）。

这种传统的合作模式多数情况下是非对称的，没有提供任何成熟的机构合作的机会，但它却是国际化的第一个正式工具。在 20 世纪 30—60 年代，在这一过程中所涌现出来的专家开始在巴西的思想发展与科学发展中发挥基础性作用，尤其是在社会科学和人文科学领域。“二战”后，巴西与其他国家正式建交的过程开始启动。在 20 世纪 60 年代，这一进程演变为科学技术合作的双边协议①。

国际化的这一进程在 20 世纪 70 年代取得了更大成就。在巴西设有分支机构的国际机构都开始提供联合项目（涵盖从研究生海外留学的奖学金到合作研究的资助等各个方面），国家也开展了许多项目来支持类似的活动，以发展研究生教育并促进信息和人才的交流。这些活动显示政府和大学希望协同努力，通过签署合作协议以及创建管理机构和内部协商机构来确定国家的战略重点。

全球化进程和可获信息的海量增长，尚未使巴西的学术部门充分参与世 121
界其他地区的学术。但在过去几十年，这一进程却颇具活力，在国家层面对学术界产生了影响。于是这又反过来促进了院校机构的行动。如今大多数公立和私立高校都提供外语教学项目、合作研究，并在电话会议和远程教育中

---

① 与巴西签署协议的国家有联邦德国（1963）、丹麦（1966）、法国（1967）、葡萄牙（1967）、瑞士（1969）、日本（1971）和荷兰（1971）（Lessa 2002）。

广泛应用信息技术。

国际化进程有许多不同的来源，如政府和高校齐心协力发展国家以及高校对国际声誉的追求。有些高校在选择合作伙伴和合作方式时的决策并不明智。

与国际机构的合作是无序增长的，质量标准不高，通常只是顺应市场潮流的结果而非院校机构深思熟虑的战略规划。但事实是在由发达工业国家的大学所主导的充满激烈竞争并持续变化的学术世界里，学术系统越来越难保持独立（Altbach 2001）。最强的大学都分布在英语国家（美国、英国、加拿大和澳大利亚）和欧盟的大国（主要是法国和德国，其次是意大利和西班牙）。

西班牙高校在与巴西大学开展校际项目、合作网络与流动项目方面走在前列。其主要动力可能在于两国语言的相近，以及在最近召开的伊比利亚-美洲国家首脑峰会上的决议刺激下，西班牙高校所采取的积极政策。

《贸易与服务总协定》（GATS）在巴西激起了一场关于将高等教育作为WTO管制服务之一的风险的大讨论。经过这次辩论，巴西政府和公立高校重申了其立场，即教育属于公众，知识是全社会的财产（Dias 2002）。

国际化也受到了私立高校的广泛关注，并在国家级的研讨会和国家私立大学协会（National Association of Private Universities）所组织的会议上得到了充分讨论（www. anup. br）。根据专家的意见，教育服务的开放将主要影响研究生教育，尤其是国家重点院校。这些高校在校生数为40万人，而高
122 等教育在校生总数为320万人。它们吸引着那些高度重视国际标准的人才，而这些人在国内无法接受高质量研究生教育时就可能离开国家（MRE 2004b）。

巴西高等教育国际化的主要参与者

巴西高等教育国际化的主要参与者包括教育部、科技部和外交部。许多小的参与者也发挥着重要的作用。

联邦政府

教育部、科技部和外交部是巴西教育、科学、技术国际化的主体。高等

教育国际化的过程开始于公立大学以及农业部和军队的培训与研究机构，并且主要是在航空航天和科学技术领域。由于教育部和科技部的努力，自20世纪90年代后期起，国际化进程在整个高等教育系统迅速扩展开来。

教育部

教育部是国际化进程的主要参与者和管制者。其行动主要受1996年的第9394号法案《国民教育规章与基础法》（Law of Regulation and Bases of National Education）的指导。该法案定义了教育、国民教育的原则和目标、教育权力、教育与教学的等级和模式、教育的职业标准、教育的资金来源等相关概念。该法案促进了学校和大学的分权与自治，提供了教学评估的标准过程，定义了在教学组织体系中不同层次政府（联邦、州和市）的合作方式。

教育部负责规划和评估国民教育政策、保证教育质量、了解法律和其他法规的实施。教育部主要依靠CAPES、国家教育规划与研究所（National Institute of Education Planning and Research，简称INEP）及其下属的一些秘书处，包括主要负责全国高等教育系统协调的高等教育秘书处。高等教育秘 123
书处负责巴西全部高等教育机构的监督、评估和财政事务，也包括对公立联邦高等教育机构的管制和拨款。

CAPES主要促进研究生教育的发展，对研究生教育相关政策的形成起到咨询作用。它创建于1951年，在1992年成为一个基金会。CAPES直接向在它们的评估中达到一定等级的高校提供硕士和博士学位奖学金名额。

留学是对巴西研究生教育的补充，为大学高水平的教学和科研培训了大批教师与研究人员。CAPES资助了超过1 400人出国留学。

教育部内共有三大部门负责国际关系：高等教育秘书处国际咨询办公室（Internationd Advisory Office）；国际事务咨询办公室（Advisory Office for International Affairs），负责本科生培养项目协议（Undergraduate Student Program Agreement，简称PEC-G）；CAPES的国际合作总协调处（General Coordination of International Cooperation），负责全球背景下的巴西研究生教育活动。

科技部

科技部成立于1985年，负责国家科学、技术和创新领域的协调、综合部署以及政策提出。国家科技发展委员会（National Council for Scientific and

Technological Development，简称 CNPq）是它的主要代理机构。科技部主要在两个领域活动，即科研经费的划拨和高级人力资源的培训。它对基本科学训练、技术支持、研究人员的劳动生产率、硕士和博士学位、博士后研究提供奖励，并资助科研项目。

国家科技发展委员会促进了巴西的科学技术研究，为国家科技政策的形成作出了贡献。它通过提供奖学金为研究人员（硕士和博士水平）的训练作出了直接贡献。自从 1951 年创立伊始，它就是支持科学、技术与创新的最为重要的公共机构。

大学的国际化与研究发展和知识生产有直接关系。巴西的国家创新体系包括联邦和州立的许多促进科研及培训的机构，以及生产科学技术知识的许多公立、私立的大学与研究所。科技部和教育部在加强国家创新体系方面发
124 挥着重要作用，它们与研究和项目资助委员会（Financing of Studies and Projects，简称 FINEP）、国家科技发展委员会、CAPES 等组织以及农业、畜牧业、健康、环境、发展、工业、外贸等部门密切合作。在州一级，国家创新体系包括科学技术秘书处和促进会，称作州立研究支持基金会（State Foundations for the Support of Research）。

外交部

外交部在三个统合的领域开展工作：作为受助国的技术合作，包括双边和多边协议；与发展中国家开展的技术合作；科学与技术合作。巴西外交部国际合作署（Agency for Cooperation）负责在所有知识领域内的双边和多边的技术合作。

教育事务司（Division of education Matters）

2003 年政府建立了教育事务司，主要在三个不同的教育合作领域开展活动：给予式的合作，面向在巴西求学的外国留学生的培训和教育；接受式的合作，面向巴西学生在海外接受的培训和教育；双边和多边的国际事务中教育问题的支持和处理。教育事务司参与了一些联合委员会和工作组，如教育工作组（Work Group on Education）（与德国）和邻国委员会（Neighborhood Commision）（与哥伦比亚）。它还负责与许多其他国家的教育合作协议及备忘录的商谈工作，并负责处理与拉美社会科学教师协会（Latin American Faculty of Social Science，简称 FLACSO）、富布莱特委员会、

WTO 教育服务、南方共同市场、美洲自由贸易区以及著作权常设委员会（Permanent Commision of Author’s Rights）等相关的事务（Ministry of Foreign Relations 2004a）。

国际关系网络和办公室

巴西高等教育系统的法规是高度集中的。但是，在国际化方面高等教育机构还是享有充分的自主权。因此，不同高校的国际化水平是参差不齐的。

大学领导网络（Networks of University Authorities）

随着教育系统的扩展和多样化，有关大学领导（university authorities）的新组织不断涌现，开展着或平行或互补的活动。这些组织包括巴西大学校长委员会（Council of Brazilian University Rectors）、联邦高等教育领导协会（National Association of Federal Higher Education Authorities）、巴西州立市立校长协会（Brazilian Association of Rectors of State and Municipal Universities）、巴西社区大学校长协会（Brazilian Association of Rectors of Community Universities）、国家私立大学协会（National Association of Private Universities）。

巴西大学校长委员会创立了伊比利亚－美洲大学委员会（Ibero- 125
American University Council），与葡萄牙大学校长委员会（Council of Rectors of Portuguese Universities）、德国大学校长议会（Congress of Rectors of Germany）、魁北克大学领导与校长议会（Congress of Rectors and University Authorities in Quebec）以及佛罗里达大学系统（University System of Florida）等签订了协议，在推动国际活动方面表现活跃。

- 与葡萄牙大学校长委员会和德国大学校长议会签署的协议提供一般的培训、教学与研究。它使得巴西大学的毕业生到国外（主要是德国）接受高等教师培训项目更加便利。
- 1966 年与魁北克大学领导与校长议会签署的协议建立了一个学生交流项目。
- 1992 年与佛罗里达大学系统的协议建立了佛罗里达－巴西研究所。该研究所致力于加强双方的学术、文化和科学联系，并在互惠的基础上提供人力资源开发、信息交换、教学、合作研究、联合科学出版、师生交流、会议、研讨、展览等活动。

- 伊比利亚－美洲大学委员会是由国家大学协会（National Associations of Universities）网络和拉美大学校长委员会等所组成的一个网络。在2003年于巴西举行的年会上，该网络选择了以下主题作为2004年的行动重点：质量和认证，社区参与，伊比利亚－美洲合作，拉美与欧洲高等教育的联系。虽然声称采取区域多边合作活动的新机制，但拉美大学委员会（Latin American University Council，简称CUIB）坚持应该将1998年联合国教科文组织在巴黎举行的世界高等教育大会（World Conference on Higher Education）所达成的协议继续维持下去，其主旨是高等教育是一个实体，它是属于全社会的。

巴西大学校长委员会也鼓励其成员学校积极参与到国际大学组织中，其中美洲间大学组织尤其重要，它的大部分成员学校都来自巴西。

尽管其他的高等教育机构领导协会没有在其政策中明确指出其成员机构必须国际化，但它们也全部都是各种国际大学协会的成员。这显示了巴西大学在与国际学术社区互动中所体现的多边性。

126 **巴西大学国际事务办公室论坛**

国际关系办公室是国际化进程中重要的机构参与者。在20世纪90年代早期，“理论上82%的高校都设有此类办公室，但60%的高校都没有一个专门负责国际化的领导，因为调研发现64%的学校负责国际化的领导都同时负有其他行政责任”（Schlindwein 1990，p. 48）。

1988年巴西大学国际事务办公室论坛建立了，它致力于将与高等教育国际化相关的事务和活动公之于众。它鼓励那些尚无国际事务办公室的高校建立相应的机构，并通过研讨会、工作坊、年会等方式推进国际化领域的员工培训。它开始促进巴西高校与在巴西工作的国家或者国际机构建立联系（大使馆、领事馆、国际组织等）。

2003年该论坛有119所成员学校：65所公立高校（39所联邦高校，24所州立高校，2所市立高校），29所社区高校和25所私立高校。其中，88%的高校在其组织机构图中已经包含有国际事务办公室。

尽管这些办公室的增加意味着一种进步，但从整体上来看巴西高校还没有对负责国际事务的员工进行培训的政策。巴西大学仍然没有赋予国际化以战略重要性。国际化的组织管理通常被交给一个有一定学术背景的教授、研究人员或者行政人员，他们可能刚好掌握一门或几门外语，或者有过在国际学术单位的工作经验，但这些人很少接受过专门的培训，也往往缺乏行政支持。

教育的类型（Types of Studies）

巴西的本科生教育和研究生教育的国际化程度有相当大的差异。研究生教育在国际化过程中是一个重要的驱动力，而本科生教育则是最近才开始其国际化进程。

研究生教育（Graduate Studies）

巴西的研究生教育总是和科研相联系。研究人员形成国内和国际的同行 127
网络，实施项目，参与或指导研究，并在最少的院校控制的基础上为科学知识的积累作贡献。在巴西科研受科技部的协调和国家科技发展委员会的支持。除了教学的薪水之外，研究人员还可以得到额外的资助［科研劳动生产率（research productivity）、科研项目以及对科学事件的参与均会受到资助］，另外还有对研究团队的资助，而大学对此则几乎没有控制的权限。研究明显处于高等教育国际化进程的核心。

研究生教育受到 CAPES 的严格控制，它对研究生课程进行评估。自 1998 年起，CAPES 使用了一个基于外部评价并聚焦于劳动生产率的评估模型。该评估将机构从 1 到 7 进行量化排序，其中第 6 和第 7 等级被认为是具有“国际水准”的。

147 所机构都得到了第 6 或第 7 等级的评估结果（CAPES 2002a）。在第 6 等级的专业中，64 个都在圣保罗，39 个在里约热内卢。40 所被评为第 7 等级的机构都在东南部，其中 27 所在圣保罗。达到国际水准的专业主要都分布在公立大学。在私立高等教育机构中，仅有 15 个专业获得了第 6 等级，2 个专业获得了第 7 等级［1 个在南里奥格兰德（Rio Grande do Sul），1 个在里约热内卢］。

本科生教育

在巴西，中央政府对所有的教育，尤其是本科生教育，实施着强有力的控制。在最重要的决定上，比如课程设置和授予及承认学位，大学本身的权力微乎其微。课程是由教育部和官方的课程指令共同决定的。这些官方指令给予高等教育机构在课程时间安排和学习模块选择上的自主权，指令鼓励独立学习，从校外获得知识、技术和能力，加强理论与实践的联系，重视个体和小组研究、实践和拓展活动（National Education Council 2004）。

如果学校愿意，国际化完全可以被纳入本科教育中。本科教育中国际化的例子有三明治项目和双学位项目。三明治项目对于在国外高校为期两个学
128 期的学习或者实习给予学分。由巴西高校和外国高校起草的协议必须得到巴西的法律部门、最高行政机关（通常是大学委员会）以及校长的认可。在双学位项目中，学生可以从巴西或者国外获得学位。

尽管有所发展，但巴西本科生教育的国际化还远未完成。内维斯（Neves，2002，p. 12）指出：

> 研究生教育无疑是成功的，因为它一开始便是国际化的。我们的本科生教育则非如此，部分因为法律限制了课程更加灵活的可能性。本科生教育的国际化进程整个都被阻塞了，被官僚主义紧紧束缚着，学生流动的可能性亦被打消……如今本科生教育的核心课程限制已经被取消，这意味着［法律］在该领域已经开始改变，但我们还需要做得更多。在国际范围内开展讨论并更新本科生教育的理念是必然之举。

对知识网络的参与

一些大学鼓励教师参加国际会议，访问国外高校，与外国学者合作发文。学术界与其他高校通过双边合作和研究人员网络等方式协力工作。这种自发的努力，激励某些公立高校提供与政府政策所提倡的教育模式不同的新模式。在创收的压力和政府教育投资不足的情况下，高校增加了教育项目的供给，而这些教育项目通常是与国外机构合作的。

大部分学术流动项目都是由国内外的组织或机构推动的。对代表了高等教育系统所有类型高校的巴西大学国际事务办公室的成员学校进行的调查（FAUBAI 2003）显示，绝大部分的高校都在学术合作协议的框架下开展着以下项目：92% 的高校有教师流动项目，70% 有学生流动项目。40% 的公立和私立高校与国外高校联合提供双学位项目，通常都由合作高校提供经费支持。80% 的高校有外国语言的教育项目。

几乎所有的公立大学的国际流动，都会从上述提到的项目之一中得到资助。然而，私立大学和社区大学则比公立大学有更大的自由度。它们不仅希望获取国际特征（achive international characteristics），也试图吸引学生，其 129
做法甚至包括以工作体验的名义在国外大学安置住处，或提供到迪斯尼乐园的短期旅行。这些项目的学术价值是值得怀疑的，但在参与其中的高校看来，这使得它们向市场推出的产品有了更大的附加值，参与者可以掌握第二语言并获得跨文化体验。

拉美学术培训项目（ALFA）网络国际关系办公室（1998）基于南里奥格兰德联邦大学（Universidade Federal do Rio Grande do Sul）和米纳斯吉拉斯联邦大学（Universidade Federal de Minas Gerais）的数据，进行了一项评估。该评估发现所调查的院校都有明确的国际化的战略规划。这些战略是在院校最高层面提出的，有时是由参与制定战略的国际事务办公室提出的。

拉美学术培训项目的研究也揭示了国际化项目的目标往往是：促进对国际协会和网络的参与；发展现有的国际关系并拓宽与欧洲和美国高校的联系；促进与支持双边交流，强调互动的新模式；促进师生交换；与生产部门和政府合作，寻求与知名的亚洲大学和科技组织建立联系；激励和其他南共市国家的联系；打开吸引国际资源的渠道。

国际化所需的资源来自许多渠道，包括：常规预算；联合国教科文组织，资助与参与蒙得维的亚大学集团协会有关的南共市内部的学术交流；国际基金会，如福特基金会和韦泰基金会（Vitae Foundation），资助海外人力资源开发和对科学活动的参与；私立部门，资助科学活动与研究。

学术研究计划的概念、设计、商谈和执行，都是学术部门和学术人员自身的责任。国际关系办公室则主要是在促进和寻找资源、推动交流、组织国际研讨会及与商业界合作等方面发挥作用。

拉美学术培训项目的研究指出了当前在机构层面国际化进程所面临的若干挑战：

- 国际化仍缺乏一个清晰的校级战略。根据东望洋战略合作网络（Guia IRO-NET）（1998，p. 82），“每所高校在国际化活动的过程中都没有一个清晰和精确的战略，有的仅是一系列一般的原则，这些原则通常是模糊的，无法为国际活动的行动和重点划出清晰的界线”。在分配有限的人力物力资源时，有清晰的战略和发展重点是极其重要的。该报告提议召集大学官 130
员、参与国际化进程的大学群体的代表、发达国家的大学代表等共同讨论，以确定这些战略。

• 学者对国际活动的参与很有限，“而这则是由于国际项目或教学的协调者或参与者能力不足，造成教学人员缺乏参与经验”（Guia IRO-NET 1998，p. 83）。这个问题可能的解决方案是，设立一个行政小组进行教师支持并简化官僚程序。

• 由于“对语言的掌握不够，对置身的社区了解不足，借住的家庭对他们不甚欢迎等”，在巴西的外国留学生并未很好地融入校园生活（Guia IRO-NET 1998，p. 84）。报告建议留学生更多地融入巴西学生及他们的社团，充分利用电子邮件，以及为留学生提供更好的健康服务。

• 其他挑战包括：需要对项目真正进行共同资助，需要增加项目的跨国元素，寻找理想合作伙伴的困难，需要对参与流动的师生提供更好的服务，访问学生可负担的住所的缺乏，尚处于萌芽状态的国际关系办公室与日渐成熟的国际活动之间的矛盾，向国际项目提供专门服务所需的行政灵活性的缺乏等。

由于巴西受世界恐怖主义的威胁远远小于许多其他国家，“9·11”之后发生的国际事件可能增加了巴西高等教育的国际需求，越来越多的加拿大和美国学生开始学习西班牙语，而这正是巴西政府和高校可以用来吸引国际学生的机遇。

高等教育国际化的培养项目

为支持巴西高等教育的国际化，巴西发展了若干培养项目。

国家培养项目

尽管巴西的学生流动自 20 世纪初就存在了，但参与的学生数量很少，
131 而且多出于个人动机。1917 年巴西学生主要在乌拉圭学习；1919 年则是阿根廷、智利、巴拉圭和乌拉圭的学生在巴西学习，主要是在军事学院、海军学校等处学习。1941 年，由于巴西和玻利维亚文化交流的繁荣，巴西涌现了首批玻利维亚学生。“二战”后，巴西加强了与其他拉美国家的联系，寻求共同利益，促进更广泛的学生交流（Laus 2002）。

双边文化合作协议

推进国际合作主要是联邦一级的外交部、教育部和科技部以及州一级的某些科技秘书处的职责，本节将描述一些主要的协议。

双边受援技术合作

外交部下属的技术合作委员会（Council for Technical Cooperation，简称CTRB），是推动巴西的结构变迁（structural changes）的主要工具。它通过开展高水平的咨询、巴西技术人员的技能培训和更新，有时还向巴西高校捐赠高技术设备，来推进技术转移和知识获取，从而为巴西社会经济发展作出贡献。它主要的合作伙伴有日本（52%）、德国（18%）、英国（13%）、法国（9%）、加拿大（5%）、西班牙（2%）、荷兰（2%）和意大利（1%）。活跃的项目主要集中于环境、农业、工业、健康、社会发展、公共管理、能源、交通运输、教育和城市规划等领域（www. mre. gov. br）。

留学生协议

本科生培养项目协议（PEC-G）是在无限期合作协议的基础上提出的。由于高校的参与以及外交使节馆（diplomatic missions）和巴西领事馆办公室的协作，该计划主要牵涉教育部和外交部两个政府部门。通过本科生培养项目协议，每年有超过600位留学生进入巴西。要想参与该培养项目，申请者必须拥有葡萄牙语证书，而且必须来自以下国家之一：阿尔及利亚、安哥拉、贝宁、喀麦隆、佛得角（Cape Verde）、中国、刚果民主共和国（Democratic Republic of Congo）、刚果共和国（Republic of Congo）、科特迪瓦、东帝汶、加纳、几内亚比绍（Guinea-Bissau）、印度、马里（Mali）、摩洛哥、莫桑比克、纳米比亚、尼日利亚、肯尼亚、圣多美与普林西比共和国
(São Tomé and Principle)、塞内加尔、南非、突尼斯。在拉美和加勒比海地 132
区，来自以下国家的学生可以在巴西学习：安提瓜（Antigua）、阿根廷、巴巴多斯（Barbados）、玻利维亚、智利、哥伦比亚、哥斯达黎加、古巴、多米尼加共和国、厄瓜多尔、萨尔多瓦、危地马拉、海地、洪都拉斯、牙买加、墨西哥、尼加拉瓜、巴拿马、巴拉圭、秘鲁、苏里南（Surinam）、特立尼达和多巴哥（Trinidad and Tobago）、乌拉圭（Ministry of Education 2004）。

研究生培养项目协议（Graduate Student Program Agreement）与本科生培

养项目协议类似，来自同样国家的学生可以申请到巴西学习，这些国家与巴西保持着文化、科学和技术合作方面的协议。

师生流动

高等教育国际化主要集中于研究领域，并在研究生教育水平上得到较大发展。研究生教育主要是由公立大学包办，高等教育系统则由教育部实施的评估来集中控制和支持。机构的国际化行动需要得到政府支持。CAPES 和 CNPq 提供了政府资助的国际流动的数据。

CAPES 促进和支持国际化的方式主要是巩固科研与研究生学习中心，增加培养硕士和博士生的机会。它也支持参与国际活动或交流的研究人员，以及在海外学习或开展研究的研究人员。

CNPq 则主要是支持奖学金获得者到国外进行完全的或“三明治式”的博士学位学习，其次也支持博士后研究和“三明治式”本科生的培养项目（见表 4.4）。

表 4.4　2003 年依学习模式统计的巴西出国留学奖学金名额

学习模式	奖学金名额（个）	比例（%）
“三明治式”本科教育	115	7.7
专业教育	18	1.2
硕士教育	3	0.2
“三明治式”博士教育	426	28.4
博士教育	719	47.9
博士后教育	219	14.6
总计	1 500	100.0

资料来源：http：//www. capes. gov. br。

CNPq 主要投资于精密科学、地球科学和工程学（46%），其次是生命
133 科学（34%）和人文科学（23%）。CAPES 资助的奖学金名额为人文科学 615 个，精密科学、地球科学和工程学 518 个，生命科学 332 个。获得最多资助的单科领域是工程学和计算机科学。

CNPq 的大部分资助都流入了巴西的少数高校：14 所高校获得了 820 万

美元的资助；而剩余的 680 万美元则分配给了 653 所高校。7 所公立大学获得的资助最多，其中包括 5 所联邦大学［里约热内卢联邦大学、南里奥格兰德联邦大学、米纳斯吉拉斯联邦大学、圣卡特琳娜联邦大学（Fedaral University of Santa Catarina）和巴西利亚大学（University of Minas Brasilia）］及 2 所州立大学［坎皮纳斯大学（University of Campinas）和圣保罗大学］。30% 的奖学金都是资助海外留学的（CNPq 2002a）。海外留学奖学金优先照顾东南地区（占资助总额的 40%）和圣保罗州（17%）。2002 年接受巴西学生最多的国家依次是美国（738 名）、法国（520 名）和英国（293 名）（见表 4.5）。

表 4.5　2002 年依留学国家统计的巴西奖学金名额①

国家	CNPq		CAPES		总计	
	人数（人）	比例（%）	人数（人）	比例（%）	人数（人）	比例（%）
美国	280	38	458	31	738	33
英国	130	18	163	11	293	13
法国	101	14	419	28	520	23
加拿大	54	7	67	4	121	5
西班牙	43	6	78	5	121	5
德国	28	4	152	10	180	8
澳大利亚	20	3	26	2	46	2
意大利	18	2	33	2	51	2
葡萄牙	15	2	68	5	83	4
荷兰	14	2	25	2	39	2
瑞士	3	0	11	1	14	1
其他*	33	4	0	0	33	1
总计	739	100	1 500	100	2 239	100

*包括阿根廷、奥地利、比利时、智利、哥斯达黎加、科特迪瓦、丹麦、多米尼加共和国、芬兰、印度、以色列、墨西哥、新西兰、北爱尔兰（英国）、日本、瑞典和乌拉圭。这些数据中不包括 CNPq 的短期奖学金名额。

① 因四舍五入，表中最后一行“总计”中的比例数据（100%），与其上各行中的相应数据之和之间可能有 ±1% 的差异。——译者注

CAPES 资助那些参与到国际事件中的博士水平的研究人员。1995—
134 2002 年，它接受了大约 11 000 份资助申请，共授予了 3 546 份奖学金。获得奖学金最多的领域分别是工程学（721）、人文科学（698）、精密科学（675）、健康科学（362）、生物科学（338）、应用社会科学（274）、天文与物理学（268）、电子工程和生物医学工程（235）、文学和语言学（228）、教育学（151）、生理学/药理学/形态学/生物化学/生物物理学（140）、农业科学（186）、农艺学（106）、医药学（93）、经济学（65）、艺术与音乐（69）（Nunes Sobrinho 2002）。

一份针对 CAPES 的国际项目中的学术培训所作的评估报告指出："巴西政府继续投资于海外人力资源培训，以保证巴西学术团体的优异水平，对于巴西现有的研究条件而言，在最好的外国大学进行研究人员的培训，是维持一个学术精英团体非常重要的措施，这可能成为一种监管质量的方式。"（Neddermeyer 2002，p. 12）。

表 4.6　CAPES 资助的巴西与国外机构的学生交换和合作研究

合作伙伴/国家	交换生数（人）	研究任务数（个）	在研项目数（个）
COFECUB（法国）	183	207	112
PROBRAL（德国）	68	82	57
DFG（德国）	0	4	3
高等专科学院（fachhochschulen）（德国）*	22	25	20
ICTTI（葡萄牙）	7	88	43
英国文化协会（英国）	4	68	34
MES（古巴）	6	4	3
SETCIP（阿根廷）	50	43	26
ANTORCHAS（阿根廷）	1	3	2
总计	341	524	300

* 合作伙伴是联邦技术教育中心（Federal Center of Technological Education，简称 CEFET）。

资料来源：CAPES（2003）。

合作研究项目与大学合作

CAPES 促进和支持合作研究项目、学生流动与科研活动（见表 4.6）①。巴西的研究团队必须与教育部认可的研究生培养项目联系起来，通常还要求是第 5 等级以上的。

除了针对硕士和博士学习的合作研究项目及奖学金项目之外，CAPES 135
从 2001 年开始支持双边的大学合作计划。这些计划旨在增加本科交换生，并进一步推动研究生和教师的交换。合作双方是巴西大学和国外大学，双方互相承认学分，共建课程与课程体系。

研究生培养项目的合作关系“不但希望在团体间建立临时的合作关系，更希望刺激国内的研究生培养项目同其他优秀的培养项目联合发展，以便创造一个网络，培养高度国际化的骨干研究生”（Baeta Neves 2002，p. 11）。

在巴西，科学技术发展最主要的两个资助实体是 CNPq 和 CAPES。州立基金会，如圣保罗州科研支持基金会，也会推动和支持此类活动。

与外国的科学交流主要采取四种形式：参与科学活动，访问研究员，博士奖学金，研究补助。2001 年的科学交流提供了 1 317 份补助，包括奖学金在内的上述所有四种形式。其中通过最多的申请（946 份）是参与科学活动。208 份补助是用于支持访问研究人员的。奖学金或其他支持流入最多的国家是美国（391 份），其次是法国（105 份）、加拿大（70 份）、西班牙和葡萄牙（都是 68 份）。与德国学术交流服务中心、葡萄牙国家科技委员会和英国文化协会签订的协议产生了 11 份奖学金，其中 8 份用于支持国外研究人员在圣保罗开展研究，另外 3 份用于巴西人的海外留学。2001 年用于奖学金的投资是 246 万美元，其中 157 万美元都资助了与圣保罗大学、圣保罗州立大学和坎皮纳斯大学有关的研究人员（CNPq 2001）。

圣保罗州科研支持基金会提供给研究人员的资助并不能代表整个国家的情况。州立科研基金会的成熟程度有很大差别，还有八个州完全没有这种模式。其他的州立基金会“在自治权、资金来源稳定性和所得收益方面都没有达到圣保罗州的水平。不少基金会还根本得不到州政府的支持，也无法稳定地开展项目”（Bampi 2003，p. 6）。

---

① CAPES 的主要国际项目描述请参见 http：//www. capes. gov. br。

新政策

国际化进程的管理需要诸多领域合作的新政策。

科学与技术

136 研究生教育的发展得益于支持国际学术合作的政策的提出。但是由于缺乏连续稳定的资金支持来保证实验室和国家科研中心的质量，使得既有投资的使用出现了倒退和无效。有时，资金的缺乏甚至导致人才外流：在 20 世纪 90 年代获得了奖学金的研究人员仅有 51% 在巴西工作（Freire 2003）。

政府通过 CNPq 和 CAPES 采取了鼓励学生在海外完成学业后归国的政策。博士资格人员挽留促进计划（Program to Promote the Retention of Doctorate Qualified Staff，简称 PROFIX）创立于 2001 年。它“激励博士水平的研究人员留在国内，并激励那些与巴西高校没有工作联系的研究人员回国”（CNPq 2002a）。项目受益者的待遇包括月薪、安装基础设施的补助、机票、参与国际活动的补助（每年一次）、技术支持补助和研究启动资金等。这些项目都遭到了广泛的批评，因为它们所带来的工作联系往往是短期的（18—36 个月），而且奖金获得者都倾向于到南部和东南部，但这些地区对于更好的基础设施的需求远远大于对人力资源的需求。

人力资源回流鼓励项目（Program to Stimulate Retention of Human Resources of Interest）向那些与国家没有工作联系的接受过技术培训和拥有硕士及博士学位的人提供服务。它的主要目的是推动技术工人到国家最需要他们的地区去（Freire 2003）。另外一个计划是博士资格人员短期吸引项目（Program for the Temporary Absorption of Doctorate Qualified Staff），该项目旨在推动经过 CAPES 评估的研究生培养项目招收年龄在 41 岁以下的博士人员。州立科研支持基金会在州的层面发挥类似作用。

所有这些努力都通过增强高校的力量而减少了巴西的人才外流。维持博士人员的政策是至关重要的，印度和中国 80% 的博士学位获得者都流向了美国，而巴西则成功吸引了 80% 的研究生完成学业后回到祖国（MRE 2003a）。

巴西博士人员工作机会的匮乏是由于大学和研究所缺乏岗位公开竞争的机制，再加上生产部门对博士人员的吸收也很有限，新近的博士学位获得者不得不在海外工作。

旨在实现经济目标的科技合作

在外交部看来，科技合作是为了使大学、研究中心和私人企业获得新的世界经济形势所要求的复杂性、专业化和竞争力。研究中心和商业企业为了 137
保持其竞争地位，都极力希望获得最先进的技术（MRE 2003a）。

将科学和技术导向经济目标，在两条行动线索上反映了巴西的外交政策：首先是前沿技术转移，包括远程教育（通过计算机和自动化技术实现的）、生物技术、新材料技术、空间技术、精密工程学等；其次是促进那些对教育、公共健康、公共卫生基础设施、城市和地区发展、安全、饥饿、营养、环境、能源和交通运输等领域有直接影响的技术进步（MRE 2003a）。

研究生教育的发展

由 CNPq、CAPES 和州立科研支持基金会所支持的一些研究，着眼于研究生教育和科技发展的概念修正和结构修改。2003 年 12 月出台的一份报告（CAPES/CNPq 2003），对于巴西人在国内和国外的培训以及国际合作提出了若干建议。

- 在若干战略领域支持国外博士生的培训，鼓励完成学业后不久即在巴西开展博士后工作或研究。
- 推进巴西和外国机构的合作协议，强调国外机构的义务。
- 通过保证合作机构的平等参与推动对国际合作的评估，加强高校及其所在地区的建设，对涉及多个研究团队的项目给予优先权，刺激研究人员积极寻求国际资源。
- 将巴西政府通过双边或多边协议在重点领域或专业中提供的奖学金联系起来。
- 加强与合作机构交换师生的双边交流，提供要求所有合作方共同参与的联合资助，支持合作教学，对所有参与机构的教学人员进行培训和监督，支持受到所有参与机构认可的双学位的授予。
- 推动各方对科研活动的平等参与，通过扩展巴西科学技术的基础加强机构和地区的力量，推进重点领域的研究，加强与国外伙伴的国际协议，
促进多边论坛中的合作，减少对国家资源的依赖，鼓励研究人员在重点领域 138

的交流中寻求国际资源，包括部门资助的国际合作行动。

- 推动对国际合作及其扩展行动的评估，并在这一进程中随时作出必要修正。

- 保持与外交部的协议，以便当巴西国际合作署在准备包含科研活动、技术开发和研究生培养的国际协议时，可以更好地向科学界专家及国家发展机构咨询。

- 对于区域协作的以及与州立科研支持基金会、CAPES 和 CNPq 相联系的国际合作，开发一套战略联合计划。

与其他国家的关系

传统上，巴西与其他国家的关系主要集中于欧洲和美国。然而，在 2003 年外交政策新方向的影响下，巴西开始更加重视与发展中国家的合作，如中国、印度、南非和拉美国家。

伊比利亚－美洲

在多个部门的努力下，巴西同伊比利亚－美洲在若干领域建立了联系，双边和多边学术项目得以开展，关系网络得以形成。学术团队和院校间自发地建立了各种联系。而伊比利亚－美洲峰会、联合国教科文组织和欧盟所创立的项目更加密切了伊比利亚－美洲国家的联系。

欧　盟

欧盟通过支持拉美学术培训项目（ALFA）和拉丁美洲的高水平奖学金项目（AlßAN），在高等教育国际化方面表现活跃。2000—2005 年，欧盟支持了 62 个巴西项目，涉及 75 所巴西高校。其中 5 个项目是由巴西的高校协调的（ALFA n. d.）。

拉丁美洲的高水平奖学金项目（AlßAN）创立于 2002 年，向巴西提供了 63 项资助，支持在英国（23）、西班牙（15）、葡萄牙（10）、法国（9）、意大利（3）、荷兰（2）和德国（1）所开展的研究。该项目总共向拉美提供了 251 项资助（ALFA/AlßAN 2004）。

亚洲和非洲

巴西在亚洲和非洲寻找学术伙伴的行动主要有以下这些。

• 巴西—印度联合委员会（www. universiabrasil. net）于2003年10月在新德里举行会谈，讨论研究生教育、消除文盲、远程教育等议题。 139

• 印度科学与工业研究委员会和CNPq达成了科学合作协议。该协议展望了未来两国研究人员的交换以及合作研究与发展项目的建立。印度科学与工业研究委员会成立于1942年，是印度主要的科研推动机构，它虽与联邦政府相联系，但高度自治，是一个包括全国40个实验室和81个研究中心的网络（FAPESP 2004）。

• 2003年巴西和中国建立了中巴国土资源卫星项目，这是巴西最重要的高技术双边计划之一。中国自2003年开始成为巴西主要的商业合作伙伴，目前是仅次于美国的巴西商品和服务的第二大进口国，因此中巴之间有多种多样的合作项目。巴西政府将会继续加强与中国的联系。

• 2003年巴西与安哥拉和莫桑比克签订了科学技术合作协议。协议内容包括科学技术研究和学生流动，其中学生多数来自说葡萄牙语的非洲国家。

• 米尔顿·桑托斯大学基金会（Milton Santos University Foundation）成立于2003年，该基金会将巴西公立大学结成一个多校园网络，为获得奖学金的非洲学生（不只是来自葡萄牙语国家的学生）提供本科或研究生教育。

• 与发展中国家的技术合作协议，是在外交部的政策和纲领以及与巴西有合作协议的国家的需求的基础上建立的。巴西国际合作署提供活动的资金支持，参与项目的巴西高校和巴西合作基金会也会提供部分资金，另外还有国际组织提供的资源，如国际粮农组织、美洲国家组织、美洲开发银行。大部分活动都涉及与拉美和加勒比海国家以及葡萄牙语非洲国家的合作。在南方共同市场内部，则主要通过技术合作委员会、美洲间发展银行/南共市规划和评估委员会、与欧盟的合作咨询委员会来实现合作。主要的受益部门是农业/农业发展/农用工业、健康、城市交通、森林开发、采矿、公共管理、职业培训、环境、民航、中小型企业、能源工业、规划与技术开发、公 140
共卫生和教育部门（MRE 2003b）。

多边计划和学术网络

外交部所开展的项目中，包括巴西与开展技术合作活动的国际组织之间所发展的多边受援型技术合作项目①。该项目的目的是转移对于国家社会经济发展有利的技术知识和经验。它赞助各种研讨、会议、讲座、短期任务和筹备项目。

多边合作项目和其他活动的开展，需要技术和资金的支持（由国际组织和国家机构按不同比例提供）。所开展的项目主要是环境、公共管理、教育、健康、能源、电信和信息技术、农业、工业、服务、社会发展、外贸、民航、区域发展等领域的。项目运作范围包括整个国家（33%）、东北地区（22%）、东南地区（22%）、北部地区（7%）、南部地区（6%）和整个拉美地区（6%）。国外资金来源主要有联合国发展计划署（41%）、联合国儿童基金会（18%）、联合国（14%）、联合国教科文组织（12%）、美洲国家农业合作研究所（6%）、联合国粮农组织（4%）、美洲开发银行（3%）和其他机构（13%）。多边合作资助了大约 400 个项目（其中半数都是小规模项目，资金总额不高于 66 666 美元），另有 200 个项目正在谈判或者评
141 估。1995 年的投资金额为 584 万美元，其中 32% 是来源于国外的无偿援助资金，而 68% 是巴西政府的配套资金（MRE 2003a）。

一些多边计划可以体现国家在学术合作上的政策（Neves 2002; Morosini 1998），比如伊比利亚 - 美洲科学与技术发展项目，亚马逊地区大学协会，学术交流与一体化网络，姊妹大学方案（UNITWIN/UNESCO），伊比利亚 - 美洲高级职业培训校际流动项目。

南共市在协调教育系统和过程方面取得了一些进步。《1999 年成员国家学术活动训练大学学位认可协议》（The 1999 Protocol for Acceptance of University Degrees for the Excersice of Academic Activities）正在等待通过。从该培养项目获得本科学位的预计学习时间至少为 4 年或 2 700 小时，获得研究生学位（至少 360 个小时面对面指导的专业教育和所有硕士、博士学位）则会得到面向高等教育领域的教学和科研的专门认证。

南共市大学为保证研究生学习延续性的教育一体化协议，自 1999 年 7

① 主要的合作者有拉美一体化协会、美洲间发展银行、拉美与加勒比经济委员会、联合国粮农组织、拉美社会科学教师协会、联合国人口基金、联合国人居中心、美洲国家农业合作研究所、国际民航组织、美洲国家组织、国际劳工组织、国际热带雨林组织、世界气象组织、世界知识产权组织、联合国发展计划署、国际电信联盟、联合国毒品控制和犯罪预防办公室、联合国教科文组织、联合国儿童基金会、联合国妇女发展基金会、联合国工业发展组织、联合国志愿者组织、万国邮政联盟。

月开始生效。从该项目取得的学位证书是专为进入研究生学习而设计的，至少应包括4年或者2 700小时的学习。

除了这些，还有巴西与南共市国家的文化合作协议以及许多其他协议，其中包括巴西与阿根廷、智利于1996年签署的加强研究生教育和科学技术合作的协议。在该协议下，阿根廷安托卡斯（Antorchas）基金会为每个成员国家的自然科学或人文科学研究者提供5个资助名额。

当前对一体化的关注，导致了某些特定知识领域的本科学位被认可，其最终目的是在南共市框架下允许所有成员国之间进行学位互认。在农学、医药学和工程学领域已经开始对新的本科学位认证机制进行实验。2001—2005年行动计划在2002年得以通过。该计划包括以下重点领域：短期助学金、师生流动、整个南共市的学位项目认证、研究生教育的机构间合作、教师培训和科学研究。该计划的目标是使巴西同其邻国之间超越关税自由，形成南共市更大程度的整合，通过合作和技术转移为使所有国家达到相似的发展水 142
平创造条件（MRE 2003b）。

高等教育新模式与新提供者

巴西出现的高等教育的新提供者主要是企业大学、特许经营学校、跨国公司，它们提供虚拟教育或混合模式教育（半远程）。

国外大学提供的远程教育

虽然政府为保证高等教育质量而有着严格的控制系统，但近年来巴西的远程教育项目仍然有了较大的增长。一个显著的例子是美国国际大学（American World University），它通过现代化的远程教育系统在14个领域提供超过200个的本科生和研究生项目。该大学总部设在美国的艾奥瓦和夏威夷，巴西学生正是在这两个地方被正式录取。根据1996年第9394号法案和国民教育委员会的解决方案的规定，该校授予的学位，和同类型的所有其他学位一样，在巴西境内办理认可程序之前，必须先得到驻美巴西大使馆领事服务的鉴定。

20世纪90年代末期，随着巴西大学与国外高校（有的高校在欧洲具有相当高的声誉）联合提供硕士和博士学位的研究生项目大量增长，半远程教育达到了它的巅峰。然而这些培养项目对国家立法部门所制定的法规的违背，导致CAPES采取行动，发表了一份报告谴责所有相关的外国高校。这是出于保证巴西高等教育质量的需要，保护巴西人的利益不被文凭工厂的激增所损害，但这种局面也造成了 CAPES 和国外高校的冲突。

与此同时，对继续教育需求的增长，以及对国外或国际学位证书的向往，为无数的 MBA 课程打开了大门。这些教学项目通常是由国际机构提供的，它们或者是在巴西开办学校，或者通过虚拟或半远程模式开展教育。尽管这些机构推动了国际化进程，但其中一些质量低劣，其运作并没有国家立法的支持。为了处理这种情况，政府发布了一份经授权可与外国高校联合提供课程的高校名单，公布在教育部和 CAPES 的网站上。

143 巴西现在还有一些由国外机构提供的 MBA 课程在运作。我们可以以匹兹堡大学的课程为例，来说明国际课程如何使得教育供给更加多样化并满足市场需求。在 2004 年的最佳行政工商管理硕士课程排名中，该校的国际行政工商管理硕士课程在巴西排名第一。根据在美国所采取的模式，它提供 8—10 天的课程。在各教学环节（sessions）之间，学生通过网络、视频会议、电话等形式获得指导。在课程完成之前，学生还可以在美国的大学校园中度过三个星期。

商业性大学也在巴西运作，其中由凤凰大学的所有者阿波罗集团运作的阿波罗国际公司，占有较大的份额。与巴西第三大私立学校链的所有者毕达哥拉斯集团合作，阿波罗在巴西最大的城市之一贝洛奥里藏特（Belo Horizonte）建立了毕达哥拉斯教师学院。该学院采用模范教学模式（exemplary educational model），致力于为学生进入就业市场作好准备，向 1 100 名来自贝洛奥里藏特的学生及 200 多名来自库里提巴（Curitiba）和伊帕廷加（Ipatinga）的学生提供公共管理与工业工程专业的本科生课程（Burton 2003）。2/3 的学生都是成人，平均年龄 24 岁，他们白天全职工作，晚上参加夜校学习。

私立高等教育机构的国际资本投入

美国、加拿大和欧洲投资团队与巴西的大学和学院谈判，希望购买和管理高校，以便再以营利为目的售出。这种商业运作模式产生于对 1996 年的第 9394 号法案的新诠释，该法案允许高等教育赢利。新的诠释吸引着包括帕提亚集团（Patria Group）在内的国内外投资者。

这些企业带来了新的问题，挑战了历史传统，改变了学术领域的现状。为建立一个可以提供多样选择同时又不影响教育公平、教育实用性和教育质量的纲领，必须在全国范围内进行讨论。政府有责任对教育供给的这种膨胀进行管制（通过CAPES和国家教育委员会）并分析其后果。大学和科学组织需要研究当前情况，并分析它将给教育界和全社会带来的积极与消极后果。

结　　论

巴西高等教育的国际化自20世纪90年代开始扩展。然而，这一过程还远未完成。

为了促进国家发展，政府对国际学术合作进行支持，以便将其研究生课程和研究中心提升到国际水平。政府的政策增进了研究人员、教授、学生在 144
巴西高校间和巴西高校与外国高校间的流动，这种流动对学术领域的国际化产生了重大影响。它促进了外语学习，并向巴西高校引入了新的风尚、技术、学术实践和质量标准。

然而，所做的仍然非常有限。在大多数高校，国际化的文化才只是刚刚开始。它仍然高度依赖于院校类型、当权的学校领导和牵涉的教师。

公共教育政策尚须制定，以促进和规范教学中的国际化，支持对学位和在巴西以外的经认可的高校所获文凭的官方认证，为研究人员提供更大的灵活空间和学术自由。由于科研人员网络的形成和远程技术的发展，科学研究理应不断进步。

高等教育国际化的水平依院校情况不同而不同。国际化在有的学校已经深深扎根，在有的学校初露端倪，在其他一些学校则尚未开始。

由于政府的高度控制，本科生教育的国际化才刚刚开始。对于研究生教育，国际化则被视为一种必须遵循的模式，这反映在政府开支的模式上。与国外大学形成合作伙伴关系，被视为加强研究生教育和造就未来学术骨干的一个途径。

提高国际化程度是在国家、机构、个体和职业层面加强教育的关键。公共政策和院校政策在保证国家利益与动机（incentive）的基础上，通过多样化和加强可持续发展的科学技术基础的方式，促进国际化的发展，以便形成一个科学技术研究的卓越网络。重振南共市的努力，使得巴西在保持国家利益的同时加大了对国际市场的参与力度。

在学术和政府圈子中，开展对国际化的理论基础、深层次动机（underlying motivation）和期望结果的讨论是至关重要的。在社会变革面前，必须分析国际化的深层次原因，并据此制定政策和设计国际化管理机制。高校是否已作 145
好了与政府形成战略同盟的准备，以便在国际化进程中获取收益？巴西高等教育系统是否已作好了充分的战略准备以参与激烈的市场竞争？对这些问题的回答，是制定政府和院校政策，以便在国家利益的基础上支持高等教育的国际化进程的关键所在。

参考文献

AlßAN. n. d. *A High- Level Scholarship Programme Specifically Addressed to Latin America.* http：//www. programalban. org.

ALFA（América Latina Formação Acadêmica）. n. d. http：//europa. eu. int/comm/europeaid/projects/alfa/index_en. htm.

——.（n. d.）http：//europa. eu. int/comm/europeaid/projects/alfa/information/statistics/brazill_6. pdf.

Altbach, Philip G. 2001. "Higher Education and the WTO. Globalization Run Amok." *International Higher Education* 23（Spring）.

Baeta Neves. 2002. "Infocapes." Boletim Informativo *CAPES* 10（4）：5-15 Brasilia. Bampi, S. 2003. "A atuação das FAPs eo fortalecimento do sistema nacional de C&T." *Jornal da ADUFRGS* 1191（August 15）.

Burton, B. 2003. "Apollo International Builds on a Local Network to Create Colleges in Brazil." *Chronicle of Higher Education.* 49（42）：A24.

CAPES（Coordinating agency for graduate Education）. 2002a. http：//www. capes. gov. br.

——. 2002b. *Programas de postgrado strito sensu.* http：//www. capes. gov. br. /capes/portal.

CAPES/CNPq. 2003. *Relatório final. Sumário executivo.* Interministerial Ministry of Science and Technology, Ministry of Education, Nº 270 de 22/05/2003. http：//www. capes. gov. br. /capes/portal.

CNPq. 2001. *Relatorio de atividades.* http：//www. cnpq. br.

——. 2002a. *Relatorio de atividades.* http：//www. cnpq. br.

——. 2002b. *Relatório de gestão institucional.* http：//www. cnpq. br/sobrecnpq/informacoesinstitucionais/relat_gestao_institucional. pdf.

——. 2003. http：//www. CNPq. br.

——. 2004. *Ciência a tecnologia no Brasil. Apoio a núcleos de excelência.* http：//www. dc. mre. gov. br/brasil/textos/cienetecno. pdf.

Cooperação Técnica Recebida Multilateral.

http：//www. mre. gov. br/portugues/politica _ externa/temas _ agenda/cooperacao _ inter/cooperacao. asp.

Dias, M. 2002. "Educação superior：bem público ou serviço comercial regulamentado pela OMC?" In *Universidade：um lugar fora do poder*, ed. Wrana Maria Panizzi. Porto Alegre：Ed. da UFRGS.

Diretórios de Grupos de Pesquisa. n. d. http：//lattes. cnpq. br/diretorio.

FAPESP（State of São Paulo Research Foundation）. 2001. *Relatorio e atividades 2001.* http：//www. fapesp. br.

——. 2004. *Parceiros em desenvolvimento.* Agência de Notícias da Fundação de Amparo à Pesquisa do Estado de São Paulo. http://www.fapesp.br. 146

FAUBAI (Fórum de Assessorias das Universidades Brasileiras para Assuntos Internacionais). 2003. *The Assesorial Bodies of Brazilian Universities for International Matters.* Brazil.

Freire, J. D. 2003. *A formação de recursos humanos de alto nível no exterior e sua inserção profissional no Brasil.* Master's dissertation University of Brasilia.

Gatti, B., M. André, O. Favero, and V. Candau. 2003. "O modelo de avaliação da CAPES." *Revista Brasileira de Educação* ANPED, Autores Associados 22 (January-April): 137-44.

Guia IRO-NET. 1998. *Guia comparativo de gestion de oficinas de relaciones interna-cionales.* ALFA/IRO-NET, Salamanca.

INEP (National Institute of Educational Planning and Research). 2004. http://www.inep.gov.br.

Laredo, Íris. 1994. *Lo transfondo político del proceso de integracion.* Universidade no Mercosul. Cortez/ CNPq, São Paulo.

Laredo, Íris. 1994. *Lo transfondo político del proceso de integracion.* MOROSINI, M. C. Universidade no Merconsul. São Paulo: Cortez/ CNPq. 44-72.

Laus, Sonia. 1997. "La internacionalización de las universidades: realidades y perspectivas," In *Educación global.* Jalisco, Mexico: Doble Luna Editores.

——. 1998. *El estado actual de las politicas educacionales en el ámbito del Mercosur y las redes regionales de cooperación.* Mexico: Doble Luna Editores.

——. 1998. "A gestão da cooperação acadêmica internacional nas universidades de língua portuguesa: o caso Brasileiro." In *Anais do viii encontro da associação das universidades de língua Portuguesa* Macau, China.

——. 2001. "La formación de pregrado y postgrado: algunas experiencias de Brasil en la cooperación con Ibero América." In *La universidad como espacio para la cooperación iberoamericana: cursos de estío 2000. La universidad, las universidades: perspectivas.* Universidad de Valladolid, Spain.

——. 2002. "El proceso de internacionalización de las universidades brasileñas." Paper presented at the international seminar Desafios de la Internacionalización del Sistema Universitario Boliviano, Santa Cruz de la Sierra, Bolivia.

Leite, D., and M. Cunha. 1992. *Universidade e ensino de graduação no Brasil.* EdUFPEL, Pelotas, Brazil.

Lessa, Antônio Carlos. 2002. "Ciência e tecnologia nas relações Brasil-França (1964-2001.)" In *Anuário Brasil-Europa: relações de cooperação em ciẽncia & technologia*, ed. Wilhelm Hofmeister and Franklin Trein. Rio de Janeiro: Fundação Konrad Adenauer.

Luce, M. B., and M. C. Morosini. 2003. *A educação superior no Brasil: Políticas de avaliação e credenciamento.* Texto elaborado para la red ALFA-ACRO: acreditación yreconocimiento oficiales entre universidades de Mercosur y la UE. Porto Alegre.

Mercosur. n. d. http://www.mre.gov.br/portugues/politica_externa/temas_agenda/ciencia_

tecnologia/cooperacao. asp.

Ministry of Education. 2004. http://www.mec.gov.br. Brasilia, Brazil.

Morosini, M. C. 1994. *Universidade no Mercosul.* Cortez/ CNPq, Sào Paulo.

147 ——. 1997. "Academic Networks and the Consolidation of Mercosul/European Union." Paper presented at the 19th Annual European Associaltion of Institutional Researchers Forum, European Higher Education Society, Coventry, United Kingdom.

——. 1998. *Mercosul/Mercosur: políticas e ações universitárias.* Porto Alegre: Autores Associados/EdUFRGS.

——. 2003. *Enciclopédia de pedagogia universitária.* Porto Alegre: RIES/FAPERGS. MRE (Ministry of Foreign Relations). 2003a. *Cooperação cientifica e tecnológica.* Brasilia.

——. 2003b. *Cooperação técnica com países em desenvolvimento.* Brasilia.

——. 2004a. *Divisão de temas educacionais.* Brasilia.

——. 2004b. *Escola tipo exportação.* Brasilia.

National Education Council. 2004. *Diretrizes curriculares.* Brasilia.

Neddermeyer, D. 2002. "A política de formação de recursos humanos no exterior da CAPES: a visão de quem entende do assunto." *INFOCAPES* 10 (3). CAPES, Brasilia.

Neves, C. E. B. 2002. "Ciẽncia e tecnologia no Brasil." In *Educação superior no Brasil*, ed. S. Soares, 205-41. CAPES, Brasilia.

Neves, C. E. B., and. M. Morosini. 1995. "Cooperação universitária no Mercosul." *Aberto* 15 (68): 16-35. Ministry of Education, Brasilia.

Nunes Sobrinho, G. 2002. "Infocapes." *Boletim Informativo CAPES* 10 (4): 37-41. CAPES, Brasilia.

Oliven, Arabela Campos. 2002. "A história da educação superior no Brasil." In *Educação superior no Brasil*, ed. S. Soares, CAPES, Brasilia.

Panizzi, Wrana Maria. 2002. *Universidade. Um lugar fora do poder.* Porto Alegre: Ed. da UFRGS.

Ristoff, D. 2003. "*Fortalecimento do sistema público é a ùnica esperança.*" *Jornal da Universidade* 6 (67): 6-7. Porto Alegre, Brazil.

Schlindwein, P. 1990. "Diag nóstico da cooperação internacional nas instituições brasileiras." In *Anais do iii encontro nacional do fórum das assessorias das universidades brasileiras para assuntos internacionais.* Fortaleza.

World Bank. 2002a. *Constructing Knowledge Societies: New Challenges for Tertiary Education.* Washington, DC.

World Bank. 2002b. *Higher Education in Brazil: Challenges and Options.* Washington, DC: World Bank.

World Bank. 2004. *Brazil at a Glance.* World Bank, Washington DC.

第 5 章 149

智利高等教育的国际化

卡洛斯·拉米雷斯·桑切斯（Carlos Ramírez Sanchez）

国际化是一个涵盖高等教育所有领域的战略过程。本章将考察，如果智利想成功地对其高等教育进行国际化，政策制定者所需要应对的挑战和采取的行动。本章利用了智利 40 所高等教育机构的调查数据。

智利高等教育系统

智利高等教育的历史演进与拉丁美洲其他国家相类似。第一所大学圣菲力普大学（San Felipe）创建于 1738 年，1843 年智利大学成立。1898 年，智利天主教大学（Pontifical Catholic University of Chile）成立。

一直到 20 世纪 80 年代后期，新大学的发展仍然有限，20 世纪 80 年代后期，智利的高等教育系统开始了一种结构性的变迁，这一变迁导致了一系列深刻的转型。这场改革激发了新大学更多的多样性，并且为新大学的产生开辟了道路。政府决心“将对私立高等教育机构的支持看作满足和引导高等教育需求的方式，决心在不计州的成本的条件下，对私立高等教育机构给予最大限度的支持”（Brunner and Bricall 2000，p. 49）①。在信息的传播和市

① 通过减少每所大学的学生数而增加大学数，使得智利在大学数量的增长速度方面成为拉丁美洲国家中最快的国家之一。54% 的学生就读于私立大学。

场的透明是监管学术需求和工作场所需求的充要条件这一假定前提下，这场改革减少了州政府对于高等教育的支持，将部分成本转移到私人领域中。

到2002年，智利有229所高等教育机构。在智利的法律框架下，有四种类型的高等教育机构：大学；职业学院；技术培训中心；军事学院，工艺学校、武装部队学院、民航管理局的技术航空学院、智利卡宾枪警察科学高
150 等学院（Higher Institute of Police Science of the Carabineers of Chile）。在这些机构中，63所是大学（包括38所私立大学）；51所是职业学院；115所是技术培训学院。

大学通常被划分为传统大学和非传统大学。传统大学包括25所教区大学（16所公立大学，9所私立大学），这些大学在1981年以前就已存在。1981年，智利开始了高等教育改革。

16所州立大学具有公共的法律地位，自治并且拥有自身的产权。在大学中有6所天主教大学和3所由私人创建并在1980年获得了官方认可的学校。64%的传统大学和私立大学位于智利经济活动最集中的地区：首都地区、瓦尔帕莱索（Valparaiso）、康塞普西翁（Concepcion）。目前还没有州立的职业学院或技术培训中心。1993年最后的两所州立职业学院被转为两所新的州立大学。

智利的高等教育机构拥有486个校园（campuses），其中包括145个大学校园（university campuses）（56所传统大学和89所私立大学），以及136个职业学院和205个技术培训中心校园。在入学的本科生和研究生中，49%的学生处于首都地区，13%在瓦尔帕莱索，12%在康塞普西翁。圣地亚哥、瓦尔帕莱索以及康塞普西翁这三座城市，集中了职业学院所有注册学生的71%和技术培训中心所有注册学生的66%。就学科领域来看，30%的学生学习技术，16%的学生学习社会科学，13%的学生学习商业和管理，12%的学生学习教育。

智利的教育经费占到GDP的3.5%。在高等教育公共领域的支出占到GDP的0.6%，高等教育公共领域的支出占到全部公共教育支出的18%（MINEDUC 2005）。私人领域的支出将0.6%这一数字增加到GDP的2.2%。

20世纪90年代中期，传统大学中12%的教授拥有博士学位，18%的教授拥有硕士学位，70%的教授仅仅拥有学士学位。研发领域（R&D）中科学家和工程师的比例很低。1998年，每100万居住人口中有459名科学家

和工程师，研发投入（公共和私人）占GDP的比例为0.54%（UNESCO 2005）。

智利的大多数研究生教育由传统大学来提供。2003年有364个硕士培养项目和75个博士培养项目。研究生占到教育系统中所有学生的4%（MINEDUC 2005）。

1998年以来，政府为了改进高等教育质量，在若干个项目中加大投入。151
在高职层次、本科生层次和研究生层次上共有300多个项目，项目的目的是进行教师培训、改善教学设施、重新设计课程、提供学生支持服务以及将信息技术包含到学习过程中。对于促进23所大学的图书馆达到世界先进水平，也进行了大力的投入。

智利的高等教育和基础教育之间达成了一个很重要的协议，即在一种新的大学入学考试与学校课程之间建立直接的关联。这是一个分水岭式的改革，该改革取代了存在了30多年的考试体系。具有国际经验的4 000多名中小学教师通过教师网络来推动这一过程，帮助开发一种也能在国际化背景下使用的体系。

面向国际化的国家政策

1994年，为了促进高等教育的现代化并且改进高等教育的质量和相容性（consistency），智利大大增加了对新教学项目的支持。1997年确立了一种新的高等教育政策框架。教育部为这一过程确立了四个主要战略，其中一个就是国际化。

尽管有这一来自官方的承诺，81%的智利高等教育机构并不相信政府会充分关注这一领域的发展（Ramírez and others 2004）。所有的传统大学都认为政府部门在国际化方面缺乏明确的政策和一致的行动。政策更加隐晦而不是更加清晰了，更加敷衍而不是更加审慎了，更加片面而不是更加全面了。

国际化的动因

20世纪90年代国际化的动因大多都是政治性的，当时政府正寻求建立双边或多边关系。智利在缓慢地、逐渐地恢复民主政权的同时，其向国际领域回归这一事实要归功于艾尔文（Aylwin）总统、弗雷（Frei）总统和雷格斯（Lagos）总统的系统化的努力。智利政府激励高等教育机构与其他国家的高等教育机构建立联系。然而，真正的支持——通过新的项目和资金的方式使得这些高等教育机构有效参与到新的合作协议框架之中——还很缺乏。

152 另一个促使政府在这一领域有所行动的动机是安全问题。与邻国保持和平关系加强了智利与邻国的一体化进程。鉴于智利的高等教育机构没有表现出与周边国家建立联系的倾向，这个议题更加具有政治性而非学术性。

国际化过程中最主要的一个方面就是智利的地缘政治发生了变化。几十年前，智利被看作一个偏僻的、被不可逾越的山脉所环抱的、与世隔绝的国家。智利近几十年来的经历、迈向民主和经济稳定的政治与经济发展，为其打开了机会之窗。世界其他国家现在将智利作为一个潜在的商业和科学合作伙伴。最近所签署的协议，比如与美国、欧盟、韩国的自由贸易协议就为此提供了例证。

对这种转型最有力的解释因素之一，就是与拉丁美洲其他国家相比智利所具有的稳定性和经济的增长。贸易是将智利与其他国家联系起来的最主要的动机。这一发展同样也给智利的高等教育机构带来了挑战。用冈萨雷斯的话说（Gonzalez 2003，p. 10），国际化的国家政策“在与其他文化建立关联的需求的驱动下获得了正当性，其目的在于更好地在国际市场上竞争，我们的毕业生能够更好地在国际环境下工作。此外，面对能力（competence）和竞争，国际化的国家政策也获得了正当性。”

主要行动者

国家高等教育的国际化发展过程中涉及几个不同的行动者。以下描述其中最重要的几个行动者。

教育部

尽管教育部是主要行动者，并且其下设有国际关系处，它还是将国际化的任务交给了政府的其他部门以及高等教育机构自身。根据教育部的声明，它没有能力就此任务对其他政府部门以及高等教育机构进行协调、定位与引导。

外交部

智利出口促进局董事会（Directorate of Promotion of Exports Pro-Chile）位于外交部国际经济关系董事会之下。其使命是支持出口以及促进智利公司 153 的国际化。该董事会致力于为出口领域提供信息，并支持其与潜在的国外客户进行接触，以此来促进产品和服务的多样化并推动其出口，尤其是非传统型产品和服务的出口。该董事会一项最重要的工作就是，智利海外经济和商业定位国际项目（International Program of Economic and Commerical Positioning of Chile Abroud），该项目的目的是为智利所提供的各种商品和服务在质量方面创造一个良好的形象。自 1997 年以来，这些服务中就已包括了教育服务。

内政部

2003 年，内政部区域发展秘书处开始加强区域性的国际事务。内政部与规划部、外交部联合启动了一个计划，该计划通过在每个地区任命一个区域性国际关系指导者，来加强智利 13 个地区的国际化。这个计划的初始目标是加强区域政府在国际领域中的地位和能力，包括三个序列的行动：机构和专业能力的区域性强化；为组织机构、国家和区域的行动者之间的行动，构建更有效和更协调的合作结构；支持对国际商务领域同区域间的合作和联系的管理。

智利国际合作署

1990 年智利成立了智利国际合作署（Chilean International Cooperation Agency，简称 AGCI）。该机构是一个旨在定义与国家发展目标及重点发展方向相一致的合作政策和项目，并为这些项目和政策提供国际合作资金的公共组织。在创立之初，该机构基础性的任务是在与智利相隔遥远的世界中恢复智利的国际竞争力。现在这一机构集中于从事国际项目，这些国际项目旨在减少贫困，促进平等，鼓励技术的应用和转移，向地方和区域行政分权，保护环境，对公共行政进行现代化，以及培训在国外的智利人等。

智利国际合作署通过双边国际合作的方式强化了这一口号，即“智利，一个进行合作的国家”。这一合作包括技术援助项目，为在智利学习的研究生提供奖学金，以及技术和职业培训。

高等教育委员会

高等教育委员会是一个自治的公共体系，负责对私立高等教育机构进行
154 认证。这一机构最重要的功能是对私立大学和职业学院进行认证。在这一职权下，这一机构具有以下权力：评估、批准或者拒绝这些学校所提交的项目；设立和管理认证系统；评估、批准或者拒绝新学位培养项目的申请；设立选拔性考试；设计和运用监管或评估机制；在认证过程中向教育部推荐申请认证的学校。这一机构的战略目标包括：构建高等教育机构的公信力，确保其与质量标准一致，促进高等教育机构的全面发展，保护消费者等。

国家认证委员会

国家认证委员会保证由自治的高等教育机构所提供的不同学科的学习项目的质量。这一机构通过两个委员会来运作，即本科生认证委员会和研究生认证委员会。认证的过程是自愿的，目的在于确保并提升高等教育项目的质量。2004 年启动了机构认证项目，其目的在于确保高等教育机构具有可靠的、监控质量的内部系统。

目前一部为了创建国家高等教育质量保障体系的法律正在接受立法机构的审查。提议包含了在国家体系的管制下，与私立、公共、国家和国际认证机构合作的可能性（国家体系负责确定对这些机构在智利运作的要求），从而为智利教育机构的运作制定规则。

国家科学和技术研究委员会

国家科学和技术研究委员会（National Commision for Science and Technological Reseacrh，简称 CONICYT）创建于 1967 年，其目的是为政府的科学和技术工作提供建议。这一机构的作用是促进并协调科学和学术研究，进行人力资源培训，促进新领域知识的发展，同时还管理相应的资源。

国家科学和技术研究委员会的基础性的目标包括：将促进科学和技术研究作为国家发展的重要手段；在科技领域发展国家信息系统；为科技研发中的人力资源发展提供连贯性和规划，重点加强那些智利发展所必需的，而又发展不足或正在发展的领域的建设，使这些领域的研究人员的数量达到或超过最低限度水平；促进研究者在国际层面的交流并提升国际形象（international
155 presence）；加强与北美国家、拉美国家以及欧盟的项目合作。对于实现这

一目的而言最重要的资源有：国家科学和技术发展基金，优先领域先进研究基金，发布和促进科技发展的项目，以及用于推动区域内研究并使其达到关键发展阶段的区域项目。

由人力资源与研究生奖学金处、信息处所开展的工作也越来越重要了，人力资源与研究生奖学金处支持对那些已经具有研究生文凭的专业人士进行培训，信息处管理那些对科技研究发现进行编辑、出版的项目，并开发一些能为获得科学探究所需的国家或国际信息提供渠道的项目。

国际关系处负责整合国家科学社区（scientific community）和在世界其他地区的科学社区。它将国家科学和技术研究委员会的工作同科技领域的国家和国际机构联系起来，协调自己与国际同行，如阿根廷、巴西、哥伦比亚、古巴、法国、德国、意大利、日本、韩国、墨西哥、秘鲁、葡萄牙、西班牙、英国、美国、委内瑞拉以及其他国家的相关机构的工作。

校长委员会的国际关系委员会（International Relations Commision of the Council of Reactors）

校长委员会成立于1954年。该委员会协调25所传统大学的工作。1997年，该委员会创立了国际合作委员会（Commision for International Cooperation），该组织是一个负责协调25所大学的合作和国际关系的网络。从其成立开始，国际合作委员会为了促进并激发其会员大学的国际化，为它们建立了一个论坛以利于其会面、辩论、分析和培训。目前，这是智利唯一的为国际化而成立的大学网络。这一网络在三个关键领域开展工作：对国际合作管理的培训；推动所展开的工作；传播国外相关信息并促进可出口的教育服务的发展。

国际组织及基金会

智利高等教育国际化中的其他行动者还包括国际组织和合作来源（sources of cooperation），这些组织中有一部分在智利设有代表处。这些支持高等教育机构（尤其是大学）的项目的组织包括：世界银行、美洲开发银行、日本国际合作署、西班牙国际合作署、联合国在拉丁美洲和加勒比海国家设立的经济委员会、福特基金会、康拉德·阿登纳基金会（Konrad Adenauer Foundation）、洛克菲勒基金会、洪堡基金会、国家科学基金会、古根海姆基金会（Guggenheim Foundation）、安第斯基金会（Andes Foundation）、埃德维 156

内特基金会（Adveniat Foundation）、大众基金会（Volkswagen Foundation）、凯洛格基金会（Kellogg Foundation）、德国技术合作协会、国际移民组织、英国文化协会、富布莱特委员会、德国学术交流服务中心、歌德学院、联合国发展委员会、联合国粮农组织、联合国教科文组织、“科学和文化”组织（Science and Culture）、美洲农业合作研究所。大范围的国外培训的资助，由智利国际合作署（17 个来源）来引导或者由国际署直接提供（29 个来源）。

高等教育的国际维度

在调查智利高等教育的国际维度时，研究者设计了两个工具，即开放式问卷和封闭式问卷（Ramírez and others 2004）。研究对象是 40 所智利高等教育机构。研究者还对这些机构的代表作了一些访谈。①

大多数高等教育机构受到了国际化的影响，为了应对全球化所带来的挑战，一些组织迫于外在或内在压力，实施学校面向国际化的规划政策。为此，这些学校发展并增加了国际活动，尤其是自 20 世纪 90 年代以来所采取的行动，使得这些组织能够利用国际化的挑战所带来的机遇。这一点在明确的组织政策中较为明显，一些政策比另一些政策更加清晰，因此更能够推动并促进自身在组织内的执行。

所有的传统大学都承诺开展国际化活动，激励其学术人员参与到国际化过程中去。在所调查的高校中有 72% 的高校汇报说，其为国际化活动提供
157 了某种类型的激励。81% 的传统大学声称，如其在大学的使命陈述中所述，学校的教育规划中包含了国际化的维度。20 世纪 90 年代以前，在学校的发展目标中清晰陈述国际化的学校不足 5% （Ramírez and others 2004）。

在高等教育机构（尤其是大学）能够明显觉察到国际化政策的出现

① 对以下机构的代表进行了访谈：安德烈斯贝略（Andrés Bello）外交学院、智利国际合作署、大学校长委员会的国际关系主管、私立大学的国际关系主管、技术—专业学院的国际关系主管、高等教育机构的研究主管、教育部高等教育司、大学校长委员会的国际合作委员会、外交部、国家认证委员会、国家科学与技术研究委员会、教育部国际关系办公室、外交部的出口促进项目、国际关系区域主管、位于区域发展秘书处下的大学项目区域政府（University Program Regional Government of the Under-secretariat of Regional Development）以及其他机构，此外，还有所挑选的智利大学的校长和前任校长。

（presence）。首都地区的一些职业学院表达了它们想要将国际化作为其工作的一个部分的意图。在很多情况下，这种意图更多地停留在书面，而在实际中缺乏包括学校政策、目标、评估方式、为学校的高层当局者所真正理解等在内的一致的愿景。这些高校在大学议程的外围（fringes of university ageda）关注国际化，以一种不完整的、断断续续的方式开展国际化活动，在很多情况下是为了回应国际形势中的供求关系，而没有在这一过程开始之前进行充分的考察和规划。

在 20 世纪 90 年代以前，高校并不吸收国际化的概念。因此，尽管在过去 10 年中取得了进展，但相当比例的高校（大约多于 30%）尚未完全将国际化作为真正的实质性的责任。

高等教育机构应该利用挑战所带来的机遇，其中之一就是找出使得其社区能够具有全球意识、承担全球责任的方式。这就包括确保每个人都能共享应对这一复杂变迁过程的共同语言。概念化的缺乏导致国际化过程如同在国家教育政策中一样，在组织发展政策中处于边缘地位。

机构的动因

几乎在所有被调查机构中，加强国际化过程都是基于学术和经济的理由（Ramírez and others 2004）。专业学者感兴趣的是通过国际认可和评价来扩大其眼界。国际认可和评价能够使得研究和培训项目，尤其是研究生层次的研究和培训项目达到国际标准。这样就使得这些组织能够获得国际认可。

加强国际化的经济理由是：通过为智利学生以及来自国外的学生提供教育项目和教育服务，国际化可以成为增加高等教育机构收入的一个强有力的工具。

在这一点上，区分智利两种类型的高等教育组织很重要。一种组织致力 158
于重新设计组织战略以囊括国际化。另一种组织将国际化作为市场工具，而不是真正促进组织成长的途径。这些组织都感兴趣于通过广告、宣传来建立国际联系，目的在于吸引新市场中的学生而不是深化国际化过程。但长远看来，深入的国际化过程终将真正成为组织发展的一个部分。

规　划

尽管智利的很多高校强调国际化的重要性，但很少有高校具有促进国际化的有效规划。很多高校，尤其是大学，在师生交流和科学交流的基础上，其国际活动的范围不断扩大，活动的异质性不断增强。所有传统大学都声称要开展国际活动，但是这些国际活动并未作为一个不断深化的过程来展开，尽管深化的国际活动能够使得组织自身的国际化战略得以设计（design）并应用（application）。将近60%的学校的政策，没有在其核心的组织发展规划中具体涉及或关注国际化。

在所调查的大学中，将近70%的学校，其负责国际关系的办公室独立运行规划，与大学的其他日程之间没有联系。只有少数几所大学将国际战略政策清晰地界定为常规学校战略中的一个部分。这样做能够促使这些学校协调工作、把握发展重点并对在更大范围内开展的国际活动进行评估（Ramírez and others 2004）。

智利高等教育机构尤其是大学中，多于80%的高层领导开始在国际化中发挥领导作用。这就代表着在贯彻国际化政策的过程中取得了基础性的突破。大学教师开始完全理解并重视这一过程。在所调查的大学中，40%以上学校的校长对国际化极具影响。因此，这一过程严重依赖于学校的负责人。在很多情况下，校长的更替会导致国际化过程的制度性权重的下降（Ramírez and others 2004）。

所调查的大学中，54%的学校并未在战略意义上将国际化成功贯彻到学
校的中层管理中去（Ramírez and others 2004）。结果，国际化仅维持在有限
159 的范围内，并未渗透到大学所有的部门和领域中。因此，战略规划也没有被
整合到大学的所有行动领域中。

智利高等教育机构所面临的主要的挑战之一是，国际化要包括所有的高层次行政管理人员。需要采纳新的、具有灵活性的学术和行政管理方式。在一些特殊情况下，还需要作出剧烈的变革。确保每个处于领导职位的个体都以相互协调的方式致力于国际化战略的实施，这一点非常关键。

国际关系的管理

在所调查的大学中，81%的学校都设有具有单独预算的组织结构来处理国际化的事务。这一过程发生在过去的10年之中，当时有40%的传统大学设立了国际办公室。相比之下，私立大学最近才出现了这一趋势，创建正式的国际化行政机构的私立大学不超过30%（Ramírez and others 2004）。

这些行政机构处于大学的核心管理之下，具有多种名称和功能，其功能

包括为以下活动提供指导：建立和促进国际化联系，传播国际合作来源的各种信息，在起草学校间协议中合作，协调大学领导层的国际日程，接待外国代表团，从组织层面代表学校以及安排学生流动。但是这些行政机构并未关注国际化的核心议题。

这些位于不同层次和部门的办公室通常设在不同的领导机构之下。在 90% 的传统大学中，这些办公室被称为外事处。在大多数情况下，这些办公室直接向校长汇报，这一点使得决策者能更快、更容易地确保组织承诺（institutional commitment）的深化。在其他一些学校，这些办公室位于科层制的最底层。在这种情况下，国际化往往不能成为学校的核心战略。

在所调查的学校中，仅仅有 45% 的学校将国际化委员会作为组织结构的一部分，并将积极发挥影响和参与包含在国际化委员会的战略要素中（Ramírez and others 2004）。

国际事务办公室中的人力资源

智利高等教育机构的国际事务办公室中有 2—4 位工作人员。在所调查的学校中，30% 以上的大学所要实施的战略力量（strategic force）尚未得到充分界定，部分原因是学校不能对负责国际化的职员的特征及资格作出界定（Ramírez and others 2004）。

职员的流动性很高，因为这些职位通常被看作政治性任命，当一位新的 160
学校校长接任时，人员就会发生变化。在最近的管理变动中，传统大学相关职员的流动率超过了 65%。

如此高的人员流动使得学校很难取得进展。其他一些因素，包括缺乏管理国际化的经验，与国外的同行不熟识，缺少联系，缺乏培训，以及将国际化的运行与其他活动整合起来的需要，均会阻碍国际化取得进展。如果学校真正地想以一种与其他政策和原则相一致的方式来发展国际化，那么就应该聘用符合当代要求的教师。而且要将责任分配到在学校具有高层地位的专业人员，这些专业人员无论政治如何变迁都能履行他们的职责。

预　算

学校中只有一小部分预算被分配到国际化的事务中，但是这一预算在近些年开始增加。由于国际化活动涉及范围很广，因此很难对预算进行测量。所调查的传统大学中有 81% 的学校在总预算中包含了国际事务办公室的预算；18% 的学校从 NGO 组织中获取开展国际活动的经费。没有学校能够获得政府对国际化的资助（Ramírez and others 2004）。

然而，国际活动的大部分资源投向了科学和技术研究以及研究生培训。本科阶段的国际化几乎没有资金，用于对这一过程进行管理的资金更少。高等教育机构通过咨询服务筹集资金，并且从外部合作者那里获得资金以资助国际化过程。

传统大学增加了对国际活动的支持。最近一些年来，其所参与的政府、企业和大学之间的各种行动计划，从数量和质量两个方面都有所增加，这些行动包括技术任务、校长参观、科技协议以及建立新的国际关系途径等。

但是目前做的依然太少，为了激励国际化的发展，政府需要设立面向学校的竞争性资金。这种类型的资金可以帮助学校去对自己所要做的事情进行权衡、开发、促进，并弥补其在国际化领域中的不足。可以将为提高高等教育质量而提供资金，看作一个将资金引入国际化过程的好机会，这对于传统大学更是如此。

161 评估机制

很少有高校的规划和评估程序、标准将国际化考虑在内。既然这些学校未考虑将国际化作为学术生产的一个重要指标，或者是促进教育质量的一个重要因素来评估，那么政府支持项目就很难为国际化过程中的制度建设提供可用的资金。

国际化过程日趋重要，因为这一过程迫使学校重新思考其工作与功能。仅在几年前，这些功能由政府的管制和规范来进行严格限定，学校几乎没有任何灵活性来考虑其他的可能性，这其中就包括了新的教育服务提供者。

随着国际活动的增加、高等教育组织自身的革新的增多，具有不同内容、不同教学过程及方法的教育服务的不断增加，所有这些构建了一个高等教育系统尚未准备好的场景。为了适应这些变化，就需要新的评估程序，这些新的评估程序包括对国际化的评估。需要运用与其他国家一致的程序来对智利进行分析。智利需要与其他国际机构，至少是与拉丁美洲范围内的国家合作，来设计和实施联合评估与国际认证。

所有被调查的大学都声明，自己在实践中很难实施国际化这一复杂的规划过程，原因是缺少能够保障质量并且使得学校能够发现自己在行动中的失败和不足的体系，这一体系的目的是为了保障未来该领域中的国际标准。73%的大学认为，由于缺乏用于测量国际化进展的参数以及完全没有评估工具与评估机制，自己在实施国际化的过程中面临着严重的困难。36%的大学则认为自己已经设计了评估过程以及后续的程序，来改进国际化的质量（Ramírez and others 2004）。

对高等教育机构所使用评估工具的分析表明，一些因素可以作为对国际化进行评估的指标。这其中包括生效的合作协议数、在国外留学的智利学生规模、在智利学习的其他国家学生规模、教师的流动率、国际联合研究项目数等。当然，这些仅仅是这一复杂过程中有限的指标。

目前，智利高等教育机构仍然缺乏对国际化的评估。在国际教育领域中 162
国际专家的帮助下，很有必要将上述因素整合到学校的自我评估和认证过程中去。

国际化努力

国际协议正在推动智利高等教育的国际化过程。

组织网络与协议

2003年所调查的25所传统大学与61个不同国家签署了1 729项协议（表5.1）。其中与欧洲的合作最多，囊括了41.4%的协议（与29个国家签署了715项协议）；其次是南美洲，囊括了27.3%的协议（与9个国家签署了472项协议）；接下来是北美洲，囊括了15%的协议（与2个国家签署了260项协议）；与中美洲、加勒比海地区的协议占了12.2%（与11个国家签署了211项协议）（Ramírez and others 2004）。

所调查的8所私立大学拥有210项协议，签署对象分别是欧洲（38%）、南美洲（24%）、北美洲（23%）和中美洲（12%）（Ramírez and others 2004）。

表 5.1　智利传统大学与国外大学的合作协议（分地区）

区　域	国家数（个）	协议数（项）	协议所占比例（%）
欧洲	29	715	41.4
南美洲	9	472	27.3
北美洲	2	260	15.0
中美洲和加勒比海地区	11	211	12.2
亚洲	6	48	2.8
大洋洲	2	21	1.2
非洲	2	2	0.1

资料来源：Ramírez and others（2004）。

目前，还没有对参与国际网络所带来的影响或者这些网络的效果进行评估。不过，网络越小、越聚焦，其影响越大。

在第一期的欧盟拉美学术培训项目（ALFA）中，800 多个网络获得批准。智利积极参与了其中一部分。智利大学是拉美学术培训项目一期的 80 个网络以及二期的 16 个网络的成员之一。二期拉美学术培训的 10 个网络由智
163 利公立大学与私立大学来协调。智利高等教育机构所参与的主要国际网络是那些由政府间组织，比如伊比利亚 - 美洲国家组织、安德烈斯贝略协议、联合国教科文组织以及美洲国家组织等来推动的网络。

国际网络在智利所扮演的角色越来越重要。智利传统上关注研究，近些年来，这些国际网络开始与本科生教育、研究生教育及大学管理建立联系。这一变迁反映出这些活动的国际化对于加强战略性国际联盟而言非常必要，同样，相关项目的国际化对于通过与国外合作者合作而获取（acquire）组织能力来说也很必要。

学生流动

学生流动是智利高等教育机构国际化过程的一个最引人注目的方面，尽管目前还没有相应的策略去消除阻止学生流动的障碍。

智利的国际学生

提高大学中外国学生注册比例的结果是，智利国际学生的数量在过去十

年中不断增长。2000 年，高等教育机构接收了 3 477 名外国学生。这些学生主要来自美国（612 人）、秘鲁（517 人）、阿根廷（354 人）、玻利维亚（317 人）、巴西（156 人）、哥伦比亚（130 人）、德国（97 人）、西班牙（85 人）、墨西哥（80 人）和法国（58 人）。可见，外国学生中很大一部分来自其他拉美国家（智利求学的外国学生总数的 41%），这一点反映了这些国家对智利研究生教育的兴趣不断增长。

2001 年，智利外国学生的数量增加了 5.6%，达 3 675 人。其中，美国学生占 23%，德国、法国和西班牙学生占 9%。传统大学接收了 62% 的外国学生。主要的接收学校是智利天主教大学、智利大学、奥斯特拉尔大学、瓦尔帕莱索天主教大学、塔拉帕卡（Tarapaca）大学。在私立大学中，阿道伊巴涅兹（Adolfo Ibañez）大学外国学生最多。

外国学生所代表的是一种重要的收入来源。学校为了增加外国学生在智利学习的优势，创建了业务单位（business units）来回应不断增加的外国学生需求。这些优势除了包括智利良好的气候、多样性的地理环境和游览胜地以外，还包括高质量和多类型的丰富的教育项目。

只有少部分大学已经设计、实施并推销了多种学科领域的短期教学项目（2 个星期至 6 个月）。更多的大学可能会利用这一市场。尤其是区域性大学 164
能够提供跨文化的教育项目，其中包括那些能够吸引阿根廷和玻利维亚学生的项目。

实施这些项目的选择范围很宽泛，可以由大学直接实施，也可以通过中介机构来实施（尤其是对于接收北美学生）。智利专门招收外国学生的机构是教育项目合作处（Cooperating Program）、国际教育交流委员会、巴特勒留学项目研究所（Institute of Studies Abroad Butler Program）、国际教育学生处（International Education Students）、国际留学处（International Studies Abroad）、纽约州立大学普拉茨堡（Plattsburg）分校、学生国际培训处、智利大学招生处等。这些机构招收国际学生，每个学期学费在 6 500 美元—12 500 美元，其中 2 500 美元—3 000 美元要拨给智利的大学。除此之外，一些大学，包括美国大学（American University）、圣母大学（Notre Dame University）、斯坦福大学、三一学院、加利福尼亚大学和海德堡大学，在圣地亚哥也都有办事处。

在国外需求的驱动下，智利留学生教育在过去的十年中逐步发展。但作为旨在加强智利高等教育机构国际化过程的政府政策的一部分，智利所提供的教育服务并不清晰、连贯。

智利的在外留学生

2000 年，智利在其他国家大学上学的学生大约有 4 115 人，占到智利所有学生的 1.4% 。在这 4 115 人中，38% 的学生在美国留学，19% 的学生在西班牙学习，11% 的学生在德国学习；48% 的学生在英语国家留学（Davis 2003）。与其他拉美国家相比，智利人在英语的熟练度方面相对较差，这一点使得智利学生在拉美范围内的流动更为普遍。

国际合作署（AGCI）在提供信息和奖学金等方面所发挥的作用越来越重要。2001 年，在 AGCI 所提供信息的基础上，680 名智利学生被国际教育项目所接收（Gonzalez 2003）。

教师流动

大学研究者所建立的国际关系，巩固了高等教育国际化进程。在过去的 30 年中，智利研究者付出很多努力来建立与其他各大洲同事的关系。研究者通过在海外的博士后来提升其能力，由此，促进了国际网络的发展。

165 一个重要的事件是，1973 年大批智利知识分子被迫移民国外。这些学者中，大部分人定居在澳大利亚、法国、意大利、墨西哥、西班牙、瑞典、美国和委内瑞拉。一部分人于 20 世纪 90 年代返回智利，而其他人则留在了国外。这些国外流亡者中有很多人希望智利能与其第二故乡之间建立联系，这种情结可以被利用来推动和发展智利的高等教育国际化。

智利具有国际经历的学者（在国外学习、工作，在国际期刊上发表文章，参加国际会议，隶属于某个国际网络）不足 40% 。教学和科研国际化程度的自我评估和组织认证，将会成为更多地参与国际工作的有效机制。

课程国际化

自 20 世纪 90 年代初期以来，超过 80% 的智利大学对其课程进行了调整，开发了与智利所面对的新世界相一致的新网络与课程大纲。为了确保课程具有国际化的维度，新课程应该包括下列要素：与世界正在发生的事件相关的知识、国际关系、国际政治地理、国际比较教育、双语教育、新信息技术素养、出国留学等。所有这些因素应该被包含在智利高等教育机构的规划和课程大纲中。

很少有高校提供那些着重强调比较与跨文化视角，或允许学生专修文化研究或外语的课程。这一点忽略了那些来自处于国际化边缘、其国际化程度较低的高等学府的学生。

双学位或联合培养的学位项目

发展双学位或联合培养的学位项目，是高等教育机构尤其是大学在过去五年中所采取的主要策略之一，这些项目的数量正在增长。现在对其结果进行评估还为时过早，但有证据显示，大多数大学最终将提供这些教学项目。

希望到国外学习的智利学生所面对的主要问题是缺乏资金、外语不够熟练。为此，智利的高等教育机构应该推动与拉美其他国家大学进行合作的双学位方案。这至少在短期内是一个现实且有效的选择。

尽管与拉丁美洲国家建立伙伴关系具有好处，但是智利的大多数双学位 166
方案还是与欧洲、北美的机构进行合作。参与的部分大学包括皮埃尔和玛丽·居里大学（Pierre and Marie Curie University）、蒙彼利埃高等商学院（Sup de co Montpellier）、阿维尼翁（Avignon）大学、蒙彼利埃大学、巴黎第五大学（法国）、高等专科学院（德国）、都灵理工大学（意大利）、圣地亚哥德孔波斯特拉大学（Santiago de Compostela）（西班牙）、圣地亚哥州立大学、杜兰（Tulane）大学和耶鲁大学（美国）。

学术项目与语言学习

智利并未给外语学习以充分的优先性。为了增加学生获得新信息技术的途径，必须使其掌握其他的语言。

45% 的传统大学认为其教职人员并未书面或口头地掌握一门外语。这一问题减少了建立国际关系的机会，比如不会外语的教授来说很难参与非西班牙语的讲座，很难在非西班牙语学校生活，或者参与更广或更多样的国际项目和网络。

为克服这一问题，45% 的被调查的传统大学认为，学生在毕业之前必须掌握第二语言。80% 的传统大学汇报说它们有进行语言教学的标准项目或中心，阿图·普拉特·德伊基克大学（Arturo Prat de Iquique University）实施了面向所有学生的、将语言列为必修课的项目（Ramírez and others 2004）。

为使双语教育在今后几年中成为核心战略，政府已经在中小学启动了一项规划。高等教育机构为使其毕业生具有竞争优势，也需要将语言学习作为其使命陈述（mission statement）的一个组成部分。

西班牙语教学和智利文化中心

尽管在智利高等教育机构中西班牙研究越来越重要，且需求也越来越旺盛，尤其是在大学中更是如此，但很少有专门负责此事的正式机构。西班牙语以及智利本土文化的教学项目，通常都被整合到学生流动办公室及每一所大学与语言相关的院系中，这些项目由智利招收外国学生的专门机构来实施。实施西班牙语教学项目的大学包括伯德（Border）大学、智利天主教大学、瓦尔帕莱索天主教大学、智利大学、瓦尔帕莱索大学，这些大学为西班牙语和智利文化的学习提供了广泛而灵活的课程。

研究与发展

167 智利科技研究的国际化已经在一些层面上取得了成功。在 20 世纪 60—70 年代初期，发展智利科学和技术能力的一个举措，是帮助设立了促进大学开展研究和提升科学家的项目，这一举措还导致了研究所和公司的创立。

智利的研究者已经进行了五十多年的研究。目前，有 6 000 多名智利人正在积极推动研究，其中有 2 000 人为学术带头人。智利的科学出版物的数量从 1982 年的 754 份上升到 2000 年的 1 752 份。不过，1981—2000 年，仅仅有 24 147 篇文章发表（占总量的 0.16%），163 953 篇文章被引用（占总量的 0.09%）。这远低于墨西哥和阿根廷。墨西哥发表的文章占总量的 0.31%，被引用的文章占总量的 0.14%，阿根廷发表文章占总量的 0.32%，被引用的文章占总量的 0.15%。智利的贡献与葡萄牙相当，与美国、英国和日本等国家相差甚远。

在近几年中，智利在大学—企业联系方面已经取得了相当多的国际经验。智利 65% 的科技能力仍然由大学贡献。研发成果的应用和开发尽管取得了进展但仍然不是很有效率，尤其是在大学，大学在以下列方式与国际合作伙伴建立联系方面仍然不是很有效，即交流、信息共享、顾问与技术援助、咨询研究、雇佣教师、联合研发、混合研发中心、技术合作、为技术转化建立内部或者自治的办公室、商业孵化中心、衍生商务、联合商务等。

2002 年，智利投入价值 2.52 千万美元的资源来资助 818 个传统项目、199 个促进国际合作的项目、102 个博士学位项目、52 个博士后项目、19 个互补研究项目。

20 世纪 90 年代，智利没有资金来支持与生产领域相关的研究项目。2002 年，国家科学和技术发展基金为这些项目提供了将近 1.75 千万美元的资助。在国际科学合作中，国家科学和技术研究委员会资助了 455 个创新项目，加强了与北美、拉丁美洲和欧盟的合作项目（CONICYT 2005）。

2002 年，科学合作项目处组织了对提交的 138 个与国际同行进行合作的项目的评估工作，其中 33 个项目得到了批准。在这些被批准的项目中，17 个由科学合作评估和指导委员会（Committee of Evaluation and Direction of the Scientific Cooperation，简称 ECOS）批准，16 个由国家科研中心（CNRS）批准。在这 33 个项目中，10 个与西班牙高级科学研究理事会合作，5 个准备好与德国学术交流服务中心合作，1 个与意大利的国家研究理 168
事会合作，1 个与葡萄牙的国际科技合作研究所合作。所有这些项目中除一个例外以外，都有传统大学的参与。

国际推广计划项目

近些年，智利的国际推广活动不断增长。除了学者以外，其他国家的商人和政府机构也参与到这些活动中，这表明对于促进政府和企业界之间建立联系的兴趣越来越浓厚。尽管这些活动提供了机会，但事件的发生更多地是随机的，并且由组织机构直接来推动。没有国家政策来提供相关信息，或以一种系统的方式促进这些国外的项目。

国际文化推广大部分是由传统大学来进行的，这些学校与合作署、大使馆、私营企业等合作，以吸引国际文化来到智利。在一定程度上，高等教育机构也促进了智利文化的出口。但这样的国际经验很少，并且是一些断断续续的行动，而不是由某个具体的战略所推动。

技术援助和国际合作

技术援助和国际合作是与国际化过程关系最为紧密的行动。技术援助的目的在于强化智利的高等教育机构在以下方面取得进展：管理和协调国际合作，强化并拓展智利在国际领域的地位，充分利用并管理合作奖学金（cooperation scholarship），通过与国外同行机构的合作项目来提升智利的技术能力，扩大并发展与其他低发展水平国家的合作。

通过设计战略来引导资源投向优先发展的领域，国际合作已经作为将智利重新引入（incorporated）世界其他部分的途径，而被包含到了政府项目中。国际合作提升了智利向别国出口的能力，并加强了智利与其他各种来源之间的多边合作和双边合作关系。

大学已经通过技术合作而得到了最大份额的资源。这些资源使得大学能够通过培养现代教师、在大学和商业领域之间建立联系、开展研发等来提升自己的能力。在近些年中，高等教育机构为了决定是否对自身的政策和发展规划作出回应，以及是否与其政策和发展规划保持一致，已经花费了很大精力来评估合作所带来的收益。

169 远程教育

高等教育机构在吸收新信息技术方面取得了巨大进展，这使得这些机构已经成为国际网络的一个部分，并且能够发展新形式的教学，比如远程教育。智利的地理位置使得远程教育尤为重要。

一些大学创建了虚拟校园，这些虚拟校园使得学生能够与世界其他地方的专家取得联系。智利天主教大学以及智利大学在这一领域取得了很大进展，比如瓦尔帕莱索天主教大学、费德里科圣玛丽亚技术大学（Technical University Federico Santa Maria）、洛斯拉各斯大学（Los Largos）以及普拉亚安（Playa Ancha）大学均有虚拟校园，以上列举的仅仅是其中的几个例子。

几乎 80% 的被调查大学都提供了某些类型的远程教育，一些学校还通过远程教育提供本科学历的教育。远程教育是这些学校的一个重要收入来源（Ramírez and others 2004）。

在智利，很多远程学习项目都由国际机构来提供。其中西班牙的教育机构占据着优势地位，包括西班牙国立远程教育大学（National University of Distance Education）、嘉泰罗尼亚开放大学（Open University of Catalonia）；其他一些教育机构，包括墨西哥的蒙特雷理工学院、以色列开放大学、加拿大的魁北克远程大学也提供了远程学习项目。大学和国际学院，比如欧洲管理学院、执行发展研究所（Institute of Executive Development）、研究生学习大学学院（University Institute of Graduate Studies）、迈阿密大学，提供了很多在线课程和教学项目。目前，尚未对这些教学项目的质量进行评估。

跨国校园

智利在国外最重要的校园，是位于厄瓜多尔的费德里科圣玛丽亚技术大学。该大学成立于 1996 年，本科生和研究生注册人数为 400 人。其他这种类型的机构包括：位于美国的智利大学公司，即国际大学交流公司；位于西班牙的瓦尔帕莱索天主教大学技术转让中心的代表处；位于阿根廷的瓦尔帕莱索大学的代表处。

境外教育服务的商品化

智利的教育服务，尤其是由传统大学所提供的教育服务，由于其威望、传统以及效果，在区域内具有竞争力。由此，智利对外提供了广泛的教育项
目。其中一个著名的例子，是向阿根廷、玻利维亚、厄瓜多尔和危地马拉提 170
供的学位项目和 MBA 项目。

《美洲经济》杂志（*América Economía*）对智利行政管理人员进行的一项调查显示，这些人中有 59% 的人更希望在智利就读，41% 的人希望其所就读的大学与智利的大学商学院建立伙伴关系。在《美洲经济》杂志的排名中，拉美排名前 34 位的 MBA 项目中，有 9 个智利的项目，其中智利天主教大学和阿道伊巴涅兹大学的排名在前 10 名之内。

1997 年通过大学服务出口委员会，智利出口促进局（PROCHILE）启动了一项有趣的计划，这项计划有 30 所大学参与。这成为智利向国外推销教育服务的一个革新性要素，目前智利在四个领域中提供了可市场化的教育服务：正规教育、研究、教育推广以及大学管理。这一计划为智利大学在国外树立了一个更加清晰的形象。大学服务出口委员会的战略目标是，强化智利作为大学服务出口者的形象；帮助智利大学在向国外政府和私立领域提供教育服务的过程中进行定位；提升智利的大学体系。这一计划促进了合作与交流、质量的提升、多样性与多元化，以及清晰可靠的信息提供。它支持预期的市场目标、商业目标和市场分析，支持在智利和国外举办研讨班、培训，并参与同玻利维亚、哥斯达黎加、厄瓜多尔、萨尔瓦多、危地马拉、巴拿马、巴拉圭、秘鲁和美国的公平贸易。

教育服务的出口者，至今仍未解决存在于行政管理、财务和灵活性等方面的议题。尤其是在公立大学，高度的刚性和科层制，使得很难采纳创新性的路径来出口教育服务。这些组织的行政结构，尚未准备好迎接这些挑战。

指导这些机构的法律和规章已具有三十年之久的历史，这就削减了它们与其他国家高等教育机构相比所具有的竞争力。

教育服务的国际提供者

在智利由外国机构提供的教育服务的数量目前正在不断增长，这些服务提供面授的、远程的以及混合模式的课程。45%的被调查机构将这一现象视为一种积极的发展，认为这一现象在长远看来，将会通过一个自然而然的竞争过程，建立起国际标准。但是大多数机构认为，这些国外服务没有受到管制，可能不利于质量保障（Ramírez and others 2004）。

171 一些智利大学为了能拥有在国外被认可的项目，而与国外伙伴形成了战略联盟。国外的机构为使其项目能够被智利的官方和法律所认可，也在寻求合作伙伴。至今，只有一个国外项目，即瑞典克朗大学（SEK University），于1988年获得了智利官方的认可，能够授予被智利官方所认可的学位。

2000年，西尔万学习公司（Sylvan Learning）获得了美洲大学（University of the Americas）60%的股份。2003年，这一公司投资5 100万美元，并且承诺再投资1 700万美元，将美洲大学打造成为智利最大的外国大学。西尔万学习公司在国际教育市场上具有很强的影响力。外语和信息技术是其所提供的教育项目的必备要素。

西班牙和巴西的高校，是面授教育项目的最主要的提供者。2000年，这类项目共有193个，其中60%是人文社会科学项目，24%是工程和技术项目。西班牙占了这些项目的20%，22所西班牙大学提供了38个项目。其中马德里综合技术大学提供了6个项目，巴利亚多利德（Valladolid）大学和莱里达（Lleida）大学各提供了5个项目。20世纪90年代末，智利大学与国外大学签署了347个校际学术项目，其中，圣地亚哥大学签署了71个项目，大多数项目是与西班牙的大学合作，也有与美国合作的项目。智利也与国外机构，比如墨西哥的蒙特雷科技大学（Tec de Monterrey）、代表许多澳大利亚大学的拉美澳大利亚教育（Latin Australia Education）等建立了联系。

远程教育的使用和将国外学者送到智利短期任教的实践，是在一个国家的市场内最普遍的输送系统。这些战略受到商业利益强有力的影响。

结　　论

智利的高等教育国际化已经取得了一定的进展，尤其是在过去的十年中更是如此。其中大多数成就都是学校自身努力的结果，而不是国家或政府政策努力的结果。尽管取得了进展，但是智利缺乏面向未来的战略政策和清晰的规划。缺乏专业教师、讨论国际化议题的持续论坛、评估工具和评估资金。缺乏国际化的概念并对国际化是什么持有模糊的观念，由此导致智利在取得更大的成就和巩固已取得的成就方面广泛的失利。

未来通过坚持某些基本的原则，通过坚持高等教育机构的共同利益来维持教育国际化，将是一个挑战。政府应该在促进国际化的政策和机制方面，扮演更加积极的角色，应该在促进国际化的过程中发挥更多的协调作用。 172
“高等教育系统所获得的复杂性、快速的增长、定位于市场的私立学校的不断增长、与发展项目之间越来越紧密的关联、在面对全球信息社会和知识经济所带来的竞争挑战时的不足等，这一切促使政府在国际化中具有更加清晰的态度，并且能够谋求新的政策来推动国际化的扩展，探求可能激发国际层面变迁的新环境。”（Brunner and Bricall 2000，p. 40）

智利所有的利益相关者，需要牢记强化国家和区域网络的观念。这一点是智利在经济全球化中参与竞争的关键因素。高等教育机构的国际化，会对智利的社会和经济发展带来巨大的贡献。

公共部门的机构，如果要通过将其服务商品化来加强其国际化的影响力，就必须具有像私立部门那样的管理机制。公共部门和私立部门，都必须努力去拉平两个领域之间的这个空间（playing field）。应该用逐步深化国际关系，来取代签署更多的双边和多边协议，而不是仅仅增加机构间联系的数量。

确保这一过程能够顺利进行的充分的管制，已经在智利生效。“项目和机构的评估与认证，是调控远程高等教育课程的典型的机制，这一机制反过来又强化了政府在这个领域的影响，并且在激发机构为声誉而竞争的同时，逐步营造更加具有竞争性的环境。”（Brunner and Bricall 2000，p. 48）评估和认证将会通过提供清晰、诚实的信息，来确保跨国教育的质量，并帮助保护消费者。这个过程需要高等教育系统和机构，来发展汇编、分析和获取创建相关的国家数据银行所需信息的机制。

为出口大学服务，需要建立新的方式和机制。为保证智利大学在国外系统性地发挥作用，并参与出口服务，智利政府在这一过程中应该扮演基础性的角色。应该激励外国留学生来智利留学，并且减少他们的障碍。

参考文献

America Economia. 2005. www. americaeconomia. com.

Brunner, José Joaquín. 2000. "América Latina: Políticas de educación superior durante los años 90: dinámicas y efectos." Discussion paper, Corporación de Promoción Universitaria, Santiago.

173 Brunner, José Joaquín, and Joseph M. Bricall. 2000. "Universidad siglo XXI: regulación y financiamiento." Columbus document on University Management, Paris.

Brunner, José Joaquín, and Gregory Jose Y Elacqua. 2003. "Human Capital in Chile." Adolfo Ibanez University, Chile.

Brunner, José Joaquín, and Jefrey M. Puryear. 1995. "Educación, equidad y competitividad económica en las Américas: un proyecto del diálogo interamericano." General Secretariat of the Organization of American States, Deparment of Educational Affairs, Washington DC.

CONICYT (National Commission for Scientific and Technological Research). 2005. www. conicyt. cl

Davis, Todd M. 2003. *Atlas of Student Mobility.* Institute of International Education, Washington DC.

García Guadilla, Carmen. 2002. "GATS, educación superior y América Latina: algunas ideas para contribuir a la discusión." Columbus, Paris.

González, Luis Eduardo. 2003. "Los nuevos proveedores exiernos de educación superior en Chile." Instituto de Educación Superior para América Latina y el Caribe, Caracas.

IMD (Institute for Management Development). 2002. *Informe de la competitividad mundial.* Davos, Switzerland.

MINEDUC (Ministerio de Educación). 2005. *Chile: compendio de educación superior.* Santiago.

Ramírez Sanchez, Carlos, Ximena Pedrosa, Marisa Nash, and Cecilia Letelier. 2004. "Survey of Chilean Tertiary Institutions and their Stakeholders on the International Dimension of Higher Education." Directorate of Links and International Cooperation, University of Valparaiso.

UNESCO. 2005. "UNITWIN Networks Established in 2003 at the University of Chile." Portal. unesco. org.

第 *6* 章

哥伦比亚高等教育的国际化 175

伊莎贝尔·克里斯蒂娜·哈拉米略（Isabel Cristina Jaramillo）

哥伦比亚高等教育国际化文化的创建，是迈向知识世界和科学进步的重要一步。在哥伦比亚，高等教育的国际化是最近才发生的一个现象，尽管从欧洲人几百年前在哥伦比亚创立大学以来，国际化的维度一直是个连续不断的元素。目前，国际化已经发展起来了，尤其是从 20 世纪 90 年代开始，这个国家经历了一个历史上前所未见的向世界经济开放的过程。

在很长一段历史时间内，哥伦比亚的大学一直是向内看的，而不是在无边界之分的学术世界开辟新的道路。尽管如此，从 20 世纪 90 年代以来，国际化进程已经开始以多种形式展现自己。最初高等教育的国际化还很少引起政府的关注。但一些还不够结构化的活动已经开始。它们不是有计划的，或者在政府或机构的政策指导之下的产物，结果，所付出的努力还不够，还不平衡。哥伦比亚高等教育体系还没完全整合进全球大环境，它的行动者们还没有把这一进程的性质国际化。

由于有关院校机构及其项目、服务、学术产品、经验 、职员、研究者及行政体系国际化的研究文献非常欠缺，为哥伦比亚国际化提出行动方针很困难。没人确切地知道迄今为止都做了什么，也不确知各高等教育机构在全球化背景下正往哪里前进。

本章展示了国际化的国别图景，明确了它的演进历程、特征及对 20 世纪 90 年代以来哥伦比亚高等教育机构所产生的影响。本章的研究，旨在不仅为中央而且为地区与院校机构，出台充足和持续性的政策，以加强哥伦比亚的国际化视野，提供一个起点。

176 本章所呈现的内容，是作者 2002 年所作的一项研究的结果。该研究对 40 所大学，包括公立大学和私立大学的国际关系情况进行了调查，对国际关系的负责人进行了访谈。这些大学样本是根据其各自的法律地位、所在地点、学术项目的数量、学生注册人数而抽选出来的。95% 的大学作出了回应，提供了他们关于国际化进展方面的特定信息。技术和工程教育机构由于其国际化活动的有限性，而未被包括在内。所有参加调查的机构，都是哥伦比亚大学协会（Association of Colombian Universities，简称 ASCUN）和哥伦比亚高等教育国际化网络（Colombian Network for the Internationa lization of Higher Education，简称 RCI）的成员。

对来自政府、多边组织及高等教育私立协会的国内和国际专家所作的访谈，主要涉及州和中央政府国际化政策的颁布、对其的理解和看法，以及关于国际化进程对哥伦比亚高等教育的重要性的认识。访谈结果让作者得以解释和比较各大学高等教育的国际化的演进过程，指出这个过程的特点，明确它的局限和可取之处，并提出一系列可供中央政府和高等教育机构参考的措施。这一分析为更好地理解国际化特点，以便更好地理解新出现的国际化维度上的成就对哥伦比亚高等教育的意义，构筑了一个持续反映高等教育发展进程的起点，而哥伦比亚大学协会（ASCUN 2002）认定这一方面的研究还很不够。

哥伦比亚的高等教育系统

哥伦比亚大学的起源可以追溯到殖民地时期。16 世纪末，哥伦比亚的第一批大学建立。第一批大学基本上复制了西班牙行之有效的大学模式。

之前，哥伦比亚的大学几乎全是用拉丁语进行教学。18 世纪末，维拉德蒙波斯（Villa de Mompox）大学最早将西班牙语引进教室，代表了一个重要的转折。1826 年，哥伦比亚的大学采用了拿破仑模式（Yarce，Lopera， and Pacheco 2002），外来模式又一次影响了高等教育的发展，可见这些模式对初生国家的重要性。

大约两个世纪后，哥伦比亚的高等教育系统在拉丁美洲地区得到了高度认可。20 世纪 90 年代以来，哥伦比亚高等教育系统经历了根本性的转变，以满足增加教育机会的需求，迎接今日世界对它提出的挑战。它的体系变得多样化、现代化。

1992 年的高等教育第 30 号法案，定义了哥伦比亚高等教育的现行法律 177
框架。该法在管制政令（regulatory decrees）和宪法法院裁定（constituional court rulings）的补充下，允许高等教育可以由公立机构和私人机构两方面来提供。

高等教育包括了各种各样的行动者（见图 6.1）。共和国总统是最高行政领导，委托教育部设计政策、计划、教学和项目，也根据外交部提出的指导方针协调国际合作。

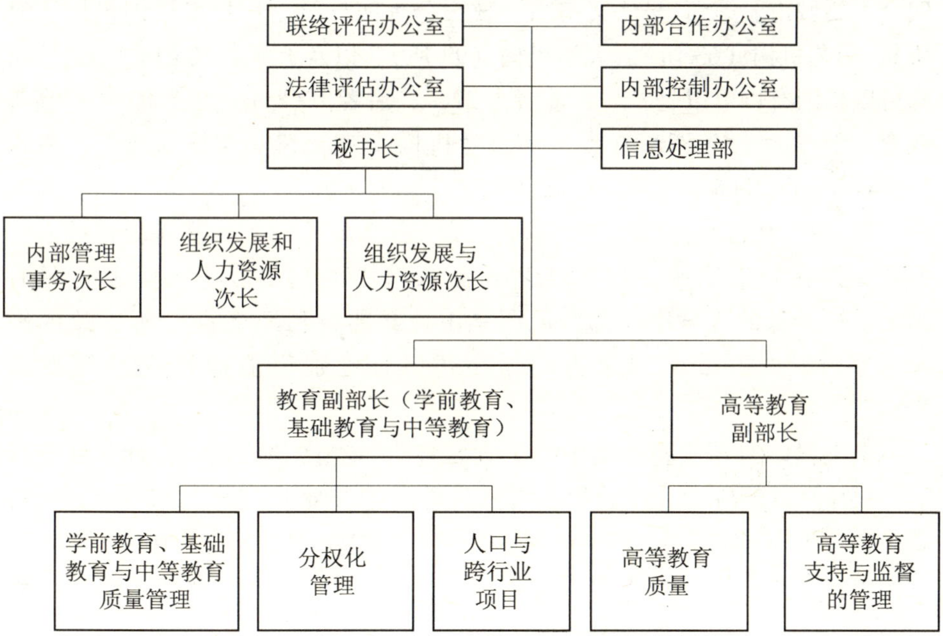

图 6.1　哥伦比亚高等教育的组织

资料来源：Ministerio de Educación Nacional（2004）。

在教育部的大伞之下，活跃着国家高等教育国际化的一些团体。包括负责评估哥伦比亚各级教育系统的哥伦比亚高等教育发展协会（Colombian Institute for the Development of Higher Education，简称ICFES），以及哥伦比亚教育贷款和海外技术协会（Colombian Institute for Educational Loans and Technical Studies Abroad，简称ICETEX）。

最近建立的由高等教育副部长负责主管的高等教育质量保障办公室，负责与直接依靠教育部的国际合作办公室密切合作，提出高等教育国际化的标准。高等教育质量保障办公室还负责哥伦比亚高等教育机构发布的文件的认证工作，以得到国外认可，也负责海外学习经历及在海外所获学位的认证工作。

178 由私立机构主导的哥伦比亚高等教育机构的增长，要比全拉美地区的平均水平快得多。在2003年，哥伦比亚有320个高等教育机构（271个中心机构和49个分支机构），其中绝大部分机构创建于1992年高等教育第30号法案颁布之后的十年内。它们分布在全国各个地区，主要集中于首都和全国四个主要城市。第30号法案将高等教育分为四种类型：技术培训机构（51所），工艺机构（63所），大学机构（99所），以及大学（105所）。这些机构可以是国有也可以是私立，前者占32%，后者占68%。在2003年，高等教育注册学生中有82%在大学和大学机构，其余18%在技术或工艺机构（Ministerio de Educación Nacional 2002）。

尽管在20世纪90年代，招生人数已经增长了68%，高等教育的入学率还保持在较低水平，17—24岁适龄人口中的高等教育入学率也只有20%。这种低的入学率，部分原因是由社会冲突和经济衰退所导致的高辍学率，阻止了最贫困家庭的学生进入，更别说能保持在高等教育机构。

学生选择的专业主要集中在工程、建筑、经济、行政、会计、社会科学、法律和政治科学。对数学和自然科学的需求微乎其微。2001年，所有高等教育机构有本科生981 458名，研究生63 245名。研究生中有6 775人攻读硕士学位，350人攻读博士学位（SNIES 2002）。政府已经确立了到2006年将招生数提高40万人的目标。

哥伦比亚有259个专业培养项目，323个硕士生培养项目，47个博士生培养项目。平均每年每100万哥伦比亚人口中产生一个哲学博士（Ph. D），这一比率在拉美国家中偏低（SNIES 2002）。这些获得哲学博士学位的学生，绝大多数在社会科学领域。

大多数专业是由私立机构提供的，它们享有自主权，但必须接受国家评估，并依法注册。硕士和博士学位无一例外全部由大学提供，而且在批准前必须通过高等教育质量保障国家委员会（National Council for Quality Assurance of Higher Education，简称 CONACES）的评估。

精密科学的研究生培养项目太少。而这些项目对于提高哥伦比亚的研究和创新能力，以及应对来自全球化世界中的科学和技术挑战至关重要（Yarce，Lopera，and Pacheco 2002）。

教学工作由 97 522 名教授完成。这些教授有 23% 是全职工作，10.6% 179
属于兼职工作，还有 66.4% 是计时工作。

公立大学的研究机构，占哥伦比亚大学研究机构的 77%（Perilla Santamaría 2003）。2002 年，哥伦比亚有 13 095 位研究人员和 2 118 个研究团体。即使和拉美地区的其他国家相比，哥伦比亚在科学和技术方面的投资率都是相当低的，仅占到 GDP 的 0.6%。

高等教育国际化的发展

哥伦比亚高等教育国际化经历了三个重要阶段。前面已经提到的，第一个阶段始于效仿欧洲大学的模式来创建哥伦比亚的大学（Henao and Bustos 2002）。

第二个阶段始于 20 世纪 50 年代，那时一些国际化进程已经开始，但当时国际化大多是对个人需求所作出的反应，而不是出于明晰的制度性政策。这些努力几乎没什么效果。而且这个时段的国际化，主要是对由国外提供的国际合作所作出的反应，而没有将国家的需要考虑在内。这个阶段的国际化进程几乎没有得到国家的支持。第一批开始进入国际技术合作进程的高等教育机构，是一些国立机构（Ochoa 1998）。

20 世纪 50 年代以来，哥伦比亚的学生一直追求在海外攻读研究生。其中许多学生是通过哥伦比亚教育贷款和海外技术协会（Colombian Institute for Educational Loans and Technical Studies Abroad）提供的奖学金去海外读研的。

20 世纪 60 年代，许多拉美领导人，尤其是巴拿马和委内瑞拉的领导人，在哥伦比亚的大学学习。许多哥伦比亚机构接受了来自其他国家的教授和学生的访问。根据美国模式建立的安第斯大学，自从建立以来，就一直在与外国大学交流，尤其是与美国大学的来往。

“冷战”期间，教育开始被视为发展的工具。20 世纪 60 年代和 70 年代，国际合作加强了，工业国家提供给哥伦比亚许多援助，用于提升人力资源。这可以部分解释学术合作由美国和苏联转向发展中国家。这一阶段欧洲没有提供多少奖学金，与今天相比，欧洲在当时算不上一个有吸引力的留学目的地。美国在那时构成了那些追寻研究生教育的学生的一个自然选择，当时哥伦比亚还没有研究生教育。那时，美国和苏联最顶尖的大学都向哥伦比
180 亚的学生提供了全额奖学金。那个时段的国际化是以外生、单边和对南北合作的极端重视为特征的。它大大促进了南半球向北半球的人口流动。留学归国的学生，成为了未来国际化的种子。考虑到缺乏向哥伦比亚的大量移民，以及哥伦比亚的褊狭和保守倾向（尤其是政治和社会的），这些活动显得尤其重要。

20 世纪 80 年代，在这个众所周知的“失去的十年”中，国际合作的机会缩小了。之所以如此，部分原因是哥伦比亚的货币贬值导致留学欧美的学费相对提高，以及在这些国家的生活费相对提高，一些国家国际化政策焦点的转移，也影响了向这些传统留学目的国的人口流动。政府组织在继续支持对国家极富成效的国际项目上的能力有限，也是原因之一。

20 世纪 90 年代，一种新型的国际化开始了。最重要的动力来自教育领域，而且主要来自哥伦比亚外部。这个进程是由国外主导，在一个变革的和国际化的背景下展开的。它促进着，有时是要求着高等教育的国际化。

20 世纪 90 年代显示了与传统规划（scheme）的断裂，开始了哥伦比亚大学的开放历程。新的全球背景、1991 年宪法，以及为高等教育提供了一个法律框架的 1992 年高等教育第 30 号法案，促成了一个新的国际化进程。除了哥伦比亚教育贷款和海外技术协会所做的工作外，其他公私混合型组织和私立组织开始在这个国家出现。这些组织包括：哥伦比亚未来基金会（Foundation for the Future of Colombia，简称 COLFUTURO），卡尔达斯（Caldas）网络，哥伦比亚国际合作署。后者从 20 世纪 90 年代早期，就开始让大量哥伦比亚人通过它的借款项目出国留学。后来，伊比利亚－美洲学术整合项目——通过大学校际合作联合国教科文组织发布的声明、欧盟开展的整合项目来开展等——的实施，从外部激发了哥伦比亚学术共同体的国际化程度的提升，也激发了哥伦比亚许多高等教育机构纷纷建立起国际关系办公室。

哥伦比亚高等教育的开放，以一些重要的方式影响了它的发展。但一些负面因素也随之产生，带来了令人担忧的后果。例如，一些外国大学在哥伦比亚开设的课程的质量很成问题，这强化了一些团体的保守态度，它们本来就不情愿向外国更好、更灵活地开放本国教育市场。① 由于外国机构提供的 181
课程的质量没有经过系统的评估，对其效果与后果还没有进行衡量和测量，这个问题现在仍然存在。

1996年，高等教育国际化网络（RCI）作为哥伦比亚大学协会的一个计划而创立，这个网络包括了哥伦比亚高等教育机构大多数的国际关系办公室。其主要目的在于激励、提升和加强哥伦比亚高等教育机构的国际合作文化。

中央与地方政府明确的和组织化的介入，可以给这一进程以极大的推动。可是，政府的领导在一些创始性的举措上，一直缺失而且仍就缺失。哥伦比亚需要充足的资源和一个得到很好界定的框架，来让各机构参与国际学术生活。一些组织在国际化方向上的努力和支持，必须予以承认。例如，哥伦比亚教育贷款和海外技术协会、哥伦比亚科学和技术开发协会（Colombian Institute for the Development of Science and Technology，简称COLCIENCIAS），这些组织在促进杰出研究以使其有能力参与国际学术市场的竞争方面，作出了自己的贡献；还有哥伦比亚高等教育发展协会，它与国家出口促进会（Proexport）一道，极力促进哥伦比亚高等教育向海外出口。

新法案改变了教育部和哥伦比亚高等教育发展协会的结构，确立了国际化的新部署，给教育部新成立的高等教育质量保障办公室赋予了新的责任。这些法案，构成了高等教育国际化最系统和最一致的官方动力，尽管在保证其持续性上还很不够。

国际化服务市场：新的角色，新的趋向

21世纪伊始，在一个知识变成一种可交易的商品的世界、大学变为一

① 通过2001年的第96号法案，硕士和博士培养项目的必要条件与程序被统一起来，允许哥伦比亚的大学与国外教育组织签署协议以获得学术支持。不过，只有哥伦比亚的院校机构可以授予学位。

个知识的谈判者的背景下，形势变得不可预测和无法确定。考虑到引进自由贸易协定（比如服务贸易总协定、美洲自由贸易区）对高等教育所产生的影响，与世界和拉丁美洲其他地方的谈判，已经变成一件很困难的事情。高
182 等教育的低入学率和不均衡的入学率，研究生教育师资力量的不足，政府在高等教育方面投入的财政资源的欠缺，使得哥伦比亚成为国际教育服务提供者喜爱的地方。与此同时，哥伦比亚机构在拉丁美洲地区所提供的广泛的学术项目和所获得的认可，也为它们向海外发展提供了机会。

古巴、西班牙、澳大利亚等国，已经开始竞争哥伦比亚的学生。最近，外国教育机构向哥伦比亚提供的正式课程、教学项目以及非正式课程的数量，已经有所增长。提供远程教育的檀香山（Honolulu）大西洋国际大学，和向拉美许多国家提供继续教育的甲骨文（Oracle）大学，现在都开始在哥伦比亚运作（García Guadilla，Didou-Aupetit and Marquis 2002）。越来越多的外国机构在提供着正式和非正式的教学项目，还有远程和虚拟教育。对此，哥伦比亚还没有特别的管制。

新的教育提供者，正在哥伦比亚和传统的机构展开竞争。不幸的是，这一趋势还没有引起政府的足够关注。因此，它的影响还不能测量和量化。而且，它还加剧了那些捍卫传统大学作为唯一的知识中心的人和那些视新的提供者为教育机会的人的冲突。

教育服务提供者将哥伦比亚视作一处有吸引力的市场。高等教育注册的学生中，只有3%来自20%最贫穷的人口（五层级中的第一层级），6%来自第二层级，12%来自第三层级，这表明只有21%的高等教育注册生来自社会经济的最底阶层。与此形成对照的是，27%的学生来自第四层级，52%的学生来自第五层级（最富有人群）。哥伦比亚目前硕士和博士教育极少，这也制约了其在研究和开发上的潜力。由于博士教育人数有限，未来教职员的需求不可能全部由博士学位获得者填补。这个系统在用高质量的学术人员来满足教员需求方面，面临着危机，这可能导致教育和研究质量的降低（World Bank 2003）。

哥伦比亚的机构已经开始基于机构间协定，尤其是与那些要求量身定制学术项目的公司，向其他国家推出它的教育项目和服务，哥伦比亚有大量的教育项目可供出口。但是，哥伦比亚高等教育机构的经历是千差万别
183 的。学术服务贸易，仍然没有被承认是一个大有潜力的行业（I. Jaramillo 2003）。

法 律 框 架

20世纪90年代伊始，哥伦比亚开始了史无前例的法律秩序的重构。这是通过1991年的国家宪法和高等教育第30号法案的颁布来实现的，它们确立并控制了教育领域的学术和行政生活。宪法、高等教育第30号法案和国家发展规划，一起促成了哥伦比亚一个新的规划系统，支起和提供了近来高等教育国际化演进所依据的法律框架。

1991年国家宪法

1991年的国家宪法，对哥伦比亚高等教育国际化具有根本性的意义。通过将权力、原则和价值整合进国家宪法这一政治性的大宪章，哥伦比亚的教育立法得到了丰富与发展。在宪法之下，政府有责任“在基于平等、互惠和国家利益的基础上，推动政治、经济、社会和生态关系的国际化”。宪法所确立的价值、原则和权力，形成了保证教育的深刻变革的基础。

1992年高等教育第30号法案

1991年宪法颁布后，由于公立大学需要一个特殊制度，改革的第一步，便是颁布1992年高等教育第30号法案。公立高等教育服务，通过这项法案加以组织。第30号法案将国际化视为高等教育的一个主要挑战之一。在这项法案下，高等教育机构有责任鼓励培训，加强学术交流，与其他机构进行国际合作。该法案指定哥伦比亚高等教育发展协会来促进培训，加强国际学术交流，认证先前在国外的留学经历和所获得的学位。

国家认证系统是作为各机构自愿参与的程序而建立的。它由国家认证委员会负责，发布项目和机构认证的指导方针。它鼓励应用国际标准的知识创新、鼓励国家和国际同行评价，鼓励建立学术信息交流网络，还鼓励小组讨论、引用国际发表物，以及与国际实体的对话，以使学术共同体可以超越国家的壁垒。截至2004年6月，它已经认证了来自105个公立和私立机构的 184
234个项目。到2004年1月，只有4所大学——3所私立大学和1所公立大学，获得了国家教育部的机构认证。国家教育部的机构认证是对质量的最高认可。

第30号法案还建立了支持哥伦比亚大学进入国际化领域的其他政府机构。例如教育部国际合作办公室，该办公室旨在组织一个国际关系系统。

国家发展规划

自从1991年宪法颁布之日起，国家发展规划已经准备了四年的时间。这些规划以参与的方式，与中央政府、区域性组织、私人组织一起，加强了国家性行动（Saavedra and others 2001）。

官方政策已经在发展规划中表达出来，包括太平洋革命（Pacific Revolution）（1990），社会跳跃（Social Leap）（1994），向着构筑和平变革（Changes to Construct Peace）（1998），以及以教育革命著称、由阿尔瓦罗乌里韦贝莱斯（Alvaro Uribe Velezu）总统精心筹划和推出的民主宣言。但是这些规划还没有变为合作行动，行政法案和财政支持机制所表达的政府政策，还不能提供足够的、鼓励哥伦比亚高等教育充分国际化所需要的刺激，而且这些政策还没有发展为一致的协同规划。

主要行动者和行动

哥伦比亚教育系统的一大特色，就是存在大量功能交叉、重复的控制组织。这些组织之间的合作与协同至关重要。

国家政府组织

在一致性公共政策的框架下，来自中央政府的一系列的行动开始出现。所涉国家组织包括哥伦比亚教育贷款和海外技术协会（ICETEX）、哥伦比亚高等教育发展协会（ICFES），哥伦比亚科学和技术开发协会（COLCIENCIAS），以及最近出现的贸易、工业和旅游部，及其出口促进机构——国家出口促进会（Proexport）。

哥伦比亚教育贷款和海外技术协会

185 哥伦比亚教育贷款和海外技术协会，是负责管理国际合作奖学金的国家机构。从1952年开始，为了推动哥伦比亚的经济和社会发展，它让哥伦比亚人有了接近世界上最好的教育项目的机会。这是哥伦比亚政府和几个外国政府、多边组织所签署协定的结果。国际奖学金，是旨在部分或全部覆盖海外教育费用的财政支持的一种特定形式。

哥伦比亚教育贷款和海外技术协会，也管理由美洲国家组织（OAS）提供的奖学金。它从美洲国家组织的罗氏（Rowe）基金那里获得学生贷款。罗氏基金，是专门为希望在美国著名大学就读本科和研究生的哥伦比亚人提供资助，而设立的基金。

尽管为出国留学提供的贷款，从1995年以后已经有所增加，但相对于需求来说还很不够。受惠于此的学生数，在2000—2004年增长了4.6%。但是需求远远超过供给。西班牙和美国是人们最向往去求学的两个国家（表6.1）。在2000年，551名学生①靠奖学金得以留学海外，他们中大部分攻读行政管理和健康专业的硕士学位。到2003年，已有2.2万名哥伦比亚专业人员在海外著名大学接受过培训。

表6.1　2000年受ICETEX的奖学金资助赴外国留学的哥伦比亚学生数（根据留学国别划分）

目的地	学生数（人）	比例（%）
拉丁美洲	110	20.6
墨西哥	28	5.2
巴西	16	3.0
阿根廷	14	2.6
古巴	13	2.4
哥斯达黎加	12	2.3
智利	10	1.9
委内瑞拉	9	1.7
拉美其他国家	8	1.5
美国和加拿大	112	21.0
美国	92	17.2
加拿大	20	3.8
欧洲	312	58.4
西班牙	220	41.2
法国	34	6.3
英国	24	4.5
荷兰	10	1.9
欧洲其他国家	24	4.5
合计	534	100.0

资料来源：ICETEX 2001。

① 原文如此，与表6.1中的数据有出入。——译者注

186 哥伦比亚教育贷款和海外技术协会，与美洲国家组织和教育中心，共同为大约 4 800 名前来哥伦比亚攻读研究生、从事研究和接受继续教育的外国人提供了奖学金。通过资助来自法国、牙买加和英国的国际教授和语言助手，哥伦比亚教育贷款和海外技术协会支持了本国高等教育机构的发展。

哥伦比亚高等教育发展协会

1992 年高等教育第 30 号法案，赋予了哥伦比亚高等教育发展协会在哥伦比亚发展高等教育国际化的责任。值得关注的是它的教育外交项目（Educational Diplomacy Program），此项目是在国家出口促进会支持下于 1999 年创立的。国家出口促进会是促进非传统出口的领导机构。教育外交项目鼓励高质量项目的国际化。它的主要目的是，将哥伦比亚高等教育置于国家和国际的外交与教育共同体（community）之中。该协会旨在促进有利于提高教育质量的学术交流，扩展哥伦比亚的国际关系，以及通过学术合作创造新的收入来源。教育外交项目最重要的一些发展政策包括：培训、参与国际事件和交易、哥伦比亚与外国的学术互访、一个可靠的信息系统、推广活动、研究、哥伦比亚高等教育机构及其国际化进程的信息的传播、在国际上推广西班牙语。通过教育外交项目，各种任务在中美洲、加勒比海和安第斯山脉地区得以进行，为各个机构所提供的服务和项目在地理区域上的适用前景提供了评估。研究生培养项目、继续教育项目、西班牙语项目被确定下来。不幸的是，尽管作出了重要贡献，2003 年政府修改了高等教育发展协会的架构后，这个项目被搁置了，并被改为负责从整体上评估哥伦比亚教育系统的一个公共机构。

哥伦比亚科学和技术开发协会

哥伦比亚科学和技术开发协会，是促进、提升与发展哥伦比亚科学和技术活动的领导性组织。它是与学界、产业界和政界一起工作，以促进技术和科学发展的唯一的政府组织。它的一个分部——国际化科学部——作为战略项目的副指导的一部分，负责增加人力资本，促进人员交换、学术交流、研究网络之间的联系，促进国家和国际科学共同体之间的项目开发。

187 因政府缩减用于这些项目的资金所导致的预算缺乏，已经妨碍了这一项目的连续性和持续性，尽管如此，哥伦比亚科学和技术开发协会，还在为哥伦比亚赴国外攻读硕士和博士学位的学生提供着奖学金。1997 年间，这一项目为 151 个攻读博士的学生和 42 个攻读硕士的学生提供了资助。这些奖学金部分来自美洲开发银行提供的贷款。这一资助人数目前已经大大下跌：2000 年只有 6 人获得了出国攻读博士学位的资助，2 人获得了出国攻读硕士学位的资助（World Bank 2003）。

哥伦比亚科学和技术开发协会参加了拉丁美洲的几个网络。它与墨西哥、秘鲁、委内瑞拉的国家科学和技术委员会签订了协议，与美国的国家科学基金、国际性发展银行，例如世界银行、美洲开发银行建立了联系。也与拉丁美洲、欧洲、亚洲的国际组织和大学建立了合作关系。

贸易、工业和旅游部

最近，贸易、工业和旅游部作为一个新的角色，出现在高等教育国际化当中。其主要职责是加强这个国家学术机构和生产机构的出口文化。2001 年它建立了国家商业项目，用来“加强高等教育学生在专业项目、技术工艺项目，而并非仅仅包括在外贸、国际商业或相关领域上的必要培训，以促进教育的国际化，引导教育拥有更明确的出口眼光”。这个项目的创建是为了高等教育的国际化，为了在高等教育机构中培育更为全球性的视野，为了激励出于长远的战略眼光而进行的团队合作。

到 2003 年，这个项目得以在 97 个机构推行，约 6 000 名学生受惠于此。该部门已经在哥伦比亚的主要城市为教授们建立了研讨会。来自 33 个城市的 145 名教师和 23 个系部已经参加了研讨会。

在出口促进会的支持下，贸易、工业和旅游部一直在加强向加勒比海地区的盎格鲁撒克逊国家推广西班牙语。这种双向的联盟也使英语成为参与这一项目的 7 所大学的第二外语，其中 3 所是公立大学。①

外交部 188

哥伦比亚的外交政策旨在维护国家利益，影响国际体系的改变，把哥伦比亚带到更高的互相依赖的水平。共和国总统决定政策进程。外交部发展和

① 参加的大学有安蒂奥基亚（Antioquia）大学、桑坦德工业大学、拉萨瓦纳（La Sabana）大学、哥伦比亚国立大学、北方大学、哈韦里瓦纳天主教（Pontificia Javeriana）大学。

提出有关公共、经济、社会与生态关系的公平的国际化的方法，以及与其他国家尤其是与拉丁美洲进行合作的方法，而不局限于贸易。外交部研究促使外国人进入和驻留哥伦比亚的政策。通过与哥伦比亚高等教育国际化网络的合作，外交部改革了签证制度，支持学术活动。外交部也通过 Colombia NosUne（Colombia Unites Us），鼓励身在国外的哥伦比亚人积极参与哥伦比亚发展。Colombia NosUne 代表着这个国家社会发展的一个巨大潜力（Ministry of Foreign Affairs 2004）。

国家教育部

哥伦比亚高等教育发展协会负责的国际化责任，近来被转移到教育部。教育部根据 2003 年颁布的法案，通过与国际合作办公室的合作，将此职责委派给新成立的高等教育质量管理部。

哥伦比亚非政府协会、基金及网络

政府机构与大量的非政府协会、基金和网络保持着合作。

哥伦比亚大学协会

哥伦比亚大学协会成立于 1957 年，是一个民间的非政府协会，成员包括 74 所公立大学和私立大学。其主要目的是为持续反映高等教育的状况和未来，提供会面地点和空间，建立大学和各种全国性政府组织的联系，维持大学间和国际间的合作。

189 这个协会一直通过实施各种战略协调，促进着高等教育的国际化，因为“哥伦比亚大学不能，也不应该继续以与世界事件相隔绝的方式来发展自己”（ASCUN 2002，p. 24）。在协会的《2002—2006 年哥伦比亚高等教育政策和战略议程：从拒绝到公平》一书中，国际化程度和清晰度的不足被视为一个重要的挑战。这个协会通过实施各种促使大学和政府把国际化整合进其主要功能之中的项目，发动了种种旨在提高对国际化的基本理解的行动，寄希望于把国际化的维度变为一个提高教育质量、关联性和竞争性的战略性因素。

这个协会促进组织间协议的建立，例如促成了高等教育机构协会与墨西哥的大学、德国大学校长会议、厄瓜多尔高等教育国家委员会、西班牙大学校长会议、加拿大学院和大学协会、委内瑞拉大学校长协会的合作。它也与国际组织和协会共事，例如拉丁美洲和加勒比海地区高等教育国际协会（IESALC/UNESCO）、拉丁美洲研究生大学协会及旨在促进本科生互相交换的魁北克大学校长会议。它是伊比利亚－美洲大学委员会的成员。伊比利亚－美洲大学委员会，将大学协会与伊比利亚－美洲总统委员会连接在一起，以加强大学与世界其他力量的合作。它与国际组织保持着紧密联系，这些组织包括：美国教育委员会、美洲间大学组织、大学国际协会、拉丁美洲大学联盟、美洲国家间发展银行和世界银行等。自从 1996 年以来，它一直支持和调节哥伦比亚高等教育国际化网络，该网络把哥伦比亚高等教育机构负责国际关系的办公室联系在一起，以促进大学之间的工作，加强高等教育机构的国际化文化。

哥伦比亚未来基金会（COLFUTURO）

哥伦比亚未来基金会作为一个非营利性组织，创立于 1991 年。它是私立机构、公立机构和一些高等教育机构共同努力下的一个创举，旨在为有意出国攻读研究生学位或提高英语水平的学生提供财政资助。

1992—2002 年，哥伦比亚未来基金会共资助了 873 个学生，其中 81% 攻读硕士，13% 攻读博士学位，6% 攻读专业化学位（表 6.2）[①]。大多数人 190
申请了与管理相关的专业，接下来是工程、法律、政治学专业（表 6.3）。

表 6.2　1992—2003 年 COLFUTURO 资助出国攻读学位的情况　　（单位：人）

年份	硕士	博士	专业学位	总计
1992	31	8	7	46
1993	37	9	6	52
1994	32	15	4	51
1995	34	13	1	48
1996	68	6	10	84
1997	141	20	8	169
1998	120	14	3	137
1999	88	11	4	103
2000	63	8	4	75

① 原文如此，与表 6.2 中的数据有出入。——译者注

续表

年份	硕士	博士	专业学位	总计
2001	89	18	2	109
2002	115	24	2	141
2003	143	27	0	170
总计	961	173	51	1 185
总计百分比	81	15	4	100

资料来源：COLFUTURO 内部文件。

1992—2003 年，出国留学的首选国家是美国和英国，其次是西班牙、法国、加拿大和荷兰。大约 50% 的奖学金授予了来自波哥大（Bogota）的学生。

表 6.3　2003 年 COLFUTURO 教育贷款发放的学科分布情况

（单位：人）

领　域	申请人数	受惠人数
管理	1 035	325
工程	580	181
法律和政治学	351	153
社会科学	443	115
健康科学	609	86
经济学	225	64
建筑	278	74
农业	218	50
艺术	180	58
基础科学	190	50
教育	76	29
合计	4 185	1 185
合计百分比	100	28

资料来源：COLFUTURO 内部文件。

波哥大商业理事会 191

波哥大商业理事会，在一个叫作波哥大大学联盟的创新项目中，将商业原则和学术动机整合在一起。首都的 11 个著名机构都属于这个联盟。该联盟旨在促进国际化、合作、国家之间的关系和机构之间的关系，提高波哥大地区的竞争力。支持这个计划的还有国家教育部、贸易、工业和旅游部、波哥大市政当局、哥伦比亚的大学协会。

UNIVERSIA. NET

Universia. NET 由西班牙国际银行有限公司（Grupo Santander Central Hispano）① 于 2000 年创立，它是世界上最大的大学门户。它的总部设在西班牙，在葡萄牙和拉美的 8 个国家都设有分支机构。这一门户提供信息和服务，以及所属大学的学术、科学和技术的教学。Universia. NET/Colombia 为 51 个公立和私立高等教育机构，构建了一个国际网络。参与该网络的大学已生产了 600 篇论文，395 份其他出版物，3 810 个教学项目和课程。此外，还有在线图书馆和电子数据库。

哥伦比亚高等教育国际化网络

1994 年，为了寻求相互联系和补充而不是相互代替，高等教育机构所进行的国际化的努力，促成了哥伦比亚高等教育国际化网络（RCI）的创立（Revelo 1994）。哥伦比亚大学协会自其 1996 年建立后，就致力于协调和加强哥伦比亚高等教育国际化网络的活动。哥伦比亚高等教育国际化网络共有 100 多个来自全国各地的成员，汇集了全国高等教育机构负责国际关系工作的大多数办公室，以期推动、促进、加强国际合作文化。该组织也充当了与世界各地其他国际网络合作的结点（Baeyens，Corpas，and Jaramillo 1998）。

这一网络主要从事以下五个方面的工作：国际合作培训、国际化信息及其传播、政策、国际化的质量以及整合。它的一些成果已经出版，已成为哥伦比亚人出国留学获取留学机会、奖学金情况以及学分等信息的重要参照。自创建以来，哥伦比亚高等教育国际化网络在全国不同地方进行着继续教育项目。它通过研讨会、会议、集会、讨论会帮助各机构开展国际化。它与官方与民间的国家组织、国际组织一起，促进着教育服务及其出口。学术 192

① 也称为桑坦德银行。——译者注

流动性通过学术、技术和科学交换项目得以发展，通过这种方式，哥伦比亚高等教育国际化网络组织了与27个地区大学的交流。

穆蒂斯大学网络（Mutis University Network）

穆蒂斯大学网络，由高等教育机构以及其他旨在加强机构间和国际间联系的组织构成。这一网络的由来可追溯至20世纪90年代。这一组织是由蒙特雷理工学院提议成立的。它是个私立大学网络，目的是为了促进学生、教员和研究者基于良好关系的交流，加强与国内机构间的合作。这一项目的基本战略是充分运用信息和通信技术。

卡尔达斯网络（Caldas Network）

卡尔达斯网络由哥伦比亚科学和技术开发协会创建并负责协调。这一网络是在1992年，作为哥伦比亚海外研究者与国内科学共同体之间交流科学和技术知识的交流工具而创立的。它被纳入国家科学和技术系统而制定的科学国际化政策中。其目的是促进由国内外科学家和研究者领导的知识的虚拟共同体的建立，为哥伦比亚科学和技术知识创建一个项目。它在发展科学和技术上的重要性与影响力，已经获得了高度承认。

SCIENTI 网络

由于意识到需要提高国家的劳动生产率和竞争力，哥伦比亚科学和技术开发协会管理着科学、技术、创新管理的信息和知识源的国际网络——SCIENTI 网络。这一网络包括一个记录了拉丁美洲和加勒比海从事技术研究、创新和开发的所有活动的数据库。这一网络是为了谋求自身能在世界上占一席之地，以及将哥伦比亚技术和科学能力提升到世界水平而建立的。它也推动了拉丁美洲高级科学互访项目。拉丁美洲高级科学互访项目，旨在加强拉丁美洲和加勒比海各国基于地区能力的合作，将专业员工提升为博士或博士后水平。这一项目致力于提升这一地区在知识的所有领域的科学能力，
193 鼓励从事与地区相关性大的研究工作，加强研究团体和地区博士项目（COLCIENCIAS 2004）。

国际政府组织及办事处

联合国教科文组织、世界银行、美洲开发银行以及经济合作与发展组

织，致力于推进哥伦比亚的改革，提高哥伦比亚在人类和国际问题上的能力（I. Jaramillo 2003）。联合国教科文组织和 IESALC/UNESCO 这个隶属于它的自治组织，以及联合国教科文组织承认的其他组织，例如，大学国际协会和国际移民组织，对加强大学的国际合作有着重大的影响。同样重要的是由私立基金会进行的慈善工作，例如福特基金会和洛克菲勒基金会，它们在发展哥伦比亚的国际性的科学研究上起着十分重要的作用。

一些金融组织，如美洲开发银行和世界银行所推动的转变进程，为高等教育更好地适应国家需要和它们在全球化时代必须克服的挑战创造了条件。世界银行在哥伦比亚政府鼓动下进行的高等教育状况评估，已经形成了若干研究成果，并对高等教育的资金、治理、结构和范围给出了建议，说明了它们应如何改革才能更好地满足国家的需求及其在全球市场经济中所面临的挑战（World Bank 2003）。在分析了哥伦比亚的形势后，世界银行批准了一项 2 亿美元的贷款，以提高哥伦比亚高等教育的质量和公平程度。

伊比利亚－美洲国家教科文组织（OEI），是一个支持横跨拉丁美洲国家和伊比利亚半岛的教育、科学、技术和文化流动性项目的政府组织，属于地区和次地区级组织。安德烈斯贝略协议推进了地区的整合，并为该地区的教育、科学和技术作出了努力。但它在伊比利亚－美洲地区形成一个更和谐的高等教育系统的努力，基本上没有奏效，也没能推动条约所涉及的地区机构间的交流。

流动性项目已经得到政府和教育机构自身的财政支持（Jaramillo, García, and Blom 2003），大部分的支持通过一个为哥伦比亚专业人员提供
国际奖学金的双边合作项目进行。传统上这一项目通过提供覆盖出国培训全 194
部和部分费用的奖学金来进行支持。该合作项目让专家可以就共同关心的问题交流经验、相互来往。教育部门参加教育部国际合作办公室举办的会议，在这个会议上，与教育相关的协议和事项会被强调提出。

奖学金项目

欧洲委员会代表欧盟各国家的利益，出面与发展中国家进行合作谈判。由欧洲委员会发起成立的两个项目——拉丁美洲的高水平奖学金项目（AlβAN）和拉美学术培训项目（ALFA）——已经成为哥伦比亚人力资源和学术发展的主要贡献者。

在第一次申请中，哥伦比亚在 251 个资金项目中争取到 37 个，是这个

地区争取到的项目第二多的国家。哥伦比亚学生有 43% 去西班牙留学，5% 去英国留学。拉丁美洲的高水平奖学金项目（AlβAN）的学者，也有前往奥地利、法国、德国、荷兰和葡萄牙留学的。9 个奖学金项目分发给工程、技术专业。6 个分发给自然科学。在拉丁美洲的高水平奖学金项目的第二次申请（2004—2005）活动中，哥伦比亚学生在全部 779 名被录取者当中占到 113 人。大部分人留学西班牙、英国、法国和德国。

拉美学术培训项目（AIFA）是欧盟和拉丁美洲之间的一个分权化的地区合作项目。哥伦比亚在项目的第二个阶段加入，有 24 个项目、1 个合作项目获准通过。在安第斯共同体五个国家中，哥伦比亚是拉美学术培训项目参与度最高的国家。

国际合作署

西班牙国际合作署（AECI）为了加强大学研究和研究生、博士生的培养，推进着旨在构建人的能力的大学交流项目。在哥伦比亚，它为那些有意前往西班牙大学的学生和教授提供了教育机会。它提供的奖学金和大学校际合作项目（PCI），为促进大学生和大学教授的国际交流提供了有效工具。

其他的国际机构有德国学术交流服务中心（DAAD）、日本国际合作署（JICA）（该组织的奖学金项目已经帮助 1 600 名哥伦比亚人到日本学习），以及 1940 年在哥伦比亚设立的英国文化协会的分支机构，该组织代表英国和哥伦比亚的很多机构管理着各种奖学金。

双边关系

195 哥伦比亚已经与拉丁美洲各个国家，加拿大和美国，比利时、法国、希腊、意大利、西班牙、英国，以及中国、埃及、以色列、日本签署了双边协议。驻哥伦比亚的各个大使馆也为这一方面的努力提供了资助，其中许多通过国家间的（政府的和私人的）协议支持着学术共同体。

1996 年后，通过 Ecos Nord 项目，法国大使馆和它的国际合作项目，促进了法国和哥伦比亚研究中心之间高层次的科学交流活动。它多次主动提出项目建议，并由此资助了 50 多个项目。有 100 多个实验室和研究者参加了这些项目。

法国和哥伦比亚之间的另一个双边合作项目，是 1998 年创建的法国研究基金。哥伦比亚有 25 所大学参加了这一项目。这一基金为发展两国的交流提供奖学金资助。已有 196 名哥伦比亚学生得到了去法国学习一年的奖学金。40 名学生获得了 2003—2004 年度的奖学金资助。

由法国文化协会（Alliance Française Institutes）在哥伦比亚提供的奖学金项目，支持着法语在哥伦比亚的推广和西班牙语教学在法国的推广。这一项目由哥伦比亚教育贷款和海外技术协会管理，旨在增进两国在文化、语言和学术方面的知识。2003—2004 年度的申请中，有 80 名哥伦比亚人和 12 名法国人获准资助。

哥伦比亚和墨西哥的关系历来友好。最近，它们又启动了新的动力机制。墨西哥通过外交部，为哥伦比亚公民提供在墨西哥读研的奖学金。1979 年 6 月，两国政府签署了《技术和科学合作基本协议》（Basic Agreement of Technical and Scientific Cooperation），该协议于 1981 年 3 月 6 日生效。这些项目和其他项目一起，在这些年里发挥着重要的引领作用，但近年来两国的合作转向了其他有着更大影响的领域。

协会和网络

哥伦比亚大学积极参与国际组织。这一行动加强了为各大学提供交流机制的大学网络。下面是几个显著的例子。

- 哥伦布协会是为了加强拉丁美洲和欧洲机构间的合作而建立的。哥伦比亚 10 所主要大学都名列其中。哥伦布协会的行动主要集中在 6 个领域， 196
即质量、高等教育的改变、管理培训、信息和通信技术、国际化、地区发展。哥伦布协会眼下正与哥伦比亚国家评估委员会合作，为哥伦布协会的成员大学的机构与项目的评价和评估，确定学术评估人。

- 拉丁美洲大学研究生协会，是联合国教科文组织承认的一个国际性非政府组织。它致力于发展拉丁美洲的研究生和博士生培养项目。安第斯山脉地区国家的合作，是哥伦比亚斯德瓦里（Universidad del Valle）大学的责任。

- 美洲间高等教育组织，旨在促进其 34 个成员国的大学之间的合作。哥伦比亚是该组织安第斯山脉地区的顾问（counselor）。这一地区联合开展行动，实施年度行动计划。哥伦比亚有 22 个机构是该组织的成员，包括哥伦比亚大学协会（ASCUN）。

哥伦比亚的其他地区性协会和网络，也支持和激励着高等教育的国际化及地区间的整合。例如：

- 拉美大学联盟，它有 17 个会员积极参与所有项目。
- 大学校际发展中心，它是拉丁美洲和欧洲著名大学的一个网络组织，旨在推进大学与国家发展的结合。它的校长理事会现在由一位哥伦比亚的大学校长担任主席。
- 拉丁美洲和加勒比海大学一体化协会，该协会有 25 个会员机构。
- 拉丁美洲大学合作网络，创建于 1997 年，是私立大学之间的一个合作项目，它鼓励在人类和技术资源上进行最有效的合作。

赴美学术和专业化培养项目

赴美学术和专业化培养项目（Academic and Professional Programs for the Americas，简称 LASPAU），是 1964 年为响应哥伦比亚政府倡议而创立的，旨在使杰出中学生可以到美国留学。现在，赴美学术和专业化培养项目，与哥伦比亚科学和技术开发协会一起，推动着研究、高级科学培训和技术信息的传播。加强科学共同体的人力资源培训项目，是由美洲开发银行资助的，该项目已经资助了 400 名哥伦比亚人出国接受工程、社会科学和自然科学的
197 研究生教育。赴美学术和专业化培养项目已监控、评估和支持了 100 名学生赴美国留学，300 名学生赴世界其他地方留学。

学术交流的国际项目

国际大学生技术实践交流协会（International Association for the Exchange of Students for Technical Experience），使本科生可以到 80 多个国家去学习和研究。自 1996 年以来，已有 226 名哥伦比亚学生参加了这个项目。哥伦比亚机构和组织已经接受了 108 名国际学生。2003 年有 32 名哥伦比亚人出国研修，30 名外国学生到哥伦比亚学习。AIESEC（一个致力于提供文化理解的国际工作交流组织）自从 1948 年以来，一直服务于哥伦比亚学生。每年有 120 多名学生在这个网络的 85 个国家获得国际经验。

大学校际合作项目

大学校际合作项目（PCI）建立于 1994 年，以“跨校园”而为人所知，是对国际化发展影响最大的举措之一。它由西班牙国际合作署（AECI）、西班牙大学、拉丁美洲大学出资支持。它使伊比利亚 - 美洲地区的大学生和教授们得以流动，产生了富有成效的学术合作项目。1994—1999 年，哥伦比

亚接受了 1 023 名西班牙学生，使它成为拉丁美洲接受留学生第二多的国家。在这一阶段，有 717 名哥伦比亚人前往西班牙留学。高度互惠支持着这个项目，并保证着它的连续性。西班牙国际合作署也通过哥伦比亚基金会和梅与穆蒂斯（Mae and Mutis）项目，提供奖学金以支持西班牙语的研究生教育。

其他奖学金项目

哥伦比亚机构在参与其他奖学金项目上也十分踊跃。比如德国的亚历山大·冯·洪堡基金会，再比如已建立了数十年的网络，像拉丁美洲大学联盟学生流动性学术项目，伊比利亚－美洲国家教科文组织的交流与学术流动项目，大学校际发展中心的学生流动项目。这些项目有些规模比较小，相对较新。各种因素，如立法、课程的僵化、财政资助的不足、移民限制，都威胁着它们的生存能力，限制着它们的表现。这些网络已经在哥伦比亚获得了认可，成为集体工作最有成效的方式之一。

从 1957 年至今，美国富布莱特委员会已经为 2 800 名哥伦比亚人提供
了全额或部分奖学金，以便去美国接受研究生教育。此外，有超过 800 名美 198
国公民作为访问教授和学生来到哥伦比亚。在 20 世纪 90 年代之前，申请奖学金的人绝大多数局限在社会科学和人文科学领域，从 20 世纪 90 年代起，首先是工程和环境科学开始受到人们的青睐，其次是金融、政治科学和基础科学。

组织和规划战略

为了加强国际化进程，各机构采取了各种组织的和规划的战略。

组织战略

组织战略包括：国际化的管理、领导和组织保证，项目的实施，支持体系的建立，以及人的能力的开发。

在哥伦比亚，有 22 个公立和私立大学（公立大学的 42%，私立大学的 50%）已经开始了国际化的进程。但它们中的许多大学并没有将国际化作为大学的核心功能，而是以临时、零星的方式进行着国际化。有国际化项目的大学数量微乎其微，参与的学生也少。尽管 37% 的大学声称它们有国际

化的制度性政策，但很多活动是非计划活动的结果，因此对主要功能，进而对高等教育的质量没有什么影响。但是，58% 的机构声称它们正在通过种种活动、项目和计划推动国际化进程，并称这些举措从整体上对大学的学术生活、社会生活和文化生活产生了影响。

几乎 89% 的机构的国际化是由校长领导的。在其他机构，这一进程是在主管研究的副校长办公室或秘书长领导下进行的。在所有机构，国际化进程都得到了学院、系主任和学术副校长办公室的支持，表明了高层领导对此的重视。

约 2/3 的大学是为了在教学和研究中获得更高的学术水准而推行国际化。约 2/3 的大学推行国际化是出于收入的考虑。71% 的大学没有基于政治原因而决定其是否推行国际化。

有一半的机构明确把国际维度融合在其使命、愿景和组织政策中，防止活动流于随意，以保障和加强这些机构的学术质量。

199 大约有一半的大学认为，就财政、规则、标准等方面来说，政府并没有适应（orient）国际化的进程。因为在需要一个明确的政策，来帮助哥伦比亚克服其高等教育机构的孤立方面，政府所提供的指导和资源一直不够。

84% 的机构正式建立了国际关系办公室，许多机构在几年前就已建立了这样的办公室。许多国际关系办公室规模很小：68% 的办公室只有 1 或 2 人，27% 的办公室有 3—5 名雇员，只有 5% 的办公室的工作人员超过了 6 人（包括办公室负责人在内）。大多数办公室是由领导和助手构成的。

55% 的大学把这样的办公室称作国际关系办公室，23% 的大学把它称作大学之间和国际关系办公室。其他的把它叫作国际关系部或国际关系中心。没有哪个大学的这个部门达到副校长级别（vice-rectorship）。一些办公室把它们的国际活动与其他职责合在一起，使其功能变得模糊不清。

这一办公室的主要任务是评估和支持大学学术共同体，与国际共同体保持联系，传播国际活动的信息和成就，推动国际活动的开展，协调国际政策的实施，建立和续订协议，组织学者和外国学生的服务活动。它们中极少有负责管理、评估、跟踪国际活动过程本身的。

21% 的机构给予该办公室一个特定的预算，有半数办公室不享受财务独立，完全在高度集权的结构下运作。每年的预算一般在 2 000 美元—4 000 美元。有 13% 的办公室年预算额为 4 000 美元—8 000 美元。15% 的办公室年预算在 8 000 美元—20 000 美元，还有 18% 的办公室年预算额超过 2 万美元

(Jaramillo 2003)。该机构的常规预算之外的资源，通常来自政府或服务收益。只有一小部分从国际机构、基金会或私人那里获得资源。

国际化要求一起工作。咨询委员会向高等教育机构提供的支持，保证了机构目标的达成。尽管这很重要，这个国家四分之三的大学和大学机构没有进行这样的团队工作。机构的国际化政策和计划，如果真存在的话，或者是由负责国际关系的人员定夺，或者是由领导国际化进程的领导定夺。

公私立机构为其教学人员提供的国际培训，以及在海外进行硕士或博士 200
训练至关重要。84% 的国际关系办公室支持教授出国。参加国际研讨会和国际活动最受大学支持，这使哥伦比亚的大学享有一个相对较高的国际形象。其次为出国留学。但是，还没有机构政策去鼓励那些为国际化作出贡献和支持国际化实践的人们。

项目战略

在哥伦比亚，高等教育机构负责国际关系的人们，开展了各种各样的国际学术活动。尽管非常重要，但是许多活动却没有进行到底，或没有被放在优先重点发展的位置。

学术项目

58% 的被调查机构开发了国际学术项目。一些机构有比较研究项目，允许流动和与外国大学的合作。但许多高等教育机构仍然奉行地方主义，几乎没有给国外学术项目以任何支持。

外　语

国际化的一个最大的限制，就是教师和学生的外语掌握不够。有 3/4 的机构承认，外语不好使得教师们不能充分流动，结果错过了国际项目所提供的专业培训和参与的重要机会。

意识到必须在无边界的全球社会中所扮演的角色，86% 的机构创建了外语教学中心，并规定它是毕业的必需条件。哥伦比亚大学协会和英国文化协会负责的一个调查显示，被调查的 32 所大学中，大多数坚称它们已经在学生、教师、研究者与行政人员中制定了加强英语和其他语言的政策。有约 60% 的学生用英语准备一些功课，91% 的大学开发了用英语文献支持的教学模块。

国际协议

哥伦比亚机构已经签署了近700个国际协议（图6.2）。59%是与公立大学签署的。只有9%是双边协议，这是缺乏网络协作的一个表现。在这近
201 700个协议中，287个协议是与欧洲国家签订的，273个是与拉丁美洲其他国家签署的。大多数协议是与西班牙签订的，其次是美国、古巴、墨西哥、法国。在拉丁美洲，古巴是与哥伦比亚签署协议数量最多的国家（68个），其次是墨西哥（63个）和巴西（38个）。尽管有这些协议，对于学术共同体来说，拉丁美洲并不是其主要的目标；合作关系一直趋向南北合作，尽管这个地区已经历了地区间联盟增加的历史（Jaramillo 2002）。

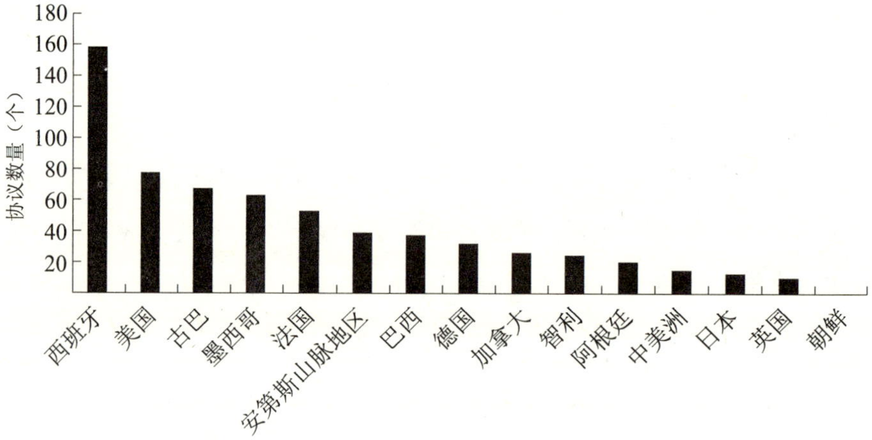

图6.2　哥伦比亚签署国际协议的数量

资料来源：I. Jaramillo（2003）。

尽管有政治和经济的重要性，哥伦比亚与亚洲国家的合作非常少。只有波哥大的一个机构与韩国的一所大学有合作协议；有13个哥伦比亚院校机构与日本签订了协议。与澳大利亚大学签署协议的要求正在上升。澳大利亚近来显示出了对拉丁美洲的兴趣，尤其是对哥伦比亚的兴趣。与非洲的机构和组织尚未建立联系，或只有极少的联系（I. Jaramillo 2003）。

协议所涉及的知识领域，大多集中在社会科学和管理（22%），教育和人文（19%），工程和技术（18%），精密科学和自然科学、健康、农业
202 （41%）（图6.3）。私立大学集中在社会科学和管理、工程技术领域；而公立大学集中在教育和人文，农业、精密科学和自然科学。这些数据，与哥伦比亚教育贷款和海外技术协会、哥伦比亚科学和技术开发协会、哥伦比亚未

来基金会及富布莱特委员会提供的数据相一致。

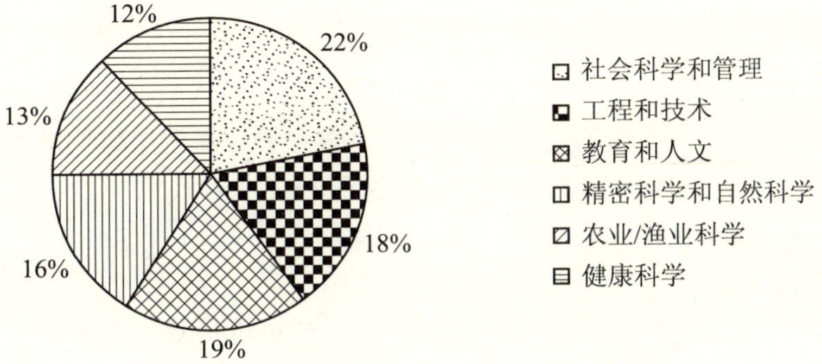

图 6.3　2002 年根据知识领域统计的国际协议

资料来源：I. Jaramillo（2003）。

学术流动性

学术流动性，主要是指哥伦比亚学生和教授向国外的流动，而不是指哥伦比亚接受国际学生的情况。在被调查的机构中，只有 6 个机构有外国学生，其中 5 所是私立机构。以哥伦比亚当前的条件，很可能无法在这个方面有更好的成绩。但是如果机构想要知道这个数量如此之少的真正原因，就有必要加以分析。尽管流动性对国际化进程非常重要而且意义重大，哥伦比亚却没有信息系统，来显示出国从事学术活动的学生、教师、研究者甚至领导者的数据。

评估和国际认证

在哥伦比亚，用来确保项目和机构的质量的机制，对于进程质量的保证是远远不够的。接受访谈的大多数机构，没有设计检查、评估、跟踪国际化进程的程序来增进国际化。39% 的机构进行了一些评估和跟踪。但 61% 的机构没有意识到，国际化作为学术活动的完整一部分，与学术质量的提高紧密相关，或者低估了这一价值。3/4 的机构没有申请过任何国际认证。

课外活动

课外活动可以让学生与其他学生相互影响，丰富他们的学术发展。诸如 203

国际周这样的活动的定期举行，有助于把世界带进所在机构。

校友项目

68%的大学没有建立起把校友作为整合政策代理人（agents of integration policy）的项目。大学没有意识到校友在加强大学与高效率机构的关系、充当高等教育机构和国际组织及机构的联系桥梁上的能力。

限制性因素

国际化受到一些因素的制约（图6.4）。院校机构举出了这样的一些因素，例如外语不熟练，财政资助不足，规划不够，课程不灵活，移民政策过于严厉，立法太僵硬或缺乏立法，信息不足，哥伦比亚院校机构不愿意承认在国外获得的学历和学位等。

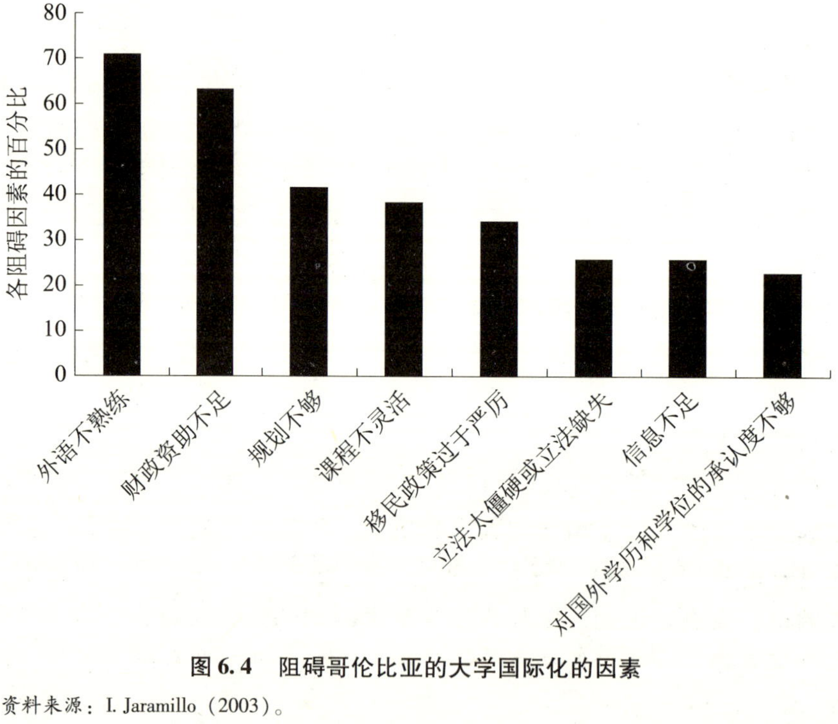

图6.4 阻碍哥伦比亚的大学国际化的因素

资料来源：I. Jaramillo（2003）。

尽管缺乏政府一致性的国际化政策，国际化最近几年已经获得了不少进展。当局和学术共同体将承担更大的义务，它们已经开始将国际化视为提高高等教育质量的不可或缺的组成部分。学术的和组织的基础设施已经得以改善，支持这一任务的新技术已经被采纳。

面对挑战

高等教育必须整合进全球知识网络，向新的趋势开放高等教育机构和高等教育共同体。高等教育机构为了迎接这些挑战，将不得不更有创造性。因此，有必要考虑以合作的方式来加强和加速国际化进程的某些提议。

政府的角色

高等教育国际化没有政府的参与就无法发生。政府必须保证它的机构从政治、经济、社会和文化上都进入全球世界，保证它们受到一个清晰的国家愿景的指引：这一愿景承认教育是在国际竞技场上获得一席之地的一种工具。以下一些政府政策、机制和战略，可以加强高等教育在国际化环境中的能力。

- 需要一致的、结构化的政策。这种政策不因政治领导的改变而失效。中央政府可以与负责保证这一进程的各种政府组织，一起整合和促进国际化。这些组织包括：哥伦比亚高等教育发展协会，哥伦比亚教育贷款和海外技术协会，哥伦比亚科学和技术开发协会，教育部国际合作办公室，外交部，行政安全处，贸易、工业和旅游部，哥伦比亚国际合作署。教育部有责任与为加强这一进程确立标准、开创与其他中央政府组织相互影响的新动力以及与其他行政机构进行全面合作。如果它们都将共同的目标牢记在心，这些部门就可以更好地协同行动，促进国际化进程（Holm-Nielsen 2003）。
- 确定促进国际化信息系统的建设的政策，寻找促进这一系统建设的机制。这样的系统不仅要及时收到有关国际机会的信息，而且还要能判断它
的质量及对哥伦比亚高等教育机构所能产生的影响。有必要通过国家高等教 205
育信息系统（National Information System for Higher Education，简称 SNIES）收集和分析国际化信息。在各政府组织的支持下，通过与其他组织例如哥伦比亚大学协会/哥伦比亚高等教育国际化网络（ASCUN/RCI）的合作，来收集和分析数据，可以使各方监督、评价和提供进程信息。正是为了这个原因，高等教育的国际化网络，将帮助负责国际化的办公室得到一个有关国际化的信息系统，使其可以得知所取得的进展的数量和质量信息。如果高等教

育机构认为这一信息有关联，就可以提议把它放进国家高等教育信息系统。国家高等教育信息系统的更新和跟踪，应是教育部的职责。

• 学术流动和交换不仅费用高，而且还引起了智力流失。由国家出面提供适当的资助项目，加上高等教育机构和社会力量的支持，将有利于高等教育国际化进程。

• 国际组织在引进国际合作的观念、促进国际合作上，扮演着十分重要的角色（Sebastián 2001b）。在哥伦比亚变得越来越孤立时，在加强基于团结的国际合作上获得多边组织的支持尤为重要。外交部需要游说哥伦比亚的这些组织和外交代表，说服它们向哥伦比亚出国求学、教学和从事研究的人提供签证。签证困难已经成为国际化的一个主要障碍。

• 近年来的智力外流，使留在国外的哥伦比亚专业人员的数量增加了。这些脱离了哥伦比亚国籍的人士，可以成为哥伦比亚的学术共同体与他们现在所居住国家之间的联络纽带。最近，由外交部建立的 Colombia NosUne 这样的项目，就在寻求加强与国外的哥伦比亚人的联系（Foreign Affairs 2004）。

• 移民程序需要得到政府的更多关注，也需要建立一个鼓励有才华的专业人士回国的政策，要答应给他们更好的工作条件，以及提供更好的研究设施方面的支持。他们的回国将有助于哥伦比亚的科学和技术发展（Ministry of Foreign Affairs 2004）。

206 • 随着教学服务的逐渐自由主义化和高等教育新的提供者的到来，中央政府将不得不改善和加强跨国学术项目的质量保障及相关性的管制框架。这种新的挑战性的影响，要求整合国家认证体系和国际化评估程序，让国际化过程可以得到评估。现在需要的是这样的一个体系：为了将它恰如其分地融合进决策体系，而允许政策制定者对它进行评估。一个刺激性的计划已经被提出来，奖励那些推进其国际化进程、重视和认同国际化、在教育研究及其他方面不断提高国际化程度的机构。同时，高等教育国际化网络，正在为评价哥伦比亚的国际化质量提供一个模型。这个模型在不久的将来，有望被整合进机构和项目评价及正在启动的认证系统之中。

• 融合和全球化的力量，为哥伦比亚高等教育机构带来了紧张。单向流入其他地区和国际组织，一直是拉丁美洲的一个特征（González Arana, and Crisorio 2001）。对中央政府来说，在整合教育系统上，尤其在涉及互相承认和认可方面，取得进步是十分重要的。安第斯共同体地区、南方共同市场乃至中美洲地区的一体化，对形成一个共同的教育区域意义重大。安第斯共同体国家内部的计划，将有望加强和规范这些新的教育传播方式。

- 大学之间的合作近年来取得了相当程度的发展。网络已经成为协调寻求建立互信和合作关系的大学的共同利益的战略性资源。帮助创办和加强这些网络，将有助于各机构做到知识共享，实现地区和国际的整合。

机构的角色

中央政府负责促进、规范和监督高等教育。高等教育机构负责制定指导国际化发展和实施的政策与战略，这样国际化就可以集中和系统地整合进大学生活中，让各高等教育机构生成真正的国际化文化。

由高等教育机构进行的系统性工作，必须保证在使命和机构的视野上反 207
映出国际化，并在中长期战略和行动计划中加以清晰表述。为了做到这一点，哥伦比亚大学协会/哥伦比亚高等教育国际化网络（ASCUN/RCI）已经提出了一个衡量哥伦比亚的大学国际化的模型（ASCUN 2003）。该模型旨在使各大学意识到，在适应哥伦比亚要求的环境下国际化的价值。该模型有望在国家日程表中推进国际化。用来启动合作项目的种子资金的支持，将有助于减少这一进程的无序性。

哥伦比亚高等教育机构的国际关系办公室，主要是一个以分散的方式履行职责的管理单位。这些办公室缺乏自主权，不能被整合进各机构的核心组织结构中去。如果有了指导国际化进程的政策和结构，它们就可以把自己放在本该处在的战略位置上。

对交流项目必须进行检查，要把目标牢记在心：在教师和研究者中开发潜力。保证这些项目得到私立或公共部门持续不断的支持至关重要。但由于受惠于这些项目的学生和教师数偏少，高等教育机构必须具有创新精神，设计出把国际维度整合和纳入大学共同体的战略。“在家国际化”，被视为那些不能出国但又期望提高能力，包括多语言和多文化的能力的学生克服孤立感的一种方式。机构应该做些什么来加强第二语言的掌握？掌握外语不仅能使人们更充分、更好地交流，还可以让人们更好地理解其他文化和社会。为了保证师生更强有力的竞争力、取得更好的成绩，加强外语教学对高等教育机构至关重要。

作为文化传输器和经济发展的一种资源，西班牙语已经成为那些发现它在加强它们的形象上，可以扮演重要角色的国家的经济资产。无论是面对面的还是虚拟的方式，高等教育机构都应当利用西班牙语在哥伦比亚的高接受度，促进人们把西班牙语作为第二语言，传授给在知识的传播上扮演着重要角色的外国人。

高等教育机构应当根据自身的国际化政策，对与自身目的和目标相关的
208 国际化的质量进行持续评估。由高等教育国际化网络组织提出的国际化进程质量评估模型，对检查、评价和提高国际化进程的质量将起到一定的作用。

中央政府、高等教育机构及其他力量的合作，决定着国际化在哥伦比亚的未来。许多联合性的任务，需要在不远的将来开发出来，以保证哥伦比亚高等教育国际化的继续发展。

国际化只能通过教育，在现代化的规范框架中，尤其是借助催生新时代领导者的公共投资才能实现。国际化有助于开发学术共和体的全部潜力，提高哥伦比亚接近知识——今日世界最有价值的资本——的机会（I. Jaramillo 2003）。为了学生、教员和哥伦比亚的利益，中央政府和哥伦比亚高等教育机构有必要紧密合作，设法提高高等教育的质量、相关性和有效性，构建国际化框架，加快国际化进程。

参考文献

ASCUN (Association of Colombian Universities). 2002. "Agenda de políticas y estrategias para la educación superior Colombiana 2002 – 2006: De la exclusión a la equidad." Bogotá.

——. 2003. "Hacia una internacionalización de la universidad Colombiana con sentido propio." Bogotá.

Baeyens, Bernard, Mercedes Corpas, and Isabel Cristina Jaramillo. 1998. "Hacia una agenda sobre la cooperación internacional para fortalecer la educación superior." In *políticas y estrategias para la transformación de la educación superior en América Latina y el Caribe.* CRESALC/ASCUN, Bogotá.

British Council. 2004. *Programa Bogotá bilingüe.* www.britishcouncil.org/es/colombia/colombia-education.

CNA (National Council on Accreditation). 2001. "Lineamientos para la acreditación institucional." Bogotá.

COLCIENCIAS (Colombian Institute for the Development of Science and Technology). 2004. *Red caldas.* www.colciencias.gov.co

COLFUTURO (Foundation for the Future of Colombia). 2003. *COLFUTURO*, 10 *años*. Bogotá.

——. 1998. "Cambio para construir la paz." Plan Nacional de Desarrollo, Bogotá.

García Guadilla, Cármen, 2003. "Educación superior y AGCS: interrogantes para el caso de América Latina." In *El difícil equilibrio: la educación superior como bien público y comercio de servicios*, ed. García Guadilla, Cármen. Lima: Universidad de Lima-COLUMBUS.

209 García Guadilla, Cármen, Sylvie Didou-Aupetit, and Carlos Marquis. 2002. *New Providers, Transnational Education and Accreditation of Higher Education in Latin America.* Caracas,

Venezuela: IESALC/UNESCO.

González Arana, Roberto, and Beatriz Carolina Crisorio. 2001 *Integración en América Latina y el Caribe. Análisis sobre procesos de regionalzación.* Barranquilla, Colombia: Eduiciones Uninorte.

Henao Willes, Myriam, and Myriam Velásquez Bustos. 2002. "La educación superior como objeto de reflexión e investigación." In *Educación superior, sociedad e investigación.* COLCIENCIAS/ASCUN, Bogotá.

Holm-Nielsen, Lauritz. 2003. "Higher Education." In *Colombia, the Economic Foundation for Peace.* Washington, DC: World Bank.

ICETEX (Colombian Institute for Educational Loans and Technical Studies Abroad). 2001. *Informe de labores* 2000. Bogotá.

ICFES (Colombian Institute for the Development of Higher Education). 2002 *Guía para la internacionalización de las instituciones de educación superior.* Bogotá.

Jaramillo, Felipe. 2003. "Los avances de las negociaciones del ALCA." Cámara de Comercio de Bogotá.

Jaramillo, Isabel Cristina. 2002. "Survey of Internationalization of Colombian Universities with Participation of 40 Private and Public Universities." Colombia.

——. 2003. "La internacionalización de la universidad Colombiana: un instrumento para el cambio." Association of Colombian Universities, Bogotá.

Jaramillo, Isabel Cristina, Patricia García, and Andreas Blom. 2003. *Colombian Higher Education in the Global Market.* Washington, DC: World Bank.

Ministerio de Comercio, Industria y Turismo. 2003. "Gátedra de negocios internacionales." www. mincomercio. gov. co.

Ministerio de Educación Nacional. 2002. "La revolución educativa: plan sectorial 2002 - 2006." Bogotá.

——. 2004. "Sistema nacional de información de la educación superior." http: // www. mineducacion. gov. co.

Ministerio de Relaciones Exteriores. 2004. *Programa ColombiaNosUne.* www. minrelext. gov. co.

Ochoa Nuñez, Hernando. 1998. "La educación superior en Colombia y la cooperación internacional." In *Políticas y estrategias para la transformación de la educación superior en América Latina y el Caribe.* ASCUN-CRESALC/UNESCO, Bogotá.

Perilla Santamaría, Sonia. 2003. "Investigación avanza con las uñas." *El Tiempo*, November 16.

Presidencia de la República y Departamento de Planeación Nacional. 1994. "Las" políticas del salto social." Plan Nacional de Desarrollo, Bogotá.

Revelo R., José. 1994. "Las relaciones internacionales de la universidad en el mundo actual." Colombian Institute for Educational Loans and Technical Studies Abroad, Bogotá.

Saavedra Guzmán, Ruth, Luis Eduardo Castro Zea, Olga Restrepo Quintero, and Alberto Rojas Rojas. 2001. *Planificación del desarrollo.* 2nd ed. Bogotá: Fundación Universidad Jorge Tadeo Lozano.

Sebastián, Jesús. 2001a. "La formación doctoral en América Latina y la colaboración de las universidades españolas." Universidad de Valladolid, Valladolid.

210 ——. 2001b. "La internacionalización como instrumento para el desarrollo institucional de las universidades." In *Educación superior*. Desafío Global y Respuesta Nacional, Universidad de los Andes, Bogotá.

SNIES (National Information System for Higher Education). 2002. www.icfes.gov.co/snies/.

Tinjacá, C., ed. 2002. "Programa Latinoamericano de intercambio científico avanzado." COLCIENCIAS, MERCOCYT, Organization of American States, Bogotá.

World Bank. 2003. *La educación terciaria en Colombia: Preparar el terreno para su reforma.* Washington, DC.

Yarce, Jorge, Carlos Mario Lopera, and Iván Pacheco. 2002. *La educación superior en Colombia.* Bogotá, IESALC/UNESCO.

第 7 章 211

古巴高等教育的国际化[1]

劳尔·埃尔南德斯·佩雷斯（Raúl Hernández Pérez）

本章回顾了古巴高等教育的历史发展过程，考察了其国际化的进程。首先对古巴高等教育系统的结构和功能进行了概述，考察了在过去 40 多年里国际化对古巴大学活动的冲击。然后分析了与国际化进程有关的大学活动、学生流动情况，描述了古巴为其他国家提供的学术服务情况。

古巴的高等教育系统

在“新世界”（New World）落户的第一批宗教教派（religious order）是方济会（Franciscans）和多明我会（Dominicans）。多明我会于 16 世纪中期进入古巴。在 17 世纪中期，多明我会开始在圣胡安·雷川（San Juan de Letrán）修道院提供与修道院相关的学习。多明我会需要经过皇家批准，才能将修道院的课程提升到大学的层次，得到颁发大学学位的权力。这一情况导致 1728 年在哈瓦那（Havana）成立了圣赫罗尼莫皇家和主教大学（Royal and Pontifical University of San Jerónimo）。

---

① 作者感谢计算机专家朱里奥·阿昌·加西亚（Julio Achang García）和古巴高等教育部国际关系办公室国际项目小组领导里卡多·丰多拉（Ricardo Fundora）博士的合作。

1842 年，哈瓦那大学摆脱宗教的约束，变成皇家和哈瓦那文学院，在古巴和波多黎各岛上还设计出了新的教学计划。在 20 世纪早期，哈瓦那大学进行了重大变革，包括引入工程学、建筑学和农艺学。

到了 20 世纪 50 年代，古巴已经有三所大学提供高等教育——哈瓦那大学（1728）、东方学院（University of Oriente）（1747）、维亚斯中央大学（Central University of Villas）（1952）。然而，学院里培养出来的毕业生数量和学位课程设置的情况，并不能满足当时经济和社会发展的需求，另一个问题是，当时几乎所有的大学里面都缺乏科学研究。

212 古巴 1959 年革命以来，迫切要求大学也要像整个社会一样进行深刻变革，以适应国家的发展。1962 年，大学改革计划开始实施，改革的主要目标如下：

- 建立适应国家发展的大学，强调科学和技术课程。
- 改革高等教育的观念和实践。
- 确保教员和学生参与学校管理。
- 对教员进行培训和提升，雇用全职教员。
- 实施广泛的奖学金体系，提供食宿和其他津贴。
- 扩大招生。
- 建立高等和较低层次教育的系统化联系。
- 通过大学的扩展教育，提升全社会文化水平。
- 加强与其他国家的科技和文化交流。

起初，古巴大学的这次改革与广泛发展的国际关系相联系，这样可以加强古巴的学术和科学的基础，还能洞察世界其他国家的进步。这将为正在进行的改革提供一定的参考。

20 世纪 60 年代，古巴在社会经济和政治领域经历了剧烈的变革。这些发展变化，进一步加强了对高度训练有素的专业人员的需求，同时要求特别关注高等教育。结果，高等教育委员会和高等教育副部长办公室（Office of the Deputy Minister of Higher Education）成立了。

到 1975 年，高等教育中心网络已经拓展至五个机构，不久大学也开始在各省设立分支机构，这些形成了目前新式大学的雏形。长期积累的教育需求，加上革命过程中进行大胆教育改革的努力，使得招生规模迅速增加。改革给了穷人更多的学习机会，也给工人设计了相应的课程，大学层次上的医药教育遍布全国。

1976—1990 年，古巴与东欧国家的关系得到加强，促进了整个国家的经济和社会发展，加强了高等教育在促进社会经济增长方面的作用。这也增加了实现改革目标所需要的公共资源。

1976 年，古巴政府开始推进机构重组，实施全新的经济管理体系，同 213
时通过立法，创设了高等教育部，实行了新的大学课程结构，形成了更加广泛的高等教育网络。

在很短的时间内，这些措施促进了高等教育的发展，使诸多方面得到阶段性和系统性的提高。包括：教学过程；课程发展；中等后教育入学程序的管理；教学、研究和生产在专业培训中的联系；教师培训和提升系统的组织。

从 20 世纪 70 年代中期到 80 年代，高等教育经历了一个大的扩展。机构的总量在 1976/1977 学术年度达到 28 个，在 1986/1987 学术年度增长到 42 个。

在 20 世纪 80 年代中后期，高等教育继续扩展，只是速度降低了一些。这个时期的主要特征是，实施了确保子系统最优化运行的政策措施。这十年中的主要变化包括以下几个方面：

- 拓展了专业培训的范围，强调基础培训。
- 创设了鼓励工人上大学的教育课程。
- 加强了教学、科研和生产之间的联系。
- 加强了高等教育机构在科学研究领域的地位。
- 加强了外部机构评估系统（即人们所熟知的普遍审查）及该评估与其他评估的协同方式。
- 建立了国家计算机发展方案。

高等教育的结构和功能

高等教育是构成目前国家教育系统的七大子系统之一。其他的子系统包括：学前教育、普通工艺教育（general polytechnic education）和职业生涯教育、特殊教育、技术和职业教育、教师培训和提升、成人教育。这些教育机构全部是公立的，由国家免费提供给全体古巴国民。

第 15/76 号法案规定，高等教育部负责贯彻政府在高等教育方面的决
策。高等教育部是从整体上负责高等教育的部门，高等教育机构在行政上还 214
隶属于雇用了它们大部分毕业生的部委。比如，公共健康部负责高等医学

院；教育部负责高等师范教育学院；武警部负责高等军事教育学院。国家运动、体育和娱乐部负责高等体育教育学院；外交部负责高等外交学院；国家文化委员会负责高等艺术学院。

高等教育的持续大发展导致一些新机构的创建。这些机构或者划归已有部门管理，或者划归新部门名下。大部分新机构归到高等教育部、教育部、公共健康部、国家运动体育和娱乐部管理。

高等教育子系统围绕着新的机构网络进行了重构。部长委员会（Council of Minister）的责任是在高等教育部的提议下，通过集体努力，批准创设、合并和取消高等教育机构。

外交部以及外商投资和合作部，是与其他国家和机构进行协调的主要机构。高等教育在100多个参与国际合作的政府委员会中，都发挥着至关重要的作用。

高等教育机构的分类

最初，大学、技术学院、高等教育机构和大学中心，都被归为高等教育机构。后来，为了探索更加适合经济和社会发展需求的解决方案，这些分类的方法有了一些变化（表7.1）。目前高等教育机构分为如下几类：

- 大学：负责培训诸多领域的专业人员，包括自然科学、精密科学、社会科学和农业科学，人文学科，会计等。
- 高等工艺学院：负责培训科技和建筑领域的专业人员。
- 高等教育学院：负责培训专业人员，着重于特定的知识领域，比如医疗科学、教育、体育和运动等。在军事科学领域，这些机构有时候也被称为学校（school）或者学会（academies）。

215 **表7.1　2001/2002学术年度古巴高等教育机构的数量和类型**

（单位：个）

机构类型	数　量
大学	11
高等教育学院	28
技术学院	1
学校和学会	7

续表

机构类型	数　量
大学中心	2
大学总部	1
大学附属机构	2
独立医学院	9
拉美和国际学校	2
总计	63

资料来源：CEPES（2000）。

- 大学中心：是为了满足发展上述各种类型的机构所必需的主观和客观条件，而创设的过渡性机构。
- 大学总部：旨在协调地区或领域间与高等教育有关的活动。或许会演化成上述机构之一。依赖于另一个教育机构。
- 大学附属机构：依赖于另一个教育机构，不一定会演化为任何其他类型的机构。
- 独立医学院：一类独立的机构。这些机构在医疗专业领域形成一个网络，拥有与高等教育机构相类似的责任和功能。根据领域需要进行培训，依赖于公共健康服务的需要。从管理上来说，这些机构是独立的。从学术上来说，它们隶属于专门负责这一领域的高等教育机构。
- 拉美和国际学校：有两种这样的机构，一种是医疗领域的，另一种是体育和运动领域的。这两种学校都招收外国学生进行培训，并给予奖学金。培训费用由古巴政府根据与其他发展中国家合作的情况进行支付。古巴的学生也能上这些学校。从管理上来说，它们是独立的；从学术上来说，它们隶属于专门负责这些领域的高等教育机构。

在2000/2001学术年度，古巴高等教育机构的注册学生人数为129 000人，其中35 000人为新生，17 000人为研究生。

协调机构及其特点 216

在古巴，高等教育部是管理高等教育的决定性组织。还有10个其他的组织（部委和组织）负责不同的高等教育机构（参见前文）。

主要的非政府组织包括：大学生联盟，国家教育、科学和运动工作者联合会，国家科学工作者联合会，国家健康工作者联合会，其他专业领域的联合会，以及教育、心理、法律、经济学与会计学、数学与计算机科学、兽医、建筑学、工程、医药和其他领域的专业协会。所有非政府组织的成员都是自愿加入的。

大学生联盟在大学管理和国家生活的重要方面，都起着重要的作用。在子系统以及与特定高等教育机构相联系的协会中的教师和研究员，也属于国家科学劳动联合会。专业协会把来自不同学科的学生聚在一起，在帮助这些毕业生参与古巴政治和经济生活方面，起着重要作用。同时也确保了他们的专业提升，给他们的科学活动提供了支持。①

机构内的管理实体

在机构和院系的层次上，大学理事会是主要的权威咨询组织。理事会由来自学者、学生和工会的代表组成。理事会达成的协议对机构的政策至关重要，在决策过程中占有相当大的分量。大学校长是大学的主要权威；各院系主任负责各自的教员；主任则负责科技单位和研究中心。

教员的构成

教学人员分为正教授、副教授、助理教授、讲师。研究人员分为正研究员、副研究员、助理研究员、新研究员（novice researcher）。90% 以上的教学人员是全职教师。2002 年古巴高等教育机构大约有 22 000 名教职员工，
217 平均年龄 45 岁。其中 24% 的人员工作在与教学相关的专业，40% 的人工作在医疗科学领域。半数以上是女性。

高等教育的入学

国家提供的高等教育入学方式，随着社会和个人的需要不断得到改进。它是一个将稳定性和变化性结合在一起的动态过程，以适应提高入学学生的

---

① 这些组织中最重要的有：国家结构工程师和建筑师协会，古巴国家法学家协会，古巴经济学家和会计人员协会，古巴新闻记者联合会，古巴糖业专家协会，古巴数学、物理、化学、地理和教育协会。

质量、提高在校保持率、增加效率和实现更大的社会公平的要求。为满足国内经济所需要的熟练劳动力，更好地满足个人、文化和精神的需要，给予更多的人进入高等教育机构的机会是非常必需的。日常常规性课程和由工人选修的课程的招生工作，由各省负责处理。各省负责处理与招生有关的一切事宜。

远程教育在古巴已有二十多年的历史了。在法律、历史、经济学、会计学、文学和信息科学方面，都提供有远程教育。

科技信息

1978 年，高等教育部的科学和技术信息中心网络成立。成立之初，它只是一个简单的组织，但是后来由于引进新的信息和通信技术，该组织得到了高度发展。

在网络发展方面有两个意义重大的步骤。第一步是 1984 年成立了高等教育科学和技术信息项目；第二步是 1992 年依托负责协调古巴大学图书馆网络的教育部大学科技信息网（University Network for Scientific and Technological Information of the Ministry of Education，简称 REDUNIV），创建了国家大学服务器。在虚拟实验室方面，古巴最重要的实践是，建立了用于信息存取和管理以及进入古巴国家健康系统（INFOMED）的远程信息网络。

高等教育的资金

就占 GDP 的百分比来说，高等教育运行费用的预算一直在上升。2001 年，高等教育经费占到整个 GDP 的 2. 25% 。

1990 年以后，古巴大学经历了一场严峻的外汇短缺危机，这严重影响了只能从国外进口的实验器材、计算机、书籍和其他物品的购买力。问题起源于古巴所经历的经济危机。随之而来的是这个国家失去了 86% 的产品市 218
场，以及以极为优惠的条件为其大学购买物品和服务的机会。尽管如此，古巴政府还是维持了满足最低需求的教育经费的年均支出水平。这些支出优先购买计算机，以加快这个国家的大学计算机化进程。这一由经济衰退所带来的严峻形势，使古巴不得不高价购买所有这些产品，阻碍了其经济发展。

另一项应对这些困难的措施，是用大学销售物品和服务所挣来的外汇实施一个部分资金计划。这项措施在 20 世纪 90 年代开始实施，开辟出一个与国外大学和机构进行国际合作的互惠项目。学术交流和国际项目，对处在正常条件下的大学而言都是至关重要的事情，对于古巴大学来说就更是意义重大了。

研究生学习和研究：连接外部世界的桥梁

国际联系对于高等教育的持续发展而言是非常重要的，尤其是对于研究生学习和研究来说更是如此。

研究生学习

古巴人常常为拥有一个在国家机构监督下充分发展的国家研究生体系而自豪，研究生教育受高等教育部管理。研究生课程在20世纪90年代有了显著的增加。规模的增长，加上国家脆弱的经济条件，导致了基础设施和图书馆的缺乏。国际合作于是变得非常重要。

全世界研究生课程的一个特点是，机构之间的相互联系以及信息、教员和学生的相互流动。获取外部知识和国际经验是非常重要的，而研究生课程就是这样一种根本性的获取途径。

古巴研究生教育和国际联系的增长有几个重要时期。20世纪60年代后期，联合国教科文组织的几个成员国，对古巴大学提供了强有力的支持。它们培训了古巴第一批硕士生和博士生，这些学生是从一些前社会主义国家的大学毕业的，现在学生们被送到加拿大、法国、英国和其他国家进行培训。

20世纪70年代初，古巴大力推动本国学生在苏联、民主德国和其他东
219 欧国家大力接受博士层次的培训。截至2003年4月，有2 472名古巴国民在海外获得博士学位；3 957人在国内获得博士学位。以往获得海外博士学位的最高纪录是在1983年，为231人（Ministry of Higher Education 2003）

20世纪90年代以来，由于和一些前社会主义国家的学术关系破裂，这一数字开始下降。但与西班牙、墨西哥、加拿大、巴西的关系迅速加强，研究访问、学术合作和学生交换的数量开始上升。但博士课程的数量剧烈下降，因此有必要加强古巴的博士培训，这导致了大学博士数量的增加，最终回升到20世纪80年代的水平。

20世纪90年代中期以来，比利时、加拿大和德国开始积极促进学术交流，这对博士层次的训练产生了影响。1994年，硕士培养项目作为一项研究生培养项目，在古巴得到批准。2003年伊始，12 000名学生开始在古巴

接受硕士教育。一些外国硕士学位培养项目也开始在古巴提供。这对优先重点发展领域产生了相当大的影响。国际性的项目也支持了古巴的硕士教育。

20世纪90年代末，外国博士培养项目和联合博士培养项目在古巴得到批准。这使得博士教育覆盖到博士学位率较低的地区，同时加强了其他地方的博士教育。来自西班牙大学的20个博士学位培养项目得到古巴政府的批准。几个与西班牙联合培养的博士项目也得以实施。这种形式的合作，也被应用到与墨西哥国立自治大学在生物方面的合作。眼下的一个目标是增加与更多拉美国家的合作，在这里，参与合作的大学的优势能得到充分的施展。

国际化网络对研究生工作很有益处，特别是伊比利亚－美洲的拉美科学技术发展项目（CYTED），促进了科学家的相互交流，以及欧盟的拉美学术培训项目（ALFA），它促进了研究生教育网络的发展，特别对多国博士学位（mulitnational doctorates）来说①。自从1989年伊比利亚－美洲大学研究生教育协会（AUIP）建立以来，高等教育部（协会在中美洲和加勒比海区域办公室的总部所在地）和古巴几所大学，在协会的工作中都发挥了重要
的作用。这个大型的大学网络，使得在广泛的学科领域进行经验和培训交流 220
成为可能。特别是自20世纪90年代初以来，伊比利亚－美洲大学研究生教育协会的自我评价指导，已经被广泛应用到了古巴研究生教育的评估上，成为了古巴研究生教育认证程序的基础。

自从1998年以来，研究生培养项目的认证，已经在一个正在推行中的质量改进计划的框架中发展起来。不同国家的认证中介机构之间的联系建立了起来，包括巴西研究生教育协调中介机构（CAPES）、哥伦比亚国家认证委员会，以及多米尼加、厄瓜多尔和其他国家的相应的政府中介机构。

自从20世纪90年代初以来，对于研究生课程的需求开始增长，特别是在拉美，大量的硕士和博士教学项目开始建立。古巴学者也帮助促进了国家的研究生教育。在古巴留学的外国研究生数量开始上升。有800多名外国人在古巴攻读硕士和博士，4 000多人参与课程和培训项目。很多学生来自美国、加拿大和欧洲。很多人来古巴是出于对古巴文化和西班牙语的兴趣。

① 拉美学术培训项目促进了大学之间网络的建立，同时也促进了与培训、信息交流、联合教育工程相关的活动，有时他还促进与研究相关的活动的开展。

150 多名来自阿根廷、哥伦比亚、墨西哥、叙利亚以及其他拉美国家和非洲国家的学生，已经在古巴进行了博士论文答辩。

高等教育研究

自从 20 世纪 60 年代初以来，科技发展作为古巴大学活动的一部分，与国际合作紧密联系在一起。重要的双边项目或者由国际组织进行的项目，促进了诸多科学发展中心的出现，比如安东尼奥·艾科维瓦高等工艺学院（Antonio Echeverría Advanced Polytechnic Institute，简称 ISPJAE）（前哈瓦那大学的技术学院）、国家农业健康中心、数学和控制论学院（前哈瓦那大学的数学学院）、动物科学研究所、东方大学化学学院。这些项目中很多是同加拿大、欧洲和诸如联合国教科文组织这样的国际组织共同开发的。

20 世纪 60 年代末，随着与前社会主义国家的交流增加，古巴得以大规模开放博士教育，特别是在基础科学方面。在基础科学方面，古巴当时只获得了极为有限的发展。那些拥有博士学位的教员抵达古巴，加上不同学科的外国顾问在古巴停留期的延长，在 20 世纪 70 年代早期带动了大学科学活动
221 的活跃。从一开始，这些科学活动就与国家的社会、经济和文化发展紧密相连。

20 世纪 80 年代见证了这一大发展，超过 90% 的研究者参与到科学研究中。同时，它也见证了从事高等教育的大型国家研究中心的加强，以及大学中小一点的研究中心的建设。这种趋势使古巴的学者平等地参与到国际科学项目中去。在 20 世纪 80 年代中期，300 多名古巴博士学位获得者有一半在古巴从事研究。

苏联的解体，迫使古巴大学与拉美国家、加拿大、西班牙和其他欧洲国家建立更加紧密的科学合作关系。同这些国家与地区的双边和多边的合作机制被强力激活。古巴积极参与到像伊比利亚－美洲的拉美科学技术发展项目（CYTED）这样的多边合作项目中去；参与到欧盟框架项目的事务和会议中去；它与墨西哥、西班牙、布鲁塞尔、阿根廷、贝尔格莱德、德国和其他国家实施双边项目；同时也在诸如西班牙国际合作署、德国学术交流服务中心、欧盟的拉美学术培训项目（ALFA）网络和其他的项目所提供的框架和机会下，进行科学交流。

国际合作的重点，放在让古巴学者和研究员能够有机会接触新技术、新

信息和现代实验室器材的项目上，同时保证古巴科学界对参与合作的各方作出自己的科学贡献。一个主要目标是，让古巴科学家参与到能让他们出现在本领域最热门的期刊、能共享专利、能在国际事务中得到主导地位的全球网络中去。

国际化进程的阶段

古巴大学的国际化进程分为四个明显的阶段。20 世纪 60 年代早期，古巴只有 3 所大学、15 000 名学生和不到 1 000 名教员。那时研究中心缺乏，仅有有限的研究生教育。在这十年中，文化运动开始了，来自社会不同阶层的青年人，在大学奖学金的帮助下开始进入大学，国际合作开始进行，以促进教师和学生的培训。旨在加强高等教育机构的大规模国际项目，在加拿大、联合国教科文组织和其他方面的支持下得以进行。

20 世纪 70 年代，很多古巴学生被送到国外攻读硕士和博士。大学教授 222
也开始参与欧洲（主要是法国和意大利）学者开设的暑期课程。在这个阶段，来自东欧的专家大量出现在古巴大学。通过强有力的国际合作，建立了方法和研究的结构。古巴大学的外国留学生数量有所上升。

20 世纪 80 年代，在国外攻读博士学位的古巴学生数目迅速增加，博士培养项目也开始在古巴建立。第一批科学发现在大学和研究中心中产生。古巴教授们开始为其他国家提供技术援助。大学生登记人数最高达到 300 000 人，远程教育开始实行。

20 世纪 90 年代，随着东欧社会主义事业遭遇挫折，古巴的经济形势面临严峻的挑战。同这些国家的双边协议，曾保证了古巴的高等教育系统得到稳定的支持；此前古巴 70% 的学术交流是与这些国家的大学进行的。但与加拿大、西班牙、德国、比利时以及其他发达国家的合作和学术交流迅速得到加强。与拉美国家大学的关系也得到促进，与阿根廷、巴西、墨西哥的一流大学的双边交流得以进行。古巴给拉美大学提供了技术援助。外国学生继续在古巴接受培训。医疗和体育方面的培训开始兴盛起来。

进入新千年以来，在只有 1 100 万人口的古巴，有超过 700 000 名大学毕业生，73 所大学，5 000 多名博士在积极服务于社会。古巴与超过 135 个国家进行着广泛的国际合作。有超过 15 000 名外国学生从古巴毕业，古巴的专家参加到 500 多个国际网络中。由于教育质量的提高，国家的国际声望得以提高（Ministry of Higher Education 2002a）。

1989 年，仅有 12% 的合作活动是与拉美国家进行的，9% 的合作是与欧盟国家进行的，75% 的合作是同东欧国家进行的。2001 年，72% 的合作是与拉美和加勒比海地区国家进行的，14% 是同西班牙进行的，其他 11% 是同欧盟国家、加拿大和美国进行的。同东欧国家的合作活动几乎完全消失了（Ministry of Higher Education 2002b）

国际合作的冲击

国际化进程帮助高等教育获得了国际支持，促进了大学和国家层面的观
223 念交流，也促进了人的发展。它最重要的特征就是教员和学生的交流与国际合作。

流动被看作让学生和教员满足 21 世纪需求的一种方式。它能给学生、科学家和教授，提供他们得以在古巴以外的国家和地区研究、工作与学习所需的各种设施。流动建立了国际信心，促进了文化繁荣和相互间的信任。流动的另一面是智力流失，很多学生在完成学业后选择留在国外工作。

国际合作体现在确保平等权利，分享技术和经济成果的联合活动中。主要的指标是联合研究项目的数量和种类、网络的参与、框架协议的数量以及联合培养研究生项目的数量等。

教员的流动性

2002 年，教学人员、研究人员和学术官员参与的国际项目，有 77% 都与国际学术交流、服务和事件相关（图 7.1）。高等教育机构和隶属于高等教育部的研究中心所开展的大部分学术交流，都是与美洲地区的玻利维亚、巴西、哥伦比亚、厄瓜多尔和墨西哥，以及欧洲的法国、德国和西班牙合作
224 进行的。2002 年，同古巴学术交流最频繁的国家有加拿大、厄瓜多尔、墨西哥和西班牙（图 7.2 和图 7.3）

参与到科学活动中，对于国际化来说是至关重要的。2002 年，教授、研究人员和专家参与国际活动的数量有所上升（图 7.4）。这主要是因为，在访学期间可以更充分地利用机会，参加其他相关组织的活动。大学和研究中心的资金不足，阻碍了古巴学者参加在国外举行的大部分国际活动。

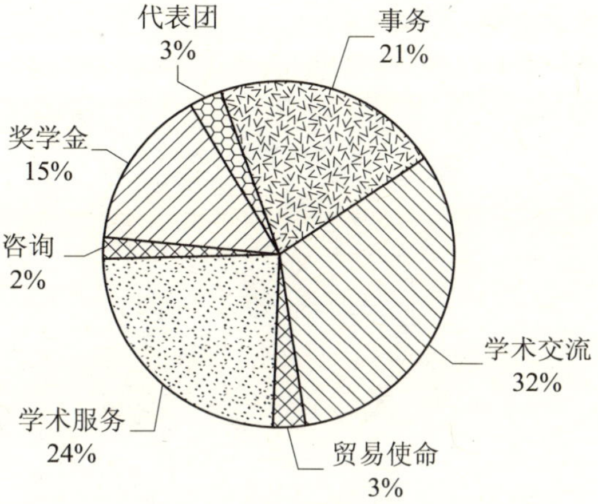

图7.1 2001年古巴开展国际合作活动的情况

资料来源：Ministry of Higher Education（2002b）。

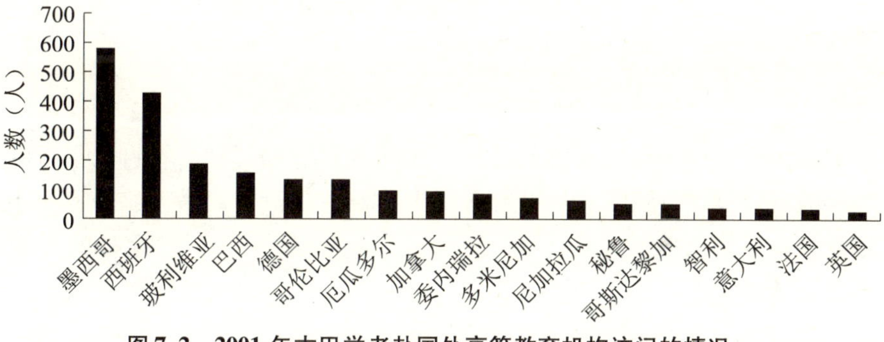

图7.2 2001年古巴学者赴国外高等教育机构访问的情况

资料来源：Ministry of Higher Education（2002b）。

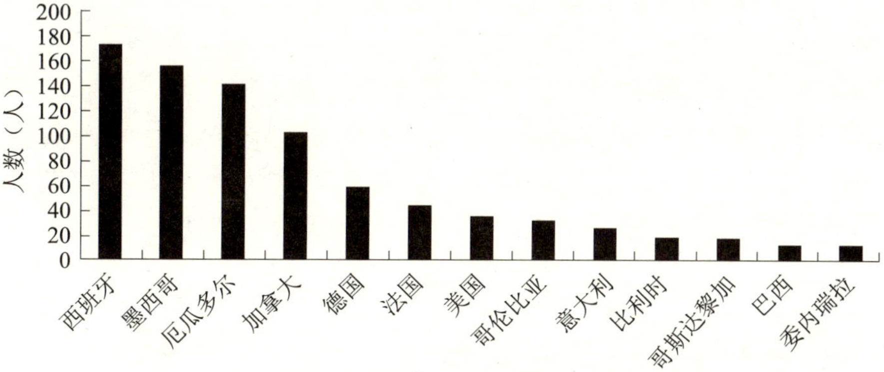

225

图7.3 2001年外国学者赴古巴高等教育机构访问的情况

资料来源：Ministry of Higher Education（2002b）。

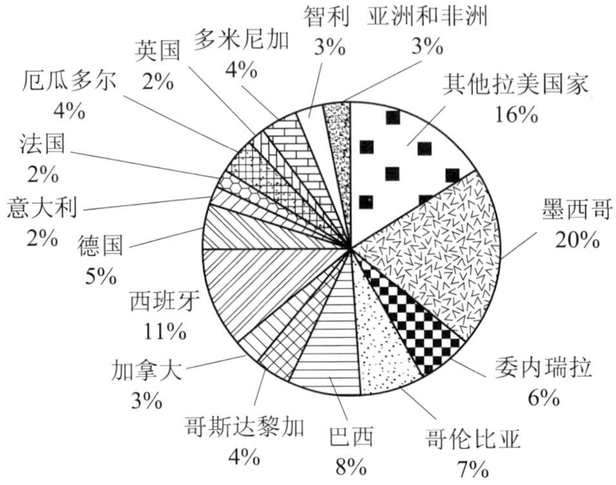

图 7.4　2001 年古巴学者参与国际事务的情况

资料来源：Ministry of Higher Education（2002b）。

古巴大学和研究中心也开始发展国际科学活动。在 2002 年，古巴举办了 100 多个这样的活动，并且还在努力增加这样的活动。在古巴举行的两年一次的世界高等教育大会，让高等教育部和它的高等教育网络及科研中心可以邀请到来自世界各地的大学。2002 年有 960 名来自古巴之外的学者参加世界高等教育大会。

学生的流动

古巴通过国家奖学金项目鼓励学生的流动。

古巴的外国奖学金名额

古巴政府致力于发展国际主义的一个明证，就是它在 1961 年设立的留学生奖学金项目。这个项目的目标指向发展中国家，以及缺乏在本国或国外
226 接受教育的机会的贫困家庭学生。这个项目吸引了超过 120 个国家的学生（图 7.5）。该项目主要针对非洲某些国家，以及中等技术教育学生的培训，为他们提供进入更高级培训所需的基础，很多从古巴毕业的学生，在他们自己国家的政界、外交界、商界担任要职。

1991 年，尽管当时国家面临着非常困难的局面，政府领导人还是在古巴保留了 20 300 个外国奖学金名额，直到学生们毕业。而当时有 8 000 多

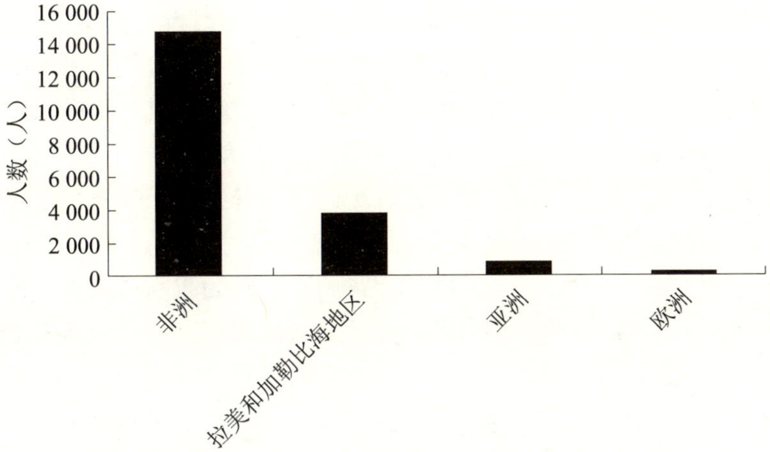

图 7.5　2003 年古巴大学留学生奖学金获得者毕业人数

资料来源：ONABE（2003）。

名学生正在古巴接受高等教育，这一项目使得他们能继续学业，直至毕业。从那时起，该项目提供的名额再次上升（图 7.6）。

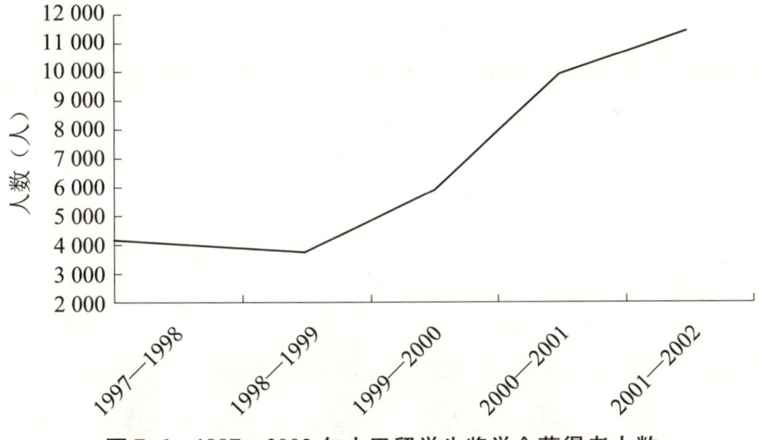

图 7.6　1997—2002 年古巴留学生奖学金获得者人数

资料来源：ONABE（2003）。

2002 年初，奖学金获得者的人数达到了它的峰值 11 000 人。这要归功于拉美医学院和运动与体育国际学院的建立。

外国学生在古巴大学里面参加了文化及与体育相关的活动。他们也参加了国家节日庆典，接受奖金和奖励。许多不同国家的学生在一起，可以让外国学生发展一种更普世的文化，也可以让古巴学生吸收这一文化，了解其他文化的生活方式和风俗习惯。古巴组织了多种多样的、与外国学生一起参加的活动。

227 在古巴学习的外国学生，掌握了作为他们的第二语言的西班牙语。有几个中心有相应的教学设施，其宗旨是帮助那些来自非西班牙语国家的奖学金获得者，能够在一年之内掌握西班牙语，以便继续深造。

在每学期末，每一个中心都会从各个国家，选择各个领域最拔尖的外国学生，以及总体素质突出的学生。一些中心给这些最出色的学生提供奖学金，以使他们能进一步学习。这些学生得到了不同的激励和奖赏，外国学生的选拔情况，也被汇报给他们自己国家的外交代表那里，一些国家也提供了它们自己相应的激励计划。

每年有超过 4 000 名来自外国大学的研究生在古巴的大学注册，接受研究生教育。古巴的文化、历史、音乐和文学等，在美国、加拿大、欧洲、日本和其他国家都很受欢迎。拉美国家则对教育、健康和体育感兴趣。

2001 年，有 800 名外国学生在古巴接受硕士和博士教育。其中一半以上的学生在攻读博士。外国学生主要来自巴西、哥伦比亚和墨西哥。150 多名外国留学生在古巴进行了博士论文答辩。

古巴的出国留学奖学金获得者（Scholarship Holders Abroad）

1996—2002 年，大约有 350 名古巴本科生和研究生获得了出国留学奖学金。古巴大学鼓励这样的交流，不过财力的匮乏限制了这种交流。绝大多数这样的奖学金依靠外国相应部门资助。

228

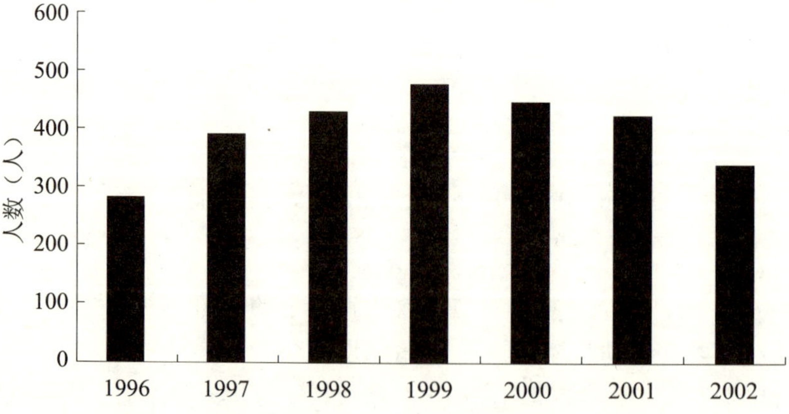

图 7.7　1996—2002 年古巴出国留学奖学金获得者人数

资料来源：Ministry of Higher Education（2002b）。

古巴境内的外国高等教育机构

古巴注意吸引外国培训项目，以对国内机构的培训课程进行补充。外国的博士培养项目和联合培养的博士项目的审批机制，已经设计出来。自从 1996 年这一政策实施以来，已经有 20 个外国博士学位培养项目和 5 个联合博士学位培养项目获准建立。很多博士生从这些培养项目毕业，他们所学的专业有法律、环境、教育、国际金融和其他领域等。几乎所有这些培养项目都是同西班牙大学联合开发的。

古巴法律根据国家和所在地区发展的需要，以及项目的科学贡献，来调节这些培养项目。由于古巴面临财政困难，资源大多数都是由外国提供的，这几乎很少有例外；仅有访问学者在古巴期间的有关费用由古巴来支付。古巴还不存在这种服务的市场，除非在国际学术合作的框架里提供这种服务。

这些活动的主要困难，与博士层次训练的方法不当有关。在古巴，几乎很少强调博士论文的准备，导致学生在博士论文答辩中表现低劣。古巴国家科学学位委员会正在加强这方面的管理。这些管理措施，目前被应用到两个最近得到批准的博士培养项目中，一个是由墨西哥国立自治大学授予的生物学博士学位，一个是由西班牙加的斯大学（Cadiz）授予的化学博士学位。

无论是在国内还是在国际上，培训网络的概念已经传播给所有参与方。229
这些网络包括：来自欧洲、北美和几个拉美国家的教授，在共同合作框架下提供的研究生课程；古巴对 150 多个欧盟的拉美学术培训项目（ALFA）的积极参与；古巴对联合国教科文组织的姊妹大学方案（UNITWIN）的教授职务（professorship）和网络的参与，该方案鼓励研究和发展相关的问题，这些问题影响着教育创新、旅游和其他方面。

国际合作协议

古巴大学在 2002 年签署了 1 165 项国际合作协议，其中 62% 的协议现在仍然在实施（表 7. 2）。这些协议在双边的交流框架或大学校长的会晤中得到周期性的修订。

表 7.2　2002 年古巴与外国大学和研究中心协议的数量

（单位：个）

国　　家	协议数
哥伦比亚	267
西班牙	228
墨西哥	218
巴西	211
厄瓜多尔	174
玻利维亚	24
德国	23
加拿大	20
总计	1 165

资料来源：Ministry of Higher Education（2002b）。

高等教育部和它下属的机构，已经同拉美几乎所有国家的相应政府部门和大学校长签署了协定。此外还与比利时、加拿大、中国、德国、意大利、西班牙等国家的政府相关部门以及大学校长签订了协议，并对这些协议高度负责，定期监督。

国际网络

国家网络化进程的一个主要指标，就是大学对那些鼓励教员与学生的流
230 动、学术活动和科学研究的网络的参与情况。网络也促进了不同国家或不同
国家的团体间的学历认证。

古巴的大学已经加入了许多学术和科学网络。主要的网络包括欧盟的拉美学术培训项目（ALFA）。古巴的大学在该项目实施的第一阶段（1994—1998 年）就参与了 892 项中的 121 项。

伊比利亚－美洲的拉美科学技术发展项目（CYTED）既是一个国际项目，又是一个多边项目。它创建于 1984 年，在由跨大西洋两岸的 21 个西班牙语和葡萄牙语国家共同签署的框架协议下签订。来自古巴大学和研究中心的研究团体，继续积极参与这个项目中的所有网络和该项目的联合研究工

程。为了促进可转移到拉美生产体系与社会政策中的科学和技术发现，该项目加强了在应用研究和技术发展方面的合作。

古巴参与了西班牙和拉美大学校际合作项目下主题教学网络中的高水平学术和科学交流。古巴大学参与了2002年年会批准的60个网络中的24个（Ministry of Higher Education 2002b）。

发展中国家科技合作（Scientific and Technological Cooperation with Developing Countries，简称INCO-DEV）子项目，是欧盟研究和发展框架项目的一部分。它促进并资助了所选领域（比如农业、健康、环境）中的联合研究项目，这些项目旨在整合欧盟和拉美、非洲及亚洲的研究团体。这项子项目代表了科学合作的重要框架。它既提供研究方面的资金支持，又资助合作方面的费用。它并不局限于拉美，但受批准项目的领域和数量的限制。古巴有3所大学，参加了发展中国家科技合作项目的第六个框架协议（2002—2006年）中的6个网络工程。

很多古巴教授和研究者是国际组织或机构的成员，或担任管理职务。这些组织包括拉美大学联盟、美洲间大学组织、伊比利亚－美洲大学研究生教育协会、美洲合作和协作研究大学网络、拉美社会科学教师协会。

2001年，古巴大学参加了150多个国际组织，一些组织专门从事科学或教学方面的交流项目，一些组织参与全球大学政策的出版或者项目。古巴的教授和研究员，参加了100多个国际网络和由国际组织进行的一些项目 231
（Ministry of Higher Education 2002b）。

走出国门的古巴高等教育机构

古巴高等教育在27个国家展现其风采（图7.8），一年中有800多名古巴教授在这些国家工作。其中最重要的国家是墨西哥、玻利维亚、哥伦比亚、比利时、厄瓜多尔、秘鲁、尼加拉瓜、洪都拉斯和安哥拉。这些教授主要从事研究生教育，为机构和政府提供咨询服务。自从古巴革命以来，古巴在发展中国家中也开始发挥重要的作用。

1996年，古巴开始加强对与国际组织进行的大学校际项目、双边项目和多边项目的管理。该年，古巴大学与联合国的各个组织和各个国家的合作组织开发了213个项目。2002年，这一数字上升到270个，其中100多个是与阿根廷、比利时、巴西、加拿大、法国、德国、意大利、荷兰和西班牙等国大学合作的。

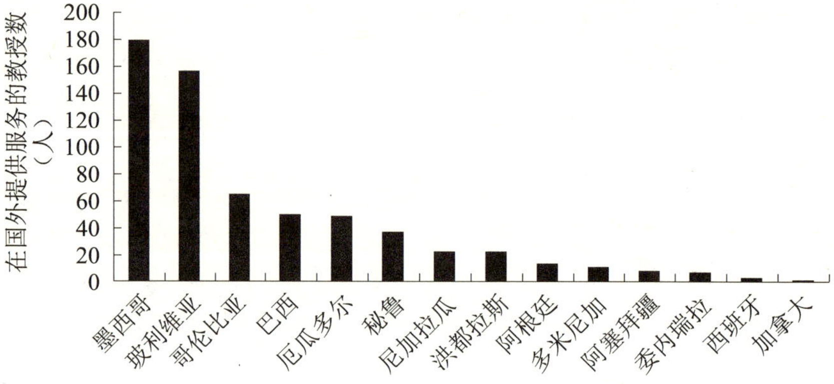

图 7.8　2002 年古巴在国外提供服务的学者数

资料来源：Ministry of Higher Education（2002b）。

大学校长会议

在过去 20 年间，古巴和国外大学的双边会议，在学术交流、科学研
232 讨会、流动、协议和意向书的检查与更新方面，发挥了重要作用。在正式的机制建立以前，会晤每年举行一次，随后是一年两次，由各国轮流负责。古巴目前与几个国家建立了大学校长会晤制度，这些国家包括阿根廷、玻利维亚、比利时、加拿大、中国、哥伦比亚、厄瓜多尔、法国、德国、意大利、墨西哥、巴拿马、秘鲁、葡萄牙、西班牙、美国和委内瑞拉。

学位、文凭和资格认证与鉴定

在过去的 10 年中，古巴采取了很多的措施推进国际交流。对在国外参与的课程、课程模块（module）和项目进行认证的正式程序已经产生，研究生学位，特别是博士学位的认证基础已经打下。

几年前，古巴同联合国教科文组织签署了对于认证和对等（equivalency）的管理协议。古巴同时也是拉丁美洲和加勒比海地区高等教育国际协会（IESALC/UNESCO）对等委员会的积极成员，并继续着与该委员会所建立的关系和协议。自安德烈斯贝略协议签署以来，古巴就一直参与该协议。该协议旨在促进 10 个拉美国家，在本科生和研究生学位的授予方面建立起对

等原则。古巴与几个国家签署了双边协议，与几个国家正在进行对话，因为古巴很想签下所有可能的相关对等协议。

推动与促进国际合作的单位和结构

决定国际化取得实实在在的成就的一个主要决定因素是：能否获得与其自身结构相适应的国际关系机制。这些机制需要由那些精通国际关系、懂得促进自我不断提高、拥有互联网这样可自由支配的先进信息媒介的专家来管理。

有些大学建立了副校长级的国际关系部门，有些大学设有国际关系办公室或部门。不管这些机构设在哪里，重要的是要保证它与大学校长和大学的主要机制保持密切的联系，要保证其主要目标是加强大学重要活动的国际化维度。

国际关系的工作人员应该力求不断提高。培训的基础领域是语言、信息 233
和交流技术、项目管理、谈判中的管理技巧、营销、战略管理，当然还有相关地区大学国际关系方面的广泛的知识。来自不同领域、外语熟练的专家的加入颇为重要。

形成一个有相关领域的专家参加的项目管理团队、拥有现代化通信设施，加上一个迅捷的信息通路，对于加强机构与部门本身的国际联系是必不可少的。这些政策在部长层次和古巴主要大学的层次都已经得到了发展。

古巴建立了部级的办公室，对在古巴工作的外国学生提供帮助。在大学层面，建立了院留学生办公室或隶属于国际关系办公室的留学生部。

古巴对一些国家的学生提供免费的高等教育，这些国家大部分是非洲国家。从 20 世纪 90 年代初开始，古巴也在互惠的基础上，对拉美、非洲，有时也对欧洲 10 多个国家的国民提供高等教育。合作的内容包括古巴教授出国访问，帮助发展研究生教育，培训当地国民，提供咨询服务等。一个部级管理办公室建立起来，负责处理法律问题、金融纠纷、对在其他国家休假的教授提供帮助，以及处理其他相关问题。

这个办公室与企业建立了联系，它可以同后者共享由古巴大学和研究中心的科学活动所取得的进展与创新。已经提供的产品包括：生物技术产品、成品设备、建筑工业机械、新材料和医疗器械等。

古巴的国际化政策

古巴 65% 以上的合作是同发达国家和高水平的机构共同进行的。访问古巴的国外学者直接与学术和科学共同体一起工作，古巴教员和研究者参与国际活动的数量在持续增加。随着这些指标的不断上升，他们需要更多的对发展至关重要的大学交流。

自从 2003 年以来，高等教育国际化在评估古巴高等教育系统的声
234 望方面，已经被看作关键的战略。在合作框架内，所有大学和研究中心，应创造出确保将国际化纳入各组织的重大活动和关键领域的战略。高等教育部制定的 2003 年高等教育国际化主要战略，包括如下一些特定战略：

- 明确在每一个国家的具体目标，作为发展合作战略的基础。
- 在国际化的指导原则下，开发有助于专家培训、教育技术发展和优化应用（包括远程教育）的学术网络、交流与项目。
- 根据国家科学发展政策，开发古巴博士后学生（postdoctorate students）的联合培养学位项目和奖学金。
- 参加与顶尖科学机构进行的项目，参加国际网络和大型项目。
- 发展外国留学生奖学金项目，保证奖学金获得者得到适当的培训。
- 充分利用国际化进程中的机会，促进能够改进基础设施，以及加强古巴经济和财政管理的项目、学术服务与活动。

为确保这些具体措施的实施，古巴的大学和研究中心将开展独立的分析，并设计中长期行动计划。在现阶段，重点将放在加强重大活动的网络工作上，通过加强国家网络系统，充分利用国际合作的潜力，目前倾向于优先发展地区的和国际的合作网络。

古巴大学的国际化进程，受到自身力量和机会的双重推动。比如古巴专业人员的良好素质，良好的国际交流与联系，优先发展重点的精准选择，对倡议的迅速反应，财务手段的应用，与拉美和加勒比海地区机构的合作能力等。

在如此复杂的国际化进程中，要想在其使命与重大活动中包纳国际化和跨文化的维度，古巴的大学自然也面对着种种必须正视的挑战，比如：资金

缺乏，基础设施不足，缺乏熟练掌握外语的人才，对网络和国际项目的不熟悉，以及从一个机构到另一个机构的学分转换等。

安东尼奥·艾科维瓦高等工艺学院的国际化进程 235

坐落在哈瓦那的安东尼奥·艾科维瓦高等工艺学院（ISPJAE），是一所技术性的大学，它的国际关系政策或许能作为一个范例。像大多数古巴大学一样，这所大学创建于20世纪90年代那场重要的变动中。在初创时期，国际合作仅限于与古巴有稳定关系的东欧。计划和年度预算维持并促进着双边的技术与科学交流，推动了博士的培养。20世纪90年代以前，有相当数量的博士是由国外声望显赫的大学培养出来的，这加强了古巴的教学和研究能力。那个时候，没有多边协作网络，也几乎没有本科生的交流。双边协议之外的项目执行水平较低。在20世纪60年代，与加拿大和联合国教科文组织进行了促进教员与大学的发展的项目。大学完全靠政府预算支持，没有任何私人资助。

通过遍布全世界的国际化合作而获得的经验说明，传统的模式正在被摒弃，为更现代化的合作模式和政策让路。这些新的模式，已经把合作从一种单向接收活动变成一个相互作用的过程。这种新的合作方式，鼓励达成双向满意的协议，促进共同利益。它促进了联合培养项目、学术交流、学分互换、学位认可和基于机构自身能力范围的联合资助方案。

安东尼奥·艾科维瓦高等工艺学院，拥有一项清晰的机构国际化政策，这项政策得到最高领导机构的支持，并得到大学共同体基于共识的同意，它也受到管理层和学术圈的支持。安东尼奥·艾科维瓦高等工艺学院在不同的合作方案下，发展了双边和多边合作活动，包括：学生和教师交流项目，技术援助，联合研究，联合培养项目，在发达国家的博士培训项目，在古巴建立的为其他国家的专业人员服务的培训项目，参与国际网络，建立合作协议。

在过去的年代，没有任何一个困难，能阻碍共同致力于建立起一个南南合作的出色典范的行动。对来自发展中国家的专业人员的培训，代表了一种重要的活动。来自 40 多个国家（主要在非洲、亚洲、中东、拉美和哥伦比亚）的 1 700 多名工程师和建筑师，从安东尼奥·艾科维瓦高等工艺学院毕业，很多学生毕业以后在他们各自的国家担任要职。

236 2002 年，335 名留学生在安东尼奥·艾科维瓦高等工艺学院攻读本科，来自 23 个国家的 314 名学生在这里接受短期培训。在一个由项目信托组织（Project Trust Organization）赞助的活动中，来自英国的学生在学习西班牙语课程的同时帮助语言系教授英语。在伊比利亚－美洲国家组织的学术交换和流动项目（PIMA）中，来自安东尼奥·艾科维瓦高等工艺学院、巴塞罗那大学、智利大学、哈瓦那大学、圣胡安大学（阿根廷）的学生参与了交流项目。西班牙的学生通过由西班牙国际合作署资助的项目来到古巴。这些交流增强了学生和教师在国际与跨文化事务中的技能。每年有大约 200 名来自声名卓著的大学的学者，在学院中进行研究生研究或者教育活动，同时，学院有 100 多名自己的教员，在拉美和加勒比海地区的 13 个国家中进行研究生教育。

企业和大学之间的国际合作的一个例子，是开展了一个水资源统一管理方面的外交项目。这个项目的第一阶段已经得到成功实施，目前正处于第二阶段。西班牙的阿瓜斯巴塞罗那公司（Aguas de Barcelona）与古巴的阿瓜斯哈巴那（Aguas de la Habana）及阿利坎特和卡斯蒂拉德拉曼恰大学（Alicante and Castilla de la Mancha Universities）、化学工程院、安东尼奥·艾科维瓦高等工艺学院的水力学研究中心，在这一项目的推动下，联手培训这一重要领域的专业人员。两个墨西哥的组织——科阿韦拉自治大学（Coahuila Autonomous University）和阿瓜斯德萨尔提略公司（Aguas de Saltillo Company）——现在也已加入进来。

培训项目办事处对于大学社区和其他组织来说非常重要，这导致了国际合作管理的外交项目的发展中心的成立。

安东尼奥·艾科维瓦高等工艺学院的教授，参与到学术和科学网络中。2002 年他们参与了 12 个伊比利亚－美洲的拉美科学技术发展项目（CYTED），参与了美洲高等教育学会下面的美洲间组织的通信和教育网络，参加了西班牙国际合作署资助的 8 个主题教学网络。他们也参与了欧盟的拉美学术培训项目（ALFA）第二阶段的 10 个新网络。其他 10 个古巴大学和公司也参与到这些网络中，或者与这些项目有联系。

安东尼奥·艾科维瓦高等工艺学院把参与国际活动放在最优先考虑的
地位。尽管资源有限，一些资金仍然被安排用于这一方面。学者参加地区 237
专业协会和国际组织，是其另外一个优先考虑的对象。它还同几个国家维持着高水准的合作，其中最重要的是西班牙、德国、墨西哥和比利时。

结　　论

高等教育国际化反映了学习和研究的一般本质。它被目前的政治经济一体化过程和对跨文化理解的需求所强化。在国际化环境中工作、生活和相互影响的学生、教授、研究者数量的增加，证明了这一趋势。信息与通信技术的进步，促进了各种网络形式和机构、教授、学生之间关系的扩展。

古巴高等教育的发展，与国际关系和国际合作紧密相连。它经历了好几个不同的阶段，全球化的维度经常以不同的形式表现出来。古巴大学在国际化进程中所达到的高度，应该得到承认。

在目前古巴大学所处的特定发展环境下，国际关系与国际合作是每一所大学战略和政策的一部分。国际化是古巴大学的主要战略之一，古巴大学通过投身这样一个过程，增加自己的力量，加强自身的发展。大学所有重大的活动都既借重国际化，也致力于国际化。

在古巴，发展国际合作被看作一项基本的战略，一个连接所有大学、加强国家和地区网络的进程。国家网络的建立大受欢迎，因为它能让人们充分利用外国网络。

尽管取得了这些进步，仍有一些因素在阻碍着这一进程，包括缺乏资金、基础设施不足、外语掌握不够、缺乏有关国际网络和项目的知识等。

国际合作和协作对实现古巴高等教育机构的使命非常关键。古巴有必要加入更多的国际、区域和次区域化网络，继续发展其留学生奖学金项目和联合学术合作活动。

参考文献 238

CEPES (Center for Studies on Higher Education Improvement). 2000. "Higher Education in Cuba in the 1990s." Advanced Learning Center of Higher Education, University of Havana.

Ministry of Higher Education. 2002a. "Status Report of the Cuban Ministry of Higher

Education." Havana.

——. 2002b. "Status Report of the Office of International Relations." Havana.

——. 2003. "Master Strategy: Internationalization of Higher Education." Havana.

ONABE (Directora del Organismo Nacional de Administración de Bienes del Estado). 1961 – 2003. "Annual Reports of the National Foreign Scholarship Office." Havana.

第 8 章 239

墨西哥高等教育的国际化

若瑟兰 · 加塞尔 · 阿维拉（Jocelyne Gacel-Ávila）

本章将评价墨西哥国际化的现状，描述墨西哥在高等教育国际化方面取得的进步和面临的挑战。为完成这项研究，定性和定量的方法被用于回答以下问题：什么是墨西哥国民教育政策的国际化维度；国际化进程处于什么样的水平；墨西哥的教育机构，特别是它的公立和私立大学，采用的主要国际化战略是什么；墨西哥国际化进程的优势、缺陷、挑战和前途是什么。

21 世纪的前几年已经见证了国际贸易的开端、信息技术的增长以及知识社会的建设，所有这些都引起了教育需求的增加。这些变化已经迫使高等教育机构重新陈述它们的任务、日程和责任，去寻找有助于提高质量及相关方面的创新战略。

本章将检验全面国际化的概念，是否已经被掌控国家或机构教育政策的主要行动者真正地理解，检验他们是否仍在继续促进那些与核心的国际化进展没有联系的或者边缘化的活动。这种区分并不是没有价值的，因为国际化战略如果停留在边缘上，他们就几乎没有机会让高等教育转变为 21 世纪所需要的系统。

墨西哥的高等教育系统

墨西哥高等教育系统包括高等技术和副专业学位、学士学位、研究生学位（硕士和博士学位）。截止到1999年，墨西哥高等教育系统由1 250所院校机构组成（只计算了主要的院校机构，不包括分支机构），其中政府举办的有515所，私人举办的有735所（ANUIES 2000）。这个系统包括：公立
240 大学、技术大学、私立机构、教师培训机构以及其他公立机构。

公立大学子系统由45个院校机构组成，多数是依法自我管理的自治性公立大学。这些院校机构教育学生、从事研究、促进文化。公立大学子系统承担了墨西哥全部研究工作的一半以上，培养了全国52%的本科生和48%的研究生。

技术教育子系统包括147个院校机构，它们共同满足了19%的本科和6%的研究生教育需求。这个子系统主要由联邦政府通过公共教育部下属的高等教育与技术研究局来协调，此外还有接受州政府的分支机构的协调。

技术大学子系统由依赖于州政府的分支公立机构组成。全部三级政府——联邦、州，以及特定情况下，城市——拥有各自的发言权。从1991年开始，工业技术大学提供两年制的教育。墨西哥拥有54所工业技术大学。公共部门教育机会的增加已经开始出现，这主要是因为这一领域教育的扩张，它已经促进了高等教育的多样化。

私立教育子系统共有598个院校机构，不含教师培训学校。其中包括大学（168所），学院（171所），以及中心、学校和其他机构（259所）。这些机构提供的教育项目，必须得到公共教育部或者州政府的承认，或者必须并入一所公立教育机构。这个子系统中注册本科生和研究生，分别达到总的本科生和研究生注册人数的27.6%和36.5%。在过去几年里，私立部门的重要性持续上升，尤其在本科教育阶段。私立机构的本科生注册人数，从1995年占注册总人数的11.7%上升到1999年的27.6%，研究生注册人数从1985年占总注册人数的20.3%，增加到1999年的36.5%。这种上升是不可比的（disparate）、零碎的。一些大型精英机构得到了发展，其中有些已经取得了巨大的社会声望。但是众多的、其质量多不被人知晓的小型机构已经涌现出来，以回应特殊的地方教育、经济和政治利益。私立机构致力于知识的转化。极少有私立机构从事研究。由于这个原因，其大多数本科教育项目

和学生集中于社会与管理科学（1998 年达到 68%），健康科学的注册人数仅占 1%，自然和精密科学的注册人数还不到 1%。

教师培训学校子系统培养学前教育、特殊教育和体育方面的师资。这个 241
子系统中的机构 1999 年达到 357 所，其中 220 所为州立学校，137 所为私立学校。它们满足了墨西哥 11.5% 的高等教育需求。

根据公共教育部的报告（sesic. sep. gob. mx/cgi-bin/index. pl），在 2001—2002 学年中，墨西哥高等教育机构注册学生为 2 147 600 人。这个数字相当于 19—23 岁青年成人群体的 22%。这些学生中的 68% 就读于公立院校机构。与其他拉美国家（例如巴西、智利和哥伦比亚）形成对照的是，墨西哥的私立机构吸收的学生数量仍然十分有限。

墨西哥的公立高等教育从联邦政府和州政府处获得双重资助。联邦高等教育预算在过去 10 年里增长迅速，从 1990 年占 GDP 的 0.42% 上升到 2002 年的 0.75%（Secretaria de Educación Pública 2005）。

《国民教育规划 2001—2006》

在国民教育规划中，公共教育部设定了发展墨西哥国民教育系统的进程。该规划建立在三个原则基础之上：教育机会的公平扩展，促进高质量的全民教育，致力于联邦教育系统、转变管理方式、将教育融入社区的运动。

为拓宽接受高等教育的机会，扩大其范围，公共教育部于 2001—2002 年大力增加奖学金数量，同时新设 45 个公立机构。这个行动为高等教育系统增加了 90 000 个新的教育机会。

可观的资源被分配给了研究生教育的奖学金，其目的在于提高公立机构的师资水平。这些努力包括教学人员提升项目（Program to Improve Teaching Staff，简称 PROMEP）和教师学术水平提升项目（Program to Raise the Level of Academic Staff，简称 SUPERA）。这些项目的意图是提高公共部门全职教师的质量。其效果也正在显现：61.6% 的全职教师现已拥有研究生学位（14.9% 的教师拥有博士学位，46.7% 拥有硕士学位）。到 2006 年，高等教育机构中 100% 的全职教师将拥有研究生学位。

高等教育现代化基金（Fund for the Modernization of Higher Education，简称 FOMES）设立于 1989 年，旨在改善高等教育机构的现代技术、图书馆、实验室、语言中心、计算机中心、建筑物等方面的基础设施，同时发展诸如研究生强化项目、支持教育决策的信息系统以及项目评估等旨在改善机构

运行的项目。还有些其他项目支持双边和三边机构协作，以及广泛的学术联
242 系。《国民教育规划2001—2006》包含了以提高高等教育系统质量为目的的国际合作战略（图8.1）。

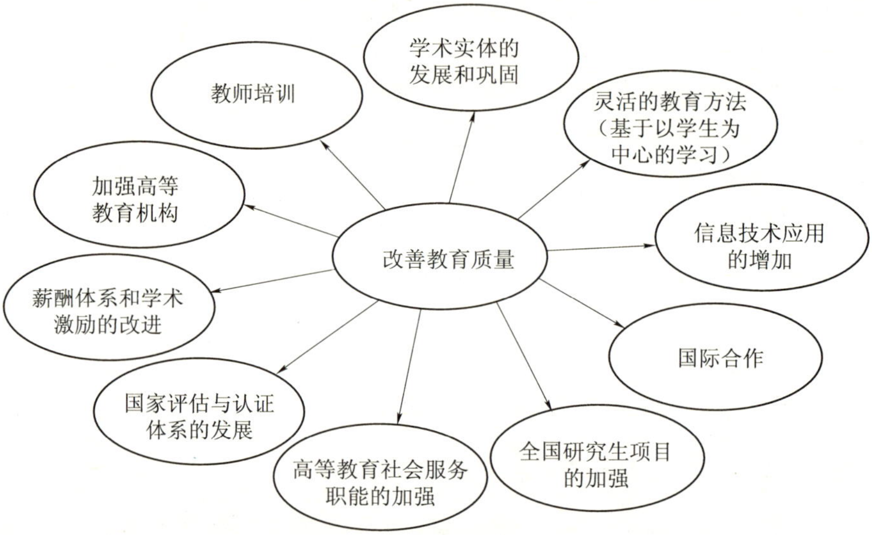

图8.1　墨西哥《国民教育规划2001—2006》

资料来源：Secretaria de Educación Pública（2002）。

质量评价

近年来，墨西哥高等教育系统中质量评价已经被置于优先位置，因此产生了很多评价不同产品和项目的实体。例如，由公共教育部和国家科学与技术委员会（National Council for Science and Technology，简称CONACYT）、高等教育评估校际会议、国家评估委员会支持的优秀研究生项目注册机构，它是一个独立的实体，致力于评估学生的入学和学业完成情况，作为诊断质量的手段之一。

2000年，高等教育认证委员会成立。它的主要功能在于建立高等教育项目中认证进程的总体框架，以及高等教育项目认证组织的认定方针。紧接着，墨西哥私立高等教育机构联合会（Federation of Private Mexican Institutions of Higher Education，简称FIMPES）建立了它的机构认证项目。
243 同时，教育机构被鼓励通过国际标准组织（ISO）9000标准进行管理和支持过程的认证。在另一个计划中，公共教育部与墨西哥私立高等教育机构联合

会签署了一项协议，目的在于简化对那些希望并入国立高等教育子系统的私立机构的评估过程。

国家高等教育政策的国际化维度

国际化的维度已经被写入国民教育规划，它承认国际合作对于高等教育的持续发展至关重要。

动　因

国际合作的主要动机是提高教育质量。根据《国民教育规划 2001—2006》，提高教育质量的途径是拓展国际合作，在文化教育领域形成战略联盟，加强交换项目以及学生和教师的流动，增加不同学术水平上的联合的国际研究和教学项目，以及在不同的学术领域建立协作网络。在一份更新的文件里，发展竞争力的必要性受到重视，这将使得大学毕业生能够提升墨西哥的国际地位，并且在因北美自由贸易协定（NAFTA）和墨西哥的经合组织成员国身份而产生的挑战面前，与其他国家的大学毕业生相比具有竞争力。

国民教育规划的国际化维度

国民教育规划寻求通过“基于地区、国家和国际网络的密集的跨机构合作以及学生与教师流动”（Secretaria de Educación Pública 2001，p. 198），来提高教育质量。鉴于高等教育机构与金融机构之间缺乏协调，这个规划强调“为了增加这些活动的开发，以及利用国外资源以加强本国教育的发展，制订国际合作的系统计划”（Secretaria de Educación Pública 2001，pp. 215 - 216）的必要性。它提出建立 20 个国际网络，但没有给出所设想的网络类型以及它们的目标的细节。

这表明，公共教育部并没有把全面的国际化战略，提升为其发展政策的 244
有机组成部分。[①] 公共教育部的指导方针，促进一种类型的国际合作管理，

① 由经合组织的高等教育管理学院和研究与创新中心提出的全面国际化概念强调，为了提高高等教育系统的质量和支持应对新的全球化形势的改革，国际化战略应该应用于三个不同的层面：微观层面（教室里的教学过程）、中观层面（课程）和宏观层面（决策和机构战略）（Van der Wende 1994）。对该概念的这一理解超越了单纯的国际合作和自然人流动：它把国际化政策和战略的开发放进机构的任务与愿景中，它是机构发展政策的核心部分。

它们被设计用于对国际组织的承诺作出回应和提供支持。它们强调开发那些使得获取学历和认证更简便的手段，并且强调通过教育的国际系统建立互认。但是，适应这些需求的建议还没有被提出来。

公共教育部提出的针对高等教育机构的支持和融资项目，并不包括基础因素，例如课程的国际化以及学生和教师的流动，而是把初始的行动留给了机构本身。由公共教育部联合资助的唯一一个学生流动项目，是北美学生流动项目（Mobility of Students in North America，简称 PROMESAN）。它的影响是有限的，获得支持的学生数量也很少。而且，这个项目的运作，停留在课程创新与机构发展的常规机制和程序的边缘。

墨西哥的国家政策不具有国际化所需要的创新性。其结果是，它并不能支持或加强机构层面上的这一进程。

这一进程的主要行动者

除了公共教育部之外，墨西哥还有很多实体从事促进国际合作的活动。包括：国家科学与技术委员会（CONACYT）、外交部、全国大学和高等教育机构协会（National Association of Universities and Instituions of Higher Education，简称 ANUIES）、墨西哥国际教育协会（Mexcican Association for International Education，简称 AMPEI）以及墨西哥私立高等教育机构联合会
245 （FIMPES）。所有这些实体都促进和资助国际合作项目、人力资源培训和现代化、研究项目的国际协作以及学生和教师流动。

国家科学与技术委员会

自 1971 年成立以来，国家科学与技术委员会为墨西哥大学提供了数量可观的财政资源，用于知识生产、在墨西哥和国外机构的研究生学习奖学金项目、国际研究项目的支持以及国家高质量研究生项目的开发。所有这些项目为墨西哥的国际化提供了条件。

人力资源的国际化

国家科学与技术委员会，为墨西哥攻读研究生学位的学生和教师，授予的奖学金数占总数的 75%。最受欢迎的学习目的地是美国，其次是英国、西班牙和法国（图 8.2）（ANUIES 2000）。2002 年，在国家科学与技术委员会发放奖学金的历史上，第一次出现了在英国（740）学习的研究生获得奖

学金的人数，比在美国学习（703）的多得多的情况。这归因于英国政府通过“教育英国项目”（Education UK Project）所实施的成功的学习促进计划（www. embajadabritanica. com. mx/becas. htm）。需求最多的知识领域有精密和生物科学、社会科学以及工程技术（图8.3）。

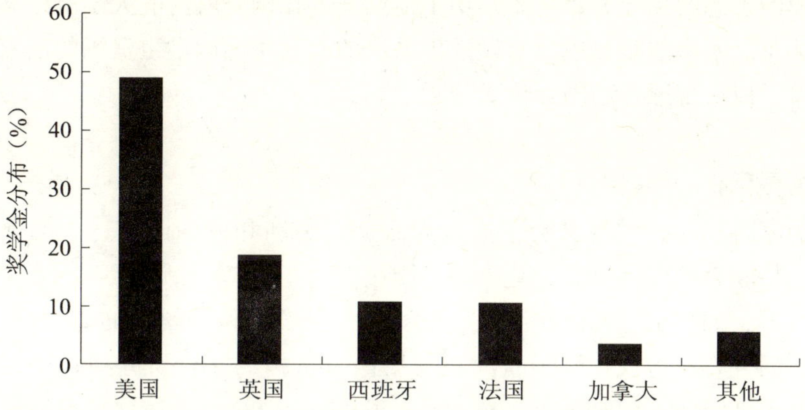

图8.2　国家科学与技术委员会研究生奖学金的地理分布

资料来源：ANUIES（2002）。

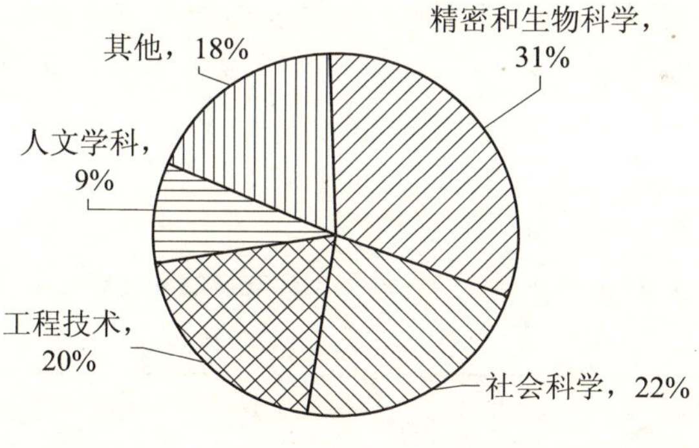

图8.3　国家科学与技术委员会奖学金获得者的知识领域分布 246

资料来源：ANUIES（2002）。

91%的奖学金获得者来自公立机构。41%为25—29岁。他们回国后，有80%在公共部门（68%在高等教育领域）、14%在政府部门、6%在工业和卫生部门工作。1971—2000年的共计26 000名奖学金获得者中，有10 900名（占42%）是在1990—2000年获得奖学金的。

所有奖学金获得者中有5%没有回到墨西哥。为防止这种人才流失，墨西哥已经实行了旨在资助回国学生的回国项目，在他们重新融入国内高等教育系统的过程中给予支持。

在国外学习的墨西哥人是高等教育国际化的关键因素，特别是在他们中68%的人回到国内的高等教育系统之后。回国以后，这些学者成为国际行动与协作的理想的领导者，这要归功于他们与其在国外就读的大学所建立的联系和关系。不幸的是，还没有设计出系统的、利用回国学生资源的国家或机构政策，以实现课程的国际化。

研究的国际化

国家科学与技术委员会，通过与欧洲、美洲和亚洲国家达成的双边协
247 议，支持联合的国际项目。它与欧洲国家（比利时、保加利亚、捷克共和国、法国、匈牙利、德国、波兰、俄罗斯、西班牙和英国）的21个科学实体签有研究合作协议，赋予欧洲在与墨西哥机构的联合研究项目中的领导权。在美洲大陆，国家科学与技术委员会与10个科学实体保持联系，它们分布于阿根廷、巴西、智利、古巴、秘鲁、美国以及委内瑞拉境内。此外，国家科学与技术委员会还与亚洲的6个实体保持合作关系，它们分布于中国、日本、韩国和越南。国家科学与技术委员会的支持，包括为与外国科学家联合完成研究项目的墨西哥公立机构提供部分资助（50%的交通与旅行费用）。2001年，国家科学与技术委员会支持了462个与国外机构的联合研究项目，而1990年是300个（表8.1）。

表8.1　1990年国家科学与技术委员会支持的联合研究项目的数量

（单位：个）

国　　家	项目数
法国	133
德国	61
西班牙	28
美国	28
古巴	24
阿根廷	15
意大利	12

资料来源：www. conacyt. mx。

外交部

外交部接受和整合墨西哥高等教育机构提出的工作日程，它和那些在教育、文化、科学和技术领域代表墨西哥政府利益以及外国政府利益的各种跨政府委员会，进行旨在促进双边或多边合作的商谈。它也向墨西哥教育机构发布有关外国政府提供的奖学金的可获得性方面的信息。作为礼尚往来，它也向在墨西哥学习的外国人提供它自己设立的奖学金。外交部还有一个项目，支持墨西哥学生在世界范围内的墨西哥领事馆和大使馆实习。

外交部支持墨西哥人力资源的国际化、墨西哥学生和外国学生的流动、墨西哥和外国机构之间的教师交换（表 8.2 和表 8.3）。但是，这些努力与由公共教育部以及全国大学和高等教育机构协会所组织的项目之间缺乏协调。

表 8.2　2001 年和 2002 年政府资助的在墨外籍学生与国外墨籍学生数 248

（单位：人）

地　　区	在墨外籍学生		国外墨籍学生	
	2001	2002	2001	2002
非洲	54	50	0	0
亚洲	62	50	71	94
加勒比海地区	52	50	4	3
中美洲	154	201	41	46
欧洲	178	172	215	265
中东地区	6	10	17	3
北美洲	21	27	66	82
太平洋地区	4	3	11	11
南美洲	165	210	22	44

资料来源：Secretaria de Educación Pública（2005）。

学生和学者的地理分布有相似之处。墨西哥的大学和南美洲、中美洲以及欧洲的大学之间的合作十分紧密。与亚太国家之间的交换也有较大增长。墨西哥还支持与非洲的发展。

表 8.3　2001 年和 2002 年在墨外籍学者与国外墨籍学者数

（单位：人）

地　区	在墨外籍学者		国外墨籍学者	
	2001	2002	2001	2002
非洲	30	30	0	0
亚洲	0	20	0	0
加勒比海地区	1	2	0	1
中美洲	5	7	4	0
欧洲	0	0	14	23
中东地区	0	7	0	0
北美洲	21	0	10	11
太平洋地区	0	6	0	0
南美洲	19	22	19	19

资料来源：Secretaria de Educación Pública（2005）。

全国大学与高等教育机构协会

全国大学与高等教育机构协会（ANUIES），是一个代表墨西哥大多数
249 公立高等教育机构和很多最有声望的私立机构的非政府组织。它有 138 个成员。全国大学与高等教育机构协会是一个代表性很强的实体，它在设计和实施国家教育政策方面具有决定性影响。它的具有控制权的委员会——公立大学和机构联席委员会，吸收了墨西哥主要机构的领导，在决定教育项目的方向上发挥着重要影响。它的年会，把高等教育领域最重要的行动者聚集在一起，是讨论墨西哥主要项目和政策的最重要的论坛。

根据全国大学与高等教育机构协会的规定，那些拥有最高级别国际关系的机构，是那些位于联邦首府所在地以及哈利斯科（Jalisco）、努埃沃莱昂（Nuevo León）、普埃布拉（Puebla）州的机构（Pallán 1996）。全国大学与高等教育机构协会 1997 年的一项研究，揭示了美国是墨西哥最重要的合作伙伴：一半的学术交换是与美国进行的；欧洲国家（英国、法国和西班牙）占 1/3；拉丁美洲占 15%。大多数在墨西哥学习的外国学生是从美国来的本科生，他们主修墨西哥历史、文化、文学或者西班牙语的短期课程。作为美

国的近邻、两国经济与社会的强有力的联系、美国教育机构的知识体系、学位互认，都强化了这种紧密的关系（ANUIES）。

1997 年以来，墨西哥与欧洲、加拿大、亚洲和大洋洲之间的学生与学者流动迅速增长；这些国家的重要性加起来已经超过美国。但是由于缺少全国性的报告，精确的评估变得困难起来。尽管宣告了国际合作的重要性，但是并没有显露出多少对于评估墨西哥与外国之间的学生和学者流动方面的兴趣。

全国大学与高等教育机构协会 1997 年度的报告（ANUIES 2000，p. 101）称："20 世纪 90 年代以后，国际活动的相关性和管理已经获得战略重要性，并且不断越来越多地出现在设计用于发展墨西哥高等教育的政策框架中，特别是自地区经济共同体建立、贸易的对外开放以及以全球的方式影响社会功能的社会经济现象国际化以后。"90 年代末期，跨机构关系的重要性作为提高教育质量的战略因素，在教育当局的官方论述（discourse）中得到重申。这个论述所反映的很可能是官方的犹豫，而不是真正的确信。

在对高等教育领域的主要行动者进行民意调查之后，全国大学与高等教育机构协会于 2000 年提交了一份名为"21 世纪的高等教育：战略发展路径"的报告。这份报告提出了在国家层面实施教育政策的四个基础项目：评估与认证、国家信息网、学术网络和流动、虚拟大学。该报告极为重要，250
因为它是联邦政府阐述其高等教育政策的基石。该报告设定了建立覆盖各个地区的国内合作与交换网络，这是全国大学与高等教育机构协会地区委员会的责任。这些网络将在国家和国际层面上，设计和实施国际化与合作的战略（ANUIES 2000）。报告提出了 2001 年的一个目标，即高等教育机构拥有机构战略项目，以发展重视横向合作和开发机构的专业实力的合作与交换。像国民教育规划一样，为了在全国大学与高等教育机构协会的所有地区，为州、地区和国家层面的学生流动提供便利，报告重视学分和学术互认的必要性。为了强化研究和博士教育项目，它强调建立跨机构合作协议的重要性。作为 2002 年的一个目标，它建议墨西哥高等教育机构开发地区、国家和国际层面上的教师流动项目。它提出到 2003 年，所有高等教育机构拥有创新机构模式，以增加合作与交换的组织和管理体制的灵活性，所有高等教育机构开发出与灵活的教学大纲相配套的课程，以增加学生的流动。它提出这些项目到 2006 年要成为构建高等教育系统的运行基础（ANUIES 2000）。

到这个规划颁布3年后的2004年，目标并没有达到。地区流动网络已经开发出来，但是从中受益的学生数量却极其有限。例如，在墨西哥最活跃地区之一的中西部地区，仅有127名学生参加了交换，其中的87例发生在同一地区，其余的40例是和西班牙大学的交换项目（ANUIES 2002）。建立对于在其他机构的阶段性学习的全国性认证与认可体系的尝试，彻底失败了，甚至不可能产生用于讨论目的的建议。地区、国家以及国际层面的学者流动项目和研究生流动项目都没有实施。全国大学与高等教育机构协会不对这些项目提供任何资助：参与这些变化成为了机构本身的行动。

尽管只取得了少量的进展，但是在愿景和发展计划中，国际化被反复地
251 赋予了优先发展权。一些高等教育机构实际上已经把战略性的国际化计划，并入到它们的发展规划中去。① 但是这些计划更多地反映了机构本身，而不是全国大学与高等教育机构协会的任何行动。

全国大学与高等教育机构协会，根本没有考虑提高负责国际化活动的教师的专业性。仅仅有一些管理国际合作的零散工作坊，它们还没有能力开发出支持基本概念和在机构内采纳国际化战略的方法。全国大学与高等教育机构协会在国际化主题上，也没能促进研究和出版。

在积极的方面，如在研究和人力资源开发方面，全国大学与高等教育机构协会通过它的中美洲大学项目高等委员会，促进了与中美洲机构的横向合作项目。（由美洲教育委员会发起的一个类似的行动以失败告终。）全国大学与高等教育机构协会与加拿大魁北克省大学校长委员会签署了一项协议，它允许墨西哥学生在魁北克省免费学习。全国大学与高等教育机构协会也是与欧洲合作项目的焦点，这里仅举几例，比如大学之间的合作项目（原来的跨校园项目）、西班牙青年博士项目、德国学术交流服务项目、法国政府科学合作评估与认定项目、拉丁美洲的高水平奖学金项目（AlβAN）。

全国大学与高等教育机构协会是一个组织国际合作活动的重要实体，它

① 这些高等教育机构包括：埃斯图迪奥斯·德·蒙特雷高级技术学院（Instituto Tecnológico de Estudios Superiores de Monterrey）；位于普埃布拉的美洲大学；瓜纳华托（Guanajuato）大学；蒙特雷大学等。

鼓励人力资源和教育项目的国际化。它主要集中于发布发达国家所提供的国际合作机会的信息。它不为组织与实施国际化项目或国际化课程提供财政资助。全国大学与高等教育机构协会还没有开发出充足的方法，来为机构构想、设计和采纳全面的国际化战略提供咨询，这些战略是积极的，并且是墨西哥教育机构学术发展政策的有机组成部分。

墨西哥私立高等教育机构联合会

墨西哥私立高等教育机构联合会（FIMPES）吸收了墨西哥最具声望的私立机构。它的范围没有全国大学与高等教育机构协会大，因为私立机构在墨西哥是少数，而且它们中仅有 10% 属于墨西哥私立高等教育机构联合会。

墨西哥私立高等教育机构联合会，已经开发出评估和验证墨西哥私立机 252
构质量的程序。它已经形成多个委员会，分别负责开发有关研究、学术联系、促进研究者和国内国际机构之间交换的信息、专家网络等方面的议程（www. fimpes. org. mx/investigation Vinc. htm）。

墨西哥国际教育协会

在对学术交流和国际合作感兴趣的一群学者和专家的推动下，墨西哥国际教育协会（AMPEI）于 1992 年成立。它的目标是“通过把国际化的维度整合到实际的功能中，来改善高等教育的质量”（www. ampei. org. mx）。

墨西哥国际教育协会拥有 200 个成员，其中 51% 来自私立部门，38% 来自公立部门，11% 来自外国机构。几乎所有与国际项目有关的墨西哥高等教育机构，都是墨西哥国际教育协会的成员。

墨西哥国际教育协会在促进墨西哥高等教育国际化方面，发挥了关键作用。它开展了很多活动，如组织关于教育和国际合作的年会，开办研讨班和工作坊以培训和提升成员的国际化素养，出版《教育全球化》（*Education Global*）。墨西哥国际教育协会也开展研究、调查和问卷调查，包括：对在墨西哥的外国学生的人口调查（1994—1998）；建立负责墨西哥学术交换的一系列部门；出版了一本有关美洲间高等教育组织合作的著作，即《拉丁美洲和加勒比海地区高等教育国际化：思考和纲领》（*Internationalization of Higher Education in Latin America and the Caribben: Reflexions and Guidelines*）；出版了一本墨西哥教育名录，以促进墨西哥高等教育机构走向国际。

要感谢墨西哥国际教育协会的是，它代表墨西哥出席了大量的与国际化和国际合作有关的国际论坛。它参加美国的全国国际教育者协会（National Association of International Educators，简称 NAFSA）的年会，以及欧洲的国际教育欧洲协会（European Association for International Education，简称 EAIE）。把它和拉丁美洲大多数同类组织（例如巴西大学国际事务办公室论坛、哥伦比亚高等教育国际合作网络、智利校长委员会的国际关系委员会）区别开来的一个特征是——它是一个独立于全国大学协会的非政府组织。它的组织与国际教育的国际性协会组织十分相似，例如美国国际教育者全国协会、美国国际教育管理者协会以及欧洲的国际教育欧洲协会。

253 墨西哥国际教育协会没有受到公共教育部或全国大学和高等教育机构协会的资助；它的资金来源于会员费以及诸如福特基金会等国际组织的支持。公共教育部和其他政府组织的支持缺位，导致墨西哥国际教育协会的资金得不到保障。这些墨西哥官方实体对于支持这类组织的发展和维持不感兴趣，然而这类组织还是在增强墨西哥高等教育国际化方面取得了成功。

机构层面的国际化战略

多数墨西哥机构寻求国际化的道路，是为了（按照优先发展排序）提高教育质量（这是国家层面的政策），寻求国际认证，促进职员发展，为竞争激烈的国际劳动力市场准备毕业生，增加收入，最后，增长有关其他民族文化的知识。①后文列举的数据，都是基于全国大学和高等教育机构协会以及墨西哥国际教育协会成员的定性与定量研究（Gacel-Ávila 2002）。

国际协议

公立大学是签订国际合作协议的领导者（表 8.4），但是这些协议中有 82% 都是被动的，这个比例在私立机构中是 52%。

① 这些成绩的获得，归功于每个机构中负责这些领域的个人。

表 8.4　墨西哥公立和私立大学签署的国际协议数量

（单位：个）

大学类型	公共部门	私人部门
国际协议	1 294	907
研究协议	533	60
国际研究项目	306	41
教师流动	396	230
学生流动	835	418
开发合作	81	5

注：协议数量是估算数字，因为并不是所有机构都完成了问卷。但是这些结果对于得出基本的结论依然是足够有效的。

资料来源：Gacel-Ávila（2002）。

公共部门也是联合研究协议、教师流动、国际研究项目和技术援助项目的领导者。在全国范围内，公立机构完成了墨西哥所开展的大部分研究 254
工作。

在公共部门有更多教师流动协议的事实，表明它们为了提高教育质量，对教师再培训和教师现代化的重要性有清醒认识。81% 的公立大学，为它们的学者参加会议和各种国际学术活动提供资源，这个比例在私立部门中是 25% 。2/3 的公立大学为它们的教师培训提供奖学金，但这一数字在私立大学仅有 1/3。90% 的公立大学和 35% 的私立大学为教师提供学术年假。

学生流动

私立机构是学生流动的领导者，这要归功于学生父母的强大经济实力。为了补偿这种不利局面，一些公立大学为它们的学生参加学生交换项目提供资助。

墨西哥公立机构学生留学的主要目的地，是拉丁美洲的机构；私立机构的学生压倒性地喜欢美国（表 8. 5）。这些数据与全国大学和高等教育机构协会 1997 年的调查结果——美国是主要目的地——有明显不同。

表 8.5　2002 年墨西哥学生留学首选目的地（%）

地　区	公立机构	私立机构
拉丁美洲	38	14
欧洲	31	23
美国	22	46
加拿大	7	12
亚洲和大洋洲	2	5

资料来源：Gacel-Ávila（2002）。

私立机构所签署的学生流动协议是公立机构的 2 倍，到国外交换访问的学生数量是公立机构的 7 倍，外国学生数是公立机构的 5 倍（表 8.6）。

255 表 8.6　墨西哥公立和私立大学国际学生流动统计

机构类型	公立	私立	总数
学生流动协议数（个）	418	835	1 253
墨西哥学生出国留学数（人）	636	4 289	4 925
外国学生数（人）	639	3 334	3 973

注：由于此次调查表返回的数量较少，这些结果仅可用于评估总的趋势。

资料来源：Gacel-Ávila（2002）。

有关在墨西哥的外国学生的仅有数据（表 8.7 和表 8.8），来源于 1997 年和 1998 年墨西哥国际教育协会的调查结果（Gacel-Ávila and Rojas 1999a）。根据这些数字，69% 的外国学生来墨西哥学习单个学期的西班牙语。只有 10% 的外国学生来墨西哥攻读研究生学位。

表 8.7　在墨西哥的外国学生来源地、婚姻状况和年龄（%）

项　　目	占总数的比例
来源地	
北美洲	61.7
南美洲	17.7
欧洲	10.3
亚洲	10.0

续表

项　　目	占总数的比例
大洋洲	0.3
婚姻状况	
已婚	15
单身	85
年龄	
16—21 岁	35.8
22—27 岁	49.5

资料来源：Gacel-Ávila（2002）；Gacel-Ávila and Rojas（1999b）。

表 8.8　1998—1999 学年在墨外国学生数①

（单位：人）

项目类型	公立	私立	总数
本科项目（完整项目）	193	2 983	3 176
研究生项目（完整项目）	126	295	421
西班牙语和文化项目	3 174	955	4 669
学生交换项目（一个或两个学期）	672	3 397	4 069
总　　计	4 705	7 630	12 335

注：由于此次调查表返回的数量较少，这些结果仅可用于评估总的趋势。

资料来源：Gacel-Ávila（2002）；Gacel-Ávila and Rojas（1999a）。

其余的外国学生多数来自拉丁美洲，其中本科生主要在健康科学 256
（29%）、精密科学和工程技术（28%）、管理和经济科学（24%）等领域学习。大多数研究生学习工程技术（50%）和管理与经济科学（39%）。

这些数据表明，大量的外国学生在私立机构学习。这有很多原因。其一是私立大学把外国学生看作重要的收入来源。其二是一些私立大学提升了它们的教学项目，并且提供了充分的组织支持。最后，很多私立大学把外国学生数看作声望的标志和自身机构国际化的手段。

更多学生在公立大学学习西班牙语和墨西哥文化的原因是，这些大学在

① 表中数据为原书数据，可能有误。——译者注

这些领域具有深厚的学术传统。① 课程作为教学拓展的项目来组织，它是学校的收入来源之一。

课程的国际化

高等教育国际化对课程的变革提出了要求，以保证所提供的教学项目与国外的教学项目保持一致。

学习外国语言

在被调查的大学（公立大学和私立大学分别占 61% 和 39%）中，有 77% 的大学学习外语是强制性的。一半的私立机构和 13% 的公立机构希望学生在开始学习前掌握英语。2/3 的公立机构和 86% 的私立机构，要求它们的学生把获得一门外语的学分作为毕业的必备条件。但是仅有 9% 的公立大学和 28% 的私立大学，要求学生在毕业时要比入学时，在外语上达到更高的熟练水平。这意味着对于语言的要求很可能更多的是一种管理上的要求，而不是真正地促进外语学习的政策。

课程创新

被调查的机构中，没有任何机构报告说，自己设计过用于把跨国、跨文化和比较的维度整合进教育项目的课程改进与创新。在国家教育政策的管
257 辖下，机构没有提出设计开发旨在培养学生作为世界公民的全球意识的新项目（Gacel-Ávila 2002）。②

墨西哥的课程有集中于训练专业人才的强大趋势。学生缺乏灵活性，与其他经合组织国家的学生相比，他们把大量的时间花在教室里，考虑到多数墨西哥学生都是半工半读的事实，这样的学习时间要求显得格外沉重。所有这些因素，使得由学生完成的流动和独立调查变得困难起来。尽管墨西哥大学坚持联合国教科文组织的指导方针，它们在实施学生中心的课程方面已经遭遇失败，它们也没能按照《未来的教育》（*Education of the Future*）中的

① 拥有强大的西班牙语教学项目的大学，包括墨西哥国立自治大学、瓜达拉哈拉大学、瓜纳华托大学和瓦拉克鲁兹（Veracruz）大学。

② 全球意识可以定义为理解和接受外国文化、特定领域知识的可获得性或者社会经济和生态学问题特定方面信息的占有［《牛津新词词典》（Oxford Dictionary of New Words），1991］。

四个支柱“学会做人、学会做事、学会理解、学会共同生活”（Delors 1997）设计出课程。

墨西哥大学通常把课程国际化、学生和教师流动项目、签署合作协议以及与国外大学的联合研究项目看作战略的一部分。调查没有发现“本土国际化”（Nilson and Otten 2003）的情形，墨西哥大学对这个概念并不熟悉。

学习项目

参加西班牙语项目的多数外国学生，要在墨西哥学习一或两个学期，他们在他们自己国家的机构拿到这个学分。实际的流动很少见。①

由两个机构共同授予学位的双学位，似乎比联合学位更常见，这可能是因为前者可以克服资格条件、毕业和国内认证等问题。

本科层次

80% 的被调查机构报告说，没有与外国机构联合组织的教学项目。在有这类项目的 20% 机构中，私立机构占多数，它们提供经济学和管理科学、社会科学和人文学科、艺术、建筑、设计、精密科学与工程技术等课程。

研究生层次

50% 的被调查机构（其中 57% 的公立机构和 40% 的私立机构）报告
说，至少有一个联合项目。这些统计数字反映了全国的情况，即在研究生层 258
次，公共部门保持领导地位，私立大学的优势集中于本科教学。

在公立大学里，这些项目分布于社会科学和人文学科（38%）、经济和管理科学（31%）、生物和农业科学（19%）。在私立大学里，经济和管理科学领先（35%），其次是社会科学和人文学科（29%），以及精密科学与工程技术（18%）。

大多数设有双学位和联合授予学位项目的学校是私立大学②，或者是靠

① 一个例子是瓜达拉哈拉大学，它和西班牙坎特鲁纳（Cataluña）的奥博塔（Oberta）大学保持伙伴关系。

② 这类例子有恩森难杂高级技术中心（Centro de Enseñanza Técnica y Superior）、埃斯图迪奥斯·德·蒙特雷高级技术学院，美洲大学在乔卢拉（Cholula）的分校。

近美国边境的大学。① 这些项目受到北美自由贸易协定的激励。

北美学生流动项目（PROMESAN）得到了墨西哥、美国和加拿大政府的资助，它已经开辟了从北美的维度组织墨西哥、美国和加拿大大学的研究项目。这个项目导致在1995—2001年间产生了大约50个大学集团或协会（CONAHEC 2002）。

地区研究

墨西哥大学课程方面的弱点是，专门研究外国文化或文明的院系或中心太少。仅有10个中心存在，其中4个研究北美洲、3个研究亚洲、1个研究欧洲。这些中心多数设在公立大学。

国外分支机构

仅有1所大学，即墨西哥国家自治大学，在国外有校园，其中2个在美国、1个在加拿大。② 这些校园里教授墨西哥文化和西班牙语。

埃斯图迪奥斯·德·蒙特雷高级技术学院，在很多拉美国家（巴西、哥伦比亚、智利、厄瓜多尔、洪都拉斯、巴拿马、秘鲁和委内瑞拉）、欧洲（法国）和美国（迈阿密）设有办事处。这些办事处代表该大学并且出售在线教育服务。其他私立大学，例如瓜达拉哈拉自治大学，把招生办公室设在国外。

259 **教学过程**

公立和私立大学都没有报告在外国学生的课堂上使用创新性的教学方法。但是，一些大学组织了一些便于本土学生和外国学生之间互动的课外项目。

教育服务出口

仅有几所私立大学开始出口它们的服务。该领域的领导者埃斯图迪奥

---

① 这类例子有奇瓦瓦（Chihuahua）自治大学、司由达德·华雷斯（Ciudad Juarez）自治大学、努埃沃莱昂自治大学、塔毛利帕斯（tamaulipas）自治大学、索诺拉（sonora）大学。

② 永久分校（Permanent Extension School）位于圣安东尼奥，墨西哥国立自治大学分校位于加拿大哈尔（Hull），最近又在芝加哥设立了一个小型的机构。

斯·德·蒙特雷高级技术学院向国外提供在线学位项目和课程，它最近在支持创建千年技术大学（University Tec Millennium）和社区发展中心，它们的目标定位是墨西哥以及美国墨西哥人聚集区的教育市场选择。在全部依靠联邦和州资助的公立大学中，新信息技术仅被用于增加它们在地方和全国的覆盖率。

国际合作网络和国内国际协会会员

2/3 的被调查机构报告说它们加入了国际合作网络。52% 的网络项目属于公共部门。

被调查的大学隶属于下列国际协会（按照重要性排序）：北美高等教育协作协会、美洲间高等教育组织、拉丁美洲大学泛美联合会、国际大学协会、国际大学校长协会、全国国际教育者协会、西班牙大学协会。

接收外国学生和学者的基础设施

仅有 3 所大学报告说它们为外国学生提供居住条件（瓜达拉哈拉大学、美洲大学以及蒙特雷理工学院）。在公立大学中，只有瓜达拉哈拉大学拥有接收外国学生和学者的涉外公寓。在其他地方，外国学生必须在住家项目（home-stay programs）和租用宿舍之间作出选择。没有校内宿舍，导致吸引外国学生变得困难，这说明在墨西哥接收外国学生的优先权不多。

不同大学行动者的理解

对学生、学者和管理人员进行的访谈调查，表明了他们对国家和机构国 260
际化进程的理解。

学　生

公立机构中 61% 的学生——在私立机构中仅有 7% ——相信，他们的大学没有帮助他们作好准备以应对全球化的挑战。仅有 20% 的学生相信，教学大纲中国际化的份额是充足的（公立大学中占 13%，私立机构中占 43%）。

在他们学习的过程中，仅有一半学生拥有一位来自国外的访问教授。另一半学生在他们的学习期间仅能与外国教授见面两次。68% 的访问教授举办过讲座，27% 的访问教授讲授过课程，3% 的访问教授提供过个别指导。

53% 的学生报告说，他们在学习期间与外国学生没有任何联系（公立大学学生占 67%，私立大学学生占 5%）。98% 的学生认为国际经历重要，但不是非常重要（表 8.9）。

表 8.9　学生支持墨西哥高等教育国际化的动机（%）

动　　机	占所有学生的比例
提高教育质量	49
为劳动力市场作好准备	33
获得其他文化的知识	8
获得个人经验	6
学习一门外语	3

来源：Gacel-Ávila（2002）。

教　师

教师国际化的主要动机是提高教育质量（表 8.10）。他们也相信，国际化能够帮助他们培训适应人才市场需要的学生。

261 **表 8.10　教师支持墨西哥高等教育国际化的动机（%）**

动　　机	占所有教师的比例
提高教育质量	48
为劳动力市场作好准备	31
获得其他文化的知识	12
获得个人经验	6
学习一门外语	3

资料来源：Gacel-Ávila（2002）。

公立机构中的一半教师——私立机构中仅为 11% ——认为，国际化对机构来说不是非常重要。关于国际化进程的障碍问题，100% 的公立机构和 72% 的私立机构相信，主要的障碍是缺少促进这个进程的国家政策。多数机构把这个失败，归于政府在赋予该进程更多优先权方面缺乏远见。

被调查的教师认为缺乏财政资源是最不重要的障碍。从地理偏好上看，公立机构的教师更喜欢与欧洲大学的合作项目，而私立大学则更喜欢北美洲。

国际化观念的阻力在公立大学中是明显的，其中 25% 的学者把它看作对民族文化的威胁。在私立机构中仅有 9% 的学者有同样看法。

在学者们看来，学生和教师流动项目的数量是不足的。他们认为学生流动的最大障碍是缺少家庭资源、奖学金以及课程的僵化，这使得承认在国外完成的学历变得很困难。

74% 的教授认为他们的学生在外语知识上的积累是不够的；公立机构的所有教授都认为学生的外语知识很糟糕。他们把这种状况归咎于缺少激励，以及教师和语言教学项目的低质量。除了一些例外情况，公立机构没能推出解决这个问题的政策。[①] 在私立机构，仅有 22% 的教师认为学生的外语掌握得不好。

几乎所有被调查的教师（公立机构 100%、私立机构 85%）都认为，在国际化方面缺少激励是国际化进程的主要障碍。按照他们的理解，如果这个行动获得成功，就应该带来更多的经济支持、更受认可的国际合作以及对课程改革更多的重视。跟学生一样，69% 的教师认为，教育不能满足 21 世
纪的需要。40% 的教师认为，国际活动的组织不足以为学生提供 21 世纪所 262
需要的竞争力。

管理人员

管理人员国际化的主要动机也是提高教育质量（表 8. 11）。他们关注国际项目之间的不统一和不协调，以及国家在促进国际化进程方面政策的缺失。私立机构的管理人员建议要重视学生流动，而公立机构的管理者把国际性的联合研究项目置于更加优先的地位。

---

① 在 2000 年，圣路易斯·珀特斯（San Luis Potosi）自治大学建立了一个突破阻力的项目，它对所有本科生实行强制性的第二语言学习。这些课程是课程大纲的组成部分，而不像在其他地方那样仅仅是管理上的要求。

表 8.11　管理人员支持国际化的动机（%）

动　　机	占所有管理人员的比例
提高教育质量	71
获得国际认证	9
促进个人发展	9
帮助学生为劳动力市场作好准备	6
增加收入	5

资料来源：Gacel-Ávila（2002）。

75% 的管理人员相信教师表现出的参与水平很低，这源于他们个人的态度。他们相信学生有些重视（而不是很重视）学生流动项目，尽管有人宣称很多学生对这些项目不感兴趣。管理者一致认为没有奖学金是阻止学生流动的主要因素。

机构层面国际化的组织结构

大学和机构已经重构了它们的行动，旨在把愿景中的国际化、教育战略以及管理纳入到他们的行动范围中去。结构性的变化和新政策的出台是困难的，但是，完全把国际化整合进高等教育的核心维度，还需要很多年。

国际化的政策

近年来，以提高教育质量为目标的国际化战略，已经在墨西哥大学的各个层面上获得广泛的支持。多数具有社会声望的机构，已经正式而且清晰地
263 把国际化纳入其愿景和发展规划中去。一些大学已经开发出包括具体定义、项目、目的、目标的国际化规划，并逐步实施。

但是，关于真正发生了什么的仔细检验表明，这些机构中没有一个把国际化进程纳入其核心发展政策中去。国际化的项目仍然受制于机构政策和管理者，缺乏连续性。在国际化的优先权突出地出现于大学话语和机构日程中的同时，它还没有被转化为具体的政策以及系统的和专业的组织结构。

卢兹克（Rudzki 1998）建议把国际化纳入机构的以下四个方面：组织变革、课程开发、人力资源开发政策以及学生流动。很少有墨西哥大学这样

做。结构的变化和新政策的出台极端困难，进程很慢。作为这方面的例子，尽管一些墨西哥大学已经通过“国际化进程质量评审”的报告（International Process Quality Review）提交了检验其国际化质量的申请，但是很多年之后评价还没有完成。① 将国际化的维度整合进课程的内容与设计中，这是国际化最为重要的环节，然而这一环节到目前为止在墨西哥依然是缺失的。

国际活动和项目的管理

总的来说，机构缺少发起、采纳和评估国际活动的机制。这些活动分散在各个机构中，没有协调和方向。国际化项目在毫无计划和长远规划的情况下开始启动。结果是，尽管签署了很多机构协议，但几乎没有积极的和正常发挥作用的协议。未来机构面临的挑战是赋予这些行动一致性、意义和方向，以使它们变成机构日程的有机组成部分。

目前，还不能通过国际化战略来对机构需求作出清晰的分辨。既然国际化的活动继续在机构发展政策的外围进行，机构将难以分配足够的物质、人力和财政资源。

宣布国际化的优先发展地位的决定，并没有引发全社会关于这个主题的 264
论战，这解释了参与者少的原因。国际化的活动，成为致力于这个观念的一小群学者和管理人员的责任，这使得这项工作看起来像是精英阶层的活动。这种状况被很少有职员拥有大学学位、国际经历以及熟练的英语的事实夸大了。

在过去 5 年中，墨西哥大学在国际化进程中的进步，集中在开发国际活动和机构合作等方面。尽管政府当局想当然地赋予国际化重要性，但是机构还不能开发出足够的方法或知识，来把它们的国际化活动纳入其主流的机构发展政策、常规日程以及文化之中。国家政策的缺位，减缓了这个领域发展的速度。

法律和机构框架

国际化进程的一个障碍是法律与官僚进程的僵化，特别是在公共部门，这种僵化在某种程度上，已经导致机构不可能适应新的需求和新的环境。缺

① 这是 1997 年墨西哥国立自治大学和 1999 年瓜达拉哈拉大学的情况。

乏灵活性——这在墨西哥高等教育系统中是典型的——已经导致吸引外国学生、承认在外国机构获得的学历、聘用外国教授、获得额外的财政资源变得非常困难，这里列举的只是少数几个问题。这些因素共同限制了国际化的发展。

国际化进程的规划和质量评价

甚至当国际化成为机构发展计划的一部分时，它也没有被包含在规划、项目、预算以及质量评价的常规进程中。教育机构还没有开发出具体的准则和指标，来评估国际项目的质量。墨西哥为质量评价设定指导方针的国家政策，在它的行动和准则中仍然不包括对国际化维度的评估。结果，机构根本不重视建立这些准则。充分规划、评估和跟踪的缺乏，表明国际活动还没有被纳入中心的、广泛传播的、整体的以及有计划的国际化政策中。

265 很难确定机构的国际活动的范围和性质。在国家和机构层面上，当局尚不习惯于开发和维持有关国际化活动方面以及大学发展方面的具体产出。最多不过是国际事务办公室掌握一个合作协议的名单（既包括活动的也包括潜在的），但是这个信息不能导致基于这些协议的行动，更不能评价它们对提高教育质量的影响。

资金来源

很少有墨西哥大学能够精确地陈述它们在国际化战略上花了多少钱。在大多数情况下，资金分散在不同大学部门的预算中。由于缺少这些活动对机构质量影响的评估，没有人能够计算出花费的总数。一些大学甚至没有提供支持国际化活动的预算，这种情况甚至发生在它们宣称国际化享有优先发展地位的时候。在这些情况下，大学依靠资助国际合作的国内、国际实体所提供的外部资源。结果，国际行动变成了对国际组织和机构所提供的资源的回应，而不是一个细致的政策和战略。

人力资源开发

此次调查考察了专业发展的评估准则、官方认可以及对参与国际活动的激励。仅有37%的被调查机构承认参与了国际活动。认可正在变成获得奖金计划的分数（Recognition tends to be the form of points awarded for bonus schemes）。调查还没有发现对于国际活动的具体激励，例如财政资源、减少工时、开发具有国际维度的课程。这与没有发现具有国际视野和跨文化视野的课程开发政策的事实有关。由于这个原因，参加或涉足国际化项目的大学职员和教师的数量是有限的。虽然事实上很多学者在国外进行学习过，但是还没有设立一种机制，来利用这样的国际化经历以推动教学项目的国际化。

管理和支持结构

由于处于机构发展的外围，负责国际关系的部门不参与总体机构政策的
决策。在全墨西哥范围内，只有一个国际关系副校长联谊会（设在埃斯图 266
迪奥斯·德·蒙特雷高级技术学院）。在大多数设有国际办公室的机构里，该办公室处于等级结构的第四级或第五级，一般只有很少的职员为它工作。如果这些办公室没有被赋予充分的代表权、自治权或者在等级机构中的重要地位，它们就很难满足官方话语赋予它们的战略目标。

同时，这些办公室缺少专业性。职员没有得到这个领域的具体培训，这限制了他们促进国际关系的能力。行政领导不能充分地协调、设计和实施所需要的政策与战略。

一项针对那些负责学术交换办公室的职员的调查表明，这些职员中有70% 没有职责所需的经历和培训，他们在这些岗位上工作的时间平均仅为三年（Gacel-Ávila and Rojas 1999b），这是由于大学管理岗位的高流动率所致。他们较少参与国际会议以及几乎不向教育专业期刊提交论文，表明他们对使自己的专业素养与时俱进缺乏关注。这种状况导致了机构层面的经验损失，阻碍了国际活动的开发和加强，限制了国际化进程的成功以及学术方面的成果。

大学成员的共识

墨西哥大学的特点是自上而下的垂直决策。教师很少在机构政策或战略上参与意见讨论，这使得真正的共识很难达成。国际化面临同样的情况，缺少由各种行动者参加的、为达成共识而进行的辩论和调查。这将加大行动和项目的阻力。在这些情况下，跨机构关系变成了简单的宣言，几乎不可能代表真正的兴趣，或激励大学群体作为一个整体的积极参与。或许这就是没有多少学者参与的原因。

地区和全球合作

与北美、欧洲、拉丁美洲国家以及其他国家的合作项目，是国际化进程的关键。

与北美的合作

267 讨论墨西哥的国际化，而不提及其与北方邻居美国和加拿大的合作，是不可能的。北美自由贸易协定的签署，出台了一系列旨在整合北美学术社会的行动。作为这个行动的一部分，分别在温斯布莱德（Wingspread 1992年）、温哥华（Vancouver 1993 年）和瓜达拉哈拉（Guadalajara 1996 年）组织了三个三边会议。

1993 年温哥华会议提议：创建远程教育和研究网络——北美远程教育与研究网络（North Amercian Distance Education and Research Network，简称为 NADERN）、推动学位互认和专业认证的三边机制、学术和管理人员之间的合作项目、电子网络，以及促进北美研究、促进学生研究和专业训练的三边项目。这六个项目从它们被宣布之日起到 12 年后的今天，已经获得了不同程度的发展。

北美远程教育与研究网络除了起草一个议案以外什么也没做，一部分原因是技术的差异，特别是墨西哥落后于它的邻居，同时也是因为机构缺少兴趣。由于三个国家专业认证结构的差异，为推动学位互认和专业认证而采取的开发三边机制的行动推进得很慢。1994 年以来，墨西哥国际实践委员会与它们的加拿大和美国同行并肩工作，致力于在保险科学、农艺学、建筑学、会计学、法律、护理、药理学、工程、医学、兽医学、牙医学以及心理学领域的学位和学历互认。其结果至今在很大程度上仍然不得而知。

电子信息网络得到快速发展，这要感谢由北美高等教育协作协会运行的电子入口和信息服务。但是它仅从三国中央政府那里获得了有限的财政支持。

与北美研究有关的研究项目和三边中心的发展，最初得益于威廉和弗洛拉·休利特基金会（William and Flora Hewlett Foundation）的资助。与这一资助行动同步的是墨西哥政府的外交部，它通过与北美地区研究有关的跨机构项目，在墨西哥学院（Colegio de Mexico）的协调下，组织关于北美学术整合的研究和学术活动。

在学生流动领域，成立了地区学术流动项目，它由国际教育研究院运
作。这个项目的成员机构之间学费互免。项目在 1993—2003 年安排了 644
例学生流动（IIE 2003a）。虽然没有政府的支持，这个项目还是坚持了下 268
来，近年来学生数量有所增加，从墨西哥向其北方邻居的流动远远多于反向
的流动。

北美学生流动项目（PROMESAN）创办于 1995 年，是这类项目中唯一接受三个国家政府财政资助的项目。北美高等教育协作协会（CONAHEC 2002）的一个评估表明，这个项目已经产生了 48 个三边协会，使得 1 205 名学生能够到外国完成学业。这说明参加每个项目的学生数量极少，特别是相对于本地区入学学生总数而言。这个项目的范围狭小，可归因于三个政府没有给予最初所期望的财政支持（Mallea，Malo，and Pendergast 1998）。北美学生流动项目的注意力主要集中于学生流动，很少关心在课程上对北美维度进行整合的长期目标。

各个协会建立的项目，很少导致创新性课程的开发，它们中仅有 25% 实施了课程国际化所需的学习技术的开发与应用（León 2000）。仅有 47% 的项目主任认为，在政府财政资助结束以后战略联盟的延续是可行的。而且，管理大学之间的三边项目是如此复杂，以致资源中的很大一部分被花在项目主任的管理和会议上。在将来，建立将财务资源专用于学生奖学金的学生流动项目，是件有意义的事。建立以教师国际化为目的的教师流动项目，同样有意义。最后，北美的私人企业将变成大学和政府的天然的、积极的联盟的假设，将被证明是虚假的（Mallea，Malo，and Pendergast 1998）。

北美自由贸易协定在高等教育领域合作方面的进展，是谨慎的、无规律的、不对称的以及在多数情况下没有被制度化的。三国政府的政治意愿表达得仍然不够清晰，依靠这个意愿来促进流动的法律和财政机制也一样。这表明这个方向上的任何努力很可能会失败（Marmolejo 2000）。

北美自由贸易协定的签署增加了北美洲，特别是墨西哥和加拿大之间的流动。1991—1996 年在加拿大学习的墨西哥学生增加了 134%，而在这期间墨西哥在美国学习的学生仅增加了 30%、在墨西哥学习的美国学生增加了 35%（León 2000）。2002 年的《开放的大门》（*Open Doors*）报告提到，在美国的墨西哥学生增加了 17%，特别是在国界线沿线各州，如得克萨斯、新墨西哥、亚利桑那以及加利福尼亚的社区大学里。

269 2002 年，在墨西哥的美国学生增加了 13.4%，在这一点上墨西哥超过了澳大利亚和德国。在拉丁美洲，墨西哥是美国学生的首选目的地。至于墨西哥和美国之间的教学研究人员流动，墨西哥在 20 个拉美国家和地区中排在第 17 位，在巴西之后和阿根廷之前（IIE 2003a）。

学生和教师流动受到移民政策与制度的影响，特别是那些在 2001 年 9 月 11 日之后影响签证的因素。

与欧盟的合作

20 世纪 90 年代以来，墨西哥与欧盟的合作活动稳步增长。这主要出现于拉美学术培训项目（ALFA）中。这个项目在各种本地区优先发展的学科中，为建立欧盟和拉美国家之间的高等教育机构合作网络提供便利，例如机构管理、研究生培养项目以及学者和研究生的流动。该项目通过这些网络，促进了拉美机构之间的学术合作，连接了横向和纵向的合作。几乎所有拉美主要的大学都加入了拉美学术培训项目（ALFA）。

该项目的第一阶段开始于 1994 年，持续了 5 年。第二阶段从 2000 年开始，到 2005 年结束，支持这一阶段的预算为 4 200 万英镑。

拉美学术培训项目的第一阶段包括 846 个活跃的项目。这些项目的主要协调者是西班牙（255 个项目）、法国（86 个项目）、意大利（81 个项目）、英国（70 个项目）和德国（40 个项目）。在拉丁美洲，阿根廷、智利和墨西哥排在前面，每个国家有 28 个项目；其次是巴西（19 个项目）和哥斯达黎加（13 个项目）（ALFA 2005）。

值得一提的是源自伊比利亚－美洲峰会的项目，例如伊比利亚－美洲的拉美科学技术发展项目，该项目有 7 500 个科学家 46 个不同的主题网络；穆蒂斯研究生奖学金项目；伊比利亚－美洲教育电视台，该地区有 250 个教育机构参与其中；伊比利亚－美洲都市发展战略中心，它推动伊比利亚－美洲 56 个城市的都市发展；拉丁美洲和加勒比海地区土著居民可持续发展基金，它通过直接赠与和非政府组织来提供财政资源；中美洲和加勒比海地区的成人识字项目。

270 2003 年，欧盟发起新的拉丁美洲的高水平奖学金项目，它为在欧洲大学学习的拉美国籍的研究生提供奖学金。通过这个项目，欧盟计划增加其在该地区的影响并挑战美国的领导地位。这个项目实施的第一年，参与最多的国家有西班牙（97 份奖学金）、英国（96 份奖学金）和法国（20 份奖学金）。在颁发的251份奖学金中，墨西哥获得21份奖学金（占8.4%），主要分布于工商、通信和信息科学领域。

欧洲国家还通过积极的双边合作组织来开发合作项目，例如西班牙国际合作署（AECI）。1994—2002年，该机构的跨校园项目支持了1 940名学生、879名教授以及29名管理人员的流动。其他项目包括德国学术交流服务中心、英国文化协会、法国研究与发展学院，这里仅列举几个。

最近墨西哥变成了欧盟的准成员。这个地位提供了很多的机会——虽然还有待开发——以在墨西哥与欧洲大学之间建立联系和战略联盟。

所有这些项目和行动，表明了欧洲在拉美的地缘和战略利益。拉美高等教育机构和欧盟利用这些机会来促进学术合作，以及利用这些机会来提高它们自身的能力，这些都很重要，而不是为了简单解决个人获得资助机会的问题。

与拉美和加勒比海国家的合作

在拉美和加勒比海地区的学术合作近年来有所增长，这要归功于学术网络的建立，但更重要的是地区外组织的影响（欧盟和欧盟成员国，例如西班牙、法国和德国）。不幸的是该地区的各个政府没有推动跨机构的合作。一些努力已经作出，例如墨西哥全国大学和高等教育机构协会与中美洲大学委员会（CSUCA）之间、墨西哥全国大学和高等教育机构协会与哥伦比亚大学协会之间的地区合作。而且，总的来说，尽管拥有共同的语言和文化，并没有出现任何建立该地区内学生和教师流动项目的尝试，以及在关键领域建立卓越发展中心［类似于欧洲共同体转移计划（European community Transfer Scheme）］的尝试。

与亚洲和大洋洲国家的合作 271

国家科学与技术委员会（CONACYT）已经和中国、韩国、日本、越南以及其他国家签署了科学技术合作协议。与澳大利亚和新西兰的学术合作活动，特别是学生流动，增长迅速，因为这些国家的声望在墨西哥学生中提高了。澳大利亚机构已经在对墨西哥学生开放教育机会上表现出巨大的兴趣，这通过招收愿意在澳大利亚攻读研究生学位的学生，以及签署学生和教师交换合作协议而得以体现。

墨西哥正在接收越来越多的亚洲学生，主要来自日本和韩国，他们想学西班牙语。中国的情况则不同，因为中国学生很难获得墨西哥的入境签证。

近年来，很多墨西哥公立大学——包括墨西哥国家自治大学、科利马（Colima）大学和瓜达拉哈拉大学——已经建立了与太平洋地区研究有关的中心和项目。

墨西哥的地理位置，使它能够与美国、加拿大和太平洋地区的国家保持最惠国的合作关系。它的经合组织成员国和欧盟准成员国的身份，建立了它与欧洲的特殊联系。墨西哥政治经济稳定，为流动和学术整合计划提供了强大的竞争优势。

跨国家化和高等教育的新提供者

有关教育的外国提供者的介绍，在高等教育系统各种各样的行动者中只是一个边缘性的话题。尽管墨西哥（通过联邦商务部）和巴拿马为了响应世界服务贸易总协定（GATS），而成为在2004年提出开放它们的教育市场的仅有的两个国家，但是公共教育部没有公开澄清它在这个事情上的立场。作为北美自由贸易协定的第12章的一部分，墨西哥同意给予成员国家的服务（包括教育）提供者国民待遇。

这或许说明，墨西哥政府之所以不反对教育的外国提供者的进入，可能是把它当作增加教育供给的可选手段，因为目前的供给明显不足。但是，高等教育，就像公共福利一样，是墨西哥人一个极端敏感的话题，因为墨西哥
272 是大部分学生（68%）在公立机构学习的拉美国家之一。这和私立教育占主导地位的巴西、智利和哥伦比亚形成对比。

公共教育部似乎并不关心调节、监管和控制跨国教育服务，就像它对待私立教育的那样。跨国教育很可能被私立教育同化，并被看作公立教育的补充。

很难对墨西哥跨国高等教育的不同形式作出分析，因为缺少数据以及分辨形式、概念和类别的系统。墨西哥进口教育的需求大于它出口教育的能力。这并不令人吃惊，因为教育服务出口一直被英语国家垄断（美国、英国、澳大利亚和加拿大）。在西班牙语国家中，西班牙是一个重要的出口国，主要通过西班牙国家远程教育大学，最近则更多地通过嘉泰罗尼亚开放大学。这些机构更愿意寻求紧密的合作，而不是简单地出售服务。①

① 例如，在坎特鲁纳的奥博塔大学、瓜达拉哈拉和瓦拉克鲁兹大学之间的合作协议。

墨西哥唯一一所重要的出口教育服务的机构，是蒙特雷理工学院，主要通过它的虚拟大学实施。蒙特雷理工学院还通过它的共同体中心的网络，在美国建立了运行基地。

教育服务出口在墨西哥公立大学的日程上不具有优先发展地位，保证满足内需是它的趋势和方向。它要优先做的事情是增加国民教育的入学率，以及在整体上提高教育的质量。

在最近几年里，一个提高教育质量、拓宽教育范围的战略，已经促成了与联合提供课程和项目的外国机构结成的跨国联盟。这些学术联盟在私立机构本科层次的经济学和管理学等学科是最常见的，而在公立大学的研究生层次则集中在社会科学、精密科学和工程技术等学科。这种结成联盟的趋势，主要归功于欧盟、西班牙、德国、法国，以及北美学生流动项目、合作便利机构（例如北美高等教育协作协会和美洲间高等教育组织）所提供的国际合作机会。

很少有外国机构在墨西哥设有校园。那些在墨西哥设有校园机构，例如埃迪科特（Endicott）学院、西桥大学、联盟国际大学——它们都经过了美 273
国机构的认证，不需要公共教育部的官方承认。一些外国大学，主要是来自美国的，在墨西哥设有办事机构，来促进项目以及与墨西哥机构结成联盟。

西尔万国际公司（Sylvan International）对墨西哥大学谷——墨西哥最大的私立大学之一——的并购，这表明外国商业企业已经开始进入墨西哥教育部门了。现在，墨西哥大学谷与思而文国际公司网络中的所有大学一起，为它的所有学生提供联合学位。这意味着，墨西哥与外国机构之间的这种联合，能够为这些机构带来更多的国际化。[1]

其他企业，例如阿波罗国际教育集团（Apollo International），也对投资墨西哥大学进行了市场调查。[2] 对于准备进入墨西哥教育市场的外国营利性机构来说，获得在市场上排位很好并得到官方认可的、声誉良好的墨西哥大学，是非常有效的手段。

墨西哥高等教育跨国家化这一现象尚处于起始阶段，但正在发展中。由于公共部门不能吸收足够多的学生，在这个领域缺少具体的规则，以及法律

① 思而文国际公司大学网络包括：西班牙的欧洲大学、瑞士的理斯诺士（Les Roches）大学、法国商业高等专科学校、智利的美洲大学、美国的华登（Walden）大学。

② 阿波罗国际与美国最大的营利性大学——凤凰城大学一样，是阿波罗商业集团的组成部分。

上存在空隙、模糊和矛盾，跨国机构有繁荣之势。政府亟须关注这个问题，并且找到规范、监管以及评估这些机构的方法。首先，为尽可能避免激进的定位和矛盾，冷静地就其优势和劣势进行有目的的辩论是必要的。

批判的方面和将来的挑战

墨西哥国际化的挑战，总的来说与高等教育系统所面对的挑战紧密相连。像其他拉美国家一样，墨西哥需要增加高等教育入学机会，它目前的入学率为22%，远远低于其他经合组织成员国家的平均水平（55%）。对墨西哥有利的一点是近年来高等教育的快速发展，这主要得益于新建的54所技术大学和其他类型的机构。除了增加入学机会之外，这些机构已经在高等教育的多样化方面发挥了作用。然而，公共部门这种扩张的财政成本，限制了
274 对新的发展领域的投资，例如国际化和国际合作。公共部门将几乎90%的预算花在了薪酬、养老金以及管理费用上的事实，使得资金缺乏问题进一步凸显。因此，国际化正在和增加的入学机会、研究、开发、课程改进、设备与设施、人力资源开发、文化和延伸项目以及其他重要项目争夺资源。

同时，墨西哥的高等教育系统还受制于低质量的教学项目、低水平的教师、过时的设备、诸如图书馆和实验室之类的学术设施的缺乏。这些因素限制了它吸引外国学生的能力。结果，墨西哥送出国的学生多于它所接收的外国学生。有一个时期，在国外学习的墨西哥学生有49%选择了美国（ANUIES 2002），只有5%的在外国读书的美国学生选择了墨西哥（IIE 2003a）。在诸如北美学生流动项目的交换项目中，墨西哥流入美国和加拿大的学生，超过了美国和加拿大流向南半球的学生的总和。这剥夺了不流动的学生与其他文化建立联系的机会，限制了他们的跨文化经验，而这些在21世纪是如此重要。

墨西哥高等教育系统中，对国际化进程存在负面影响的另一方面是缺乏灵活性和创新性课程。甚至在墨西哥境内的项目和机构之间学分互换都很难，更不要说国际上了。

课程不适应劳动力市场，教师处于教学的中心。他们强调知识的积累，而不是发展批判思维和适应能力。课程高度专业化，与本科课程更加通识化、减少专业化的国际趋势相背。教师需要修改课程内容和教学方法，同时在协调国际化的活动上花些时间。有人建议国际化的课程应包含更多的通识

教育内容（Gacel-Ávila 2003）。

几乎半数的教师是兼职工作，这严重限制了他们成为真正的专业教师的能力，减少了他们使自己跟上课程方法最新进展的时间。拥有全职教师，是课程和学生能力国际化的基本条件。

高等技术教育还没有采取国际化的行动。这暗示了墨西哥经济的关键部门还没有作好应对全球经济和劳动力市场的准备。

墨西哥的知识生产仍然集中于专业化的学科。它不能顺应现代国际趋势，例如吉本斯（Gibbons 1994）推荐的集中于问题解决的知识生产模型。

大学管理的非专业化，严重削弱了国际化进程中的领导和管理。在多数 275
墨西哥机构中，特别是公立部门，权力和决策权掌握在那些通常缺乏推动复杂教育变迁所需的经验与知识的人们手中，而这种教育变迁正是 21 世纪所需要的（Albach 2003）。结果，墨西哥机构在获得最新世界趋势所产生的机会的效益时表现得力不从心。一部分原因是支持国际化战略所需要的组织和项目结构方面的失败。

结　　论

20 世纪 90 年代后期以来，墨西哥的国际化得到了发展，在提高教育机构和国家层面上的教育质量方面作出了努力。其他国际化的原因包括：重要性的排序，面对国际贸易协定带来的挑战时建设国家竞争力的需要，适应全球劳动力市场的新要求，实现墨西哥教育项目的国际认证，以及（重要性低得多的）保证学生掌握外语、获得外国文化知识、开发跨文化的敏感性等。

学生和教师流动项目有所增加，国际网络已经建立。但是所作出的努力一般是对外部机会的回应。国际化在机构政策的边缘地带发展，它没有成为大学日常工作的核心部分。总之，所采取的国际化战略并没有像这个领域的顶尖学者们建议的那样（Knight and de Wit1995；Rudzki 1998；Van der Wende 1994），将国际化的影响整合进教育过程的各个层面（教学方法、课程设计、职员发展政策、组织和项目结构，或者机构发展政策的实际决策）。很少有墨西哥大学在招收外国学生，或者提高和出售它们的教育服务方面，表现出有组织、有计划的行动。它们缺少方向感或者目标，与机构政策和需要优先考虑的工作脱节。国际化维度在国家和机构政策中缺少规划、预算以及质量评价，墨西哥大学在它们实际的功能和文化中，仍然远未将国际和跨文化维度制度化。

276 国际化成功实施的障碍包括：负责管理这个进程的人员有限的专业化水平，脆弱的组织和规划机构，不能适应21世纪需求的课程，几乎不具有国际经验的、训练“无”素、兼职工作的教师。虽然机构当局极力粉饰，国际战略真正成为机构日程中的优先发展重点的情形极少。墨西哥大学中多数主要的行动者相信，大学不是培养学生应对变革世界中的挑战的地方。

虽然有一些关于改善墨西哥高等教育系统的官方论调，但是国际化项目的组织，并没有像诸如经合组织的高等教育管理学院等国际组织建议的那样，围绕全面国际化的概念展开。国际化必须超越仅仅只是国际合作以及人员流动的传统观念。①

纳入机构核心发展战略的国际化在国家政策方面缺乏领导，正在削弱这个进程的影响和潜力。因为墨西哥的公立高等教育机构依靠政府的资助，它们必须紧跟国家政策中所表述的指导方针。由于这个原因，国际化方面的国家政策将决定它的未来。这个政策不支持创新的国际化项目的想法，也没有对大学将它们的功能加以国际化和提高毕业生的国际竞争力，提供充足的资源和指导方针。

正如富兰（Fullan 1991）所说，对能够影响个人和影响系统的变革战略作出区分是非常重要的。既然国家与机构政策都选择了影响个人而不是系统的国际合作和流动战略，那么也就没有可能通过这些战略来提高教育质量，或者影响整个系统的改革和创新。

墨西哥教育系统没能促进一项政策或保障资源的可获得，以在结合学生的专业和社会作用的基础上发展他们的全球视野。这个失败可能不是有意的，但是，正如范德温德（Van der Wende 1997）所断言的那样，它是决策
277 者在理解国际化战略需要方面的无能所导致的后果，国际化战略是全面的、广泛的，并且渗透进教育过程的各个层面。由于这个原因，为了对应对21世纪挑战的效益获得更深入的理解，进行全面国际化方面的研究是至关重要的。相对来说，关于这个主题的研究，在墨西哥的教育研究机构中没有得到

① 《国民教育规划2001—2006》没有使用“国际化”这个术语，但是使用了“国际合作”和“流动”。这表明国家的政策是继续促进基于国际合作的传统国际化概念的国际项目的组织，而不是把国际化这个概念纳入机构的优先发展重点和发展计划。

很好的发展。因此，像本书一样的出版物，在增加拉丁美洲对这个主题的兴趣方面，发挥了重要作用。

墨西哥的国际化前景，与其高等教育本身不断改善的进程密切相关。入学机会在增加，教师素质在提高，研究预算在上升，各个层面的评估在涌现，基础设施在建设之中。虽然有了这些令人鼓舞的成绩，但是，20 世纪 80 年代教育的下滑——被称为“丢失的十年”——还没有恢复到能够弥补与发达国家的差距的状态，而且差距在继续扩大。

决策者应该清醒地意识到、应该跟随世界教育的主流趋势。经合组织国家，把国际化与先进的课程以及教学新方法一起置于其教育的优先发展重点的中心位置。如果墨西哥失去紧跟这个趋势的机会，它的教育系统将不能适应 21 世纪的要求。因此，为了让墨西哥的毕业生在新的全球环境中获得竞争力，国际化已经不仅仅是墨西哥的一个选择，而是一项义务。

国际化战略能够通过战略性的机构联盟（它们能为学生提供 21 世纪所需要的跨文化能力和全球竞争力）让墨西哥摆脱落后。与发达国家相比，墨西哥没有教育它的学生应对这些新挑战的事实值得关注。

墨西哥需要创新性和创造性方法，来实现高等教育系统的升级以及应对未来的挑战。现在是决策者们充分认识到国际化是通向成功的道路的时候了。

参考文献

ALFA (Latin America Academic Training). 2005. http://europa.eu.int/comm/europeaid/projects/alfa/index_en.htm

Altbach, Philip G. 2003. “The Decline of the Guru: The Academic Profession in Developing and Middle-Income Countries.” 23-50. New York: Palgrave MacMillan.

ANUIES (National Association of Universities and Institutions of Higher Education). 2000. “La educación superior en el siglo xxi: líneas estratégicas de desarrollo.” Mexico.

——. 2001. “Calidad e internacionalización de la educación superior.” ANUES and the 278
National Autonomous University of Mexico, Mexico.

——. 2002. *Informe de la Red de Cooperación.* Mexico: University of Colima Press.

CONAHEC (Consortium for North American Higher Education Collaboration). 2002. “Neighboring in the ‘Globai Village’: North American Cooperation and Collaboration in Higher Education. A Context for the Program for North American Mobility in Higher Education: Past, Present and Future.” CONAHEC, Tucson, AZ.

Delors, J. 1997. “La educación encierra un tesoro.” Paris: UNESCO.

De Wit, Hans. 1995. *Strategies for Internationalisation of Higher Education: A Comparative*

Study of Australia, Canada, Europe, and the United States of America. Amsterdam: European Association for Internacional Education.

——. 1997. "Strategies for Internationalisation of Higher Education in Asia Pacific Countries: A Comparative Introduction." In *Internationalisation of Higher Education in Asia Pacific Countries*, ed. Jane Knight and Hans de Wit. Amsterdam: European Association for International Education.

——. 2002. *Internationalization of Higher Education in the United States of America and Europe: A Historical, Comparative, and Conceptual Analysis.* Westport, CT: Greenwood Publishing.

Didou, S. 2002. "Transnacionalización de la educación superior y aseguramiento de la calidad en México." *Revista de la Educación Superior* 31 (4): 11-23. ANUIES, Mexico.

Fullan, M. 1991. *The New Meaning of Educational Change.* New York: Teachers' College Press, Columbia University.

Gacel-Ávila, J. 1999. "Internacionalización de la educación superior en América Latina y el Caribe: reflexiones y lineamientos." Organization of Inter-American Universities, AMPEI, and the Ford Foundation, Guadalajara, Mexico.

——. 2000. "La internacionalización de las universidades Mexicanas: políticas y estrategias institucionales." ANUIES, Mexico.

——. 2002. "La dimensión internacional de las universidades mexicanas: un diagnóstico cuantitativo y cualitativo." *Educación Global* 6: 121-5. AMPEI, Mexico.

——. 2003. *La internacionalización de la educación superior: paradigma para la ciudadanía global.* Mexico: University of Guadalaiara Press.

Gacel-Ávila, J., and R. Rojas. 1999a. "Características de los estudiantes extranjeros." *Educación Global* 3: 121-27. AMPEI, Mexico.

——. 1999b. "Las oficinas de intercambio académico en las instituciones de educación superior en México." *Educación Global* 3: 109-120. AMPEI, Mexico.

Gibbons, M. 1994. *The New Production of Knowledge: The Dynamics of Science and Research in Contemporary Societies.* London: SAGE.

IIE (Institute for International Education). 2003a. *Open Doors: Report on International Educational Exchange.* New York.

——. 2003b. "RAMP Impact Evaluation." May. New York.

Kälvermark, T., and M. Van der Wende. 1997. *National Policies for the Internationalisation of Higher Education in Europe.* Stockholm: Högskoleverket Studies, National Agency for Higher Education.

279 Knight, J., and H. de Wit. 1995. "Strategies for Internationalisation of Higher Education: Historical and Conceptual Perspectives." In *Strategies for Internationalisaton of Higher Education: A Comparative Study of Australia, Canada, Europe and the United States of America*, ed. H. de Wit. Amsterdam: European Association for International Education.

León, F. 2000. "Movilidad académica en América del Norte: hacia nuevos modelos de integración y colaboración." *Educación Global* 4: 37-57. AMPEI, Mexico.

Mallea, J. , Malo S. and Pendergast P. 1998. "The Vancouver Communiqué Revisited: An Assessment." Working Paper No. 8, Consortium for North American Higher Education Collaboration, Tucson, AZ.

Malo, S. 2000. "Reflexiones sobre el futuro para la educación superior en México." *Revista de la educación superior* 24 (1): 95-102. 113. ANUIES, México.

——. 2004. "La comercialización de la educación superior." In *El dificil equilibrio: la educación superior como bien público y comercio de servicios. Implicaciones del AGCS (GATS)*, Carmen García Guadilla, coordinator, pp. 101-08. Documentos Columbus. Universidad de Castilla-La Mancha, Cuenca.

Marmolejo, F. 2000. "Educación superior en América del Norte a seis años del TLCAN." *Educaión Global* 4: 59-69. AMPEI, Mexico.

Nilson, B. , and M. Otten. 2003. "Internationalisation at Home from a Swedish Perspective: Editorial." *Journal of Studies in International Education* 7 (1): 27-40.

Oxford Dictionary of New Words. 1991. Oxford: Oxford University Press.

Pallán, C. 1996. "Panorama y perspectivas del intercambio académico en las IES mexicanas." *Revista de la educación superior* 15: 31-41. ANUIES, Mexico.

Rudzki, R. 1998. "The Strategic Management of Internationalization: Towards a Model of Theory and Practice." PhD thesis, Newcastle School of Education, University of Newcastle-upon-Tyne, United Kingdom.

Secretaria de Educación Pública. 2001. "Programa nacional de educaión 2001 – 2006." Department of Public Education, Mexico.

——. 2002. "Programa nacional de educación 2001 – 2006." Paper presented at the 33rd General Assembly of ANUIES, Autonomous University of Yucatan/ Technological Institute of Merida, October 17.

——. 2005. Educación superior. Institucional. *Estadisticas*. www. sep. gob. mx.

UNESCO (United Nations Educational, Scientific and Cultural Organization). 1998a. *Higher Education in the Twenty-First Century: Vision and Action*. World Conference on Higher Education, Paris, October 5-9.

——. 1998b. "Marco de acción prioritaria para el cambio y el desarrollo de la educación superior." Paris. www. unesco. org/education.

Van der Wende, M. 1994. "Internationalisation as a Process of Educational Change." In *Pilot Project on Regional Co-operation in Reforming Higher Education, Seminar* Ⅱ: *Mobility in Higher Education*, pp. 37-49. Paris: European Commission/OECD.

——. 1997. "Missing Links: The Relationship between National Policies for Internationalisation and Those for Higher Education in General." In *National Policies for the Internationalisation of Higher Education in Europe*, ed. T. Kälvermark and M. Van der Wende. Stockholm: Högskoleverket Studies, National Agency for Higher Education.

281 # 第 9 章

秘鲁高等教育的国际化

路易斯·海梅·卡斯蒂略·巴特斯（Luis Jaime Castillo Butters）
莱娜·鲍贝尔努伊·伊基罗加（Leena Bernuy Quiroga）
帕梅拉·拉斯特雷斯·达默特（Pamela Lastres Dammert）

本章审视了秘鲁大学中已经发生的国际化。主要描述了高等教育部门，审视了卷入或影响高等教育国际化的国家层面的主要行动者，关注了国际化的组织和项目，概括了秘鲁大学国际化维度的核心层面，总结了秘鲁大学国际化发展的必然和潜在趋势。

在秘鲁，国际合作是一个使用广泛的术语。它通常指国际发展合作，倾向于描述秘鲁高等教育机构所从事的国际工作的方向与类型。通过涉及双边或多边捐赠国家或机构的国际发展合作，秘鲁高等教育系统的国际化维度得到了很大发展。最近以来，这种纵向的国际发展合作开始向横向合作移动。横向合作仍然可以包括技术援助，而且可以得到外部发展基金和捐赠基金的支持，它更多地被建立在伙伴和互惠途径的基础之上，常常涉及发展中国家之间的交换。

与此同时，一个变化正在发生，那就是学术与研究的合作和流动不断增加。这种类型的合作，常常基于旨在联合研究与技术开发的机构层面的关系和协议。因此，秘鲁大学的国际化进程的特征表现为，既有垂直的和水平的国际发展合作，又有为了教学与研究目的而不断增加的合作和互惠伙伴。

秘鲁的国际化更多地被作为结果而不是手段来看待。秘鲁大学千方百计地寻找被国际化的而不是国际化的途径。这意味着教授和学生具有国际背景与经历，机构在国际上被认可为卓越的中心，教员是全球环境中的行动者，学术活动 282
有一个国际性的成分，可获得的国际资源被有效率地使用。简而言之，国际化的维度需要植入高等教育的各个方面，以便通过与拉丁美洲和世界其他部分更深入的联系、创新思想与观念的新源泉以及质量和服务的新标准，而被很好地利用。

国际化存在一些固有的风险，尤其是在它的实施过程中忽视民族价值观和传统，甚至是与后者相对立的时候。这些情况下的国际化会增加异化（alienation）的程度。在一些发展中国家，国际化有时候被作为追求用外国模式解决国内问题的手段。拉丁美洲的很多大学，特别是私立大学和营利性大学，已经被指责为异化的中心，它们培养那些脱离现实、并不能为其国家发展贡献才华的专业人才。在民族的和国际的这两个极端之间找到平衡，是个人们期待的解决方案，但这却是很难实现和维持的。

研究方法

本章使用三种方法来收集信息，即访谈一组大学官员，完成一个问卷调查，对不同的组织和大学进行现场访问。

有趣的是，诸如富布莱特委员会这样的国家机构和中介组织，较之秘鲁大学本身拥有更完整和更新的信息。[1]在很多场合，大学把它们的国际关系和国际化努力方面的信息视为机密，并对此非常敏感。其他大学则认为发布信息会对它们的国际化努力构成危险。大多数大学根本不保存有关它们国际化行动的信息。这反映出对国际化的重视程度不高，以及负责此项工作人员的高人员更替率和低资格等级（modest qualification）。

定性数据来源于与大学国际关系官员和政府部门代表的访谈，例如外交部长和秘鲁国际合作署（Peruvian International Cooperation Agency，简称 APCI）。与全国大学校长会议（National Assembly of Reactors）的官员的访谈被给予了特殊重视，因为这个团体对包括国际化维度在内的高等教育系统中机构的发展，有着主要的影响。

① 因为有关秘鲁大学国际化的信息极少，本章将部分地基于访谈者和作者的主观归纳。

秘鲁的高等教育系统

283 秘鲁的高等教育经历了公共部门和私立部门两个方面的增长。

系统的增长和扩展

20 世纪 40 年代以来，秘鲁的大学系统得到了极大的扩展。但是，系统的质量却已然落后，教育的进步很不均衡。伴随着高等教育注册人数的爆炸性增长，成千上万的人仍然缺乏甚至最低水平的教育。

1960 年以前秘鲁有 9 所大学；20 年后变成了 46 所，而且另有 5 所已经创办但还没有正常运行。截止到 2003 年，秘鲁的大学已经发展到 78 所，其中有 25 所是在过去的 10 年中创办起来的（图 9. 1）。尤其是在 20 世纪 90

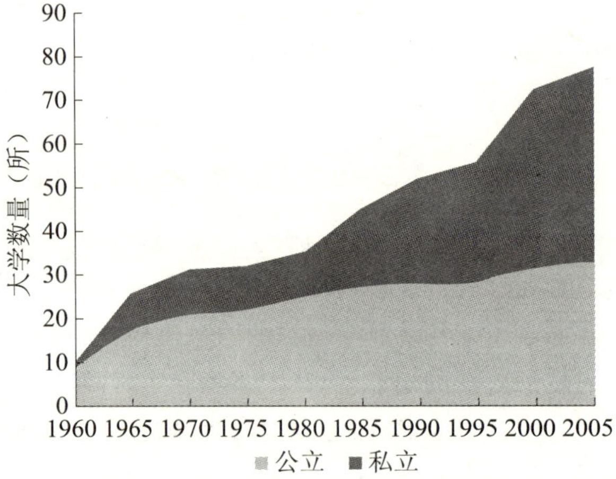

图 9. 1　1960—2003 年秘鲁大学数量

资料来源：Asamblea Nacional de Rectores（2005）。

年代，私立大学的数量迅速增长。截止到 2003 年，秘鲁的私立高等教育机构从 20 世纪 80 年代占高等教育机构总数的 45% 上升到 61% 。1960—2003 年，学生数增长到原来的 9. 6 倍。

私立部门和投资的增长

私立部门在高等教育（包括大学和非大学）中，比在更基础的教育层
284 次中发挥着更加重要的作用，据统计，在高等教育领域，在私立教育机构注

册的人数占到43%，而在基础教育领域，在私立教育机构注册的人数仅占12%—15%。农学、精密科学和自然科学、工程学科，主要由公立大学提供；私立大学则集中于成本较低的管理学、法学以及一些特定的社会科学学科。

《1997年教育投资促进法案》（1997 Act of Promotion of Investment in Education），为私立部门进入大学教育领域铺平了道路。这个法案是对《1983年大学法案》（University Act of 1983）的修正。在经过修正的法律框架下，个人和公司有权提供营利性或非营利性教育。这个修正案规定，私立大学是享有私人权利的公司。而且，证实举办一所新大学是否具有充足的需求，以及是否能够获得保证服务质量的合格师资和资源，已经不再是必需的事情。在新的法律框架下，私立教育机构的所有人只需要遵守“教学计划的总规范，以及政府制定的教育组织的最低条件”就可以了。

这个新的法律框架对创办新的大学机构是有利的，它同时也使高等教育市场达到了饱和状态。这些新大学导致了教育市场中的激烈竞争。其结果是，带来了教育项目和学位的多样化，但这并不表示满足了专业教育和知识生产所要求的新条件。多样化更多的是招收学生的市场战略，而不是考虑社会需要和职业市场的结果。在很多情况下，发展新项目的投资，包括增添教育设施和提供奖学金，其目的并不在于提高教育质量，而在于成为获得按照新法案规定，给予投资者税收优惠的很好的理由。

秘鲁大学的学术质量

大学系统的扩展，以及关于教育投资的最新立法，以好几种方式对大学的学术质量产生了直接冲击。一个是与申请者的筛选有关。学生人数于1985年达到高峰，而且这个数字相对稳定了下来，但是1985年以后大学数量几乎翻了一番。在过去的10年中，公立大学接受申请者的比例为1%，这个比例在私立大学中从1990年的46%变成了1997年的74%。在2002年，有229 107名学生向公立大学提出申请，62 149名学生向私立大学提出申请。学生偏爱公立大学的原因，可以解释为低学费以及与公立大学悠久历史相联系的高声望。每6个申请者中大约有1个进入公立大学，而每1.4个 285
申请者中就有1个进入私立大学（INEI and ANR 1997）。

反映大学系统质量的另一个指标是生师比。在过去 10 年中，秘鲁公立大学的生师比大约是 12∶1 或 13∶1。私立大学的生师比从 1990 年的不足10∶1 上升到 1991 年的 16∶1，而且在 10 年中其余各年均保持在 14∶1 和 16∶1 之间。私立大学系统的扩展的一个结果是，1991—2000 年的 10 年间，公立大学的教师人数保持了持续的稳定，而私立大学的教师人数则从 1991 年的 8 485 人上升到 2002 年的 14 335 人。很多教师达不到规定的资格标准。仅有 47% 的教师获得了研究生学位。在拥有研究生学位的教师中，仅有 17% 的教师获得了博士学位，10% 的教师在国外获得了学位（Webb 2002）。

相对而言，秘鲁大学很少开展研究工作。大学教授中仅有一半人参与研究活动，平均来看，每个教授在一个为期 5 年的期限内仅完成 2.4 个研究项目（Butters，Quiroga，and Dammert 2004）。

高等教育国际化进程中主要的国内行动者

在政府或大学层面上，国际化并不是计划进程的一部分。国际化方面的努力，更多的是个体努力的结果，并大多表现出无组织和非共享的特征。

在 20 世纪 60 年代和 70 年代，拉丁美洲特别是秘鲁的高等教育，收到了来自更多发达国家的技术援助和资源。发展聚焦于通过知识转移、机构能力建设和人力资源教育，来实现高等教育的现代化。很多大学在发展援助的支持下，开发新项目和培训自己的教授。这些努力不是中长期计划和政策发展的结果，它更多地反映了利用可获得资金的欲望。这种类型的发展援助和国际合作，更多地建立在被动的和未事先安排的途径的基础之上，它无助于可持续的成就和关系。这种情况在过去的 20 年中发生了变化，国际发展合作更多地指向减少贫困。发展国际合作新伙伴和新途径的需要，开始从纵向合作向横向合作移动。

286 政府还没有形成一套稳定的政策并以一种一贯的和可持续的方式，来完成国际化的进程。既然国际化在国家事务中不具有优先发展的位置，那么它就缺少用以提升它的充足的财源。根据全国大学校长会议的资料，在过去的 10 年中，高等教育还没有被看成国家发展的基础。政府把更多的注意力集中于开发非大学领域以获得技术支持，这严重地削弱了多数大学的能力。这已经对秘鲁科学家和国际科学界建立联系的能力构成了严重的负面影响。根据全国大学校长会议的资料，有关改变现状的必要性的认识正与日俱增，对访问学者签证管制的放开就是这方面的证据。

政府层面

在政府政策层面上，参加国际化进程的行动者是外交部、秘鲁国际合作署、国家科学技术委员会（National Council for Science and Technology，简称CONCYTEC）、国家奖学金和教育信用协会（National Institute for Scholarships and Education Credit，简称INABEC）以及双边合作机构。

外交部

外交部的职责是保护和促进国家在海外的利益，发展有关外国的政策并协调它们的执行。它把大学看作处理外交事务的主要代理机构，尤其是涉及科学与文化事务时更是如此。外交部的一个目标就是扩展文化合作方面的总协定，这个目标已经变成秘鲁驻外使馆和领事馆的职责。

就像在《外国文化政策计划》（Foreign Cultural Policy Plan）中所描述的那样，外交部支持文化和教育事务的发展。为了使这项计划圆满成功，外交部决定成立一个有大学代表参加的工作与协调小组，这些大学代表至少一年举行两次会议，以提出详细的建议和作出适当的评价。这个工作还没有全面发挥作用。外交部的文化司还通过向来自不同国家或机构的学生和教授发放签证的方式，支持国际专家的流动，这类签证一般可以带来两国之间或机构之间的合作协议。

秘鲁国际合作署

秘鲁国际合作署（APCI）成立于2002年，是外交部的一个部门。它的成立起因于一段时间内国际合作的组织结构和授权方面的混乱与变化。秘鲁国际合作署认识到，大学与研究中心参加的双边和多边政府机构以及非政府
组织资助的项目十分有限。一些机构为了在秘鲁国际合作署渠道之外筹集资 287
金，积极发展它们自己的联系和战略。这些资金产生了很多重要性不大的、很小的、孤立的项目，但是这些项目反映了机构在通过国际化的渠道进行工作方面的兴趣。为了发展一项旨在更有效地获取和使用国际捐赠支持的计划，秘鲁国际合作署与从事高等教育和科学技术的机构并肩工作的时候到了。这样做的结果将是提高对大学在秘鲁发展中重要作用的认识。

国内机构

国家科学技术委员会（CONCYTEC）以及国家奖学金和教育信用协会（INABEC）是负责国际化的主要机构。两个机构都从教育部获得资金和政策方向。国家科学技术委员会负责国际科学与技术的开发和合作。国家奖学金和教育信用协会负责为学者们寻找和发现国际培训与流动的机会。

国家科学技术委员会促进、协调和执行技术开发方面的政策。国家预算、贷款、捐赠和国家科学技术开发基金以及国际合作，都是它的筹资渠道。作为国际合作项目的科学技术奖学金，必须通过国家科学技术委员会申请，并与相关的国内实体进行协调。

国家奖学金和教育信用协会是一个独立的组织，它负责详细描述、建议、执行与提供同来源于国际技术合作的学术奖学金有关的政策和项目。它最近通过发展与媒体、地方教育机构、国内不同地区的大学的合作，发起了一个重要的信息意识运动和分权进程。国家奖学金和教育信用协会已被建议，在处理奖学金以及通过慈善机构之间的协议扩展其与外国大学以及基金会、大使馆、多边和双边机构的关系等方面，与秘鲁国际合作署保持更加密切的合作。

在秘鲁，没有一个单独的实体专门负责接收和分发奖学金。其结果是，没有关于在国外学习的秘鲁人的统计数字。尽管人们相信近年来人才流失的数字已经有所增长，但人才流失的程度却无从知晓。

全国大学校长会议

全国大学校长会议是秘鲁公立与私立大学的协调性实体。它的任务是改善秘鲁大学的学术质量和管理水平。

288 全国大学校长会议有 5 个地区会议，它们代表了秘鲁的全部地区。这些会议协调项目和专业学位的开发，对那些在国外获得的研究经历、学位、文凭有效的大学进行认定；评估新设大学；解决秘鲁大学与其法定主管部门之间的冲突；提出有关高等教育立法方面的建议。

全国大学校长会议特别重视高等教育的国际化，并且它的国际技术合作办公室已经存在多年。它致力于全面的国际化，并且相信国际关系不应该只被限制在国际流动项目及协议中。对一个希望加强同其他实体和文化的联系的大学来说，与时代保持一致并巩固它们的项目，培训能够为国家发展贡献智慧的专业人员，是最基本的事情。

全国大学校长会议评价秘鲁大学在国际化方面进展时所采用的一些规

则，包括以下方面：

- 覆盖整个大学的国际化的计划的存在。
- 对国际关系办公室管理工作的评价。
- 课程现代化，包括外语授课、其他文化研究、世界进程及其影响、专业学科的深化、新教学技术的采用、必要的管理和组织结构方面的支持。
- 吸引国际学生的特殊培养项目的发展。
- 用清晰有效的指导方针和程序建立联系与连接，包括教授和学生流动、联合研究、联合教育项目的开发。
- 评估国际化进程的明确机制的存在。

全国大学校长会议采取了一系列的行动，以促进秘鲁的高等教育国际化。其中最重要的行动如下：

- 促进大学全面的战略计划对国际化维度的整合，包括它们自己在国际化进程中的优势、愿景和期望。
- 促进负责国际事务的办公室和结构更加稳定。
- 促进大学的语言教学，特别是首都以外的地区。
- 在全球背景下提供各种水平的国际化和高等教育管理方面的培训。 289
- 促进地区大学会议辖区内更广泛的联系与合作，协调辖区内大学之间重要的地区性纠纷。
- 系统地加强大学之间地区一体化网络。
- 提倡有关贸易协定以及它们对于高等教育的意义和机会的讨论，例如美洲自由贸易区、南方共同市场、服务贸易总协定、亚太经合组织。

全国大学校长会议致力于鼓励秘鲁大学的沟通与整合。它的工作极为重要，因为它是能把秘鲁大学组织起来的唯一组织，而且它的政策对于一个作为整体的系统产生了巨大的影响。

联营和联盟

大学联营（consortia）、联盟（alliances）和协会，致力于把具有相似的发展、起源和目标的大学联合起来。这些协会处理地区问题，例如学术质量、联合研究项目的开发、学生与教授的互换、在每所大学的独特性和实力基础之上采取行动等。

秘鲁的第一个大学联营，由四所私立大学［秘鲁天主教教皇大学（Pontificia Universidad Católica del Perú）、利马大学（Universidad de Lima）、德尔帕奇菲科大学（Universidad del Pacífico）、秘鲁卡耶塔诺埃雷迪亚大学（Universidad Peruana Cayetano Heredia）］成立于 1996 年，三所公立大学［圣马科斯国立大学（Universidad Nacional Mayor de San Marcos）、莫利纳国立农业大学（Universidad Nacional Agraria La Molina）、国立工程大学（Universidad Nacional de Ingeniería）］于 2002 年成立了一个大学联盟。两个组织把分布在利马的大学组织在了一起。大学的地区联营也很活跃。

双边机构

双边援助组织包括日本国际合作署（JICA）、韩国国际合作署（Korea International Cooperation Agency，简称 KOICA）、德国技术合作署（Deutsche Gesellschaft für Technische Zusammenarbeit，简称 GTZ），以及来自阿根廷、巴西、智利的横向合作。这些机构与秘鲁国际合作署保持密切的工作关系。

290 相比之下，在利马设有办公机构的欧盟，直接与高等教育机构一起开展工作。它提供包括研究与教学网络在内的广泛合作，这些合作通过有秘鲁大学主动参与的拉美学术培训项目（ALFA）和欧盟面向拉丁美洲的高水平奖学金项目（AlβAN）实施。秘鲁参加拉美学术培训项目网络的程度，在拉丁美洲排名第七，仅次于阿根廷、巴西、智利、墨西哥、古巴和哥伦比亚。秘鲁在 2000—2005 年参加了 92 个项目中的 14 个。参加项目的秘鲁高等教育机构中，有 10 个分布于利马，其余 4 个分布在其他各省①。

活跃在秘鲁的其他机构有英国文化协会、法国使馆、西班牙国际合作署、美国富布莱特委员会以及比利时技术合作机构。

英国文化协会在为赴英学习提供奖学金方面，发挥着十分重要的作用。由于它在政府之外独立工作并且有自己的管理结构，它根据自己的优先发展重点来获得、接收和批准资源。

法国通过它的使馆及其针对研究生的奖学金，多年来一直是秘鲁国际化进程中的支持者。基于对秘鲁大学国际化重要性的认识，2001 年法国使馆成立了大学合作总部（University Cooperation Aggregate），为与秘鲁的双边关系提供便利。它的目标是促进秘鲁与法国的大学和研究中心之间在科学、学

① http：// europa. eu. int/comm/europeaid/projects/alfa/information/statistics/peru1_ 6. pdf.

术及慈善方面的合作。2002 年法国－秘鲁大学网络系统建成，它的发起者是法国外交部，执行机构是法国驻秘鲁使馆。这个网络系统，也就是劳尔·波拉斯·巴雷内切亚（Raúl Porras Barrenechea）网络，支持了与学生和教师的互换、研究项目、联合培养以及其他活动有关的跨大学的项目。法国大使馆最近与国家奖学金和教育信用协会，签署了一个关于管理它旗下的一些奖学金的协议。2002 年以来，大使馆通过法国国际教育合作署（EduFrance），创办了一个有众多有声望的法国大学参加的大学博览会。

通过对拉丁美洲多样化机制的支持，西班牙已经是国际化进程中很有价值的伙伴。学生和教授的跨校园项目（Intercampus Program）在秘鲁取得极大的成功，并已成为一个最重要的校际事业。它还允许强化其他方面的主体网络系统，这主要是通过伊比利亚－美洲的拉美科学技术发展项目（CYTED）和伊比利亚美洲校企合作项目（Programa Iberoamericano de Cooperación Universida-Empresa，简称 IBERCUE）来实施。这些项目，连同穆蒂斯奖学金项目（Mutis Scholarship）和卡罗莱纳基金会（Carolina Foundation）项目一起，由驻利马的西班牙国际合作署和西班牙大使馆负责管理。

富布莱特秘鲁与美国教育交换委员会，是一个双边非营利性组织，它成 291
立于 1956 年，以秘鲁和美国的政府协定为基础。从成立之日起至今，它已经向秘鲁公民提供了 2 000 多份奖学金，向在秘鲁学习、从教、研究的美国公民发放了 1 000 多份奖学金。秘鲁最优秀学生中的很多人能够到美国攻读研究生学位，得益于这个委员会的支持。富布莱特委员会还提供美国大学系统的相关信息，为秘鲁学者提供访问美国大学的机会，这是在同行之间建立联系的重要步骤。为了使其资源得到更有效和更制度化的利用，富布莱特委员会正在计划与秘鲁有声望的大学签订相关协议。

比利时技术合作机构通过它的优秀中心项目（Centers of Excellence Program），于最近开创了一个与秘鲁大学合作的更合适的途径。比利时支持那些对秘鲁，尤其是对秘鲁各省发展产生巨大影响的项目。它提供技术咨询、培训、奖学金和设施。

双边资源对高等教育国际化至关重要，但是出于最好地利用这些资源的考虑，国家层面的协调是必需的。大学都已经认识到，独立的倡导者和协调者的存在，对于促进大学间的合作具有重要的价值。

院校机构层面的国际化

提高效率的办法是把国际维度吸收到高等教育的各个方面。多数大学认识到这是一个目标，但同时也发现很难实现它。

目标和动因

多数秘鲁大学把国际化看作机构转型的一个整体进程，在这个进程中跨国和跨文化的维度变成了它们的任务与功能的一部分。它们还把国际化视为提高秘鲁高等教育质量的一种手段。然而，当这些被当作国际化的目标时，它们并不反映当前的优先发展重点与实践。大学通常把国际化，特别是国际合作视为能够给高等教育部门带来资金援助的手段。建立合作研究和推进学术进步的机会，只是国际化的次要动机。

292 国际化的途径

秘鲁大学系统面临的一个挑战是，缺少能够把国际维度作为大学发展的核心要素的中长期战略规划。这是两个因素起作用的结果。一是缺少管理公立和私立大学所需要的企业式的、充满活力的方法；二是对国际关系的领悟与理解。在多数情况下，国际合作只被看成获得捐赠支持的手段。因此，更多的注意力被集中于如何以及从哪儿筹集资金，而不是建立稳固的、可持续的关系。大学中负责国际关系的办公室，直接把其工作目标定位于资金筹集，既不探索也不发展基于学术质量和研究的中长期合作机会。

这种混乱的和短期的国际化途径，既是国际发展合作的历史定位的结果，也反映出大学当前所面临的生存环境。掌制资源十分有限的公立大学，与数量增长极其迅猛的私立大学，都面临对于学生和资源的激烈竞争。

规划与政策

大多数被访问的大学都宣称它们有一个机构战略规划，75% 的大学声称国际化是这个规划的一部分。尽管所有人都清楚国际化对于改善教育质量的基础性作用，但是，很多大学并不清楚如何实现国际化。

流动性

为了学术与文化目的而来到秘鲁的外国学生和教授人数的准确数字无法

获得。可以代替这个数字的是官方签证申请的数字。2002 年，出于学术和文化目的共发放了 257 个官方签证。外国人中的一半（包括学生和教师）来自拉丁美洲和西班牙。

国际学生

只有 37% 的签证是为国际学生发放的。所有外国学生都到研究型大学学习；没有一个外国学生在营利性大学注册。

在南美洲学习的美国学生人数在过去 10 年内增长迅速（图 9. 2）。在秘鲁的人数大致保持相同的增长速度。安全问题是学生流动起伏不定的关键性因素。在秘鲁的国际学生人数 1992 年 9 月以后有所上升，因为光明道路（Shining Path）恐怖主义运动的头目阿比茂 · 库日曼（Abimael Guzmàn）在这个时候被抓获。留学生的人数在 1997 年有所减少，大概是因为发生在利马日本大使馆的人质危机事件（1996 年 12 月—1997 年 4 月）。

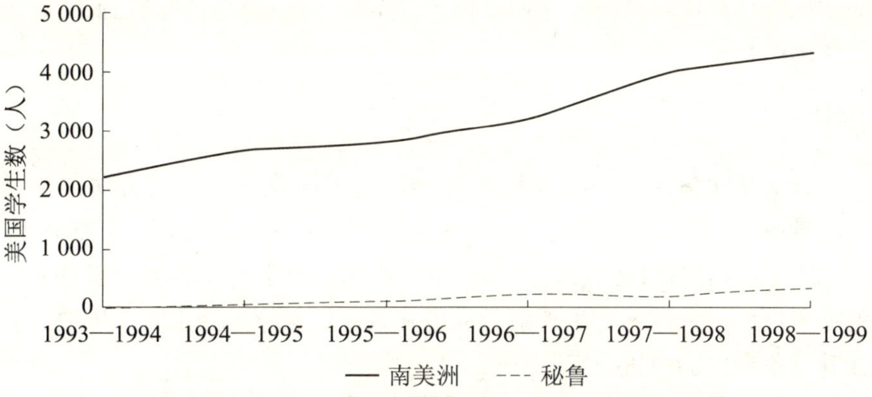

图 9. 2　1993—1999 年在南美洲学习的美国学生数

资料来源：http：//opendoors. iienetwork. org。

访问教师

2000 年秘鲁入境签证的获得者中有大约 60% 是教授、研究者和讲师。在这个人群中，大约有 80% 是来秘鲁大学开展学术工作的教授们；其余 20% 与其他公立和私立教育机构一起工作。69% 的访问学者和科学家在利马工作（64% 在私立教育机构，36% 在公立教育机构），只有 31% 在各省工作（26% 在私立大学，74% 在公立大学）（Asamblea Nacional de Rectores 2005）。这些数字反映了两个现象，一是外国专家集中在首都；二是在分布于各省的

大学中，公立大学最有主动性和兴趣接收外国访问学者。这可以用以下事实
294 来解释，即尽管公立大学缺乏资源，但它们还是有兴趣改善教学和研究，而多数分布于各省的私立大学并不重视外国访问学者。

秘鲁教授参加会议或出国学习，得不到资金支持。

国际开发合作

一项对秘鲁 14 所大学的最新研究（Lichowski and others 2004）表明，在过去几年中半数大学没有收到来自国际合作组织的支持。在那些收到资金的大学中，38% 的大学只参加了与流动、培训或者大学网络有关的校际合作，62% 的大学还参加了文化、科学、技术和研究合作。

被调查的所有大学都认为国际合作十分重要。它们相信限制它们参加的最重要因素是缺少信息。大学不知道为了获得支持需要遵循什么样的规则，或者为了获得有关项目筹资的活动和机制的必要信息需要跟什么人交谈。多数大学认为尽管校际合作对它们来说十分重要，但更重要的是它们对省区发展所作出的承诺。

机构协议

秘鲁大学相信，与国外大学签订协议是国际化最直接的方法之一。但是，多数大学签订的是表达合作意图但没有具体措施的原则性协议
295 （图 9.3）。它们相信仅是签订这些协议就增加了大学的知名度。秘鲁大学市场的竞争性，导致国际化被理解为促进和改进机构形象的工具，以便改善大学在其竞争者中的位置。

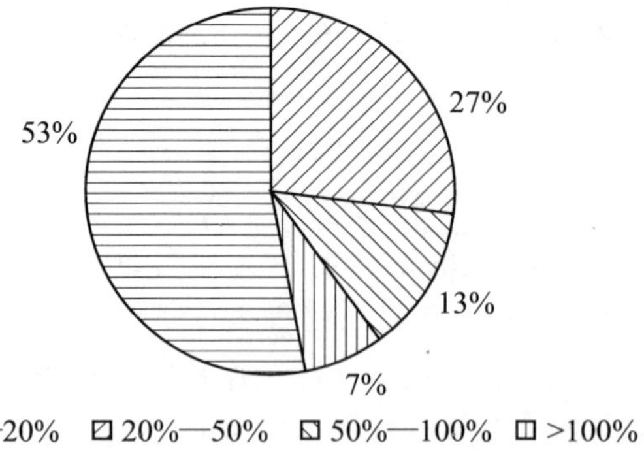

图 9.3 秘鲁大学与国外大学之间积极协议的数量

资料来源：Butters, Quiroga, and Dammert (2004)。

研究与开发

研究与开发（R&D）包括国内和国外大学之间联合项目的开发，以及与其他大学一起形成战略联盟。秘鲁的 R&D 经费 1997 年大约仅达到 GDP 的 0.07%，这相当于拉丁美洲平均数 0.59% 的 1/10（Ismides 2003）。大约 70% 的经费流向政府活动（研究机构），30% 的经费流向大学。

虽然秘鲁在 R&D 上的投入很低，但是秘鲁大学仍然在研究中起着基础性作用。不幸的是，没有大学拥有所从事研究活动的完全和集中的信息，或者归它们支配的资金。于是，尽管所有大学在它们的条例中都宣称学术教育、研究和社会服务都是它们的中心工作，但仅有 30% 的大学从事研究工作。

秘鲁大学的研究经费极为有限。在多数情况下，资源并不会被分配给需要前期投资以用于投标准备或征集建议的研究项目。

大学完成的研究项目成果非常有限，因为研究者不习惯出版，尤其在高深的科学和工程领域。研究的出版物主要集中于历史、心理学、文学和社会科学。秘鲁的大学不知道如何利用专利，因为这个国家没有知识产权方面的文化。

向大学分配政府资源的政策限制了创造性，并且不能支持或促进研究。考虑到这种状况，最积极的公立研究型大学，例如圣马科斯国立大学、莫利纳国立农业大学，已经决定创办基金，以帮助学校竞争国际基金、建立国际网络、必要时帮助确定合作搭档等。

至于战略联盟，最早的系统性行动已经在国家层面完成。与外国机构的联合研究项目更多的是个人行动，而不是机构行动。

远程教育

大学把远程教育视为面对面教育的一个补充。2003 年，约 10% 的秘鲁
大学提供一些远程教育项目（有或者没有网络化学习平台）。这些项目提供 296
单项课程、文凭课程、专业课程和研究生课程。

在有些项目中，两个或两个以上的教育机构共同参与。在大多数情况下，外国大学负责设计与内容。只有一种情况下外国大学和秘鲁大学的作用是一样的。

多数远程教育项目采用西班牙语教学。这可以解释为什么从事远程教育

的大学更喜欢和西班牙或拉丁美洲大学结成战略联盟，以开发联合培养项目。西班牙国立远程教育大学已经和至少三个秘鲁高等教育机构达成了合作协议。

远程教育究竟在多大程度上有助于高等教育国际化？对此，本调查走访了15位供职于远程教育项目的专业人士和两位远程教育方面的权威人士，他们注意到，国际专家的参与是这些项目有吸引力的原因。他们还对这些项目把不同文化和社会环境的学生聚集起来，由此产生丰富的知识与经验交流的事实大加赞赏。他们中的几乎所有人都重视通过这些项目所获得的证书的重要性，因为在秘鲁人们认为，从有外国大学参与的项目中获得的文凭或学位更有价值。

认　证

全球化以及技术发展，已经使秘鲁大学当局更清醒地认识到教育现代化以及教育质量保障的必要性。2002年，全国大学校长会议成立全国大学校长认证委员会（Rectors National Commission for Accreditation）。该委员会一致同意聘请各个专业领域的专家，并且它已经举行了多次会议，来讨论秘鲁大学改善高等教育质量的机制问题。全国大学校长会议已经要求每一所秘鲁大学建立一个负责认证的新部门或办公室，首先聚焦于硕士学位的认证。

认证是一个非常重要的问题。多数学生把高等教育看成提高个人能力和改善财务状况的途径。秘鲁大学的认证与评价，将为学生和教授（国内的和国外的）提供与高等教育机构有关的信息。从潜在生源的角度来看，在决定一所大学是否具备提供稳固的专业教育的最低条件时，认证是必要的。从教授的角度来看，为了了解大学对支持与发展教学和研究活动所提供的条件，认证是重要的。

297 由外国团体承担认证的益处的问题，引起了极大的兴趣和讨论。大学当局的第一个反应是拒绝和害怕认证，这大概是因为很多大学清楚它们自身的局限。

尽管立法建议已经提出，秘鲁国内仍然没有一家国立认证机构。鉴于秘鲁新建大学的巨大数量，在不久的将来认证将成为一个重要的工具，它将使提供高质量教育项目的大学，得以同仅仅想靠教育赚钱的大学区分出来。认证将推动从事研究的大学与外国伙伴结成战略联盟，实施联合项目，为教授、研究者和学生的流动提供便利。

结　论

秘鲁在其高等教育国际化方面落后于其他拉美国家。这种状况表现为：大学内部和校际之间的混乱且零碎的途径，缺乏具体的、具有现实意义的目标，获得和管理国际合作或从事国际学术合作的机构能力有限，以及人力和物质资源的缺乏。这个问题从大学的最高层面就已开始，在有关国际化为什么能够使以及如何使大学或更广泛意义上的高等教育的教学、研究和服务功能实现增值等方面，机构缺少理解、承诺和愿景规划。很少有大学具有正确的立场和足够的能力，去用一个整体的眼光看待国际化，并用它来提高它们学术努力的质量以及它们的区域的、全国的、国际的声望。

在国家层面，好几所大学已经就高等教育国际化作出承诺。外交部、秘鲁国际合作署（APCI）、国家奖学金和教育信用协会（INABEC）以及国家科学技术委员会（CONCYTEC）发表了致力于高等教育国际化的政策声明。但是，这个正式的承诺还没有转化为活动和项目。而且，这些机构缺乏整合，这使得本来简单的事情变得复杂起来。

全国大学校长会议明白国际化的重要性，但它承认，在确立它的优先发展地位以及把口头上的支持转化为具体的行动等方面，还存在很多障碍。它与其他国立机构的互动，阻止了它成为本该代表大学利益的游说者。不过，它已经在积极传播来自合作机构的信息。

在大学层面，一些大学明确宣布了它们的国际化的目标和方向，并且积 298
极从事国际合作和国际活动。但多数还没有在正式宣言的基础上更进一步。

国际化一个最大的障碍是，缺少训练有素的职员来管理大学中的国际化进程。高的人员流动率和低水平的专业化，限制了有效管理国际化的能力。机构的经验得不到传承。在很多情况下，国际事务官员来源于政治派遣，而且多数活动都由大学校长来管理。

大学正在建立新的联营和协会，而且它们开始加入国际性协会，例如高等教育组织和拉丁美洲大学联盟。有些联营，特别是把秘鲁地方大学组织起来的联营，其目标是加强与邻近国家大学的联系。这种互动迫使它们接受认证，并且发展它们的学位互认战略。

大学，尤其是把研究看作它们主要活动之一的大学，正在明了培训管理人员对于其在国际关系中地位的重要性。合作机构都在致力于提供使国际机构协议和关系更加有效、更可持续的培训机会。

参考文献

Agurto, Santiago. 1998. *La universidad en el Perú: conversatorio realizado en el congreso de la república de marzo a junio de 1998.* Lima: Editorial del Congreso de la República del Perú.

——. 1999. "Problemática universitaria: gobierno financiamiento y desarrollo universitario." Universidad Nacional Federico Villarreal, Lima.

Aljovín, Cristóbal, ed. 2002. "La universidad en el Perú." Universidad Nacional Mayor de San Marcos, Lima.

APCI (Peruvian International Cooperation Agency). 2002. "La Cooperación internacional orientada a universidades y centros científicos, una primera aproximación." Lima.

Asamblea Nacional de Rectores. 1988. "Perú: estadísticas universitarias 1960-86." Comisión de Coordinación Interuniversitaria. Secretaría Ejectutiva, Departamento de Informática y Documentación, Lima.

——. 1991. "Universidad peruana y desarrollo nacional." Lima.

——. 1997. "Legislación sobre la creación de universidades en el Perú." Lima.

——. 1999. "Hacia la modernización y acreditación integral de las universidades peruanas. Áreas o campos de acción." Lima.

——. 2000. "Datos estadísticos de las universidades del Perú." Lima.

——. 2005. "Estadisticas universitarias." Peru

Butters, Luis Jaime Castillo, Leena Bernuy Quiroga, and Pamela Lastres Dammert. 2004. "Survey of Peruvian Tertiary Institutions."

299 Consorcio de Universidades. 2001. "La universidad que el Perú necesita. Encuentros y seminarios 1999-2000." Foro Educativo, Consorcio de Universidades, Lima.

Cornejo, Raúl. 1994. "Las leyes universitarias en el Perú." Universidad Ricardo Palma, Lima.

INEI (Instituto Nacional de Estadística e Informática), and ANR (Asamblea Nacional de Rectores). 1997. "I censo nacional universitario 1996. Síntesis estadística." Lima.

——. 1999. *Perú: compendio de estadísticas sociodemográficas 1998-99.* Lima: Editorial Gráfica Monterrico.

Ismodes, Eduardo. 2003. "Redes de comunicación y desarrollo científico tecnológico en el Perú." MA thesis in communications, Pontificia Universidad Católica del Perú, Lima.

Lichowski, Luis, Leena Bernuy, Citlali Ayala, and Inmaculada Madera. 2004. "Las universidades Latinoamericanas y su papel en el ámbito de la cooperación internacional para el desarrollo." paper presented on February 4. Cuba.

McLauchlan, Patricia. 1994. "La situación de las universidades peruanas." Group of Analysis for Development (GRADE), Lima.

Ortiz, René. 1998. *Universidad y modernización en el Perú del siglo XX.* Lima: Fondo Editorial de la Pontificia Universidad Católica del Perú, Lima.

Salgado, Cecilia. 1998. "Análisis de los problemas, retos y alternativas de la universidad

peruana frente al sigo XXI. " *Revista de psicología liberabit* 4 (4): 65-69.
Thorne, Cecilia. 2003. "Indicadores de calidad de la universidad a nivel internacional y el caso peruano." Pontificia Universidad Católica del Perú, Lima.
Webb, Richard, ed. 2002. *Perú en números 2002: anuario estadístico.* Lima: Cuanto.

301 第 10 章

主要行动者和项目：地区内部联系的增强

伊莎贝尔·克里斯蒂娜·哈拉米略（Isabel Cristina Jaramillo）
简·奈特（Jane Knight）

前面几章聚焦于国家的政府和非政府组织的作用，以及国际化进程中的高等教育机构。本章将以地区作为分析单位，审视旨在促进与支持拉丁美洲高等教育国际化维度的主要行动者和项目。

审视由于不同原因而卷入的、不同水平和类型的团体是一件重要的事情。首先，从目的、功能和地理范围的意义上来说，行动者的数量和多样性已经增加了。其次，由于国际化的性质，问题已经暗含了国际的、地区的和国内的政策。再次，这三个层次的边界正在变得模糊不清和可以互相渗透。因此，对于高等教育的国际化维度的任何分析，都必须超越国家层面，必须超越作为主要行动者的单一民族政府（nation state）。

本章将确定、描述和分析反映拉丁美洲国际化维度与联系的主要国际的、跨地区的、地区的以及亚地区的实体与项目。确定和分析主要行动者的框架，将基于行动者或项目的层级以及团体的类型或地位（表 10.1）。

302 **表 10.1　高等教育国际化的行动者和项目**

行动者和项目的层级	行动者和项目的类型
国际的	政府间团体
双边的	政府部门和机构

续表

行动者和项目的层级	行动者和项目的类型
跨地区的 地区的 次级地区的 国家的	半官方团体 非政府组织 基金会 条约与协定

尽管分析有包罗万象之嫌，但所讨论的行动者群体并不是全部。那些在国家报告中曾被确认和讨论的最活跃、最知名的组织，也被包括在我们的讨论中。

网络（network）和网络协作（networking）是拉丁美洲使用频率很高的术语。它们反映并促进了日益增加的地区内部和国际间的联系。网络是大学的正式组织、大学的非正式组织以及因一个特殊任务或问题而组织起来的行动者。它们常被用来实现国际化的目标，是诸如拉美学术培训项目等项目的工具。因此网络既可以在行动者的意义上被使用，也可以作为国际化的手段和工具来使用。

关于不同层级行动者的简要描述可能是有帮助的。国际的（international）被理解为以全世界为活动范围的行动者。包括联合国机构，例如联合国教科文组织和联合国开发计划署，以及其他团体，例如经合组织和世界银行。

双边的（bilateral）指与单个拉美国家开展合作的外国政府和非政府机构。这一类的例子包括国家政府发展机构，例如西班牙国际合作署和美国国际开发署（USAID），以及其他组织，例如英国文化协会或德国学术交流服务中心。

跨地区的（interregional）是指作为整体的拉丁美洲地区和其他地区之间的合作。包括拉美和欧洲的合作，这在欧盟面向拉丁美洲的高水平奖学金项目（AlβAN）和拉美学术培训项目（ALFA）中得到了很好的诠释；还包括伊比利亚－美洲合作（Ibero-American），例如伊比利亚－美洲大学委员会（CUIB）以及拉丁美洲高等教育质量与认证网络。拉丁美洲和北美洲之间的合作常被贴上“美洲间”的标签，它以美洲间高等教育组织（IOHE）和美洲国家组织（OAS）等组织为代表。

拉丁美洲地区是一个基于文化和地理的概念。它包括从墨西哥到阿根廷的所有国家。拉丁美洲大学联盟以及拉美和加勒比海高等教育协会等组织，是地区组织的代表。地区合作常常指区别于地区之间合作的地区内部的合作。

最后一个层级是次级地区的（subregional）。这个层级的组织包括蒙得维的亚大学集团协会（AUGM）、亚马逊地区大学协会（Association of Universities of the Amazon，简称 UNAMAZ）、南美中西部次区一体化大学校长委员会（CRISCO）。（加勒比海地区不是这个项目的重点，因此专属加勒比海地区的行动者没有包括在内。）

303 国际行动者

国际行动者包括政府间组织、非政府组织、私人基金会和国际项目。

跨政府组织

最主要和最活跃的跨政府组织，当属国际移民组织、经济合作与发展组织、联合国开发计划署、联合国教科文组织、世界银行和世界贸易组织。

国际移民组织

国际移民组织（IOM，www. iom. int）不是联合国系统的组成部分，但它与联合国团体和运行机构保持着密切的工作关系。它是周旋于移民和政府之间，旨在为移民挑战（migration challenges）提供人道主义回应的最具影响力的国际组织。国际移民组织通过学者的流动以及专业人士的回归祖国，来支持拉美地区的学术流动。国际移民组织的目标是帮助拉美国家更好地管理移民，并把重点放在增加的地区合作上。

经济合作与发展组织

经济合作与发展组织（OECD，www. oecd. org）是一个旨在发展成员国的能力并把这种能力转化为经济增长和社会发展的政府间组织。墨西哥，世界第九大经济体和第七大贸易体，是拉美地区唯一的经合组织成员国。

经合组织中的两个组织对国际化拥有特殊兴趣。一个是高等教育机构管理项目（Program on Institutional Management in Higher Education，简称 IMHE），它在巴西和墨西哥有大学成员。高等教育机构管理项目参与有关国际化的两个地区研究，并且通过与世界银行联合资助与这个专题有关的出版物，来继续它的承诺。

教育研究和创新中心是经合组织中致力于课程国际化的另一个组织。它现在正从事关于跨境教育和教育服务贸易的地区研究。

联合国开发计划署 304

联合国开发计划署（UNDP，www. undp. org）是联合国的全球开发网络。它把各国的知识、经验和资源连接起来，以便各国人民能够创造更加美好的生活。它的能力建设战略，被应用于与它保持工作关系的所有166个国家。

联合国开发计划署在拉美24个国家中保持着非常活跃的形象。与地区开发有关的44个项目中的一部分，正在通过拉丁美洲的学术中心实施。在通过国外研究增强关于科学、技术和发展的知识上，很多政府官员和学术领导从联合国开发计划署的伙伴关系中获益。

联合国教科文组织

联合国教科文组织（UNESCO，www. unesco. org/education）是核心的联合国团体，它拥有教育的授权和教育的管辖权。它由190个成员国组成，在提出高等教育政策问题、为体制改革提供便利、建设成员国的能力等方面发挥着十分重要的作用。教育分部的一个新部门专门负责学术流动，特别是出国留学。2002年，这个部门创办了高等教育国际质量保障、认证和学历互认全球论坛。论坛讨论了教育商业化、教育贸易和知识商品。

拉丁美洲高等教育地区办公室，是设在委内瑞拉的联合国教科文组织/拉丁美洲和加勒比海地区高等教育协会。这个办公室负责1998年和2003年在巴黎召开的世界高等教育大会的重要预备会议和报告。它积极促进横向合作和相互关系，以帮助减少地区间和世界范围教育系统的非均衡发展。

世界银行

世界银行（www. worldbank. org）是一个国际金融组织，它致力于帮助发展中国家和转型经济，通过可持续增长和对人的投资改善其生活水准。它是世界上最大的教育基金持有者。在拉丁美洲，世界银行向各个层级的教育项目提供资金支持。在其他方面，它帮助拉美国家增加提高高等教育质量的

途径，以此来刺激作为持续减少贫困机制的经济增长。这个地区的高等教育
305 项目，占拉丁美洲和加勒比海地区教育总投资的 17%，并且与世界银行对科学和技术的支持密切相关。

世界银行把建设高等教育市场、改善公共部门的问责制和反应能力放在高等教育的优先发展位置。项目的构成包括机构能力建设、竞争性的和基于绩效的资金支持、质量保障机制、毕业生的劳动力市场产出信息系统、学生贷款等。

世界银行正在，或者最近一直在和这个地区的 8 个政府合作，它们是阿根廷、巴西、玻利维亚、智利、哥伦比亚、牙买加、墨西哥和委内瑞拉。它的目标是巩固和加强它们的高等教育系统，帮助它们缩小与世界上经济发达地区在知识与收入方面的差距。在最近的一次哥伦比亚第三级教育状况评估中，国际化被描述为、被看作知识社会中影响高等教育之功能的一个重要因素。

世界贸易组织

世界贸易组织（WTO，www. wto. org）是唯一一个处理国家间商品和服务贸易的国际组织。它的 146 个成员中有 2/3 都是发展中国家或地区。世界贸易组织的一个主要目标是为消除贸易壁垒创造条件，以加强国家间商品和服务的国际流动。

《服务贸易总协定》（GATS）把教育视为贸易服务部门中的一个。很多国际研究已经分析了高等教育的潜在风险和积极影响，以及国际化进程的含义。无论如何，有关贸易影响的更多分析，是在这个地区必须要做的事，这类分析包括新的机会和潜在的风险。

国际非政府组织

最重要和最活跃的国际非政府组织有国际大学协会、国际大学校长协会、国际天主教大学联合会（International Federation of Catholic Universities），等等。

国际大学协会

国际大学协会（IAU，www. unesco. org/iau/internationalization）成立于

1950 年，它把来自 150 多个国家和地区的大学组织起来，解决与高等教育
相关的、大家共同关心的问题是它的工作目标。作为一个与联合国教科文组
织相伴的非政府组织，它拥有官方地位，它的服务对象是各种组织、机构、 306
高等教育领导、私人政策制定者和决策者、教师、学生和研究者。它在拉丁
美洲拥有很多活跃的会员。

1998 年通过的国际大学协会《关于高等教育国际化的声明》，支持把国际化的维度作为提高学术水平和促进学术联系的途径之一。2003 年，国际大学协会在它的机构会员中作了一项关于国际化实践及其优先发展重点的调查，调研报告对国际化实践进行了地区的和比较的分析，关于国际化的这份报告、其他的有用文件以及信息资源，可以从国际大学协会网站上获取。

国际大学校长协会

国际大学校长协会（IAUP，www. ia-up. org）成立于 1964 年，它积极致力于在相互依存度不断增加的世界里强化大学所提供的教育的国际任务和质量。它也寻求通过教育促进全球的觉醒、能力、和平和国际理解。它在拉丁美洲的工作很积极，特别是在阿根廷、巴西、智利、哥伦比亚以及墨西哥等国家。

2001 年发起的大学校长交换项目，是一个具有创新意义的开创性工作，它为大学校长在国际间的工作访问提供了便利。在这个项目的前两年，超过半数的国际大学校长协会会员，获得了在世界范围内的大学里与同僚分享和相互学习的经历。

最近，国际大学校长协会已经把国际注意力集中到国际质量保障与认证的问题上来。关于国际化的会议论文可以从协会的网站上获取。

国际天主教大学联合会

国际天主教大学联合会（www. fiuc. org），是一个拥有 200 个会员的世界性组织。它有 6 个欧洲大陆联合分会和 8 个部门组织。它代表国际协会和组织中的天主教大学，致力于天主教高等研究的发展，特别是大学工作的质量和范围。

私人基金会

福特基金会（www. fordfound. org）是一个世界范围的慈善组织，教育是它关注的焦点之一。它通过它的国际奖学金项目，为亚洲、非洲与拉丁
307 美洲顶尖的和特别优异的学生到国外深造提供机会。福特基金在拉丁美洲非常活跃，并已为智利和墨西哥有关高等教育国际化的地区研究提供了资助。

其他私人基金会，在建立拉丁美洲的高等教育和科学机构方面发挥了重要作用。洛克菲勒基金会在20世纪60年代，就帮助智利、哥伦比亚和墨西哥建起了大学研究与教学单位，从那时起它还开始支持其他科学开发项目。洛克菲勒基金会以及其他外国私人基金会，为拉丁美洲的科学研究的国际化作出了贡献。

国际项目

国际大学生技术实践交流协会（IAESTE，www. iaeste. org）于1948年在英国的伦敦帝国学院成立。目前，它已经发展成为包括世界范围的80多个成员国家和地区、为30多万学生交换提供便利的国际组织。

国际经济学商学学生联合会（AIESCE，www. aiesec. org）成立于1948年，是全球最大的学生组织。这个全球网络包括80多个国家和地区的800多所大学的5万名成员。国际经济学商学学生联合会，每年要为成千上万在非免费培训组织工作或在非营利性组织担任志愿者的新近毕业生和大学生的国际交换提供帮助。国际经济学商学学生联合会通过对国际理解与合作的承诺，为世界发展作出贡献。

双边行动者

双边行动者包括国家发展机构、大使馆和双边国际合作机构。

国家发展机构

拉丁美洲最重要和最活跃的国家发展机构有国际合作署、加拿大国际开发署、日本国际合作署、韩国国际合作署、瑞典国际开发署、其他北欧开发机构以及美国国际开发署。

国际合作署

国际合作署（AECI，www. aeci. es）成立于 1988 年，是执行西班牙开发合作政策的最重要的机构。它是西班牙外交部的部门之一。国际合作署负责培育经济增长；促进发展中国家社会、文化、制度和政治的进步，尤其是那些 308
有西班牙背景的国家；刺激科学与文化合作以及开发政策的和谐（harmonization of development policies）。该机构为在西班牙的伊比利亚－美洲的专业人员以及在伊比利亚－美洲的西班牙专业人员，提供奖学金和伙伴关系。

国际合作署的努力，对大多数拉美国家的国际化进程产生了极为重要的影响，这不仅是因为西班牙和拉丁美洲的历史渊源，还因为西班牙把自己作为拉美国家与欧洲其他国家建立未来关系的纽带。与拉丁美洲和加勒比海地区的这种合作，已经在过去的若干年中开花结果，目前它已经吸收了西班牙正常国际合作总支出中大约 60% 的资金。国际合作署的奖学金项目和教育合作项目，加强了伊比利亚－美洲国家之间的团结。

加拿大国际开发署

加拿大国际开发署（CIDA，www. acdicida. gc. ca）是一个政府机构，它的职责是为了减少贫困而支持发展中国家的可持续发展，促进一个更加安全、公平和繁荣的世界。该机构资助加拿大和拉美大学之间的连接与网络，并通过大学合作与发展项目把研究中心联系起来。

加拿大国际开发署有四个地区分部，其中的美洲分部（含加勒比海地区）工作范围包括海地和古巴、中美洲、安第斯共同体、南锥共同市场（Southern Cone）①、巴西以及哥伦比亚。在阿根廷，加拿大国际开发署的工作目标是培养更有技能和受到更好教育的劳动者。在巴西、智利、哥伦比亚和秘鲁，它为减少贫困和不平等，推动一个可持续和有更多人参与的环境管理而付出努力。

日本国际合作署

日本向南美洲移民的历史悠久。很多日裔永久居民和临时居民，生活在阿根廷、玻利维亚、巴西、巴拉圭和秘鲁。

日本国际合作署（JICA，www. jica. gov. jp）搭起了一座日本与拉美发展中国家之间的桥梁，旨在帮助建设一个更加繁荣的世界。它尤其与巴西、

① 即南方共同市场。——译者注

智利、墨西哥和秘鲁保持了牢固的关系，这些国家与日本建立了重要的经济和商业上的往来。

309 日本国际合作署向一大批拉美国家和高等教育机构提供国际支持。它的支持主要集中于设备以及为在日本学习的拉美学生提供奖学金。

韩国国际合作署

韩国国际合作署（KOICA，www. koica. or. kr）是一个政府机构，它成立于 1991 年，致力于促进与发展中国家的国际合作。它把人力资源开发作为最有效的合作手段的重点之一。它已经为墨西哥、秘鲁和这一地区其他国家的项目提供了很多支持。

瑞典国际开发署

瑞典国际开发署（SIDA，www. sida. org）是一个对本国外交部负责的政府机构。它负责瑞典大部分的国际开发合作活动。瑞典国际开发署有专门为中美洲、加勒比海和南美洲制定的地区战略。20 世纪 70 年代以来它一直资助瑞典和拉美国家的研究合作。它的目标是拓展和加强拉美大学与研究机构的技能。瑞典已经通过拉丁美洲社会科学委员会，一个南美洲社会科学研究机构的网络，帮助培训了地震学研究人员和社会科学家。

其他北欧开发机构

其他北欧开发机构，例如丹麦国际开发署（DANIDA，www. um. dk）和挪威开发合作署（NORAD，www. norad. no），在这个地区也很活跃，特别是在中美洲以及南美洲的部分国家。它们开发高等教育和研究项目，提供奖学金，通过南南合作计划开发联合项目。

美国国际开发署

自 1961 年成立以来，美国国际开发署（USAID，www. usaid. gov/our_work/education_and_university/highered. htm）一直在受援国的高等教育发展进程中发挥举足轻重的作用。美国国际开发署把大量的资源用于创办能够开发东道国能力的大学、院系以及职业技术培训机构，以支持特定的发展目标。美国国际开发署在西半球有 16 个领域的任务，也有在包括古巴在内的其他国家进行的项目操作。

大学合作开发协会联络办公室（Association Liaison Office for University Cooperation in Development，简称 ALO）成立于 1992 年，它帮助美国的 6 个主要的高等教育协会与美国国际开发署建立伙伴关系，帮助它们的成员机构培养与国外大学之间的合作开发伙伴关系。在拉丁美洲，大学合作开发协会 310
联络办公室与墨西哥和中美洲的一些国家，保持着密切的工作关系。

大使馆

大使馆代表国家利益，开展符合其国家的外交政策的活动。拉美地区的很多大使馆在连接高等教育机构、促进国际协定和网络的开发方面发挥着基础性的作用。在北美洲，美国和加拿大的大使馆更是发挥了核心的作用。在欧洲，西班牙、法国和 Ecos-Nord 项目促进教学与研究项目的合作。德国、荷兰以及最近的比利时和意大利，已经采取了措施以加强其国家和拉美国家高等教育机构之间的联系（一个例子是意大利在阿根廷的大使馆成立的 Fondo Mixto Italo-Argentino）。在亚洲和大洋洲，日本、韩国，以及最近的澳大利亚、中国和新西兰，都在增强它们的大使馆在拉丁美洲的作用。好几个国家正在推动它们的高等教育项目和服务。虽然所有这些国家都拥有不同的高等教育系统，在与拉丁美洲建立国际关系中拥有不同的利益，但是它们的工作，仍朝着与拉丁美洲高等教育机构建立更加紧密的合作的方向努力。

双边国际合作机构

最重要的双边合作机构有英国文化协会、加拿大教育中心、法国国际教育合作署、德国学术交流服务中心、澳大利亚国际教育开发署、法国发展研究院、国际教育协会、国际开发研究中心、荷兰高等教育国际合作组织和瑞典研究合作署。

英国文化协会

英国文化协会（www. britishcouncil. org）作为一个志愿协会组织成立于 1934 年，它在 109 个国家的 227 个城市开展工作。它通过支持英国的外交、商业和开发方面的努力，帮助维持英国的国际关系。英国文化协会的工作主要集中于教育和培训、英语教学、科学、艺术以及政府管理。它通过一系列资源，在英国大学和世界范围的高等教育机构之间建立联系，这些资源包括推广与促进、远程教育、支持性服务以及面向国际学生的奖学金。

311 英国文化协会在拉丁美洲的工作开始于1935年。它在巴西、智利、哥伦比亚、墨西哥以及委内瑞拉等国设有办事机构。1940年以来，它已经为所有这些国家的亲英团体与英语学校提供了支持和帮助。

加拿大教育中心

加拿大教育中心（Canadian Education Centre，简称CEC，www.studycanada.ca）致力于促进加拿大成为国际学生的目的地和合同培训的源泉。加拿大教育中心的业务网络，在加拿大教育机构和加拿大政府的支持下开展工作。超过300个加拿大教育机构——公立和私立大学、大学学院、学院、中学、语言训练机构——是加拿大教育中心业务网络的成员。全球共有17个加拿大教育中心，其中的4个分别设在阿根廷、巴西、哥伦比亚和墨西哥。

法国国际教育合作署

法国国际教育合作署（www.edufrance.fr）是一个成立于2000年的法国机构，它致力于推动面向国外的法国高等教育项目和服务。它接收国际学生，提供签证，协调与其他国家的国际合作。法国国际教育合作署增加了在法国学习的国际学生数量。在拉丁美洲，巴西和哥伦比亚是送往法国的学生数量最多的国家。

德国学术交流服务中心

德国学术交流服务中心（DAAD，www.daad.de）是一个私立公助的德国高等教育机构自治组织。它最初成立于1925年，重建于1950年。它通过为高等教育领域的学生、教授、管理人员、职员提供流动项目，促进国际学术联系与合作。

德国学术交流服务中心每年提供超过6万份的奖学金，这使它成为世界上最大的学术交换组织之一。它提供的奖学金面向本科生、研究生、博士研究生以及教授群体。它和伙伴组织协同工作，例如奖励拥有博士学位的高水平学者和科学家的合作研究的洪堡基金会。

德国学术交流服务中心在拉丁美洲，尤其是巴西和墨西哥，表现得越来越活跃。德国学术交流服务中心和英国文化协会都拥有校友网络，它们的校友网络支持它们的项目，并致力于开发有助于发展长远关系的更加持久的联系。

澳大利亚国际教育开发署 312

澳大利亚国际教育开发署（www. idp. com）是国际教育领域的世界性领导者，它的工作高度聚焦于为澳大利亚项目和大学招募学生。它在全球拥有 90 多个办事机构，在大约 50 个国家开展工作。这些办事机构提供国际学生服务，开发服务，评估与认证服务以及营销、研究与顾问服务。在拉丁美洲，它的办事机构分布于巴西、哥伦比亚以及墨西哥等国家。

法国发展研究院

它的前身是成立于 1943 年的法国科学技术研究办公室，后来更名为法国发展研究院。它在全球设有 34 个办事机构，其中有 6 个设在拉丁美洲国家（巴西、玻利维亚、智利、厄瓜多尔、墨西哥和秘鲁）。它在全球范围内赞助了 1 106 位研究者，其中的 140 位来自拉美地区。他们的研究集中于水资源、气候变化、生物多样性、生态学、政策开发与全球化、公共卫生等领域。

国际教育协会

国际教育协会（IIE，www. iie. org）创立于 1919 年，它是一个独立的、非营利性组织，旨在促进美国和其他国家人民之间的教育联系。它于 1974 年在墨西哥城建立了它在拉丁美洲的办事机构。

国际教育协会管理着富布莱特学生奖学金项目和麦克阿瑟奖学金。在 20 世纪 30 年代，它建立起苏联和拉丁美洲之间的第一个交换项目，这个项目从那时起一直保持着很强的活力。

它同各类大学、基金会、组织和公司一起工作，以管理好在阿根廷、巴西、智利和墨西哥的奖学金以及学生流动项目。

国际开发研究中心

国际开发研究中心（IDRC，www. idrc. ca）是 1970 年创办的，旨在帮助发展中国家利用科学与技术解决社会、经济和环境问题的一个加拿大公众公司（public corporation）。1971 年以来，它和 49 个拉美国家，特别是墨西哥和南方共同市场的国家有工作联系。其拉美和加勒比海地区办公室设在乌拉圭的蒙得维的亚。在过去的30年中，国际开发研究中心已经支持了由拉美和加勒比海研究者与机构主持、管理的1 957个研究项目。

313 1993—2003年，国际开发研究中心还支持了这一地区，尤其是智利、哥伦比亚和秘鲁的大约200位学者。

荷兰高等教育国际合作组织

荷兰高等教育国际合作组织（NUFFIC，www. nuffic. nl）成立于1952年，它是一个非营利性组织，旨在把教育变成全球范围内可以获得的东西，尤其是在那些缺乏教育基础设施的国家。它聚焦于四个领域：开发合作、高等教育国际化、国际互认、荷兰高等教育的营销。过去，它赞助了院校机构在拉丁美洲进行项目建设，尤其是在玻利维亚、秘鲁和中美洲。目前，它主要集中于哥伦比亚和危地马拉。它的奖学金项目允许拉丁美洲的学生赴荷兰学习。

瑞典研究合作署

瑞典政府1975年以来一直支持开发研究。这些支持由瑞典国际开发署（www. sida. se）所属的研究合作司（SAREC）来管理和实施。研究合作司支持研究，并为开发合作项目提供资源，这些开发合作项目由重视研究的瑞典国际开发署的其他部门来运营。

研究合作司把大约三分之一的拨款用于促进与发展中国家双边合作的研究合作，主要是发展这些国家的研究能力。另外三分之一用于地区支持和特殊项目。研究合作司还支持特殊研究项目和创新、国际研究项目以及瑞典与欧盟之间的开发研究。它所提供的帮助主要指向机构和机构建设，其目的在于提高发展中国家运行它们自己的研究项目的能力，以及支持帮助它们找到重大发展问题解决方案的研究。对拉丁美洲的支持主要集中于玻利维亚和尼加拉瓜。

双边项目

最重要的双边项目有赴美学术和专业化培养项目、富布莱特学术交换项目、大学校际合作项目以及本科生培养项目协议。

赴美学术和专业化培养项目 314

赴美学术和专业化培养项目（LASPAU，www. laspau. harvard. edu/sp-cont. htm）是隶属于哈佛大学的非营利性组织。它代表美国、加拿大、拉丁美洲和加勒比海地区的个人与大学，来设计、开发和实施学术与专业交换以及奖学金项目。赴美学术和专业化培养项目从 1964 年开始作为一个合作实体，帮助有天分的哥伦比亚中学生到美国获得学士学位。它最初的名称是美国大学拉丁美洲奖学金项目，1995 年更为现名，以反映它更加广泛的活动范围。

赴美学术和专业化培养项目每年有 1 200 多位受助者。而且，该组织还提供高等教育问题方面的咨询，以帮助大学增强实力。这些活动涉及全美洲数以百计的学术、研究和合作机构，富布莱特学术交换项目、世界银行、美洲开发银行、委内瑞拉的马里斯卡尔阿亚库乔基金会（Fundación Gran Mariscal de Ayacucho of Venezuela）、厄瓜多尔的科学技术基金会（FUNDACYT）、哥伦比亚科学和技术开发协会等机构，是其赞助者。

富布莱特学术交换项目

富布莱特学术交换项目（www. fulbright. org）资助美国同世界其他地方的学生和学者之间的学术与文化交换。它因美国奖学金项目而闻名全球。它自 1946 年成立以来，先后资助了来自美国和世界其他地区的 25. 5 万多位参与者。它已经向 1. 3 万多位拉丁美洲和北美洲学生，以及来自阿根廷、巴西、智利、哥伦比亚和秘鲁的专家提供了奖励基金，他们出生于美国又回到美国学习、执教和进行研究。

大学校际合作项目

大学校际合作项目（PCI，www. aeci. es）是一个创办于 1994 年的跨校项目。它支持西班牙和拉丁美洲的成员大学之间网络的开发以及联合活动的巩固。西班牙国际合作署（AECI）和伊比利亚 - 美洲的大学已经向该项目提供了数量可观的人力与经济资源。截止到 2000 年，来自西班牙学生的 8 万多份申请已经被接受。经济、法律和社会科学是最受欢迎的学科。大多数西班牙学生和教授选择阿根廷，其次是墨西哥、智利、巴西、秘鲁、哥伦比亚和古巴。项目中 80% 的拉丁美洲学生和教授也正是来自这些国家。
1994—2000 年，在大学校际合作项目资助下 223 位西班牙管理者来到拉丁 315

美洲，64 位拉丁美洲管理者访问西班牙。在大学校际合作项目实施过程中所获得的经验，激励了 20 世纪 90 年代一些拉丁美洲国家国际关系部门的对外开放。

本科生培养项目协议

本科生培养项目协议（PEC-G，www. dce. mre. gov. br/PEC-G/PEC-G. htm），隶属于巴西外交部，它作为定位于发展中国家（特别是加勒比海地区、非洲以及亚洲的国家）的一项外交举措，成立于 1967 年。截止到 2000 年，该项目已经批准 5 000 多位学生来到巴西的大学进行学习，其中大多数学生来自拉丁美洲和非洲。2002 年，估计注册学生人数达到了 2 700 人，其中的 143 人获得了巴西政府奖学金。这个项目致力于促进交换与科学合作。1981 年一个派生项目（PEC-PG）建立，其目的是在研究生教育层面上推动项目的进展。目前已经有 500 多位外国学生在大约 40 所巴西大学完成了注册。

跨地区行动者

跨地区行动者包括政府机构、非政府组织和网络、贸易协定以及项目。

政府机构

最重要的政府机构包括安德烈斯贝略协议、欧洲委员会、伊比利亚－美洲国家教科文组织。

安德烈斯贝略协议

安德烈斯贝略协议（www. cab. int. co）于 1970 年创建于哥伦比亚首都波哥大，它是一个国际的跨政府实体，其目标是在它的成员国之间整合教育、科学、技术以及文化资源。玻利维亚、智利、厄瓜多尔、秘鲁、巴拿马、西班牙以及委内瑞拉是该协定的签约国。

欧洲委员会

欧洲委员会（europa. eu. int）是欧盟控制和管理下的实体。它保证成员国之间保持密切的联合，保证国家和地区之间、商业和消费者之间、不同类型的市民之间的一体化进程。

该委员会提供的外部援助由欧洲援助合作办公室管理。它也代表成员国 316
进行国际贸易和合作协议的谈判。与拉丁美洲的合作指向社会发展和机构能力的强化。与拉丁美洲的地区合作，大部分由欧盟面向拉丁美洲的高水平奖学金项目（它提供学习奖励）和拉美学术培训项目（它开展两大洲大学之间的校际合作项目）提供。

伊比利亚－美洲国家教科文组织

伊比利亚－美洲国家教育、科学与文化组织（OEI，www. oei. es）成立于 1949 年，是一个旨在加强伊比利亚－美洲人民之间的知识、相互理解、一体化和团结的国际政府组织。尽管它主要服务于全地区的教育部长，它也和大学、图书馆、研究中心建立起密切的工作联系，帮助它们提升自身的跨机构合作战略，促进该地区不同高等教育系统之间的协调发展。

跨地区非政府组织和网络

这一地区最重要也是最活跃的非政府组织和网络，包括哥伦布协会、北美高等教育协作协会、欧洲大学协会、伊比利亚－美洲大学研究生教育协会、伊比利亚－美洲高等教育评估与认证网络、伊比利亚－美洲大学委员会、美洲间高等教育组织、大学校际发展中心以及大学网。

哥伦布协会

哥伦布协会（www. columbus-web. com）是一个欧洲和拉丁美洲大学的网络，创办于 1987 年。它的目标是促进大学发展和多边合作，目的是帮助大学改进对于由资源稀缺、多样化需求以及国际化所产生的挑战的应对策略。阿根廷、巴西、智利、哥伦比亚、哥斯达黎加、墨西哥、秘鲁、乌拉圭以及委内瑞拉参加了这一项目。有 800 多位大学校长和管理者已经从哥伦布协会汇聚的高等教育系统所形成的培训机会，以及信息和通信技术在教学、继续教育、国际化及其他领域中的应用中受益。联合国教科文组织是哥伦布协会的主要支持者之一。

北美高等教育协作协会 317

北美高等教育协作协会（Consortium for North American Education Collaboration，简称 CONAHEC，www. conahec. org）是于 1997 年成立的一个

三边组织。它为那些致力于在加拿大、美国和墨西哥三国的高等教育机构之间建立和加强学术协作项目的机构，提供咨询服务并在机构之间建立起联系。它支持学生交换、项目开发、研究项目、ELNET 大学网络、国际比较研究。它的学生交换项目促进了流动性，它基于学费互惠的原则，为所有学科的本科生和研究生提供 1—2 学期的交换项目。它也支持美国与墨西哥的边境地区在健康、教育、环境、经济发展和社区问题方面的跨国项目。

欧洲大学协会/伊比利亚－美洲大学委员会

欧洲大学协会（www. eua. be/eua/en/about_ eua. jsp），是欧洲大学和国家级大学校长会议的代表性机构，它反映了欧洲高等教育领域主要的声音。该组织成立于 2001 年欧洲大学协会和欧盟大学校长会议同盟兼并之时。欧洲大学协会的一个主要工作是，代表其成员既在欧洲层面上促进共同政策，也在国际层面上推动合作，并加强欧洲高等教育在全球背景下的影响力。

欧洲大学协会和伊比利亚－美洲大学委员会，通过构建两个地区之间的一个伙伴性共同社区来汇聚力量。自 2003 年以来，这种伙伴关系把目标定位于开创两个地区之间在高等教育和科学技术方面更加紧密的合作，其途径包括：逐步改善教育和培训系统，促进优质评价，支持流动，加强基础和应用研究，改进支持信息和知识流通的信息设备等。

伊比利亚－美洲大学研究生教育协会

伊比利亚－美洲大学研究生教育协会（AUIP，www. usal. es/auip）成立于 1997 年，在巴西、智利、哥伦比亚、古巴、墨西哥和秘鲁设有地区性办事机构。它的成员包括来自拉丁美洲和加勒比海地区的 120 个高等教育机构。该协会致力于促进、开发和评价拉丁美洲和加勒比海地区、葡萄牙、西
318 班牙的高等教育机构中的研究生教育项目。它为学生和大学教授的流动项目提供便利，特别是涉及研究生和博士生的项目；它提供技术帮助，支持和组织论坛与短期课程。它也致力于质量保障、远程研究生项目、组织管理和发展以及博士合作项目。

伊比利亚－美洲高等教育评估与认证网络

伊比利亚－美洲高等教育评估与认证网络（RIACES，www. coneau. edu. ar/

act_inter/riaces/riaces. html)①创办于 2003 年，它把阿根廷、智利、哥伦比亚、古巴、中美洲、墨西哥、西班牙以及其他国家的多个伊比利亚－美洲的评估和认证机构组织了起来。该网络的目标是加深不同高等教育系统之间的相互理解，解决同评估与认证相关的共同问题，提高质量评价方面的地区能力，促进联合活动，为大学和项目的评估与认证的开发进程提供便利。它还作为一个桥梁服务于世界范围的其他机构和网络。

伊比利亚－美洲大学委员会

大学和大学校长委员会的地区协会于 2002 年创办了伊比利亚－美洲大学委员会（www. crue. org/espacioib. htm），其目的是加强成员大学与其他大学之间的合作。该协会促进学生、教授、研究者和管理人员的流动，提升支持地区一体化的行动。伊比利亚－美洲大学委员会正在承诺一项新的行动，正如下文描述的那样，以深化与欧洲大学协会的合作。

美洲间高等教育组织

美洲间高等教育组织（www. oui-iohe. qc. c）于 1979 年成立于加拿大魁北克市。它的成员包括大约 400 所公立和私立大学、高等学院、研究中心、国家的和地区的大学协会、从加拿大到阿根廷的大学校长会议。它在美洲的 25 个国家开展工作。

它的主要目标是促进成员机构之间的合作，改善美洲高等教育的质量。它为包括国际关系人员在内的大学领导者提供专业发展项目，出版国际化方面的资源材料。

大学校际发展中心 319

大学校际发展中心（www. cinda. cl）是拉丁美洲和欧洲大学的学术网络，致力于经济和社会发展以及加强成员之间的联系。它创办于 1975 年，是致力于地区范围内国际合作的理解与实施的几个组织之一。中心有三类项目：分析与高等教育有关的最重要问题的学术项目；支持学生交换尤其是拉丁美洲学生交换的流动项目；为成员之间提供知识交换便利的服务项目。

① 原书似乎有误，在原书第 78 页，RIACES 是指伊比利亚－美洲高等教育质量与认证网络，当然这可能是同一机构的两个不同名称。——译者注

大学网

大学网（www. universia. net）于 2000 年创办于西班牙，是西班牙国际银行投资的私立非营利性公司。这个新型的地区行动者，把来自伊比利亚－美洲的阿根廷、巴西、智利、哥伦比亚、西班牙、墨西哥、秘鲁、葡萄牙、波多黎各以及委内瑞拉等国，代表 804 万学生的 733 个高等教育机构带进了同一个大门。大学网提供有关机构、国际项目、服务、奖学金以及图书馆方面的信息。它已经变成大学间联系的平台、创新的源泉以及营销大学教育产品和服务的渠道。

跨地区贸易协定

两个跨地区贸易协定，即美洲自由贸易区和《北美自由贸易协定》，对这一地区产生影响。

美洲自由贸易区

美洲自由贸易区（FTAA，www. ftaa-alca. org）是一项联合美洲经济，以形成单独的自由贸易区的努力。这个联合进程开始于 1994 年，当时美洲地区 34 个民主国家的政府首脑一致同意建设美洲自由贸易区，以逐步拆除商品和服务贸易壁垒。各国贸易部目前正在进行这个协议的谈判。一旦协议被签署，美洲自由贸易区将是历史上影响最广的贸易协定。它将包含包括教育在内的服务的去管制化（deregulation）。

《北美自由贸易协定》

《北美自由贸易协定》（NAFTA，www. nafta-sec-alena. org）是加拿大、
320 美国和墨西哥三国政府之间的协议。它最初作为一个商业条约创立于 1994 年，它对三国建立相互联系的方式，产生了十分重要的影响，但是对高等教育施加影响的最初预期还没有实现。

跨地区项目

最重要和最活跃的跨地区项目有学术交换和流动项目、美洲学院、欧盟面向拉丁美洲的高水平奖学金项目、伊比利亚－美洲的拉美科学技术发展项目、发展中国家科技合作项目（INCO-DEV）、大学管理和领导学院、拉美学术培训项目、北美学生流动项目和大学校际发展中心学生流动项目。

学术交换和流动项目

学术交换和流动项目（PIMA，www. campus-oei. org/pima）由伊比利亚－美洲国家教科文组织于 2000 年创立，它通过培育地区内研究生的多边交换寻求加强大学合作的途径。它的流动项目包括 67 所大学，每年流动的学生达 400 多人，学生主要从阿根廷、巴西、智利、哥伦比亚、哥斯达黎加、厄瓜多尔、危地马拉、墨西哥、秘鲁和乌拉圭进入西班牙与拉丁美洲的大学。同样重要的还有拉丁美洲不断进步的 24 个网络。

美洲学院

美洲学院（www. oui-iohe. qc. ca/Colam/en-index_apropos. htm）由美洲间高等教育组织（IGLU）创办于 1997 年。它的目标是：通过网络、研究和培训发展大学合作；开发和改善大学项目；鼓励美洲大陆一体化的研究；促进跨文化联系、美洲的认同、跨学科方法以及信息技术的应用。

截止到 2003 年，共有 709 名学生参加了 17 个美洲论坛，论坛上来自不同国家、不同学科的学生们聚集在一起，讨论美洲一体化以及本地区或活动部门的特殊问题。美洲间高等教育组织的 62 所成员大学已经参与到美洲间培训网络项目的开发中，参加该项目的学生达 1 247 名。

欧盟面向拉丁美洲的高水平奖学金项目 321

欧盟面向拉丁美洲的高水平奖学金项目（AlβAN，www. programalban. org）是于 2002 年建立的联合奖学金项目，它能够帮助拉丁美洲研究生和专业人员，在任意一个欧洲高等教育机构或研究中心提高他们的知识与技能。欧盟提供全额奖学金的 75%，申请者本人承担剩余的 25%。这个项目预期将持续到 2010 年，并且专门支持攻读硕士或博士学位以及进行更高级别专业培训的拉丁美洲学生。项目的 18 个拉丁美洲参与国都有一个核心办公室，来促进项目的进展。2003—2004 年，共有 251 份奖学金被发放；巴西获得 63 份（占 25%），哥伦比亚获得 37 份（占 15%），然后依次是阿根廷、智利、墨西哥和委内瑞拉，萨尔瓦多、危地马拉、洪都拉斯和巴拿马分别获得 1 份奖学金。西班牙是最受欢迎的目的地（占 39%），其次是英国（占 38%），然后依次是法国、德国、意大利和荷兰。

伊比利亚-美洲的拉美科学技术发展项目

伊比利亚-美洲的拉美科学技术发展项目（CYTED，www. cyted. org）创立于1984年，由21个伊比利亚-美洲国家共同创建。它的主要目标是在大学研究群体、研究和开发中心、伊比利亚-美洲国家的创新型企业之间推动合作。它致力于为生产系统和社会政策创造可转化的科学技术成果，致力于通过西班牙与葡萄牙而成为推动拉丁美洲和欧洲之间合作的桥梁。它由16个主题子项目组成，这些主题子项目涉及从水产养殖到科学技术管理的广泛领域。迄今为止，这个项目已经建立了超过76个网络，资助了95个研究项目和166个创新项目，有超过1万名伊比利亚-美洲的研究者参加了该项目。

发展中国家科技合作项目

1994年11月，发展中国家和国际组织合作领域（INCO，www. europa. eu. int/comm/research/intco/achieve/edito_ en. html）中的发展中国家科技合作项目被欧洲委员会采纳。这个行动的目标是，为第四个研究与技术开发框架项目，提供回应日益增长的科学与经济全球化的工具。INCO已经成
322 为欧盟和世界其他地区科学与技术联系的代名词。INCO支持与健康、环境、农业有关的项目，在这些项目中，亚洲和拉丁美洲国家与欧盟国家开展合作。

大学管理和领导学院

大学管理和领导学院（www. oui-iohe. qc. ca/Iglu/en-index. htm）是美洲间高等教育组织的一个项目，它是唯一的被设计用来提高拉丁美洲大学高级管理者的知识与技能的外向型项目。自1983年创办以来，该学院已经培训了大约1 300位大学管理者，培训内容包括大学战略管理、认证和质量评价、大学与社区的关系、高等教育国际化、大学再造以及其他问题。

拉美学术培训项目

在过去的几年里，与欧盟的国际合作快速增长。通过奖学金和旨在改善高等教育机构之间合作情况的网络开发，好几个欧洲委员会项目，一直为加强欧洲和拉丁美洲学术事务之间的联系提供资金。这些项目中最重要的一个是就是拉美学术培训项目（ALFA，europa. eu. int/comm/europeaid/projects/

alfa/index_en. htm）。1994年创立的拉美学术培训项目，涉及15个欧盟成员国和18个拉丁美洲国家。

拉美学术培训项目通过本地区高等教育机构的网络来实施。这些网络必须达到一定的条件，特别是至少要有三家分别来自拉丁美洲和欧盟的高等教育机构加入网络。每一个网络由一个参与机构负责协调。

拉美学术培训项目增进了拉丁美洲大学对国际网络的参与，并帮助院校机构与国际同行进行协调与合作。拉美学术培训项目的第一阶段成本大约是6 000万欧元。1994—1999年，共建立了1 437个网络，提交了2 918个项目。其中，30%由西班牙协调，10%由法国和意大利的机构协调。这些国家和葡萄牙一起形成了“拉丁集团”，它总共协调了471个项目（占总数的55%）。拥有协调者数量最多的拉美国家是阿根廷、智利、墨西哥，每个国家都有28个项目。欧盟提供84%的资金，拉丁美洲机构提供其余的部分。

在拉美学术培训项目的第二阶段（2000—2005），有279项关于评 323
估的建议被提交，其中的92项被采纳，所涉及的高等教育机构大约有400个。在欧洲，西班牙是拥有项目数量最多的国家（82个），其次是葡萄牙（46个）。在拉丁美洲，阿根廷和巴西继续保持最高的参与率，两国共有62个项目。这些项目中有15%处理学术评估事宜，29%处理大学与私立部门的关系事宜，51%处理课程计划和学术管理的开发事宜。

拉美学术培训项目支持由一两家高等教育机构协调的网络。在欧洲，西班牙协调28个项目，意大利管理12个，奥地利、比利时和德国分别管理5个。在拉丁美洲，智利协调7个项目，其次是阿根廷和巴西，分别管理5个。古巴参与了所有项目的1/3。25个项目由拉丁美洲的高等教育机构协调，73个项目由分布于13个欧盟国家的高等教育机构管理。

北美学生流动项目

北美学生流动项目（PROMESAN，sesic. sep. gob. mx/dges/ddu/movilidad2003/index2. htm）由加拿大人力资源部、美国中学后教育发展基金（FIPSE）、墨西哥公共教育秘书处提供支持。它创立于1995年，为墨西哥、加拿大和美国的学生出国学习增加机会。在该项目的激励下，1995—2001

年共产生了50多个协会。

大学校际发展中心学生流动项目

2003年，大学校际发展中心（CINDA）在它的29个成员大学中建立起流动项目（www. pucp. edu. pe/estudiantes/cinda）。这个每年提供10份奖学金的项目，积极寻求通过促进拉丁美洲的内部流动以及支持学生的学习和研究，来激励本科生和研究生交换。2003年，25所大学参加了这一项目，提供了184个十分不同的选择。

地区行动者

地区行动者包括跨政府实体、非政府组织和网络、协定以及项目。

地区跨政府实体

324 最重要的跨政府实体有美洲开发银行、拉丁美洲和加勒比海地区高等教育国际协会、美洲国家组织。

美洲开发银行

创办于1959年的美洲开发银行（www. iadb. org）是历史最悠久、规模最大的地区银行，它是为拉丁美洲和加勒比海地区经济、社会与文化发展提供多边融资的主要来源。它在加强地区一体化方面发挥了领导作用。它管理着两个奖学金项目：面向与发展有关领域的研究生的日本奖学金项目，美洲间社会发展学院提供的参加社会发展课程的奖学金。

拉丁美洲和加勒比海地区高等教育国际协会

拉丁美洲和加勒比海地区高等教育国际协会（IESALC/UNESCO, www. iesalc. unesco. org. ve）的任务是实现本地区高等教育重要的、永久的改革，加强本地区高等教育机构和学术社区之间的联系。像联合国教科文组织一样，它的工作方向是通过鼓励学术流动（主要来自本地区极少数发达国家），为学历承认、学位互认和学分互换创造条件，推动地区一体化进程。它的工作集中于研究和政策改革，而不是项目的具体实施。有关高等教育国际化维度的资源，可在协会的网站上获取。

美洲国家组织

在地区层面上，唯一的超国家组织就是美洲国家组织（OAS，www. oas. org），它由 35 个独立国家组成，其中包括古巴[①]。美洲国家组织创建于 1948 年，它与各国政府实体密切合作，管理着多边伙伴合作和培训项目。这些项目支持研究生学习与研究、大学生学习、在各类中心的短期培训等。美洲国家组织在创建拉丁美洲各个国家的国家科学协会上发挥了重要 325
的作用。现在，它已经不是旨在提升地区学术一体化的活动的主要投资者，近年来它主要投身于宏观政治问题。

地区非政府组织和网络

本地区最活跃的非政府组织和网络有：拉丁美洲和加勒比海地区大学一体化协会、拉丁美洲社会科学委员会、拉美社会科学教师协会、拉丁美洲超级大学网络、拉丁美洲大学合作网络、拉美大学联盟。

拉丁美洲和加勒比海地区大学一体化协会

拉丁美洲和加勒比海地区大学一体化协会（AUALCPI，www. aualcpi. org）成立于 1993 年，致力于提高地区一体化水平。20 个拉丁美洲和加勒比海国家的 100 多所大学，参与了这一旨在加强地区一体化的共同行动。该协会支持研究、合同、交换项目和论坛。

拉丁美洲社会科学委员会

拉丁美洲社会科学委员会（CLACSO，www. clacso. org/wwwclacso/espanol/html/grupos/fgrupos. html），是一个旨在促进社会科学众多领域的研究、讨论与学术传播的非政府网络。它由 35 所拉丁美洲大学发起，成立于 1967 年，它目前拥有分布于 19 个拉丁美洲和加勒比海国家的社会科学领域的 130 多个研究机构与研究生项目。

---

① 美洲国家组织和美洲开发银行都可以被划为跨地区组织，因为有北美洲的参与。在这里它们之所以被列为地区内跨政府组织，是因为其服务和项目的目标是拉丁美洲国家。

拉美社会科学教师协会

拉美社会科学教师协会（FLACSO，www. flacso. org）成立于1957年，它是联合国教科文组织与14个拉丁美洲和加勒比海国家的自治性合作组织。它的基础功能是通过研究生和专业化课程提供社会科学培训，进行针对拉丁美洲问题的研究，传播社会科学的前沿成果，促进有利于拉丁美洲的社会科学教学的资料交换，加强与大学以及其他地区和国家的实体（政府的或私人的）的协作，鼓励社会科学的发展。

326 **拉丁美洲超级大学网络**

2002年，在墨西哥国内自治大学的倡议下，在拉丁美洲和加勒比海地区高等教育国际协会的支持下，几个重要的地区性大学创办了拉丁美洲超级大学网络（LAMUN）。这个网络把区域内最大的大学（在校生4万人以上的大学）聚集起来，代表的学生总数达900多万人。该网络的成员大学覆盖了所有的知识领域，承担了本地区的大多数研究，从政府那里接收资助，分享相似的文化和历史遗产。网络里的23所大学——分布于阿根廷、巴西、哥伦比亚、哥斯达黎加、古巴、多米尼加、厄瓜多尔、萨尔瓦多、危地马拉、墨西哥、尼加拉瓜、巴拿马、巴拉圭、秘鲁、乌拉圭和委内瑞拉——寻求通过主要针对高等教育国际化和商业化的流动与研究，来加强学术合作。

拉丁美洲大学合作网络

拉丁美洲大学合作网络（RLCU，www. rlcu. org. ar）创办于1997年，它是一个由来自14个国家的26所私立大学组成的地区协会。这14个国家是：阿根廷、玻利维亚、巴西、智利、哥伦比亚、哥斯达黎加、厄瓜多尔、萨尔瓦多、洪都拉斯、墨西哥、尼加拉瓜、巴拿马、巴拉圭、波多黎各。该网络的目标是，为实现学术卓越和地区一体化提供相互支持。它的主要活动是处理认证、高级研究、虚拟大学、管理、流动以及学历或学位的互认等事宜。

拉美大学联盟

拉美大学联盟（UDUAL，www. unam. mx/udual）创建于1949年，并获得了联合国教科文组织的承认。在来自拉丁美洲19个国家160多所大学的参与下，拉美大学联盟代表了200万名学生、20万名教授以及大约5 000个本科生培养项目和3 800个研究生培养项目。它致力于促进拉丁美洲一体化，其主要途径是，提供旨在加强地区研究和高等教育部门实力的科学与学术奖励，发布报告，赞助被称为学生学术流动项目 – 拉美大学联盟（PAME-UDUAL）的学生流动项目。

地区协定

1974 年，拉丁美洲和加勒比海地区的国家签署了一个有关学历、文凭和学位互认的地区协定，其目的是：强化和增加教育领域的合作，承认国家之间的学术资格，加强流动，提高地区内的一体化水平。该协定还需要进一步更新和修订，因为它没有解决跨境教育、流动、资格承认或质量保障等 327
问题。

地区项目

最重要的地区项目有学生学术流动项目、科学与技术知识共同市场。

学生学术流动项目

学生学术流动项目（PAME，www. unam. mx/udual/PAME/Pame. htm）创立于 2002 年，它在学历和学分互认的基础上支持学生交换。2003 年，拉美大学联盟的 150 所拉丁美洲大学中有 24 所大学参加了这个项目。拉美大学联盟也建立了支持项目，包括拉丁美洲高等教育机构中的远程教育项目、评估与认证项目。

科学与技术知识共同市场

由美洲国家组织于 1994 年创建的科学与技术知识共同市场（Mercocyt），其成员致力于促进西半球大学和研究中心之间的联系。它促进合作，提供培训，分享信息，推动科学与技术的开发和创新。

科学与技术共同市场支持两类主要项目。第一类与科学和技术一体化有关，它支持研究、研究生层面的培训、优秀中心的网络、高水平专业人员的联系和交换，以及信息、信息交流与传播。第二类则是有关创新的项目，它意在推动系统创新导向的协作性努力，这些努力来自学术与技术机构、商业组织和公共机构。这些项目包括为中小型企业的技术首倡、技术创新以及为政府机构的现代化提供支持。

次级地区行动者

次级地区行动者包括非政府组织、协定和项目。

次级地区非政府组织

本地区最活跃的非政府组织有亚马逊地区大学协会、中美洲大学委
328 员会、南美中西部次区一体化大学校长委员会、蒙得维的亚大学集团
协会。

亚马逊地区大学协会

1978 年以来，亚马逊地区大学协会（UNAMAZ，www. campus-oie. org/guiauniv/red011. htm）已经发展了分布于玻利维亚、巴西、哥伦比亚、厄瓜多尔、圭亚那、秘鲁、苏里南和委内瑞拉等国家的 72 所大学的校际科学、技术与文化方面的合作。它接受德国学术交流服务中心对一个奖学金项目的支持，与巴西、加拿大、哥伦比亚的大学联合开发环境项目，积极参与由 4 所亚马逊地区大学协会成员大学和 6 所欧洲大学组成的拉美学术培训项目（ALFA）网络。

中美洲大学委员会

中美洲大学委员会（CSUCA，www. csuca. edu. gt）成立于 1948 年，是一个地区性非政府组织，它的成员包括伯利兹、哥斯达黎加、萨尔瓦多、危地马拉、洪都拉斯、尼加拉瓜和巴拿马等国家的全部公立大学。它的主要目标是推动中美洲高等教育一体化和现代化。它致力于提高高等教育质量，为发展大学与国内和国际组织之间的关系提供便利。与墨西哥全国大学和高等教育机构协会（ANUIES）联合建立的墨西哥－美洲学术交换项目，进一步增强了两个次级地区在研究和培训方面的合作。

南美中西部次区一体化大学校长委员会

成立于 1991 年的南美中西部次区一体化大学校长委员会（CRISCO，www. campus-oie. org/guiauniv/red005. htm），是一个把主要目标定位于为了促进成员间的政策、计划和项目，而推动次级地区内大学一体化的网络。阿根廷、玻利维亚、智利和秘鲁的 24 所公立与私立大学是该协会的成员。大

约 400 名学生已经参加了它的学生流动项目。

蒙得维的亚大学集团协会

蒙得维的亚大学集团协会（AUGM，www. grupomontevideo. edu. uy）于 1991 年成立，它是一个拥有来自阿根廷、巴西、智利、巴拉圭和乌拉圭的 17 所公立大学的网络。500 多位教授参加了集团的流动项目。2000 年以来，有 200 多名学生参加了下文将要描述的共同学术空间（ESCALA）交换项目。

329

次级地区协定

最重要的次级地区协定有安第斯共同体和南方共同市场。

安第斯共同体

安第斯共同体（www. comunidadandina. org）1959 年成立于哥伦比亚的喀他基纳（Cartagena）市。这个次级地区条约包括玻利维亚、哥伦比亚、厄瓜多尔、秘鲁和委内瑞拉。它的主要目标是在平等的条件下推动成员国之间的均衡协调发展，加强对旨在为拉丁美洲共同市场积累信息资源的地区一体化进程的参与，努力使各国居民生活水准获得稳步改善。

安第斯共同体在为地区认证建立互信的进程中，为学生、大学教师、教育提供者和专业人员的流动提供了便利。服务贸易自由化是巩固次级地区一体化的基本要素，因为它推动了国际服务贸易的参与，有效提升了在全球市场中的地位。

南方共同市场

南方共同市场（www. mercosur. org. uy）建立于 1991 年，作为一个经济和政治项目，它是其成员国最重要的国际教育项目。南方共同市场的教育部门，吸收了阿根廷、巴西、巴拉圭、乌拉圭、玻利维亚和智利作为会员，它是次级地区合作与一体化的典范。教育、科学与技术项目还只是初见成效，学生和教授流动项目的范围、项目的认证、研究生联合培养项目的合作开发等方面还在不断完善之中。教育部门集中于四个方面：学生和教授的实习与流动；培养项目的认证，主要在农艺、工程和医学领域；创建欧洲 - 拉丁美洲共同空间；支持研究生培养项目、科学研究和人力资源方面的跨机构合作。

次级地区项目

最重要的次级地区项目有共同学术空间项目和学生流动项目。

330 共同学术空间项目

创立于2000年的共同学术空间项目（ESCALA，www. grupomontevideo. edu. uy），是一个由部分蒙得维的亚大学集团协会成员发起的学生交换项目。这个项目每学期帮助100—150名学生的交换。覆盖南部次级地区学生流动的项目范围的扩展，正在由南方共同市场支持与推动下的高等教育次级地区一体化发展中，发挥着关键的作用。与项目相联系的高等教育机构，已经在建立它们的结构与目标时将这种流动纳入考虑范围。其早期阶段注重教授和研究者的流动。

学生流动项目

1997年，南美中西部次区一体化大学校长委员会建立了学生流动项目（www. ucsm. edu. pe/criscos），该项目为在国外学习的大学生提供帮助。1998—2003年，已经有400多名学生参加了这个项目，它围绕社会、文化、科学和教育问题来培育地区一体化。

拉丁美洲的国家行动者

这里仅对国家层面上的主要行动者进行概括性描述。有关国家行动者的详细描述参见第3—9章的国别研究部分。

政府部门

主要的政府部门有教育部和相关部门、国际合作署、科学基金会和委员会、出口机构、奖学金管理机构、质量保障和认证机构。

部级机构

拉美地区国家的教育部或教育委员会是国家层面上的最高教育权力机构。它们实施教育政策、管制和项目。由于全球环境的不断变化，教育部受到的挑战与日俱增，其他部门（外交、贸易、科学技术、遗产与文化、商

业、移民和雇佣）对高等教育部门的兴趣也在不断增加。同样重要的组织 331
机构，还有促进高等教育发展的国家机构。

很少有国家政策清楚地说明了高等教育的国际化。教育部更多地关注国内问题，例如入学、质量、资金、跨境教育以及公平。然而这些方面都要受到国际环境的影响，尤其是跨境教育。有证据表明，更多的注意力正在被放到地区高等教育的国际维度上。

国际合作署

国际合作一般通过授权与合作相关联的政府机构或部门等渠道实施。作为惯例，这些机构与外交部有着密切的联系。这些机构包括：阿根廷合作总署（www. me. gov. ar）、巴西合作署（www. abc. mre. gov. br）、智利国际合作署（www. agci. cl）、哥伦比亚国际合作署（www. acci. gov. co）、秘鲁国际合作署（www. apci. gob. pe）。它们的作用是帮助地方机构之间建立联系，包括高等教育机构和国际捐赠者。

科学基金会和委员会

以科学技术发展为目标的国家委员会和基金会负责研究活动和研究者的国际化。这些委员会的主要功能是资助研究。由于各类尖端研究具有天然的国际化本质，这些委员会有参与国际合作的传统。典型的实体有：阿根廷国家科学与技术研究委员会（www. conicet. gov. ar）、巴西国家科技发展委员会（www. cnpq. br）、智利国家科学和技术研究委员会（www. conicyt. cl）、哥伦比亚科学和技术开发协会（www. colciencias. gov. co）、墨西哥国家科学与技术委员会（www. conacyt. mx）、秘鲁国家科学技术委员会（www. concytec. gob. pe）。

这些实体维持和激励区域内部与外部同类组织之间的协作联盟。并已在几个主要领域开发和赞助了拉丁美洲的网络。联合国教科文组织和国际科学联盟委员会（通过发展中国家促进科学与技术委员会）支持了这些网络。网络的成员们讨论影响拉丁美洲科学共同体的政策和问题，促进青年科学家
的跨区域交换，管理来自政府的支持，并构建科学与技术领域在一体化和融 332
资方面共同努力的机制。

出口机构

促进服务等非传统出口项目的国家机构，推动了高等教育服务和项目走出国门。智利出口促进局（www. prochile. cl）和哥伦比亚国家出口促进会（www. proexport. com. co）积极资助高等教育机构的国际化，特别是在中美洲、加勒比海地区以及本地区的其他国家。

奖学金管理机构

在一些拉丁美洲国家，政府已经建立起分权单位来管理国际组织和国家提供的奖学金。这类机构的例子包括：哥伦比亚教育贷款和海外技术协会（www. icetex. gov. co）、秘鲁国家奖学金和教育信用协会（www. inabec. gob. pe）、委内瑞拉的马里斯卡尔阿亚库乔基金会（www. fgma. gov. ve）。在其他国家，例如古巴和墨西哥，这些活动属于中央政府的责任范围。

出国学习可获得的资助十分有限的结果，使得新的组织不断产生。哥伦比亚未来基金会（www. colfuturo. org）创建于 1991 年，是一个为想要出国攻读学位或提高英语水平的学生提供财政支持的非营利性组织。该基金会源于私营企业、公共企业和一些高等教育机构的共同努力。成立以来，它已经帮助 1 182 名学生提高了技能。

质量保障和认证机构

质量保障和认证机构帮助发展有关高等教育质量评价、改善和维护的理论与实践。它们提供有关高等教育机构所设定的标准及其完成和实现标准的能力的信息。它们还提供有关项目或机构质量的证据。

20 世纪 90 年代中期以来，多个质量保障和认证机构陆续建立起来。其中包括阿根廷的评估与大学认证国家委员会（www. coneau. edu. ar）、智利的国家本科生认证委员会（www. cnap. cl）、哥伦比亚国家认证委员会（www. cna. gov. co），古巴共和国国家认证团体、危地马拉的中美大学委员会（www. csuca. edu. gt）、墨西哥国家高等教育认证委员会（www. copaes. org. mx）。

333 非政府组织

非政府组织包括大学协会和国际关系网络。

大学协会

在本地区除了古巴以外的所有国家，大学隶属于国家大学协会或大学校长委员会。这些组织的主要任务是加强成员之间文化、学术和科学的合作；致力于在国内、地区与国际层面上，与政府和非政府组织以及高等教育机构建立国内与国际合作；成为思考和分析高等教育问题与趋势的中心。这些协会的性质和活动因国别而异。在有些国家，它们是私立的非政府组织；在另一些国家，它们是拥有影响国家政策的能力的公立组织。

这些协会中的大多数，已经成为本国建立和提升高等教育国际化维度的领导力量。这样的例子有：阿根廷国立大学校际委员会（www. cin. edu. ar）、阿根廷私立大学校长委员会（www. crup. org. ar），巴西国家私立大学协会（www. anup. com. br）、巴西社区大学协会（www. abruc. org. br）、巴西国家大学校长委员会（www. crup. org. br）、巴西联邦高等教育领导协会（www. andifes. org. br）、巴西国立大学校长协会，智利大学校长委员会（www. cruch. cl），哥伦比亚大学协会（www. ascun. org. co），墨西哥私立高等教育机构联合会（www. fimpes. ur. mx）、墨西哥大学和高等教育机构协会（www. anuies. mx），秘鲁全国大学校长会议（www. anr. edu. pe）。

国际关系网络

由于大学协会与大学校长委员会已经发现了国际化对于发展和提升高等教育机构的战略意义，它们中的大部分帮助国家建立起了国际关系办公室网络。这类网络的例子有：阿根廷国立大学国际合作首脑网络（www. redcium. edu. ar）；巴西大学国际事务办公室论坛（www. ci. com. br/faubai）；智利国际合作委员会（www. cruch. cl），它在大学校长委员会的领导下运行；哥伦比亚大学协会（www. ascun. org. co/rci）。墨西哥建立了墨西哥国际教育协会（www. ampei. org. mx），它由对促进国际合作与交换项目有兴趣的大学教师和专业人员组成，其成员既包括个人也包括机构。 334

主要行动者和项目的分析

本项分析的一个核心主题是行动者和项目水平与类型的多样化。表 10. 2 显示了在拉丁美洲高等教育国际维度上相关度最高的行动者。

表 10.2 拉丁美洲高等教育国际化的主要行动者

水平	国际的	双边的	跨地区的	地区的	次级地区的
跨政府	• 联合国教科文组织 • 世界银行 • 联合国开发计划署 • 世界贸易组织 • 经合组织 • 国际移民组织		• 欧洲委员会	• 美洲国家组织 • 拉丁美洲和加勒比海地区高等教育国际协会 • 美洲开发银行	
政府部门或机构		• 西班牙国际合作署 • 美国国际开发署 • 加拿大国际开发署 • 瑞典国际开发署 • 日本国际合作署 • 韩国国际合作署 • 大使馆	• 伊比利亚－美洲国家教科文组织 • 安德烈斯贝略协议		
非政府组织或准政府组织	• 国际大学协会 • 国际大学校长协会 • 天主教大学联合会	• 英国文化协会 • 德国学术交流服务中心 • 荷兰高等教育国际合作组织 • 法国国际教育合作署 • 澳大利亚国际教育开发署 • 加拿大教育中心	• 哥伦布协会 • 拉美大学委员会 • 欧亚联盟/拉美大学委员会 • 伊比利亚－美洲大学研究生教育协会 • 大学校际发展中心 • 北美高等教育协作协会 • 伊比利亚－美洲高等教育质量与认证网络	• 拉美大学联盟 • 拉美社会科学委员会 • 拉美社会科学教师协会 • 拉丁美洲大学合作网络 • 拉丁美洲超级大学网络 • 拉丁美洲和加勒比海地区大学一体化协会	• 中美大学委员会 • 亚马逊地区大学协会 • 蒙得维的亚大学集团协会 • 南美中西部次区一体化大学校长委员会

续表

水平	国际的	双边的	跨地区的	地区的	次级地区的
		●国际教育协会 ●国际开发研究中心 ●瑞典国际开发署所属的研究合作司 ●国际救济与发展组织	●美洲间高等教育组织		
条约或协定	●《服务贸易总协定》		●美洲自由贸易区 ●《北美自由贸易协定》	●联合国教科文组织公约	●南方共同市场 ●CAN
项目	●国际大学生技术实践交流协会 ●国际经济学商学学生联合会	●富布莱特 ●赴美学术和专业化培养项目 ●大学校际合作项目 ●PEC	●拉美学术培训项目 ●拉丁美洲的高水平奖学金项目 ●大学校际发展中心 ●学术交换和流动项目 ●拉美科学技术项目 ●发展中国家科技合作子项目 ●美洲间高等教育组织 ●美洲学院 ●北美学生流动项目	●学生流动学术项目 ●科学与技术知识共同市场	●共同学术空间 ●PME

教学过程、课程、研究、奖学金、社会服务等方面国际化维度的出现及其重要性，是本书所使用的国际化模型中的核心要素。这些要素包括基于校园的活动、学生和教授的流动以及跨境项目等。发展支持项目（纵向合作）、交换和伙伴关系（横向合作）以及商业性运作，都是国际化的模式。一旦给定了这个范围，如此多样的行动者卷入更大范围的活动或相关问题的事实就不难理解了。行动者包括科学技术组织、大学协会和大学校长委员会、学生流动和交换组织、发展支持机构、学生招募团体、质量保障机构、研究生组织、国际关系网络、研究与开发实体、出口机构以及文化合作团体。

一个重要的趋势是，在本科生和研究生两个层面上学生流动正受到更多地关注。新的流动项目，例如学术交换和流动项目（PIMA）、共同学术空间项目（ESCALA）、北美学生流动项目（PROMESAN）和大学校际发展项目（CINDA）等跨地区项目，都是很好的样板。为研究生和初级教职人员提供奖学金，仍然得到了高度重视和强调［一个例子是科学与技术知识共同市场（Mercocyt）提供的项目］。然而，国家层面的机构在这个领域的力量，要比地区行动者强大一些。美洲间高等教育组织和其他地区大学协会，在管理培训方面保持依然很活跃，但这并没有成为增长的核心领域。

很多地区性大学和大学校长组织成立于50多年以前（参见表10.3）。2003年，拉美大学联盟（UDUAL）开发了一个新项目，它通过交换和关联项目支持学生流动。这是一个历史悠久的组织试图获取新的国际化优势方面的很好的范例。

21世纪的前几年标志着行动者发展与演变的新阶段。带有特殊主题的新组织纷纷建立起来。例如伊比利亚－美洲高等教育质量与认证网络对质量保障的高度关注、伊比利亚－美洲大学研究生教育协会对研究生教育的高度关注，这是两个新的伊比利亚－美洲组织。本地区致力于学生招募的三个新机构澳大利亚国际教育开发署、法国国际教育开发署、加拿大教育中心的出现，表明了对另一更新领域的聚焦。这里有一个重要的补充是，一些历史悠久的双边组织，例如英国文化协会、德国学术交流服务中心、荷兰高等教育国际合作组织，也把学生招募作为它们一项更加重要的活动。

最近几年里，与欧洲合作的两个新的跨地区项目建立起来。一个是拉美学术培训项目（ALFA），创立于1994年；另一个是欧盟面向拉丁美洲的高水平奖学金项目（AlβAN），创立于2002年。让伊比利亚－美洲大学委员会和欧洲大学协会牵手的一个新的跨地区伙伴关系，也于2003年建立起来。

表 10.3　组织成立和项目创立的年代

20 世纪 40—50 年代	20 世纪 60—70 年代	1980—1994	1995—2004
行动者			
• 拉美大学联盟			
• 伊比利亚－美洲国家教科文组织	• 美洲间高等教育组织	• 哥伦布协会	• 拉美大学委员会
• 中美大学委员会	• 拉丁美洲社会科学委员会	• 亚马逊地区大学协会	• 欧亚联盟/拉美大学委员会
• 拉美社会科学教师协会	• 大学校际发展中心	• 拉丁美洲和加勒比海地区大学一体化协会	• 伊比利亚－美洲大学研究生教育协会
• 国际大学协会	• 国际开发研究中心		
• 英国文化协会	• 国际大学校长协会	• 发展中国家科技合作子项目	• 北美高等教育协作协会
• 荷兰高等教育国际合作组织	• 安德烈斯贝略条约		• 伊比利亚－美洲高等教育质量与认证网络
• 德国学术交流服务中心	• 瑞典国际开发署		
• IRD			• 大学网（Universia. net）
• 国际教育协会			• 蒙得维的亚大学集团协会
			• 南美中西部次区一体化大学校长委员会
			• 拉丁美洲超级大学网络
			• 法国国际教育合作署
			• 澳大利亚国际教育开发署
			• 加拿大教育中心

续表

20 世纪 40—50 年代	20 世纪 60—70 年代	1980—1994	1995—2004
项目			
• 富布莱特奖学金项目 • 国际大学生技术实践交流协会 • 国际经济学商学联合会	• 赴美学术和专业化培养项目 • 本科生培养项目协议	• 拉美科学技术项目 • 美洲学院 • 拉美学术培训项目 • 大学校际合作项目 • 科学与技术知识共同市场 • 发展中国家科技合作子项目	• 学术交换和流动项目 • 北美学生流动项目 • 共同学术空间项目 • 学生流动学术项目 • 拉丁美洲的高水平奖学金项目 • 大学校际发展中心 • 美洲学院 • PME

注：表中没有包括政府间的双边政府机构、基金会或协议。

次级地区层面上的活动也在不断增加。蒙得维的亚大学集团协会（AUGM）、南美中西部次区一体化大学校长委员会（CRISCO）、新的 PME 和共同学术空间项目（ESCALA）是次级地区创新的范例。假定致力于国际教育的地区组织或网络（例如欧洲国际教育协会）缺位，人们想知道的是次级地区层面的网络是否能够发展和成长为地区层面的网络。假使伊比利亚－美洲高等教育质量与认证网络（RIACES）和拉美大学委员会（CUIB）创建于跨地区而不是地区层面，那么伊比利亚－美洲国际教育协会将是一个替代的选择。这反映了一个重要的问题，因为它表明拉丁美洲更愿依赖西班牙来创建和支持伊比利亚－美洲的行动，而不是发挥开创精神去建立地区组织和网络。

1994 年以来，国际化的项目和行动者数量持续增长。其中的一些正在提供和促进国际教育活动；其他的正在直接提出与国际化有关的问题，或者 337
为产生更多的国际联系而吸收国际会员。

本地区为数众多的组织与网络，产生了重复或重叠的潜在问题。事实上，不管怎样，不同的实体还是发挥了不同的功能（奖学金、研究与开发、管理培训、流动、研究生项目开发）；它们覆盖了广大的地理区域；它们建立起不同的文化、政治和经济之间的连接。因此总体的图景是一个复合体，而不是复制品。

这些组织和项目正在积极地完成它们的任务吗？它们仅仅是纸上谈兵的实体吗？答案是很难确定的，因为很多组织只是最近 10 年内才建立，要变得成熟并成为积极的和可持续的实体，它们还需要时间站稳脚跟。

跨地区的行动者

来自伊比利亚－美洲、拉丁美洲、北美洲、美国与墨西哥交界地区、欧洲国家的为数众多的行动者，反映了拉丁美洲与其他地区高等教育机构和团体之间长期的文化、政治及语言的联系。这个特征表明了这一地区的文化丰富性和政治遗产，并在某些方面将这一地区和世界其他地区区分开来。

西班牙和拉丁美洲大学之间保持长期关系的一个证据，是伊比利亚－美洲组织、网络和项目的数量。在跨地区层面上，伊比利亚－美洲组织的数量是最多的（表 10.2）。这些关系依然牢固，关于这一点，1994 年以来成立的四个伊比利亚－美洲组织（表 10.3）可以佐证。正如很多国别研究所提及的那样，西班牙是这些关系的领导者，葡萄牙是发挥辅助作用最好的国家。西班牙大学的历史作用，对于拉丁美洲高等教育系统而言是奠基性的，这种影响一直延续到今天，尤其是西班牙所发挥的连接欧洲的通路作用。与西班牙传统的文化、语言和历史的联系，已经被加入了新的政治和经济驱动。目前，人们并不清楚西班牙在多大程度上充当了通往欧洲国家的桥梁，因为欧洲委员会已经在发展与拉丁美洲高等教育之间更密切的关系上，作出了自己新的努力。拉美学术培训项目和拉丁美洲的高水平奖学金项目，表明了欧洲和拉丁美洲之间国际合作的日益增长的重要性。

近年来与欧洲跨地区合作的增长和重要性，并没有被复制到其他地区，例如北美洲。在很多方面，一个令人惊异的事实是更多的美洲间组织和项目
338 并没有得到发展。地区间的经济联系变得更为重要，这一点为新的双边和多边贸易协定所证实。但是高等教育地区行动者的数量没有增加，而且它们在美洲间高等教育组织和伊比利亚－美洲国家教科文组织框架下，长期关系的进一步发展受到了限制。

过去 10 年美洲间行动者的零增长，并不意味着在拉丁美洲和北美洲，尤其是美国之间没有重要的机构层面的联系。这不是意味着它们不存在，而是说它们没有保持与欧洲机构和组织之间关系同样的增长速度。在 20 世纪 90 年代中期，人们预期《北美自由贸易协定》将在墨西哥、美国、加拿大之间促进三边合作的增长，但真实情况并非如此。北美高等教育协作协会（CONAHEC）和北美学生流动项目（PROMESAN）已经成为当前主要的地区行动者，但活动的水平比预期的要低。墨西哥似乎并不像西班牙试图连接拉丁美洲与欧洲那样，充当通往北美其他地区的桥梁。

地区和次级地区行动者

高等教育国际化领域跨地区行动者的增加，并没有反映出地区行动者的增加。拉丁美洲和加勒比海地区高等教育国际协会（IESALC）、拉美大学联盟（UDUAL）、拉丁美洲社会科学委员会（CLACSO）以及拉丁美洲和加勒比海地区大学一体化协会（AUALCPI）是地区行动者，但它们并不用正式的或直接的方式来拓展高等教育的国际化维度。它们正在通过它们事实上的国际会员关系，来增加它们的会员的国际联系，而无须通过具体的活动。关注国际行动的特例有：拉美大学联盟的新的但很小的流动项目、拉丁美洲和加勒比海地区高等教育国际协会正在实施的关于新提供者以及本地区跨境流动项目及其提供者方面的研究、拉丁美洲大学合作网络建立的私立大学地区

网络。

更多的行动是发生在次级地区层面上。蒙得维的亚大学集团协会（AUGM）和南美中西部次区一体化大学校长委员会，正以小规模的方式促进和支持国际化活动。共同学术空间（ESCALA）——蒙得维的亚大学集团协会的一个新的学生交换项目—是一个很好的范例。其他重要的次级地区行动者有中美大学委员会（CSUCA）和亚马逊地区大学协会（UNAMAZ），它们致力于解决国际化过程中的重要问题和派生问题，例如对有力的质量保障与认证框架的需求。

双边机构

双边政府和非政府机构所实施的开发合作，总是受到高度重视。这些技 339
术援助类型的行动仍在继续，但是通过支持交换、连接和互惠伙伴关系，纵向合作已经开始向横向合作转换。横向支持包括对南南合作的日益增加的重视，例如巴西的开发合作行动。

一个重要的新趋势是该地区双边学生招募机构的出现。这些机构的产生，是对从国际学生那里获得收益的新趋势的回应。除了国际机构，例如法国国际教育合作署、澳大利亚国际教育开发署和英国文化协会，智利和哥伦比亚的政府出口机构正聚焦于在地区内推动项目，以及为流动提供便利。

结　　论

日益增加的行动者数量，正在增强地区内的联系。这些行动者促进和审视高等教育国际化维度的政策问题。这些新的行动者在不同层面上——国家层面、地区层面、跨地区层面和国际层面——都是积极的，而且它们有广泛的兴趣、任务和功能。

有证据表明，诸如质量保障、认证、资格承认、学生交换、新的国际提供者、人才流失、教育的商业化和贸易等问题，从监管和政策的视角来看，已经不再是国家层面的行动者唯一的工作范围。有一个明确的需要，那就是关注地区层面的行动者和政策如何能够加强与增加国家层面的框架。

拉美地区与世界上其他国家和地区日益增长的国际联系，在双边和跨地区两个层面上运行的新的行动者与项目那里得到反映。当次级地区层面上有新的发展时，地区层面上的国际化活动就会少一些。最引人注意的是，把致力于促进和支持国际教育的国家层面的网络聚集起来的各种组织或网络的缺位。这样一个组织或网络的发展，可能是拉丁美洲高等教育国际化进程中符合逻辑的下一步骤；但是建立这样一个组织或网络的动力，是来源于诸如伊比利亚－美洲组织的次级地区的集聚（grouping），还是由国家层面的网络合并而成的地区网络，尚不清楚。这将是一个需要控制的重要问题，因为这样一个网络的发展，将通过融资、培训、信息交换、引导和政策分析，在支持高等教育国际化维度方面发挥十分重要的作用。

第 11 章 341

拉丁美洲的道路：趋势、问题和方向

若瑟兰·加塞尔·阿维拉（Jocelyne Gacel-Ávila）
伊莎贝尔·克里斯蒂娜·哈拉米略（Isabel Cristina Jaramillo）
简·奈特（Jane Knight）
汉斯·德维特（Hans de Wit）

20 世纪 80 年代以来，特别是在 20 世纪 90 年代，为了应对全球化带来的挑战，拉丁美洲已经有过好几次改革高等教育的努力。但是，正如阿特巴赫（Altbach，2002）所说，虽然全球化正对这一地区产生日益深远的影响，拉丁美洲仍然停留在国际研究和知识传播中心的外围。拉丁美洲面临在这些发展中定位自己，以及利用好自身优势和机会的挑战——走拉丁美洲自己的道路。

在一些比较研究中，拉丁美洲未来的高等教育，在不同国家系统的议事日程上都被赋予了核心的优先权（例见：Brunner 2001；López Segrera 2002）。这些研究虽然显示了拉丁美洲的进步与成果，但是它们并没有涉及这一地区高等教育国际化的发展和特征。

关于拉丁美洲高等教育在多样化或相似性、同质或异质、复杂或简单以及高等教育国际化维度方面的变化，我们知道的很少。本书在国家和国际两个层面上考察高等教育。之所以用分析的样本国家（阿根廷、巴西、智利、哥伦比亚、古巴、墨西哥和秘鲁）来代表整个地区，是因为这些国家代表了这一地区大约 90% 的人口。（特殊的条件影响着加勒比海和西班牙语系美洲小国的国际化进程与流动方式，本研究不涉及法语和英语加勒比海国家的特质。）

本章强调了在国别研究中发现的最重要特征，以及能够阐释该地区特殊性的东西，并对拉丁美洲高等教育的国际化维度进行了全面评述。

342 过去的拉丁美洲高等教育所受的国际影响

拉丁美洲大学继承了一些区别于其他地区大学的共同特征。拉丁美洲第一批高等教育机构，分别于1538年创建于圣多明各（Santo Domingo）、1551年创建于墨西哥和秘鲁。在那个年代，欧洲仅有16所这类高等教育机构，在现在的美国领土范围内还没有一个这样的机构。这些机构建立的原因是为了满足传教布道的需要，以及提供或多或少与西班牙相当的教育机会。它的目标是建立帝国和殖民地之间的文化联系，为殖民、地方和宗教当局所需要的公务员提供充足的专业培训。

萨拉曼卡大学和阿尔卡拉大学——两所殖民时代最著名的西班牙大学，被作为在美洲建立大学的模板。它们的影响在当前公立和私立（主要是教会）大学的分野中得到了反映（Tünnermann 1995）。拉丁美洲公立大学组织，在萨拉曼卡传统的基础上发展起来，而阿尔卡拉大学被视为教会大学的典范。公立大学和主要具有教会特征的私立大学共存的局面，在很长一段时期内是该地区高等教育的主要景观。只是在20世纪其他私立大学才进入高等教育领域，以满足日益增长的高等教育需求。

20世纪早期（1918年）发生在阿根廷的一场被称为“科尔多瓦改革”（Cordoba Reform）的自由运动，给拉丁美洲高等教育增加了一个主要的特征：大学自治。它还使学生介入大学管理的决策，增强了大学在社会发展中的作用。

多数学者都认为没有典型意义上的拉丁美洲大学，因为这些大学反映了该地区国家之间的巨大差别。但是，它们拥有一些共同特征，因为它们同处于一个独立的、欠发达的大陆，这个大陆的科技欠发达，还没有达到能够让它的大学成为独立的思想中心的水平。

当代拉丁美洲高等教育组织深受欧洲模式的影响（主要是西班牙和法国的影响）。所采用的最基本模式，是被描述为职业导向的、国家和国家主义本质的拿破仑模式。正如施瓦兹曼所指出的那样，公立大学培养专业人才
343 （法律、工程、医药），教会大学为很少部分精英提供通识教育。它们一起

培养了拉丁美洲的知识阶层，并对 20 世纪以前国家的（区别于地区的或国际的）高等教育道路产生了深刻的影响。

从 19 世纪末期开始，经济和社会精英阶层的一些人士到国外（主要是欧洲）旅行、学习。20 世纪这个精英阶层仍然去往欧洲，但它们对美国大学的选择不断增加。在国外学习的学生，意味着将成为地区知识生活中的领导者和主要行动者。他们帮助传播外国的思想流派、来自欧美学者的新知识以及新的信息资源。然而，由于在国外学习的只是社会中很少的精英，他们产生的效果十分有限。

"二战"后，主要依据发展合作概念而组织的国际合作活动得到拓展。这些活动意在帮助拉丁美洲国家改善它们的社会和经济发展。这些项目为研究生学习提供奖学金，给予技术援助，以及支持开发研究。

对拉丁美洲高等教育国际化维度的分析，必须考虑这些历史影响：殖民地的过去（共同的语言和文化，对欧洲学术范式的吸收、公立和私立大学的共存）；"科尔多瓦改革"对大学自治的影响；19 世纪大学有限的国际化导向；高等教育发展合作和技术援助的影响。

项目战略

项目战略是指能够促进课程、学习计划、学生流动、职员发展、社区服务和课外课程等国际化的学术项目。项目战略体现了高等教育机构在实现其国际化政策方面参与的水平。组织战略反映的是高等教育怎样国际化，而项目战略有助于了解高等教育机构做了什么。

机构协议

国家报告表明跨机构和跨国家的协议数量很多，虽然其中的很大一部分被认为是未执行的。在很多情况下，签署一项协议更多地被看作一项外交礼仪，而不是对协作的真实承诺。

对于公立机构而言，大多数协议都是研究领域的。私立机构集中于学生 344
流动。传统的教会私立大学则既集中于研究也集中于流动。

国别研究显示，拉美国家对地理区域的偏好存在很大差异。尽管像其他拉美国家一样，与欧洲的合作在最近几年变得越发重要，墨西哥仍将美国视作其最喜爱的伙伴。在阿根廷、巴西、智利、哥伦比亚和秘鲁，最常见的学术合作伙伴是欧洲国家。智利与欧盟的机构、南美洲的机构以及北美洲的机构分别签署了协议 715 项、472 项和 260 项。哥伦比亚与西班牙、美国、古巴、墨西哥和法国签署了大量的协议。20 世纪 70 年代，社会主义国家参与了古巴 75% 的国际活动，但是今天，古巴 72% 的国际活动是与拉丁美洲、加勒比海国家（哥伦比亚和墨西哥是主要的伙伴）以及西班牙合作开展。

与亚洲和大洋洲的协作和交换项目尚在起步阶段，但它们增长很快。这一点可以从与澳大利亚和新西兰（它们与智利和墨西哥保持合作关系）的关系，以及与日本和中国的合作中得到反映，与韩国的合作规模小一些。

学生流动

除了把美国当作最受欢迎的目的地的墨西哥学生（可以理解，两国相邻）以外，拉美国家学生倾向于选择欧洲国家。拉美国家学生更喜欢去欧洲或者北美洲，而不是相邻的国家。有些项目致力于促进地区或次级地区内的学生流动，但是它们仅能惠及少量的学生。值得一提的是由加拿大、美国和墨西哥提供资金支持的北美学生流动项目（PROMESAN）。这项计划的目标是资助学生流动以及建设北美维度的课程的行动。再就是一个面向南方共同市场（Mercosur）成员国学生和教授的流动项目，它通过蒙得维的亚大学集团协会（AUGM）实施。目前还没有承认学历和学分的跨地区计划，南方共同市场正在发展这个项目。

除了送学生出国学习之外，拉美国家也从其他地区接收学生，不过数量很少。国际学生中的大部分来自美国、德国、法国、西班牙和斯堪的纳维亚（Scandinavia）①。对于想主修西班牙语或本科学分课程的外国学生来说，拉
345 丁美洲正在成为一个越来越有吸引力的地方。但是，政治和经济的不稳定已经成为吸引外国学生的主要障碍。

虽然近些年取得了缓慢的进展，学生流动仍十分有限。由于学生这方面的需求在增长，因此可以预见这是一个有着巨大潜力的领域。

教师流动和人力资源开发

大多数国别研究指出教师流动的机会是存在的。对于公立大学而言，它对教师流动的偏好超过学生流动，但它的目标主要是大学的精英，特别是国

---

① 瑞典、挪威、丹麦、冰岛的泛称。——译者注

际层面的研究人员和在国外接受教育的教师。遗憾的是，多数教师从来没有从这一获得国际经历的机会中获益。一些公立和传统私立大学报告称，资源可用于鼓励终身教职人员参加国际专题研讨和会议，也可以用于与外国大学之间的交换项目。在新型私立大学极少有可能获得这类机会，那里的教师是兼职的，而且不开展研究。近年来学者的流动机会增多，这主要是西班牙、德国、法国、欧盟、美国、加拿大以及其他国家和机构所提供的国际开发合作基金资助的结果。

尽管大多数这样的机会是从国家层面下发的，但是一些规模较大的大学，特别是公立大学，拥有它们自己的把教师和研究者送到国外的学术项目。虽然拥有共同的语言和文化背景，但是其他拉美大学并不是受欢迎的目的地。

通过选送初级教职人员出国攻读硕士和博士学位，大学建立起自身发展所需要的关键群体。为确保在国外学习的学生或教授回到并留在本国的大学，需要国家或机构层面的有效的政策支持，以避免国际化所导致的人才流失。这些政策在巴西和墨西哥收到了很好的效果，但在本地区的其他国家情况并不完全一样。

研究和教学的国际网络

正如所有的国别研究所指明的那样，网络已经变成了拉丁美洲国家一个重要的项目战略。但在网络的含义和内容上还缺少一个清晰的界定。当机构说它们参加网络时，它们的意思既是指它们是国际的和地区的机构协会的会
员，例如哥伦布协会和拉美大学联盟（UDUAL），也是指它们参与的多边协 346
议、项目和计划，例如拉美学术培训项目（ALFA）和大学校际合作项目（PCI）。近年来，拉丁美洲机构对国际网络的参与在增加，而且所有的国别研究都提及了不同的国际网络。

通过这些网络，拉丁美洲高等教育机构在激励作用下，共同开展与地区相关的主题和巩固高质量学术项目的研究活动。最活跃的国家有阿根廷、巴西和墨西哥，这大概是因为它们代表了本地区最大的高等教育系统和最强的研究能力。古巴的高等教育机构在这一领域的强有力的活动应该被提及：在2002 年，古巴大学参加了经西班牙－拉丁美洲大学校际合作项目批准的全部 60 个学术网络中的 24 个。古巴也是欧盟的拉美学术培训项目（ALFA）的积极参加者。

网络被视为国际联系、合作和交换的重要工具。对联系的强调要甚于对

活动的强调。项目合作无论在哪里进行，都会有针对国家与地区的国际合作项目的官僚主义和低效率的批评——例如欧盟项目，这些合作项目是网络建立的基础。也有对于这些网络可持续性的忧虑，因为机构和国家的能力是有限的。

不管怎样，这些网络给本地区的机构带来了巨大好处。它们是横向和纵向国际合作的混合物，但是大多数网络仍然建立在对国际捐赠者和国家政府的项目所被动回应上，而不是采取积极的机构行动。就参加地区协会而言，地区高等教育网络存在很大差异而且缺乏连贯性，它们重视政治声明而不是实际的行动（参见第 10 章）。

课程的国际化

在欧洲和美国，高等教育机构已经实现了课程的国际化。相反，拉丁美洲的课程还没有什么变化。

课程设计国际化维度的一体化

高等教育机构的课程极少包括国际议题或者国际的、全球的、跨文化的、
347 比较的主题。课程的国际化多发生在学生与教师流动这个有限的领域中。如果本地区流动的教师和学生数量极端有限，并且这些数字在短期内不太可能有实质性的增加，对大多数学生来说，课程以及教学进程的国际化可能是一个开发国际化维度的机会（参见第 1 章）。

联合学术项目

近年来，拉丁美洲和外国高等教育机构设立本科生和研究生项目的兴趣在增长。这是一个非常积极的发展，因为它使得项目内容和教师日趋国际化，为学生提供了出国学习的机会。

私立机构已经建立了面向本科生的管理科学和经济学领域的联合培养项目。公立大学则在所有的研究领域开发研究生联合培养项目。最常见的选择是双学位，它授予学生两个大学的学位。这个选择确保了文凭在国内得到承认，在一些国家，法律要求文凭由国内高等教育机构与其合作伙伴联合颁发。

由于很多学生和教师对英语不够精通和熟练，多数项目和西班牙语高等教育机构共同组织，西班牙是最受欢迎的伙伴。在失去社会主义国家的帮助之后，为了加强研究生培养项目，古巴已经在寻求更加强有力的国际合作。

发展研究生教育，与西班牙、墨西哥、加拿大、法国、巴西和其他国家的高等教育机构进行联合博士培养，在古巴已经获得了优先发展权。

新的信息与通信技术的应用在本地区还处于起步阶段，但是它给未来带来了巨大的希望。在一些国家，高等教育机构正在开发基于新方式的研究生教学项目，例如在线课程传递，但是这些课程主要是满足国内市场，并且主要建立在与北美洲和欧洲大学之间的联合培养项目的基础之上。在继续教育方面，一些大学已经开始使用远程传递技术，为相邻国家开发教学项目。

用英语提供课程，作为本土学生的一个国际化选择和吸引外国学生的手段，在欧洲和亚洲是很常见的。但它在拉丁美洲高等教育机构中还不是一个已经深入人心的选择。由于西班牙语和葡萄牙语（程度低一些）均是世界上被广泛使用的语言，两种语言都在本地区作为第一语言，在世界其他地区（美国、欧洲和葡萄牙语非洲）作为第二语言，这不应被看作一个障碍。因 348
此，西班牙语和葡萄牙语更多地代表了国际化进程中的一种机会，而不是风险。

外语教学

多数国别研究均证实，学生、教师、职员在外语熟练和精通程度上存在着缺陷。这对拉丁美洲学生和学者的国际能力以及他们利用国际合作机会的能力，构成了负面的影响。基于这个原因，作为第二语言的英语的教学变得至关重要。近年来很多旨在提高英语水平的项目陆续建立起来。

教学进程

总体而言，教和学在拉丁美洲高等教育机构中仍然是非常传统的，它们通过专家 - 初学者关系，对知识进行集中的传授。聚焦于学习过程的针对“教”的改革行动（正如多数国际教育指南所推荐的那样）并没有发生，但是朝着这个方向的努力已经开始。这就要求应用新的知识传递形式，以及承认教与学的国际化和多文化维度，而且它应当与之并存发展。

由于本地区的外国学生数量相对较少，教师们很难把他们作为课堂国际化的工具。为本土学生和外国学生之间的互动提供条件的课外活动是有益的，但却很少有机构能够提供这些活动。为了使本土学生受益，并作为在国内实现国际化的途径，一种更加互动和批判的教学法以及与外国学生共同开展的课外活动，得到了大力推荐。

远程教育和实际的流动

尽管越来越多的大学为了扩大学生规模而把新的信息技术引入教学中来，但它们多被用于国家目的。这些学术项目的国际化仍然停留在起步阶段。只有少数几个国家（例如智利和墨西哥，它们正与西班牙和北美洲的伙伴一起工作）的高等教育机构，开始利用互联网实施联合学术项目。

协作与开发研究合作

349 该地区的研究协作显示出国际合作的高水平。这一区域的国际合作，在公立高等教育机构和一小部分传统私立大学（例如巴西和秘鲁的教会大学）中十分发达，因为研究主要在这类大学进行。

20 世纪 80 年代以来，发生了一种从开发合作（development cooperation）向协作研究合作（collaborative research cooperation）的转变。由于已经把研究能力提高到一个很高的水平，该地区的高等教育机构，正日益被它们的发达国家的搭档看成平等的伙伴，而不是技术与开发合作的被动接受者。就实施联合研究协议和项目的数量、参加国际化研究网络的水平而言，阿根廷、巴西、智利、古巴和墨西哥是拉美地区的领导者。它们拥有最多的人口和最发达的高等教育系统。其他国家，例如秘鲁，在研究领域的开发合作中仍然处于被动接受者的角色。

高等教育机构能够利用致力于科学与技术进步的国家组织。一些这样的组织积极支持协作和开发合作项目，并为个体研究者完成国际项目提供资助。

关键的外国伙伴主要是欧洲国家（西班牙、法国、德国、意大利和英国），其次是美国、加拿大和日本。除了阿根廷、巴西、智利、巴拉圭和乌拉圭的一些高等教育机构外，很少有地区内协作研究项目与计划。

该地区的一些国家也是合作的赞助者。墨西哥向中美洲提供帮助，古巴则向玻利维亚、哥伦比亚、厄瓜多尔和一些加勒比海国家（包括海地、圣多明各）提供支持。阿根廷与智利是与玻利维亚、厄瓜多尔和秘鲁的合作的赞助者，它们提供研究和教师发展项目。

组织战略

组织战略，是指管理系统、机构政策以及促进大学主要功能（教学、研究和社会服务）在国际、跨文化、全球等层面的系统。

机构政策

关于高等教育机构政策，奈特（参见第 1 章）认为是指所有表达国际化含义的声明、指令或计划文件。高等教育国际化经常在教育当局的 350
演说和官方宣言中被提及。可以看出，它已被看成为了适应 21 世纪的需求与挑战而加强教学和研究的关键战略。虽然有了这样的认识，但是仍然缺少清晰的国际化政策。很少有高等教育机构已经明确提出关于国际化进程的综合性计划和政策声明；国际化战略最多在高等教育机构的发展计划中得到描述。很少有高等教育机构文件会全面描述国际化的进程，以及它的动因、优先发展重点、目标、项目、管制、规划和质量评价程序。

国际活动似乎被以一种边缘的方式（marginal way）来管理和组织。它们并没有被整合进机构发展政策的核心层面及其主要功能的主流中去。在多数情况下，国际活动似乎是在回应来自外部的建议，这些建议主要来自发达国家的国际组织或机构，例如欧盟国家、美国和加拿大。横向合作和地区内项目的数量十分有限。建立在第三方国家行动（例如欧盟推动的拉美学术培训项目）基础上的一些横向合作项目，为拉美国家的大学提供了共同工作，以及发起教学、研究和人力资源开发方面的地区网络的机会。但是一旦赞助资金终止，这些网络的可持续性将受到怀疑。

机构规划

国别研究表明，国际活动和项目还没有被整合进常规的规划流程①。国际活动并没有显示出它们在机构日程上的特别优先位置，它们以非正式的方

① 在接下来的组织战略的讨论中，关于高等教育机构国际化进程的分析建立在广义的“机构政策”概念之上。这个定义是指机构实现国际化的整体的、可持续的途径，它包括更广泛意义上的政策的实施，以及覆盖质量保障、规划、资源利用、人员、教师发展、许可、研究、课程、学生支持、合同和项目工作（参见第 1 章）的程序声明。

式被组织起来，主要依赖个体教师成员的行动。很多项目是对国际机构或组织所提供机会的简单回应。高等教育机构还不习惯用系统的方法来安排它们自己的国际活动，以及在它们短期、中期和长期的需要与需求以及财务资源
351 基础上设立目标。整体来看，在学术发展政策中，国际化的维度并没有被看作平行发展的战略，因此它并没有被系统地整合进机构发展政策中去。这些要素是消极的、非正式的，或者仅是一种活动手段。

质量保障与认证

所有的国别研究，都报告了建立和实施旨在评估学术项目、研究生教育和机构质量的质量保障系统的努力。国际化进程或者国际化活动的质量保障并没有被特别提及。这表明，把国际化作为改善教学和研究质量的核心战略的宣言，与国家关于机构发展和学术项目的质量保障政策并未把国际化的维度作为改善的相关指标的事实之间，并不匹配。仍然缺少国际化的战略性发展，也没有对现存战略的质量评审（尽管一些机构已经开始着手进行这样的评审）。值得一提的是两所墨西哥大学——墨西哥国立自治大学和瓜纳华托（Guanajuato）大学，它们已经实施了由经合组织高等教育国际管理项目所创建的国际化质量评审进程。（关于国际化质量评审进程的更多信息，参见：OECD 1999，或者其西班牙文版，ANUIES 2001。）

在机构和项目认证的国家指南中，国际化的维度一般被忽略，或者仅仅被当成零碎的要素。这对机构规划和质量保障系统产生了负面影响。同时，越来越多的机构正在寻找国际团体和机构对它们的项目实施国际认证，特别是在专业领域内（商务管理、医药、工程）。这些国际认证既在国家层面上也在国际市场中提供地位和认可。为避免与为回应不断增长的对国际地位和认可的需求而出现的认证工厂（accreditation mills）有关联，更加清醒地认识国际团体和机构的国际声望是必需的。

融　资

在宣称国际化是优先发展重点的官方话语和支持国际化活动的资金不足之间，存在着固有的矛盾。当国际化在机构日程上处于很突出的优先位置时，教育当局通常会让机构获得必要的财务资源，例如信息技术就是这样的
352 例子。当国际化主要被看作由外部资助的活动或一个收入来源时，需要对它进行投资的倾向和意识相对较弱。

国别研究指出，极少有国际办公室拥有支持国际化活动所需要的财务资源或种子资金。在阿根廷，支持国际活动的基金不超过机构预算的 0.3%。在墨西哥，多数规模较大的公立大学正在增加国际化所需要的预算，但这并不是大多数私立大学的做法。据报告，哥伦比亚仅有 20% 的国际办公室有预算，并且数额非常有限。智利超过 80% 的国际关系办公室近年来获得了较大规模的预算，因为国际化活动已经变得与机构日程更加相关，但是很多这样的资金被用来支持协作研究活动和人力资源开发，这些资源中仅有一小部分被投资于课程的国际化或者学生的流动。多数国别研究注意到了致力于学生流动的国家项目的缺失，这些学生流动项目极其依赖获得国际合作基金的能力或者学生自己的经济资源。

国际活动管理办公室

几乎所有的国别研究，都注意到了管理国际活动和项目的工作人员专业化的低水平。报告称这种情况主要归因于该地区高级工作人员职位的高流动率。机构因此不能开发构思、设计和实施国际化进程所需要的方法。

国际办公室在机构的流程图中拥有很低的地位，在那个自上而下的层级制度中，它处于第四级或第五级。这个地位没有给予这些办公室实施战略所需要的自治和权力。

这些办公室往往依赖一般不拥有国际化所要求的训练、知识与实践的学院或规划处的领导。结果是，在制定方针与发展政策决策时，国际化的维度并没有被考虑进去。副校长或副院长级别的国际关系办公室（就像一些欧美大学设置的那样），在拉丁美洲极为少见。

人力资源开发政策

正如奈特在第 1 章指出的那样，人力资源开发国际化的政策，应该覆盖能够识别国际化的专门知识（expertise）、奖励和晋升政策的招募和挑选流程，以认可教师和工作人员的贡献，人员的专业发展活动，以及对国际任务 353
和年假（sabbaticals）的支持。国别研究表明，招募和挑选流程并没有在一个基本的共识——国际化的专门知识与技能是一种学术资产并因此被任何机构考虑其中的——基础之上，来强调对国际化的专门知识与技能的偏好，更不要说超越这一共识了。

该地区的高等教育机构，多年以来一直选送教师和学者出国进行研究生学习，因此很多教师都有国际化的专门知识、技能与经历。出国攻读研究生学位的学者虽然凤毛麟角，但他们的确存在。大学能够开发和实施被设计用来在国际化进程中充分利用这个精英团体的机构政策。在国外学习的教师能够成为国际化进程中的理想的变革代理人（change agents）。遗憾的是，一旦回国，这些学者中的绝大多数都在研究中心工作。由于研究容易与拉丁美洲的教学失去联系（尽管在这个地区有一个明显的变化趋势），他们并没有在教学进程和课程设计的国际化中被有效利用。

在所研究的多数国家中，评估学术劳动生产率的流程强调个人成就，而且并不为参与国际合作项目、学生咨询或者学生流动项目的组织等活动支付报酬。这些活动需要消耗时间，当机构想要发展它们的时候则需付酬。教师的参与，对于更深刻、更宽广的国际化进程的将来是至关重要的。

教师和职员专业发展活动的机会，例如参加国际会议和在国外度过一个交换期或学术年假的机会，是国际化进程中的另一个关键要素。这是与高等教育机构关系重大的方面，而且需要得到适当的重视。多数国别研究报告了支持这种活动的预算的存在。但是，供给总的来说是不充分的，虽然参加国际会议以及在国际期刊和著作中发表成果或被引用，在机构的规划和质量评审进程中已经变成关键的指标。遗憾的是，通往这些机会的道路对全职教师来说是有限的，他们通常仅仅代表全部拉丁美洲大学教师的一半左右。

高等教育机构的关键动因、途径、问题和机会

一些关键的动因、途径、问题和机会，被认为是与国际化的未来发展密
354 切相关。在国家层面和机构层面（特别是公立大学）的动因之间表现出了一致性。国家层面的主要动因是国家建设和全球知识经济中的国家定位。在机构层面，它们是机构建设、追赶国际水准以及质量提高。在这两个层面上，人力资源开发和战略联盟成为与这些动因相联系的一种手段和结果。总之，贸易和获得收入——并非通过技术援助和拨款的方式获得——并不是机构层面国际化的重要驱动力量。

机构途径

拉丁美洲高等教育机构，似乎仍然是在对来自国家的，特别是国际组织的行动作出回应。这里有一个从这种国际化途径到一种更加积极的途径的渐进变化。

活动的途径是零碎的，在参加不同的项目、计划和战略之间几乎不存在联系。只是最近才有一些高等教育机构开始走向更加统一、连贯的途径，并把国际化带到机构政策和规划的中心。

从把国际活动和计划主要看作收入的来源（开发合作、有赞助的合作计划、贸易），到把国际化视为一体化和连贯的进程，有一个渐进的变化。与此相关，国际化战略需要机构投资的认识正在出现。

问题和机会

数量巨大的活动、项目和计划，表明国际化的维度在拉丁美洲高等教育领域具有很强的生命力。但是，其重点仍然大量地落在流动上，项目战略缺少连贯性，而项目仍然处于机构总体计划的外围。

在机构层面上，需要得到关注的一些关键问题如下。

质量保障与认证

提高质量是该地区国际化的关键驱动力量。然而，高等教育的国际化维
度的质量保障，以及大学的各种质量评审系统中对国际化维度的包含，其重 355
要性尚未得到广泛认可。总之，认证似乎是比质量改善更重要的驱动力量。

联系和联盟

高等教育机构需要重新检查它们的双边联系和多边联盟。联系和网络仍然被更多地看作提高形象和收集信息的工具，而不是具体计划、项目和活动的基础。很多联系和网络只是存在于纸面上，或者服从于官僚的议事日程。其余的则往往是为了回应外部资金来源而被创立，它们在资助停止后缺乏可持续发展的能力。这需要一种更好的战略途径，并且不同类型的网络和项目之间更加清晰的界线应该得到发展。

国际化的“本土”途径——包括课程、教学进程和课外活动的变化——是缺乏的。当前的焦点落在“国外”途径上，主要指教师和学生的

外向型流动。在国际大学协会的调查中（IAU 2004），拉丁美洲的被调查者提到了将流动和研究作为国际化的两个优先增长领域，这佐证了该地区对“国外”途径的关注。

在本土实施国际化的行动开始于欧洲，用来回应对流动的重视，以及对没有参加流动的占总数95%的学生和教师的关注的缺失。在拉丁美洲大学中，人们开始意识到，超过95%的教授和学生将没有机会出国，因此应该给予课程和教学进程的国际化更多的关注。

地区内合作

与同北美和欧洲的合作努力及活动的相比，地区内合作的数量严重不足。对于地区内活动的重要性和机会的认识正在与日俱增。传统课程和继续教育课程以及联合项目在地区内传递的机会，还有待发掘。

文化与语言的认同

高等教育机构日益认识到地区文化和语言统一性所带来的机会，并利用这种机会来为国际学生创建语言和文化项目。

356 国家视角的国际化

拉丁美洲关于国际化的思想是开放的。对于国际化而言，团结是一种传统的但仍然重要的驱动力量，正如来自拉丁美洲高等教育界和政府方面的代表，在支持联合国教科文组织的1998年世界高等教育大会时所阐述的那样。

与此相对照的是，全球化仍然被视为负面的，尤其是在巴西和古巴。在那里全球化常常被看作帝国主义或附属国的代名词，因此它被视为一种威胁而不是机会。与此相联系的是对教育贸易的关注，以及新的外国教育提供者的出现，这既在机构层面也在国家层面对该地区高等教育的国际化维度产生了影响。与拉丁美洲大学的自治观念相联系，这些新的发展有时会导致有关高等教育（尤其是公立大学）全球化的影响的激烈辩论。同时，可以看到一个更加实用的方法（例如在哥伦比亚和墨西哥），它试图把更加全球化的知识社会的好处，植入高等教育传统的、更加国家主义的和自治的文化之中。

国家的动因

在国家层面，高等教育国际化的主要动因是国家建设，以及在全球知识经济中进行国家定位。但是，发展是有阶段的，与此相联系，处于不同发展阶段会采用不同的方法来接近目标。在秘鲁开发合作仍然是最重要的驱动力量，而古巴的国家政策被团结与合作的意识形态所驱动。在智利、哥伦比亚和墨西哥，重点落在国际合作上，最近则落在贸易上。在多数国家，通向国际化的强有力的驱动力量包括人力资源开发和连接性（connectivity）。

开发合作或技术援助，是 20 世纪 80 年代以前多数国家进行国际化的一个重要的动因，今天它们在玻利维亚、厄瓜多尔、秘鲁和中美洲仍然很重要。直到最近，学术合作主要建立在来自北美洲的议程之上和资助之下。仅仅在最近几年才逐渐有了走向南南合作的行动，以及和南美洲共同确定的日程（López Segrera 2002）。

美洲开发银行是 20 世纪 60—80 年代最重要的投资者。1962—1984 年间，它在本地区高等教育上投资了 5.41 亿美元，这还不包括科学、技术与研究。它将继续成为本地区的主要投资者。20 世纪 70 年代以前，它主要资 357
助国立大学；从那以后，它也资助私立高等教育机构（López Segrera 2002）。

20 世纪 90 年代，美洲开发银行把它的注意力移向本地区的社区学院和短期大学（short-cycle college）的起步阶段上，它的高等教育贷款项目萎缩了。在这一阶段，世界银行变成了主要的投资者，它对阿根廷、智利、哥伦比亚、墨西哥和委内瑞拉（World Bank 2003）的大学进行了大规模的投资。世界银行已经增加了在巴西、智利、墨西哥和委内瑞拉等国的研究与科学技术贷款。这些投资支持了该地区主要国家的高等教育现代化，它们包括学生援助、大学资助和研究资助。世界银行过去 10 年的投资总量已经超过 15 亿美元，它的投资还在增长。

从阿根廷、巴西、智利和墨西哥等国家，可以发现一种从接受者到贡献者的转变，尽管数量相当有限，而且这些国家仍将是接受者。古巴是一个特殊的案例。过去，古巴从苏联和其他中欧东欧社会主义国家，同时也从西欧和加拿大那里接受技术援助。它也向拉丁美洲和非洲的学生与大学提供支持。苏联解体以后，支持完全停止。这个变化让古巴很难再继续提供援助，尽管它仍然努力去这样做。

另一个动因是国际化是提高国家水准的手段之一。在国家与机构两个层面上，质量、标准、形象和地位都被作为重要的动因。与该地区和世界上领先的高等教育系统和机构相联系，是一个动因。这种途径的危险在于，寻找与欧美最有声望的大学而不是质量、文化、范围和大小相似的机构进行比较和联结的途径的趋势。目标定得过高，会产生错误的预期并限制合作的范围。

连接性（战略联盟）是多数国家的另一个动因。这个问题将在下文叙述，因为它被视为该地区高等教育发展中的核心要素之一。

在多数的国别研究中，关于国家的和地区的文化认同问题，仅有一些含蓄的描述。在国际大学协会的研究（IAU 2004）中，拉丁美洲的被调查者把文化方面列为国际化的第一大收益（提高文化意识）和第一大危险（丧失文化认同感）。在国家政策层面，人们因此期望更加关注国际化的文化维度，但这样的表述并不多。

358 关键议题和机会

一些关键议题和机会出现于国别报告中。

国家和地区大学协会

在过去，拉丁美洲的国家和地区大学协会被认为是过于政治化，过于零碎和低效率，以至于难以刺激国际化的发展。结果是，它们在影响国家和地区国际化政策的设计方面并没有起到积极的作用。同时，它们被视为重要的网络，致力于在国家层面上和全地区范围内把大学联合起来，并建立大学与世界其他地方的联系。近来，国家和地区协会已经开始开发、建立合作与流动项目，这表明它们对国际化重要性的认识与日俱增。多数国家协会支持建立国际关系官员的国家网络。

国际关系官员网络

该地区的多数国家，尤其是较大的国家，都拥有国际关系官员的国家网络。除了墨西哥以外，这些国家的国际关系官员网络与大学校长或大学协会联系紧密，并且依赖于后者。

在该地区不同的国家网络之间存在着非正式的联系，这些网络的代表，在那些由诸如拉美学术培训项目和拉丁美洲的高水平奖学金项目资助的活动中相互交流。这些联系不是预先安排好的。这些网络对于国家和地区政策的影响主要是间接的，并通过与它们相联系的机构协会起作用。拉丁美洲协会、国际关系官员网络以及国家团体网络的建立，可能对地区内政策和项目的出现产生强烈的影响，并且鼓励地区大学协会在国际化方面发挥更加积极的作用。通过开发培训项目以及为信息和经验交换提供便利，这样一个地区网络能够帮助克服经验、专业发展机会、连贯性、国际教育中合格教师的缺乏等问题。

质量保障、认证和学分互换

质量保障机制（学位承认、标准建立、认证系统开发）的建立，既是适应传统机构的需要，也是为了满足新的提供者和新的提供形式。

20 世纪 90 年代以前，质量在拉丁美洲高等教育中不是一个问题。规划 359
和发展主要基于数量指标，并且与不同国家的经济社会发展相联系。对于更加注重质量保障的呼声在 20 世纪 90 年代响起，它受到由北美特别是欧洲所开发的相关手段的影响，并以它们为示范。例如，巴西的质量评审模式就是受到荷兰系统的影响（参见第 4 章）。

在 20 世纪 90 年代，多数拉美国家建立起了质量保障和认证的团体与机制。在过去的 10 年中，阿根廷、巴西、哥伦比亚、智利、哥斯达黎加和墨西哥都已开发出认证机制。其他国家也在这样做的过程中。

南方共同市场（Mercosur）——在其合作领域中包括了高等教育——的建立，是一个重要的地区开发活动。1992 年，一个面向教育部门的三年计划被批准，意在实现教育系统的兼容、学历的承认以及学位的官方批准。这项计划的目标是促进本地区学生和专业人员的自由流动。认证被视为实现这些目标的工具之一，1998 年一个备忘录被签署，旨在促进南方共同市场国家认证的实验机制的运行。

虽然有了这些努力，但是国家和机构层面上国际化战略与政策的质量，以及国际化能够对高等教育总体质量作出的贡献，仍然只受到极少的关注。拉丁美洲国家之间的学分互换仍是个问题。欧洲学分互换系统的拉丁美洲版本的开发，将刺激地区内和地区外的合作与交换。

共同的语言和文化

拉丁美洲高等教育能够更加有效地利用它的共同文化和共同语言，来刺激它的教育国际化。高等教育中存在广泛的异质性，但是很少有地区和谐和管制的迹象。地区内合作与交换很少受到重视。虽然一些国家和机构正在打造与阿根廷、巴西和古巴的机构之间的联系，但是国家和机构还是倾向于向地区外，主要是向美国和欧洲看齐。

学生流动

拉丁美洲向外的学生流动仍然有限（表 11.1）。据经合组织及其伙伴国家的报告，在所有注册的外国学生总数中，来自拉丁美洲的学生仅占不足
360 4% 的份额。这个比例比亚洲学生的 45% 、欧洲学生的 30% 、非洲学生的 11% 、北美学生的 6% 低得多（OECD 2004）。拉丁美洲和加勒比海地区高等教育增长的需求，更多地被不断增加的国内私立大学所吸收，而不是被外国提供者或出国留学所吸收。

表 11.1　2000 年拉丁美洲向外的学生流动

国家名称	在国外的学生数（人）	占全部学生的比例（%）	在英语国家的学生数占在国外的学生总数的比例（%）
阿根廷	6 676	0.6	56.0
巴西	16 756	1.0	62.3
智利	4 115	1.4	48.0
哥伦比亚	10 735	1.9	70.6
墨西哥	15 264	1.0	84.4
秘鲁	5 748	0.8	50.1

然而，有迹象显示出国学习的需求在增长，尤其是在研究生层面上。在巴西，出国学习的学生比例从 1995 年的 0.7% 增加到 2000 年的 1.0%；而在墨西哥，这个数字则从 1995 年的 0.8% 上升到 1.0%。只有秘鲁的这方面数字有所下降（从 1.1% 下降到 0.8%），这可能是由于 1995 年以前这个国家的政治不稳定导致了向外流动的增加［1995 年数据来源于高等教育与社会特别工作组（Task Force on Higher Education and Society 2000；Davis 2003）］。

在除了智利以外的所有国家中，多数在国外留学的学生在英语国家学习。美国是如今最受拉美学生欢迎的目的地。其次是西班牙，它是该地区除了巴西之外的所有国家的主要目的地之一。巴西学生的目的地存在多样性，包括法国、德国、英国、葡萄牙和西班牙。地区内的目的地排名并不靠前。

外国学生向本地区的流动非常有限。在拉丁美洲学习的美国学生数 2002 年增长了 11%，达到 22 387 人。墨西哥是该地区唯一一个接收留学生超过 8 000 人的国家（占到本地区总数的 13%）。哥斯达黎加接收留学生 3 641 人，占 6%（IIE 2002）。在该地区学习的非拉美国家学生，主要是交换生和参加低年级国外项目的美国学生。政治和经济的不稳定是该地区吸引外国学生的一个障碍。

政府和机构可以在开创地区内流动机会方面有更多作为，这类机会将是 361
传统的与欧美国家之间合作与交换的替代选择。

收入获得、贸易以及国际提供者的出现

与收入获得、高等教育领域中的贸易以及国际提供者的出现有关的政策，要求受到特别的关注。这些新发展是最近的一些现象，而且情况还在迅速改变。拉丁美洲和加勒比海地区高等教育国际协会（www. iesalc. unesco. org. ve）已经通过出版关于这个问题的一些报告，推动了这一领域的工作。

拉丁美洲是一个两级分化的地区。它既有卓越的也有弱小的公立大学。私立部门成长很快，既包括有声望的教会大学也包括直接面向教育需求的水准较低的高等教育机构。与这些高等教育机构并存的是新出现的国内和国际提供者。它们一起形成了公立和私立、国家和国际的高等教育机构的有趣混合体。

传统上，公立大学得到政府的独家资助。在一些国家里，包括阿根廷、巴西、古巴和墨西哥，情况也是一样。其他地方的一些公立机构，被迫通过收取学费来补充其收入。

政府对该部门财政支持的减少，刺激了私立高等教育机构的扩展，吸引了国际私人提供者。

很多新型提供者在阿根廷和墨西哥开展工作。阿根廷已经与欧洲（主要是西班牙）和美国大学建立了联盟。已经与墨西哥国开放大学、西班牙国立远程大学以及美国的凤凰大学、大西洋国际大学和新港（Newport）大学建立起联盟。商业领域的国际提供者，包括埃迪科特（Endicott）学院、西桥（Westbridge）学院、西山（Westhill）学院，已经在墨西哥建立起分支机构。阿波罗国际集团是最有名的提供者之一，它主要通过其在亚利桑那州的附属机构凤凰大学实施项目，凤凰大学提供以职业准备为导向的大学教育项目，特别是商务管理和工程学。西尔万（Sylvan）国际大学，一个美国的提供者，在智利、哥斯达黎加、墨西哥和巴拿马等国家表现活跃。甲骨文大学则活跃于阿根廷、巴西、智利、哥伦比亚、哥斯达黎加、厄瓜多尔、墨西哥、巴拉圭、乌拉圭和委内瑞拉等国。跨国企业与本土机构建立联系的目的是，当这些机构在这个国家得到一定水平的认可时，可以购买和重新卖出
362 它们的股份。例如，在巴西，亚德国际（Advent International）和摩根大通（J. P. Morgan）已经增持了高等教育机构的股份。

虽然跨境高等教育在拉丁美洲并不普遍，但是包括智利、哥伦比亚、古巴和墨西哥在内的一些国家，已经开始通过特许经营权、远程教育和在线教育项目，扩展它们在邻国的商业存在（presence）。墨西哥的蒙特雷理工学院已经开始鼓励其他大学加入这一新趋势。它通过互联网至少提供了 15 个硕士培养项目，在整个拉丁美洲有 5 万名学生正从这些项目中受益（World Bank 2002）。

在整个地区，国际提供者的作用仍然很小。其影响还没有得到研究和分析。尽管法律系统具有刚性和复杂性，这些新的提供者已经设法克服一些瓶颈，并且迫使本土机构在治理、组织结构和运行模式等方面进行激烈的转变（Salmi 2001；World Bank 2002）。

高等教育贸易和新的外国提供者在该地区不断增加，但是增加的幅度仍然是有限的。该地区的国立高等教育系统还没有开发出质量评价体系，以规范这些类型教育服务提供者的设立，这使得作为这些服务潜在购买者的公民处于无保护的状态之下。

一些欧洲大学，特别是西班牙的大学，以及一些美国大学，正在与该地区（例如阿根廷、巴西、智利）的大学密切合作，开展联合培养和双学位项目。

出于加强跨机构关系的考虑，一些拉丁美洲大学已经在国外建立了办公机构。墨西哥国立自治大学在美国设有两个校园，一些智利大学已经在西班牙、阿根廷和美国设立了办公机构。

拉丁美洲的高等教育及其与世界其他地区的联系

拉丁美洲的高等教育通过与不同国家的纽带，同世界其他国家和地区保持联系。

西班牙

虽然西班牙有着殖民的历史，并因此对拉丁美洲产生了文化上的影响，但是很多年间它在高等教育领域只发挥了微不足道的作用。与西班牙建立强 363
有力的联系，始于 1975 年弗朗哥独裁统治结束以后，特别是 1990 年西班牙加入欧盟以后。

西班牙与拉美西班牙语国家之间联系的扩展，产生了很多积极的影响。但从消极方面看，与西班牙在合作与交换方面的这种密切联系，可能会助长狭隘主义。

法国和其他欧洲国家

语言和历史文化连接了拉丁美洲与法国，并使法国在拉丁美洲高等教育国际化方面，成为仅次于西班牙的第二重要的国家。经过很多年以后，法国的作用已经降低，但这种作用正在复活，这是法语联盟（Alliace Française）、法国大使馆、法国国际教育合作署以及促进法国高等教育走向国外的机构的行动结果。

德国为拉丁美洲学生提供在德国的奖学金以及教师交换、联合研究和职员发展等方面的支持。荷兰和瑞典提供技术援助与奖学金。这些项目倾向于双边的合作，在地区范围内缺少网络协作。

欧　盟

欧盟创建项目和供给者，以刺激欧盟和拉丁美洲之间的高等教育国际合作，特别是通过拉丁美洲学术培训项目和欧盟拉丁美洲的高水平奖学金项目来实施。这些努力有助于重新吸引拉丁美洲对更广大的欧洲的注意力，并分散其对与美国、西班牙和葡萄牙（较小程度）的合作的关注。与中欧和东欧的联系仍是有限的，但是可以预期的是，随着这些国家加入欧盟，这种情况将会慢慢改变。

在 2002 年马德里峰会上欧洲、拉丁美洲和加勒比海地区共同高等教育共同空间的建立，以及 2004 年在墨西哥瓜达拉哈拉三个地区政府首脑对此空间的再次确认，意在加强这些地区之间的高等教育合作。共同空间的目标包括鼓励学生、教师、研究者和管理人员的地区内与跨地区流动。一些旨在促进共同空间目标实现的行动被付诸实施。其中包括由墨西哥国家高等教育评价中心（National Center for the Evaluation of Higher Education，简称
364 CENEVAL）和欧洲的哥伦布协会实施的6×4项目①。这个项目旨在建立运行条件，以培育拉丁美洲和加勒比海地区高等教育系统的相容性与聚集性，以及它们和欧盟高等教育系统之间的比较与密切的联系，这将通过两个地区的机构和协会之间的对话与协作来实现。

北美洲

在过去的50年中，拉丁美洲与加拿大和美国之间的合作一直处于波动状态。在加拿大，技术援助的提供主导了它在“二战”以后的角色。加拿大与墨西哥大学的关系，在《北美自由贸易协定》签订以后有所增加。过去10年对招募国际学生的重视已经引发了对该地区的新兴趣，这将导致加拿大与拉丁美洲之间联系的重大变化。

美国的一些教学项目提供奖学金和实习。最著名的，尤其在拉丁美洲，是富布莱特项目，它自1946年成立以来已经向超过20万人提供了资助。其他在该地区表现活跃的美国项目和组织，还有国际教育协会以及赴美学术和专业化培养项目（LASPAU）。

亚　洲

虽然中国对拉丁美洲教育机会的需求在增加，但是拉丁美洲和亚洲之间的合作仍然极为有限。近年来，澳大利亚和（更小规模的）新西兰都已经成为合作伙伴，主要是作为拉丁美洲学生培训机会的提供者。

非　洲

在拉丁美洲和非洲高等教育机构之间，极少建立有学术联盟。传统上，巴西和古巴活跃在非洲地区，但也主要是出于政治、经济和文化的原因。20世纪90年代以来，古巴已经开发出很多有非洲学生参加的研究生培养项目。它的博士生培养项目是最受欢迎的项目。

---

① 这个项目之所以被称为6×4，是因为它从4个轴线（职业能力、学术学分、评估与认证、创新与研究训练）分析了6个领域的研究（公共和商务管理、电子工程或相似专业、医药、化学、历史、数学）（CENEBVAL-Columbus 2004）。

全球视角下的拉丁美洲高等教育国际化 365

拉丁美洲是否有通向高等教育国际化的独特途径？该地区的发展是否与世界其他地区具有相似性？

在国际大学协会成员机构中进行的一项有关国际化的调查发现（Knight 2004），揭示了以下事实：

1. 把国际化作为优先发展重点的最重要的原因，是为了便于学生和教师的流动，这也是国际化增长最快的方面。

2. 人才流失和文化认同的丧失被认为是国际化最大的危险。

3. 学生、教师和职员发展，学术标准和质量保障，国际研究协作，是国际化的三个最重要的好处。

4. 在机构层面上缺少财务支持是国际化的最大障碍。

5. 远程教育和信息与通信技术的运用是新的发展的核心领域。

6. 教师团体是国际化背后的推动力量，他们比管理者和学生更加积极主动。

7. 三分之二的成员机构拥有国际化的政策和战略，但这些机构中仅有一半拥有支持实施国际化的预算和监控框架。

8. 建立在学术考量基础上的国际化动因，要多于建立在政治或经济目标上的动因。

9. 地区内合作在非洲、亚洲和欧洲处于最优先的位置。欧洲是跨地区协作的主要伙伴。

10. 需要注意的问题包括开发合作、质量保障与认证、资金和研究合作。

这些发现为国际大学协会成员的国际化提供了一个机构的视角。本书中的发现是否与上述调查结果一致？除了对地区内合作的强调之外，国际大学协会的发现大量地反映了拉丁美洲高等教育国际化的机构视角。在国际大学协会调查中提及的国际化的 12 个最主要原因，对拉丁美洲来说也是重要的：

1. 学生和教师的流动与交换； 366
2. 教学与研究协作；
3. 学术标准和质量；
4. 研究项目；
5. 合作与开发援助；

6. 课程开发；
7. 国际的和跨文化的理解；
8. 机构提升和形象建设；
9. 教师和学生的来源；
10. 地区问题和一体化；
11. 国际学生招募；
12. 收入的多样化。

所以，我们能不能说，拉丁美洲国际化途径的独特之处就在于，当它同其他地区一样都给予国际化优先发展重点的地位时，该地区却没有给予地区内合作同等的待遇？第一眼看来，这个问题的答案好像是“不”。但是，就像国别研究所表明的那样，一些特定的问题对拉丁美洲而言显得比其他地区更为重要，尽管它们并不是这个地区独有的。

- 连接性（隶属于网络、协会和项目）是拉丁美洲高等教育国际参与的关键表达。它主要聚焦于网络和信息收集，而不是战略选择和联盟。
- 在定义和实施国际合作方面国家政策的相关性仍然比机构政策高，在公共部门更是如此。
- 在高等教育领域，一方面显示出实用主义与现实之间的不相符，另一方面则存在有关竞争和贸易的争论。
- 正如国际大学协会研究所发现的那样，存在一种强烈的文化觉醒的情感，同时害怕丧失文化认同。

在拉丁美洲，存在一个明显的不同，即一方面公立大学和少数传统私立大学坚持研究取向；另一方面以本土的、私立的为主的新的教育提供者数量迅速增加，它们主要是教学机构。这个区别在不同的国际化战略中得以表现，第一组大学主要集中于教师和研究协作，第二组则集中于学生流动和课程开发。

另一个不同存在于比较贫穷的发展中国家和比较发达的发展中国家之
367 间，并在国家和机构的政策中得到反映。对包括中美洲大多数国家以及玻利维亚、厄瓜多尔和秘鲁在内的比较贫穷的国家来说，国际合作仍然主要是纵向的合作，这些合作建立在国际开发合作基础之上。对包括阿根廷、巴西、智利和墨西哥在内的比较发达的国家而言，横向的国际合作更加普遍，尽管这类合作更多地是对来自地区外部的行动的被动反应，而不是基于积极的地区或国家政策。

该地区很多国家的持续的政治和经济的不稳定，正在对国际化进程构成影响。近来，阿根廷、哥伦比亚、古巴和秘鲁已经受到这个因素的影响。

地区一体化、合作以及透明度仍然处于发展的初级阶段。拉丁美洲向欧盟学习，推进欧洲高等教育改革的“博洛尼亚进程”，是高等教育领域地区一体化和合作的一个典范。至今拉丁美洲地区内的合作还是有限的，但是南方共同市场或许可以成为高等教育在未来更加广泛的一体化、合作和透明度的范例。关于欧盟、拉丁美洲和加勒比海地区高等教育共同空间的协定，由 48 国的教育部长共同签署，在拉丁美洲，它作为刺激跨地区和地区内高等教育合作的途径正在蓬勃发展之中。

该地区高等教育的国际化，在很大程度上仍然集中于面向国外的国际化，该地区主要是高等教育进口国。课程以及教学进程的国际化，在高等教育部门的日程上仍处于不受重视的地位。

教师的培训和发展以及研究开发，被认为比学生团体的国际化更为重要。由于资源有限，国家和机构建设，可以通过重点进行人力资源开发与研究，而得到最好的实现。

在设计地区、国家和机构的高等教育国际化战略时，明显的弱势与危险是应该考虑的问题。这些包括：政治和经济的不稳定，对创新和变革的恐惧，地区一体化的缺乏。但是该地区高等教育也提供了还没有得到全面开发的机会，例如：基础很好的公共部门的研究型大学与正在成长的私营部门的教学机构，强大的地区和国际网络的存在；对世界其他地区共同的历史、文化和语言兴趣；地区一体化、合作和透明度方面的良好前景。

在高等教育国际化上，可能并没有一条“拉丁美洲道路”。国别研究以及对行动者和项目的全面考察，表明达到目标的途径不止一条。

368

参考文献

Altbach, Philip. 2002. “La educación superior Latinoamericana desde una perspective internacional.” In *Educación superior latinoamericana y organismos internacionales: un análisis crítico*, ed. Francisco López Segrera and Alma Maldonado Maldonado, pp. 3-5. UNESCO, Universidad de San Buenaventura Cali, and Boston College, Cali.

ANUIES (National Association of Universities and Institutions of Higher Education), Jane Knight, and Hans de Wit, eds. 2001. *Calidad y internacionalizactión de la educación superior.* ANUIES, Mexico.

Brunner, J. J. 2001. "Globalización y el futuro de la educación." In *Análisis de prospectivas de educación en América Latina y el Caribe.* UNESCO, Santiago.

CENEVAL-Columbus. 2004. "6 × 4 UEALC Six Professions in Four Axes: A Dialogue of Universities Project." National Center for the Evaluation of Higher Education, Mexico.

Davis, Todd M. 2003. *Atlas of Student Mobility.* New York: Institute of International Education.

IIE (Institute of International Education). 2002. *Open Doors.* New York: Institute of International Education.

Knight, Jane. 2004. "Internationalization Practices and Priorities: 2003 IAU Survey Report." International Association of Universities, Paris.

López Segrera, F. 2002. "El impacto de la globalización y de las políticas educativas en los sistemas de Educación Superior en América Latina y el Caribe." In *Educación superior Latinoamericana y organismos internacionales: un análisis crítico*, ed. Francisco López Segrera and Alma Maldonado Maldonado. UNESCO, Universidad de San Buenaventura Cali, and Boston College, Cali.

OECD (Organisation for Economic Co-operation and Development). 2004. *Education at a Glance. OECD Indicators 2004.* Paris: OECD.

OECD, Jane Knight, and Hans de Wit, eds. 1999. *Quality and Internationalisaton of Higher Education.* Paris: OECD.

Salmi, J. 2001. "Tertiary Education in the Twenty-First Century: Challenges and Opportunities." *Higher Education Management* 13 (2): 105-30.

Schwartzman, Simon. 1999. "Latin America: National Responses to World Challenges in Higher Education." In *Higher Education in the Twenty-First Century: Global Challenges and National Responses*, ed. Philip Altbach and Patti McGill Peterson, 47-58. IIE Research Report No. 29, Institute of International Education, New York.

Task Force on Higher Education and Society. 2000 *Higher Education in Developing Countries, Peril and Promise.* Washington, DC: World Bank.

Tünnermann, C. 1995. *Universidad y sociedad: balance historico y perspctivas desde Latinoamerica.* Universidad Central de Venezuela, Caracas.

World Bank. 2002. *Constructing Knowledge Societies: New Challenges for Tertiary Education.* Washington, DC: World Bank.

——. 2003. *Tertiary Education in Colombia: Paving the Way for Reform.* Washington, DC: World Bank.

主题词索引

注释：*t* 表示表格，*f* 表示插图。

A

D

E

F

G

H

I

M

N

O

P

R

S